SOCIALISM

An Economic and Sociological Analysis

by

LUDWIG VON MISES

Translated

by

J. KAHANE B. Sc. (Econ.)

Liberty Fund

Indianapolis

1981

根据自由基金会印第安纳波利斯 1981 年版译出

16 THE MODERN WESTERN THOUGHT SERIES

西方现代思想丛书

—珍藏版—

社会主义
经济与社会学的分析

[奥] 路德维希·冯·米瑟斯 著

王建民 冯克利 崔树义 译

Ludwig von Mises

socialism

An Economic and Sociological Analysis

中国社会科学出版社

出 版 说 明

　　本书是"西方现代思想丛书"的第十六种，也是本丛书第二次选译米瑟斯的著作。作为西方著名的经济学家，并且是所谓"继门格尔和庞巴维克奥地利学派的第三代领袖"，米瑟斯及其学派"对20世纪西方经济学学术影响是无与伦比的"。从这个意义上讲，我们这套展现西方现代思想，特别是经济思想的丛书选择米瑟斯及其著作也是很自然的事。不过，《社会主义》给人的第一印象却似乎是一部对社会主义进行全面批评的书，单单这一主题，就可能遭到许多国人情感上的拒斥。然而，米瑟斯所讲的"社会主义"与我们理解的社会主义差别很大，这里有必要对此加以说明。

　　第一，《社会主义》一书有关"社会主义"的含义比我们通常的理解要宽泛得多。马克思主义、布尔什维主义、德国和奥地利在第一次世界大战期间的战时计划经济体制、罗斯福新政、阿根廷庇隆总统的国家工业化政策等，总之，一切具有国家干预倾向的思想和政策，统统被米瑟斯归于"社会主义"名下（见本书"译者的话"），而实际上米瑟斯书中批评的所谓"社会主义"，常常是被我们称为第二国际的修正主义而来的，现在为欧洲大多数社会民主党所遵奉的"民主社会主义"。因此，当米瑟斯在书中批评他所谓的"社会主义"或"马克思主义"时，那些被批判的东西恰恰是非马克思主义的，如本书第一卷第一至四章中涉及社会主义的政治制度方面若干问题的讨论。这充分暴露了米瑟斯本人对马克思主义缺乏严肃的、深入细致的研究，我们也不必为此本能地"对号入座"。鉴于全书通篇高频率的"社会主义"的词组，在本书正文中为整洁版面起见，不再逐一加上双引号，特此说明。

第二，当谈论我们所熟悉的社会主义时，米瑟斯这时所指的则又是斯大林式的计划经济的社会主义。可被视为本书前奏的论文《社会主义共同体的价值计算》发表于 1920 年，本书出版于 1922 年，正是苏维埃俄国结束战时共产主义、实行新经济政策一年多之后。据此推断，本书的写作应该正值苏俄战时共产主义时期，而当时，全世界的马克思主义者都把计划经济理解为社会主义经济制度的本质特征。今天，中国特色社会主义理念的提出，以及中国改革开放三十多年的实践，使我们在实践上早已走出自己的道路，在理论上也进行了与时俱进的创新。

第三，即便米瑟斯全面批评社会主义，也应当听听他究竟说了些什么。翻译出版米瑟斯的著作，绝不意味着我们赞同他的观点，只是从保证其著作的完整性的角度才全文翻译出版了这部《社会主义》，以供研究、批判、参考之用。同时随着中国特色社会主义市场经济所创造的经济奇迹，我们应该有更大的自信：社会主义者如果坚信自己理论的科学性，有制度自信，就没有任何理由害怕批评；从对手的批评中汲取有用的东西，这应该是社会主义者的胸怀。至于米瑟斯的批评中某些情绪化的论述，对此我们只能报以不屑。我们相信读者能够正确区分正当批评和非学术性的攻击。

第四，就米瑟斯的学术影响而言，人们的评价或有不同，但有一点是公认的：他的关于社会主义经济计算的观点和论证，在 20 世纪经济学史中是占有一定地位的。米瑟斯认为，要进行合理的经济计算，必须有某种方式对不同的商品进行评估。在市场秩序下，这种评价机制是通过价格的自由波动而建立的。价格在商品的比较中反映着短缺和需求；取消市场，取消了商品和货币交换，不可能在性质不同的生产过程、不同的产品之间进行成本和效益的比较，必然造成经济生活的混乱和浪费。米瑟斯的这一判断在苏俄战时共产主义经济政策的后果中得到了证明。米瑟斯还预见，"社会主义也不一定完全废除货币。可以设想在消费品交换中允许使用货币。但是，由于各种生产要素（包括劳动）的价格不以货币来表示，货币无法在经济核算中发挥作用"。在米瑟斯看来，问题正是出在这里，"相较之生产资料私有制社会，货币在以生产资料集体所有制为基础社会里的作用范围要无可比拟地狭小。因为，在社会主义国家，交换本身的重要性非常有限，它仅限于生活消费品的范围。生产性物品不进入交换领域，所以它没有货币价格。货币在自由经济的生产中发挥的会计功能，在社会主义社会将不存在"。米瑟斯的这一观点在日后的社会主义经济发展和改革中得到了多方面的证实。后来的苏联只是在生活消费品领域里实行商品交换，拒绝承认生产资料的商品性质，这一点还被斯大林上升到了所谓的理论高度。生产资料非商品化的理论和政策导致了苏联及其他社会主义国家一直无法实行合理的经济资源配置。社会主义国家实行的市场取向的经济体制改革，以匈牙利为例，曾一度取得了令人瞩目的成就，但最终还是以失败告终，原因之一是市场机制的作用主要限于产品市场。相比之下，市场取向的改革从消费品市场的发展合乎逻辑地推进到生产要素市场的培育，是中国的经济体制改革相对顺利的原因之一。

第五，必须指出，米瑟斯始终坚持的社会主义与市场经济不兼容的观点是不正确的。中国的经济体制改革对社会主义与市场经济兼容问题的成功实践，至少已经在经验上为社会主义与市场经济的结合提供了有力的支持。

第六，中国特色社会主义理论建设和实践发展方兴未艾，充

满活力。我们有理由坚信，社会主义的旗帜不会因为某些人理论
与学术上的探讨或批评就发生动摇，恰恰相反，它只会使社会主
义不断完善，在更科学的基础上向前发展。

2008 年 5 月

译 者 的 话

一

有关社会主义的争议数百年间未曾间断，但 20 世纪二三十年代之交似乎是个转折点，从那时起，围绕社会主义问题而展开的主要已不是学理之争；从那时起，由于苏俄发生了史无前例的以建立公有制和计划经济为目标的大规模社会试验，关于社会主义的争论已有初步经验可供参照，因此，这个时期的社会主义论著有着特别价值。例如，从 1921 年末至 1922 年夏，俄国著名经济学家鲍里斯·布鲁斯库斯以"社会主义制度下的国民经济问题"为题在俄罗斯技术协会出版的《经济学家》杂志上发表了反响很大的系列论文，其要义是，由于取消市场，社会主义不可能实行合理的经济计算，国民经济不可能协调发展①；马克斯·韦伯在《经济与社会》一书中分析了计划经济条件下经济计算的困难②。这些观点和论证，在很大程度上被历史所证实，而且，作为证据的，不仅有学者们的数据和逻辑，更有千百万生灵

① Boris Brutzkus, *Economic Planning in Soviet Russia*, Ceorge Routledge & Sons, 1935.

② ［德］马克斯·韦伯：《经济与社会》，林荣远译，商务印书馆 1998 年版，第 123—132 页。

的命运。路德维希·冯·米瑟斯著《社会主义：经济和社会学分析》，当属这一时期同一论题中分量较重的作品，用冯·哈耶克的话说，他老师的这一著作震撼了他们整整一代人。

　　不过，《社会主义》一书问世时，米瑟斯的影响似乎主要限于德语世界；英语世界对他的了解大约始于哈耶克20世纪30年代在伦敦的讲学。至于在中国大陆，中文读者对米瑟斯的了解则是晚近的事了。20世纪80年代之前，有关他的中文资料不过百多字，且有错讹①；80年代初，从奥·兰格的文集《社会主义经济理论》中文版里，可以间接读到米瑟斯关于社会主义经济问题的观点；1986年，《现代国外经济学论文选》第九辑刊载了米瑟斯的论文《社会主义共同体的经济计算》，使读者得以直接了解米瑟斯的社会主义观；1995年，《自由与繁荣的国度》一书中文版问世；2001年，经济科学出版社出版了米瑟斯经济学方法论的专题论著《经济学的认识论问题》中译本。此外，20世纪90年代以来许多以马克思主义和社会主义为题的译著，如社会科学文献出版社1996年出版的日本学者伊藤诚著《现代社会主义问题》，中央编译出版社2001年出版的英国学者M.霍华德的《马克思主义经济学史》，重庆出版社1997出版的美国经济学家罗默的《社会主义的未来》等，对米瑟斯多有评述，这不仅有助于我们了解米瑟斯本人，也有助于我们了解西方学界对他的看法。在这些文本的基础上，以及随着自由主义思潮在中国的抬头，米瑟斯日益引起中国学界的兴趣，有一些论文发表，一些学术机构举办过研讨会。《社会主义》一书中文本的出版，对相关研究应有帮衬。

　　路德维希·冯·米瑟斯1881年9月29日生于奥匈帝国伦贝

―――――――――

　　① 参见商务印书馆编辑部编《近代现代外国哲学社会科学人名资料汇编》，商务印书馆1965年版，第1651页。

格市（现称利沃夫市，属乌克兰）。他 1900 年考入维也纳大学，师从弗里德里希·冯·维塞尔和埃冈·冯·庞巴维克；1906 年获法律和经济学博士学位；1909 年到 1934 年，任维也纳商会和奥地利政府经济顾问，其间，从 1913 年起任维也纳大学编外教授——一个直接从学生学费中获取报酬的教席；1934 年至 1940 年，他为躲避德国纳粹的迫害而接受了日内瓦大学客座教授的聘任；1940 年移居美国；1945 年起执教于纽约大学，直到 1969 年以 88 岁高龄退休。1973 年 10 月 10 日米瑟斯在纽约逝世，享年 92 岁。

20 世纪的作家中，米瑟斯十分值得关注。研究者云，他在主观价值论、货币理论、商业循环理论、资本和利息理论、社会主义条件下的经济计算五个方面对经济学的发展贡献甚著。① 承门格尔和庞巴维克，显赫的学术影响使米瑟斯成为奥地利学派第三代领袖，而这个以边际效用价值论著称的学派对 20 世纪西方经济学的影响是无与伦比的，它甚至影响到与米瑟斯的极端自由放任主义对立的学派，如凯恩斯学派。②

除了著书立说，米瑟斯还以独特的方式影响着学术发展。在执教维也纳大学和担任奥地利商会经济顾问期间，讲堂授课之余，他还在奥地利商会办公室里为他挑选的学生和朋友开辟私人研讨班，举凡经济、政治、哲学、科学等无所不谈。研讨班始于 1920 年，止于 1934 年他出走日内瓦，隔周一次，从未间断；移居美国后的米瑟斯从 1948 年起在纽约恢复了他的研讨班，每周一次。从米瑟斯的学生中可以看到下面这些人的身影：弗里德里希·冯·哈耶克、弗里茨·马克卢普、戈特弗里德·冯·哈伯

---

① 参见 Eamonn Butler, *Laudwig von Mises: Fountainhead of the Modern Microeconomicsreoolution*, Gower Publishing Company Limited, Hants, England, 1988, pp. 3-6。

② Laurence S. Moss, (ed) *The Economics of Laudwig von Mises*, Subsidiary of Universal Press Syndicate, 1976, pp. 9-12.

勒、奥斯卡·摩根斯坦、威廉·勒普克、理查德·冯·施特里戈尔、艾尔弗雷德·舒茨、费里克斯·考夫曼、埃里克·沃格林、格奥尔格·哈尔姆、保罗·罗森斯坦-罗丹、莱昂内尔·罗宾斯。这个名录中，哈耶克获诺贝尔经济学奖，弗里茨·马克卢普、戈特弗里德·冯·哈伯勒曾先后任美国经济学会会长。马克卢普写道："不知何时何地可曾有过这样一个群体，从中产生过如此众多的国际著名学者。"① 仅这份名录就足以使米瑟斯在 20 世纪学术史上独领风骚了。

然而，米瑟斯作为学者的职业生涯却是灰暗的。就其学术贡献，《纽约时报》金融版编辑、著名经济记者亨利·海兹利特写道："如果说曾经有过什么人应该得到诺贝尔经济学奖，这个人就是米瑟斯。"② 但是，米瑟斯注定不会与这一科学殊荣有缘。不仅如此。在执教二十多年的维也纳大学，他未曾踏上过他一直向往的正教授讲台；在日内瓦大学及后来在纽约大学，仍为兼职客座教授。直到 1969 年他即将退休时，才升任纽约大学全职客座教授，也是在这一年，美国经济学会授予他"杰出人物"奖，而这时他已 88 岁高龄了。

米瑟斯在学界长期失意，也许部分地可以从"时代精神"中寻求解释，部分地可以从他对经济学方法的见解中得到说明。就前一方面说，在他从事学术活动的整个时期里，在东方和西方，在经济思想和政策方面盛行的是对经济和社会生活实行程度不同的国家控制的主张——或苏联模式社会主义，或民主社会主义，或凯恩斯主义，或法西斯主义，等等，而当时维也纳大学的学术氛围备受"时代精神"浸淫，他的极端自由主义当然不合

---

① Alan Ebenstein, *Hayek's Journey: The Mind of Friedrich Hayek*, Palgrave Macmillan, 2003, p. 43.

② Eamonn Butler, *Ludwig von Mises: Fountainhead of the Modern Microeconomies Revoluution*, Gower Publishing Company Limited, Hants, England, 1988, pp. 1-2.

时宜。在经济学方法上，他对经济研究中的数理倾向没有好感，认为它们是错误、空洞、无益的[①]，而这种倾向是 20 世纪经济学的时髦。一个时代的冷板凳不正是为那些不识时务的异类定做的吗？结果是，在政治和学术上同潮流相悖、与时髦不合的米瑟斯只能眼睁睁着许多二三流玩家登堂入室。自然，受冷落于欧美，更不会见经传于中国。

晚年米瑟斯已在欧美获得一些荣誉，但声望鹊起之日，他已长眠地下。1974 年，哈耶克因米瑟斯—哈耶克经济周期理论而获诺贝尔经济学奖，使米瑟斯引起世界关注；苏联东欧社会主义国家解体，似乎使米瑟斯关于社会主义问题的观点得到了确证，遂使有关他的研究成为国际经济学界的一个热点，许多研究专著问世于世纪之交，米瑟斯文集的英文本也被系统地整理出版，应该都与这一背景有关。

米瑟斯著述宏富，这位贡献了《货币和信用理论》《人类行为》等名著的作家，一生著作仅以第一版计就达 19 卷，加上修订版和外文译本，共计 46 卷。他的作品内容包罗万象，但社会主义问题始终是主旋律。1969 年 5 月 29 日，88 岁高龄的米瑟斯在纽约大学"经济理论研讨班"上作了告别演讲，题目是"社会主义对抗自由市场"。这次演讲，无论场合还是内容，都颇具象征意义：就场合说，它是在维也纳开始的米氏私人研讨班的闭幕；就内容说，恰好是在维也纳研讨班最初开讲的 1920 年，米瑟斯发表了讨论社会主义与市场的关系的著名论文《社会主义共同体的经济计算》，文章断言，由于没有真正的市场，社会主义

---

① Eamonn Butler, *Ludwig von Mises*: *Fountainhead of the Modern Microeconomies Revoluution*, Gower Publishing Company Limited, Hants, England, 1988, pp. 1-2。关于经济学研究中的数理倾向，米瑟斯在《经济学的认识论问题》中有专题论述（见经济科学出版社 2001 年版，第 113—115 页）；另见 V. Mises, *Human Action*, The Foundation for Economics Education, Inc. 1996, pp. 701-702。

社会不可能有合理的经济计算①，或用我们今天的话说，不可能有合理的资源配置。自该论文发表之日起，这一主题便成为米瑟斯学术和政治活动绕以旋转的轴心。

《社会主义》是一部对社会主义进行全面批判的书，单单这一主题，就可能遭到许多人情感上的拒斥。为了能够冷静地对待该作品，预先指出下面几点，也许不是多余的。第一，该书对社会主义的理解比我们通常的理解要宽泛许多：马克思主义、布尔什维主义、德国和奥地利在第一次世界大战期间的战时计划经济体制、罗斯福新政、阿根廷庇隆总统的国家工业化政策等，总之，一切具有国家干预倾向的思想和政策，都被归于社会主义名下。

第二，谈到我们熟悉的社会主义时，该书说的是计划经济的社会主义。应视为该书前奏的论文《社会主义共同体的经济计算》发表于 1920 年，该书出版于 1922 年，正是苏俄由战时共产主义改行新经济政策一年多之后，据此推断，该书的写作正值苏俄战时共产主义时期，而当时，全世界的马克思主义者都把计划经济理解为社会主义经济的本质特征。今天，秉持中国特色社会主义理念，我们在实践上早已放弃了这一体制，在理论上也进行了深入系统的批评，因此，米瑟斯对计划经济社会主义的批评，我们听上去不应感到刺耳。

第三，即便米瑟斯在一般意义上批评社会主义，也应当听听他究竟说了什么。社会主义者坚信所持理论的科学性，自当坦然面对批评；从对手的批评中获益而丰富自己，这是社会主义者的胸怀。至于米瑟斯书中那些十分无礼的东西，如在导言和第三十三章中对马克思的近乎骂街式的攻击，对此我们只能报以不屑。读者有健全的判断力以区分正当批评和无礼攻击；骂街者收获的

---

① 参见外国经济学说研究会编《现代国外经济学论文选》第九辑，商务印书馆 1986 年版。

只能是丢失体面。

在《社会主义》一书中文版刊行之际，做些评介是必要的。该书涉及经济、政治、历史、法律、科学、文化、婚姻家庭，等等，涉猎如此广博，使它成为社会主义史上以此为专题的篇幅最为宏富的理论作品。不必说，这里不可能对全部问题进行详尽讨论，而且，也没有这种必要，用哈耶克的话说，今天的读者能够从中学到的新东西已经不多。我们拟就米瑟斯对马克思社会主义基本观点的批评以及与中国理论界正在讨论的话题有关的问题谈谈看法。我们的评述将主要涉及以下内容：米瑟斯关于社会主义的一般历史前提的见解；对资本主义经济发展趋势的分析；对社会主义经济问题的某些预见；劳动价值论及相关问题；资本家阶级的经济职能及其对于经济发展的意义。我们猜测，这些问题也许是中文读者感兴趣的。

二

第一次工业革命造成的大工业生产，是马克思社会主义的经济前提，《社会主义》一书向以这一前提为基础的核心论点发起了挑战。

第一次工业革命之前，经济生活以小生产为基础，总的来说，当时的人们还不能设想生产无限发展的可能。工业革命和科学技术进步，使生产力以前人不敢设想的规模飞速发展，这一情形使某些思想家对生产无限发展的前景产生了憧憬。工业革命之前，社会主义者对平等社会的设想只能以节制人们的物欲、以对财富实行平均分配为前提。自罗伯特·欧文以来，社会主义理想被置于一个新的基础上。作为工业革命产物的罗伯特·欧文的社会主义是以大工业生产力为基础的。欧文乐观地预言：大工业的巨大生产力，"只是人们无法限量的那种生产力的萌芽。因为它的增长是没有止境的……这种新的生产力保证人们有无穷无尽和不断增长的可能性，像取水那样容易地生产财富，像利用空气那样充沛地满足人类的一切合理需要。这是要求迅速改造社会的时代即将到来的另一个意义特别重要的标志"①。

欧文开辟的新方向，成为 19 世纪以来社会主义思想的显著特征，也是马克思主义承袭前人的最重要遗产之一；马克思主义对社会主义的论证，也完全是以大工业所造成的生产力为前提的。

第一，马克思主义创始人坚信生产无限发展的可能性，恩格斯在《政治经济学批判大纲》中说："人类所支配的生产力是无穷无尽的。应用资本、劳动和科学就可以使土地的收获量无限地提高。"②

第二，他们坚信，生产力的巨大发展，为由全社会占有生产资料，为消灭固定的社会分工从而消灭阶级提供了可能。恩格斯说："自从资本主义生产方式在历史上出现以来，由社会占有全部生产资料，常常作为未来的理想隐隐约约地浮现在个别人物和整个派别的头脑中。但是，这种占有只有在实现它的物质条件已经具备的时候，才能成为可能，才能成为历史的必然性。正如其他一切社会进步一样，这种占有之所以能够实现，并不是人们认识到阶级的存在同正义、平等等等相矛盾，也不是仅仅由于人们希望废除阶级，而是由于具备了一定的新的经济条件。社会分裂为剥削阶级和被剥削阶级，统治阶级和被压迫阶级，是以前生产不大发展的必然结果。只要社会总劳动提供的剩余产品除了满足社会全体成员最起码的生活需要以外只有少量剩余，就是说，只要劳动还占去社会大多数成员的全部或几乎全部时间，这个社会

----

① ［英］欧文：《欧文选集》第二卷，柯象峰等译，商务印书馆 1981 年版，第 51 页。

② 《马克思恩格斯全集》第一卷，人民出版社 1956 年版，第 616 页。

就必然划分为阶级。在这些被迫专门从事劳动的大多数人之旁，形成了一个脱离直接生产劳动的阶级，它掌管社会的公共事务：劳动管理、国家事务、司法、科学、艺术等等。因此，分工的规律就是阶级划分的基础。""当社会成为全部生产资料的主人，可以在社会范围内有计划地利用这些生产资料的时候，社会就消灭了迄今为止的人自己的生产资料对人的奴役……旧的生产方式必须彻底变革，特别是旧的分工必须消灭。代之而起的应该是这样的生产组织：在这个组织中，一方面，任何人都不能把自己在生产劳动这个人类生存的自然条件中所应参加的部分推到别人身上；另一方面，生产劳动给每一个人提供全面发展和表现自己全部的即体力的和脑力的能力的机会，这样，生产劳动就不再是奴役人的手段，而成了解放人的手段，因此，生产劳动就从一种负担变成一种快乐。"①

恩格斯的论述至少有三个要点：第一，生产高度发达和产品极大丰富是社会主义的基础；第二，阶级划分实质上是社会分工的一种表现形式，阶级消灭的前提是固定劳动分工的消除；第三，分工的消灭与劳动乐生密切相关。

阶级的消灭、固定劳动分工的消除和劳动乐生这三大目标之间关系密切：劳动乐生是前两者的前提，而劳动乐生又以生产力和科学技术的高度发展为基础，没有这一基础，劳动无从乐生，从而固定分工和阶级也无从消灭。在社会主义思想史上，面对着大众不得不从事十分艰辛、有时是肮脏甚至危险的劳动这一现实，如何安排这类劳动，如考茨基所言，"成了全体空想社会主义者的一块绊脚石"②。考茨基提到了莫尔和傅立叶的困境：莫

---

① 《马克思恩格斯选集》第三卷，人民出版社1995年版，第631—632、644页。
② ［德］卡·考茨基：《莫尔及其乌托邦》，关其侗译，王志涵校，生活·读书·新知三联书店1963年版，第226页。

尔为解决劳动艰辛问题而在乌托邦里保留了奴隶①；傅立叶则
"企图通过在工作中导入一种心理学的往往是异想天开的动机来
排除这个绊脚石"，他想利用儿童不讲卫生的天性，让他们去从
事那些肮脏的劳动。②

　　在马克思主义著作家看来，这一问题不难解决，解决之道是
大工业和科学技术的发展：大工业的发展和技术进步"留给体力
劳动者的工作只有少数没有内容却容易学得的看管机器或化学过
程的操作了"；"机器操作的单纯化，正为工人提供了可以随时
调换他工作的机会，使得各种筋肉神经能够轮流活动，这些筋肉
的和谐动作，正像现在完全非生产性的体操一样，使人振奋活
泼"；至于脏累艰险的工作，"只要人们认真研究近代技术，这
一类问题没有不能解决的"。③ 在未来理想社会里，"任何人都没
有特殊的活动范围，而是都可以在任何部门内发展，社会调节着
整个生产，因而使我有可能随着自己的兴趣今天干这事，明天干
那事，上午打猎，下午捕鱼，傍晚从事畜牧，晚饭后从事批判，
这样就不会使我老是一个猎人、渔夫、牧人或批判者"④。马克
思的社会主义可以被概括为一种以生产力高度发展为基础的消灭
固定分工从而消灭阶级的社会理想。生产力的无限增长、劳动乐
生和固定分工的消除是马克思社会主义的三大基本观点，自然会
成为米瑟斯批评的对象。

---

　　① 关于莫尔在乌托邦中保留奴隶的动机，有研究者另有解释。参见《马克思主
义来源研究论丛》第5辑呈末文章《"乌托邦"中的"奴隶"新解》，商务印书馆
1984年版。

　　② 参见［法］傅立叶《傅立叶选集》第二卷，赵俊欣等译，商务印书馆1981
年版，第49—57页。

　　③ 参见［德］卡·考茨基《莫尔及其乌托邦》，关其侗译，王志涵校，第
222—227页，生活·读书·新知三联书店1963年版。

　　④ 《马克思恩格斯选集》第一卷，人民出版社1995年版，第85页。

在对生产力的发展亦即对人类的生存条件及前景的理解上，米瑟斯及其所属学派与马克思主义正相反。在他们看来，生存资料短缺是人类的宿命；正是因为短缺，才有人类的经济活动，也才有以经济活动为研究对象的经济学。这也是现代西方主流经济学的核心观点。以短缺为基本预设的经济学对马克思的社会主义进行批评时，必定会围绕这一预设做文章。米瑟斯说："在天真的社会主义者看来，这个世界足以使每个人幸福和满足。产品的短缺只是不合理的社会秩序造成的，它一方面限制生产力的扩大，另一方面通过不平等的分配使'富者愈富，穷者愈穷'。"米瑟斯认为，"那种无论在哪一个社会历史发展阶段，大自然都会赐我衣食"的愿望，只是一个古老的幻想。严酷的事实是，"大自然没有赐予我们任何权利，正是由于她供给我们的生存资料极为匮乏，并且需求实际上是没有止境的，人们才被迫从事经济活动"①。米瑟斯的恩师冯·庞巴维克的批评更具概括性，他认为，社会主义对资本主义的批评，事实上是对人类的整个生存条件，即短缺这一核心问题的批评；同资本主义一样，生存资料的短缺也是社会主义不得不面对的问题。②

在米瑟斯的批评中，马尔萨斯人口论是其主要论据之一。他写道：在社会主义者看来，生产资料社会化将使得生产力空前增长，这有可能驳倒马尔萨斯们，这个世界足以使每个人美满和富足，然而"马尔萨斯人口规律和收益递减规律粉碎了这一幻想。在其他条件不变的情况下，人口增长超过一定限度之后，便不会再伴有财富的相应增长；超过这个限度，人均产量就会将下降"。因此，虽然马尔萨斯在整个 19 世纪受到包括马克思、恩格斯在

---

① V. Mises, *Socialism*, Liberty Fund, 1981, pp. 174, 50.

② Alan Ebenstein, *Hayek's Journey*: *The Mind of Friedrich Hayek*, Palgrave Macmillan, 2003, p. A47.

内的社会主义者的猛烈抨击,但在米瑟斯看来,"他们并没有驳倒他。今天,可以认为关于人口规律的讨论已经结束"①。

　　米瑟斯认为,既然短缺是人类宿命,劳动乐生也就成了虚妄。人类欲望无限,因此,在一定的生产力水平上,只有通过增加劳动,方能满足需求,而劳动,即便是充满乐趣的劳动,超过一定的限度也会使人厌烦。社会主义者试图通过随意的职业变换亦即固定分工的消除来解决劳动厌烦问题,米瑟斯认为在经济上是不可取的。首先,职业实践的减少会导致劳动技能的降低;其次,职业的变换之间将有时间损失——这极易使人联想到 20 世纪 50 年代后兴起的人力资本理论中有关机会成本的内容。此外,对劳动的厌烦很少针对的是某一具体工作,而是工作时间的延续导致的身心疲倦,通过变换工作而从另一种形式的劳动中获得乐趣的想法不见得奏效。②

　　如果劳动乐生成了虚妄,劳动分工的消除从而阶级的消灭也就成了空想。在米瑟斯看来,劳动分工的存在并非同生产发展的一定阶段相联系,而是永恒的自然现象:"分工发祥于自然界的两个事实:人类能力的不平等和地球上人类生活的外部条件的多样性";"说社会是一个有机体,意味着社会就是分工";"分工乃社会的本质"。③ 既如此,管理者和被管理者的社会分工就是天然合理的:"人不是完全平等的。有人天生是领袖,有人只能跟着走……我们不可能都当先驱:大多数人既无这种抱负,也缺少必要的能力";"因为不能独立思考,大众才追随……有教养的人";"未雨绸缪,提前行动,采用新的方式,永远只是少数人,即领导者的事情"。④

---

①　V. Mises, *Socialism*, Liberty Fund, 1981, p. 174.

②　参见 V. Mises, *Socialism*, Liberty Fund, 1981, pp. 145-146。

③　V. Mises, *Socialism*, Liberty Fund, 1981, pp. 259, 265.

④　V. Mises, *Socialism*, Liberty Fund, 1981, pp. 13, 63, 188.

从整个 20 世纪社会主义的经验，从资源条件对经济的约束以及分工日趋细密的发展看，至少可以说，米瑟斯的批评提出了值得进一步探讨的问题。

在生产力的发展前景问题上，在经历了自 19 世纪以来占主流的乐观主义倾向之后，人们的认识在 20 世纪 70 年代发生了重大变化。以 1972 年罗马俱乐部报告《增长的极限》为标志，传统经济增长方式遭到质疑。报告认为，传统经济增长方式造成的资源消耗和环境污染，使地球不堪重负，因而报告提出了经济零增长理念。报告提供的资源评估或有偏差，相关观点或可争议，但该报告标志着人们对经济增长方式的认识的转变。就在该报告发表的同年，联合国在瑞典斯德哥尔摩会议上首次将环境问题列入国际政治议事日程，这不是偶然的。增长的极限、零增长、可持续发展等理念的广被接受，至少表明物质财富无限增长的观念是需要商榷的。

短缺的不仅是物质财富。米瑟斯还谈到了另一种重要的短缺——时间短缺。他说："显然，可供使用的劳动也是有限的：一个人只能从事一定量的劳动。即便劳动完全是一种享受，也必须节约利用，因为人的寿命是有限的，人的精力不是取之不尽的。即便是悠闲自在的人，没有钱财方面的顾虑，也必须对他的时间做出规划，即对消磨时间的不同方式加以选择。"① 在此问题上，米瑟斯堪称丹尼尔·贝尔的先驱：半个世纪之后在贝尔的《后工业社会的来临》一书中，时间短缺是作为一种"新的匮乏"提出来的。② 这里有必要指出，对于时间在经济活动中的意义的理解，马克思比米瑟斯深刻得多。马克思在《政治经济学批判》中早

---

① V. Mises, *Socialism*, Liberty Fund, 1981, p. 143.
② 参见［美］丹尼尔·贝尔《后工业社会的来临——对社会预测的一项探索》，高铦等译，新华出版社 1997 年版，第 515—522 页。

已指出："正像单个人的情况一样，社会发展、社会享用和社会活动的全面性，都取决于时间的节约。一切节约归根到底都是时间的节约。正像单个人必须正确地分配自己的时间，才能以适当的比例获得知识或满足对他的活动所提出的各种要求，社会必须合理地分配自己的时间，才能实现符合社会全部需要的生产。因此，时间的节约，以及劳动时间在不同生产部门之间有计划的分配，在共同生产的基础上仍然是首要的经济规律。这甚至在更加高得多的程度上成为经济规律。"在共产主义制度下，"财富的尺度决不再是劳动时间，而是可以自由支配的时间"①。但是，如果闲暇时间本身是财富的尺度，而且像米瑟斯和贝尔指出的，它的"供给"是有限的，人们就可能会为闲暇时间的支配而发生竞争，这却是马克思没有谈到的。如果不但物质资源的短缺不可避免，而且闲暇时间的短缺更无法克服，那么，以财富极大丰富为预设的社会主义经济体制就是成问题的。

关于固定分工的消除以及劳动乐生问题，也很难应对米瑟斯的批评。确实，当代工业和科学技术的进步，在许多累脏艰险的工作领域里呈现出以机器取代人工的趋向。但总有大量劳动无法用机器取代。同时，固定的劳动分工，特别是管理者与被管理者之间的分工，在任何地方都没有减弱的迹象。至于 70 多年的社会主义实践，人们看到的不是固定分工的削弱，而是相反。不仅如此，在某些社会主义国家，劳动分工不仅意味着职业划分，而且成了固定的社会身份，如户籍制度。现实社会主义国家的理论家们很少提到马克思恩格斯的劳动分工理论，或许这里有某种不方便，因为，从马克思恩格斯的观点看——前面对恩格斯的引证表明了这一点——阶级划分说到底是一种固定的社会分工，也就

---

① 《马克思恩格斯全集》第四十六卷（上），第 120 页，人民出版社 1979 年版；《马克思恩格斯全集》第四十六卷（下），第 222 页，人民出版社 1979 年版。

是说，现实社会主义并没有消灭阶级，反而建立了一个完全是马克思恩格斯描述过的阶级社会。米瑟斯看到了固定劳动分工的消除和劳动乐生问题是社会主义理论的软肋，他告诉读者，"即使在社会主义社会，劳动也只能是辛苦而不是享受"，"认识到这一点，社会主义思想的一根主要支柱就坍塌了"。① 应当说，这是一个对社会主义学说有着深入了解的人说出的话。不过，固定劳动分工的消除在马克思社会主义学说中还有其他方面的重要意义，米瑟斯对此未必完全理解，这一点我们在后面关于价值理论的讨论中还要谈到。

对作为米瑟斯主要理论依据之一的马尔萨斯人口论也需重新审视。20 世纪 60 年代以来的人口爆炸、环境恶化、非再生资源耗竭等危象提示我们，人口与生存资料之间应该存在着一定的比例关系。马尔萨斯人口论的缺陷似乎不在于他的命题，而在于他对命题的论证。他的论证要点无非是人口增长按几何级数增加，生存资料的增长按算术级数增加，因此，生存资料的增长永远落后于人口增长。当达尔文认为自己的进化论得益于马尔萨斯的启发时②，马克思批评道："达尔文在他的卓越的著作中没有看到，他在动物界和植物界发现了'几何'级数，就是把马尔萨斯的理论驳倒了。马尔萨斯的理论正好建立在……人类繁殖的几何级数同幻想的动植物的'算术'级数的对立上面。"③ 马克思看到了达尔文应该看到而没有看到的东西。确实，既然所有生物从而作为人类消费对象的动植物同人类一样都有按几何级数增长的倾向，马尔萨斯的论证就是不成立的。

---

① V. Mises, *Socialism*, Liberty Fund, 1981, p. 149.

② "全世界所有生物之间的生存斗争，这是它们按照几何级数高度增殖的不可避免的结果。这就是马尔萨斯在整个动物界和植物界的应用。"引自［英］达尔文《物种起源》，周建人等译，商务印书馆 1995 年版，第 18 页。

③ 《马克思恩格斯全集》第二十六卷第二册，人民出版社 1973 年版，第 128 页。

但是，驳倒马尔萨斯的论证，不等于取消其命题的合理性。[①]
马克思忽视了一个重要事实：尽管其他生物同人类一样有着按
几何级数增长的倾向，但人类处于生物食物链的顶端，其他生
物的食谱中没有人类这道菜，而人类的餐桌上则摆放着几乎一
切可以食用的生物。在生物界的生存竞争中，没有天敌的人类
对其他生物的压力是单向的，其他生物除了以"短缺"来反馈
这种压力，别无他法。因此，即使其他生物按几何级数增长，
总有一天无法填饱人类按几何级数增大的胃口——如果人类不
设法控制自身繁衍的话。

难以就米瑟斯在生产力的无限增长、劳动乐生及固定分工的
消除这三大基本问题上的批评提出反驳意见，不等于我们赞同他
关于社会主义的一般结论。作为社会主义的敌人，米瑟斯认为社
会主义断不可行。社会主义者从这些批评中应该引出其他结论：
或许社会主义应该探讨新的理论基础和新的建设模式。

三

马克思学派关于资本主义积累历史趋势的观点认为，资本主
义发展的总趋势是资本日益向少数人手里集中，这一过程是大生
产排挤小生产，大企业排挤小企业的过程；造成这一趋势的原因
是规模经济在经济效益上的优势地位。《资本论》说："竞争斗
争是通过使商品便宜来进行的。在其他条件不变时，商品的便宜
取决于劳动生产率，而劳动生产率又取决于生产规模。因此，较
大的资本战胜较小的资本。""在一个生产部门中，如果投入的

---

① 晚年的恩格斯委婉地承认了马尔萨斯的问题。1881 年 2 月 1 日他在给考茨基
的信中说，"人类数量增多到必须为其规定一个限度的这种抽象可能性当然是存在
的"。参见《马克思恩格斯全集》第三十五卷，人民出版社 1971 年版，第 145 页。

全部资本已融合为一个单个资本时，集中便达到了极限。在一个
社会里，只有当社会总资本或者合并在唯一的资本家手中，或者
合并在唯一的资本家公司手中的时候，集中才算达到极限。"①
在很长时期里，这个论点对于马克思学派关于以计划经济替代市
场经济的论证有着决定性意义。考茨基认为：通过竞争，资本主
义将导致企业数量明显减少，无产阶级取得政权以后把这些集团
联合起来，就可以在全社会范围内实行计划经济；布哈林也认
为："市场关系将由于其本身的发展而被消灭"，因为"市场斗
争的发展导致的结果是，竞争者的数目越来越少，生产集中在大
型的资本主义组织手里"②。

　　对于上述观点，米瑟斯从企业规模与经济效益的关系的角度
提出了批评。他认为，"生产要素的最佳组合法则要求机构具备
最有利的规模，如果规模能使所有生产要素得到充分利用，净利
润会相应地提高。在一定的生产技术水平上，这是评估一个机构
的规模使其优于另一个机构的唯一途径。工业机构的扩大必定导
致成本节约的观点是错误的，马克思及其学派就犯有这样的错
误，尽管偶尔有言论表明他实际上认识到了事情的真相。因为这
里也有一个界限，超出这个界限，机构的扩大就不会导致生产要
素更经济的运用"③。

　　不能简单地认同米瑟斯对马克思学派的批评。在生产大型化
趋势萌发之时，马克思就抓住了这个趋势，这是他的远见。正如
米瑟斯的同窗熊彼特所言："以预言大企业的降临这件事而论，

---

　　① 《资本论》第一卷，中共中央马克思恩格斯列宁斯大林著作编译局译，人民
出版社1975年版，第686—688页。

　　② ［德］卡·考茨基：《社会革命》，何江、孙小青译，人民出版社1980年版，
第100—102页；《布哈林文选》上册，中共中央马克思恩格斯列宁斯大林著作编译
局、国际共运研究室，人民出版社1981年版，第441页。

　　③ V. Mises：*Socialism*，Liberty Fund，1981，p. 329.

考虑到马克思当时的条件，它本身就是一种成就。"① 如果说马克思没有抓住全部趋势，但至少抓住了主要趋势之一；在一些行业中确实形成了少数企业帝国，直到今天，许多规模极大的跨国公司还在合并。

不过，比较而言，米瑟斯的见解更周全些。在当代资本主义国家的经济发展中，与企业大型化趋势并存的，是中小企业的迅速发展。特别是随着新技术革命的发生和发展，世界经济进入科技转化为生产力的速度大大加快的时代，进入多品种、小批量、个性化、协同生产的时代，中小企业数量迅速增加，经济效益优势显著。早在 20 世纪 20 年代米瑟斯就做出那样的分析，应该说他看得更远，也更准确些。米瑟斯对企业规模与效益之间的关系的分析不仅为经济发展所证实，而且预示了科斯后来在企业理论上的重要贡献。②

与企业规模的发展趋势直接相关的另一个重要问题是企业规模与财富的分配之间的关系。在马克思看来，企业规模扩大的过程，也是财富日益向少数人手里集中的过程。这一过程的经济后果是，它造成了私人资本无力管理的巨大生产力，使得建立公有制成为经济发展的需要；它的社会后果是导致尖锐的社会对抗，造成了社会变革的主体力量，使得公有制的建立成为社会的需要。《资本论》第一卷第二十三章第二节和第二十四章第七节集中阐述了这一思想。

如果企业的大型化只是某些行业和部门的现象，相应地，资本集中的趋势也限于此类行业和部门。不言而喻，中小企业数量

---

① ［美］约瑟夫·熊彼特：《资本主义、社会主义与民主》，吴良健译，商务印书馆 1999 年版，第 83 页。

② 参见 Laurence S. Moss（ed），*The Economics of Ludwig von Mises*，Subsidiary of Universal Press Syndicate，1976，pp. 75–76。

的增加既是企业大型化趋势的逆向运动，也是资本集中趋势的逆向运动。不仅如此。不仅中小企业的发展体现着资本分散的趋势，即使就日益膨胀的大企业来说，企业的扩张或生产资料的集中也未必意味资本所有权的集中；企业的大型化过程完全可以与资本所有权的分散过程同步——这就是企业股权的日益分散化。米瑟斯注意到了现代经济的这一发展，虽然他的分析不十分清晰，也没有提供必要的事实和数据。他说："机构或企业的集中趋势决不等于财富的集中趋势。随着机构和企业变得越来越大、越来越现代，现代资本主义也在同样程度上发展出了使人能以小财富干大事业的企业形式。看看这些已经出现并变得日益重要的企业类型的数量，而独资商人已经几乎从大型工业、采矿业和运输业中消失殆尽，即可证明不存在财富集中的趋势。"[1]

"机构或企业的集中趋势决不等于财富的集中趋势"，这一论断被 20 世纪资本所有权的实际发展所确认。第二次世界大战前，企业资本主要为家族占有。例如，20 世纪 30 年代，福特家族占有福特汽车公司 100%的普通股票，梅隆家族占有美国铝公司普通股票的 80%。50 年代以来，资本所有权日益分散：一是持股人数快速增长，以美国为例，1952 年为 650 万人，1985 年增至 4704 万人；二是大公司的股票高度分散，1984 年，美国电话电报公司股票持有人数达 324 万，通用汽车公司为 99.8 万，埃克森公司为 88.7 万，国际商业机器公司为 77 万，福特汽车公司为 28.9 万，英荷石油公司约为 90 万。相对于股权的高度分散，单个大股东控制的股份呈减少趋势：20 世纪初，一般说来，拥有 40%—50%的股票才能控制一家公司，在 80 年代，大约只需占有 5%的股份就可做到这一点。[2] 90 年代，大股东所持股份

---

[1]　V. Mises, *Socialism*, Liberty Fund, 1981, p. 334.

[2]　王俊宜等：《现代资本主义经济》，北京大学出版社 1989 年版，第 74—75、77 页。

进一步减少，在美国，"到 1990 年末，对最大的 10 家资本化的公司进行所有者结构的考察，这些公司最大股东持有的公司股份平均为 2.6%"。以通用汽车公司为例，1990 年，它的 5 家最大股东的股份合起来还不到 6%，5 家持有者分别占 1.4%、1.3%、1.2%、1% 和 0.9%。①

但是，如同中小企业的蓬勃发展并不能完全否定马克思对企业大型化趋势的分析一样，在财富集中问题上对米瑟斯的证实也决不是对马克思的证伪。肯定机构或企业的集中不等于财富的集中，决不意味着完全否定财富的集中。现代资本主义复杂性的一个突出表现是它的发展趋势的多向性。与股权分散趋势并存的，财富集中的趋势依然存在，并且这种趋势在 20 世纪 70 年代以来新自由主义日渐兴盛的背景下愈加突出。米瑟斯正确但却片面的分析至多可以看作对马克思的补充，而他的不存在财富集中趋势的结论是与事实相悖的。

尽管股权分散只是西方资本主义经济关系发展的趋势之一，而且千百万小股民并没有多少发言权，但股权分散，特别是工人持股是一个有着重大意义的现象。股票就是资本，工人可以把部分收入用于投资，意味着当代雇佣劳动者的劳动力价值中存在一个超过生活资料价值的余额。因此，问题不在于量而在于质——从仅仅拥有生活资料到拥有资本是一个质的飞跃。私营中小企业蓬勃发展且日益活跃，同时，资本所有权的分散造成了一个广大的中产阶级，股民大军中广大工人阶级的加入，等等，考虑到这些缓和社会矛盾的种种因素，似乎有必要对马克思关于生产资料归社会占有的主客观条件的论述重新进行检讨。

还有一个重要的相关问题是，规模巨大的现代企业是否已经

---

① ［美］迈克尔·尤辛：《投资商资本主义》，樊志刚等译，海南出版社 1999 年版，第 212 页。

发展到只能由社会来管理，也需要重新估计。按照马克思主义经典作家的论述，当生产资料的规模发展到不适合股份公司管理时，将代之以国有化，而国有化也只是生产资料归社会占有的前奏。就是说，这些依次替代的所有制形式，后者较前者具有更大的适合生产力发展的空间。当代经济发展表明，至少就具体的生产经营活动来说，没有证据显示国有制较之股份公司必定具有更大的效能。恩格斯曾认为，当生产资料和交通手段发展到不适于股份公司管理时，国有化就具有了经济上的必然性，这种必然性首先发生在"大规模的交通机构，即邮政、电报和铁路方面"。米瑟斯引用了恩格斯的有关论述后指出：恰恰是世界上最大的铁路系统——北美铁路和最重要的电报线路——海底电缆，并没有实行国有化，而在实行国家社会主义政策的国家，一些微不足道的小线路却早就被国有化了。他还指出，邮政国有化主要是出于政治原因，铁路国有化主要是出于军事考虑。[①] 不论是否同意米瑟斯关于国有化原因的分析，在评价一百多年来的国有化进程的得失时，他的见解值得参考。今天，股份公司的发展早已超越国界，形成了巨大的跨国公司，而且至今也看不到这一发展的界限。如果没有证据显示国有化企业较之股份公司在经济上有更大的效能，那么，资本积累的历史趋势与国有化以及生产资料社会占有之间的关系就还是有待探讨的问题。

四

能够提出有科学价值的问题，即使提出者本人没能最终解决，但问题为后人指出了努力方向，这本身就是对科学的贡献。对社会主义经济学来说，米瑟斯提出的社会主义经济计算问题，

---

① V. Mises, *Socialism*, Liberty Fund, 1981, p. 214.

可能具有此类价值。

当然，米瑟斯不是问题的最初发现者，但在他之前，总的来说，人们对这一问题或没有充分重视，或感觉到问题的重要性，但对问题的性质似乎没有真正把握。这里不去赘述相关讨论的历史①，就读者通常的兴趣所在，还是先看看马克思主义经典作家的见解。

马克思主义创始人谈到过社会主义条件下的经济计算问题。总的来说，他们认为社会主义社会不存在经济计算或资源配置的困难。恩格斯说过：在社会主义经济中，"一个产品中所包含的社会劳动量，可以不必首先采取迂回的途径加以确定；日常的经验就直接显示出这个产品平均需要多少数量的社会劳动。社会可以简单地计算出：在一台蒸汽机中，在100公升的最近收获的小麦中，在100平方米的一定质量的棉布中，包含着多少劳动小时"②。

对于靠日常经验就能解决的简单问题，自然不会作为重大课题提出来，只是在一个派生问题上，即如何对不同性质的劳动进行量的比较以便贯彻按劳分配原则时，恩格斯才感到有对问题进行讨论的必要。后面我们会较为详细地谈及此问题。

同恩格斯一样，十月革命前的列宁也把事情看得极为简单。《国家与革命》写道："在一些最先进的资本主义国家中已经做到人人都识字，其次是千百万工人已经在邮局、铁路、大工厂、大商业企业、银行业等等巨大的、复杂的、社会化的机构里'受了训练并养成了遵守纪律的习惯'。在这种经济前提下，完全有

---

① 英国学者埃·巴特勒把社会主义经济计算问题的历史溯及德国经济学家格森1854年的《人类交换法则的发展及人类的行为规范》一书。参见 Eamonn Butler, *Ludwig von Mises*: *Fountainhead of the Modern Microeconomics Revolution*, Gower Publishing Company Limited, Hants, England, 1988, pp. 37–38。

② 《马克思恩格斯选集》第三卷，人民出版社1995年版，第660页。

可能在推翻资本家和官吏之后，在一天之内立刻着手由武装的工人、普遍武装的人民代替他们去监督生产和分配、计算劳动和产品。"在列宁看来，"这些事情的计算和监督已被资本主义简化到了极点，而成为非常简单、任何一个识字的人都能胜任的手续——进行监察和登记，算算加减乘除和发发有关字据"①。

十月革命后的列宁对问题的看法有重大变化，这集中体现在《苏维埃政权当前的任务》一文中。此时，对生产和分配实行最严格的计算和监督成了"具有决定意义的事情"，成了"主要的困难"。但是，列宁感觉到空想主义的计划经济遇到的困难，不等于他真正理解了困难的性质；他把困难归咎于人民群众千百年来养成的"对国家的一切极端的仇视和不信任"，表明他没有理解经济资源配置的真正困难何在。唯物主义者列宁竟然想依靠人们"诚实地计算自己的生产和消费"② 等手段来解决经济计算这类重大的经济和社会基本问题！

如前所述，对于这个使列宁感到棘手的经济计算问题，米瑟斯不是指出其重要性的第一人，但正如奥·兰格指出的，正是由于米瑟斯的挑战，才使许多社会主义者觉察到问题的存在；主要是由于米瑟斯的挑战，才迫使社会主义者认识到经济计算对于社会主义经济的重要意义，在欧洲大陆上"使社会主义者系统地研究这个问题的功劳完全属于米瑟斯教授"③。

米瑟斯的贡献不限于提出问题，而且做了相当系统的论证。要对他的论证进行略为详细的分析，就不能不涉及皮尔逊、M. 韦伯、哈耶克等自由主义者与 O. 兰格、M. 多布、M. 泰勒、H. 狄金森、P. 斯威齐等社会主义者在社会主义经济计算问题上

---

① 《列宁选集》第三卷，人民出版社 1995 年版，第 201—202 页。

② 《列宁选集》第三卷，人民出版社 1995 年版，第 479、476、487、488 页。

③ ［波兰］奥斯卡·兰格：《社会主义经济理论》，王宏昌译，中国社会科学出版社 1981 年版，第 1 页。

的分歧。事实上，这需要一部关于 20 世纪前半期那场关于社会
主义经济计算的论战的历史。这里只能在篇幅限内述及要点。

米瑟斯强调市场价格在经济计算中的核心作用。进行经济计
算，必须有某种方式对经济活动的效果进行评估。在市场秩序
下，这种评估是以价格为尺度进行的。商品的价格反映着供给和
需求；取消市场，取消了商品货币交换，不可能在性质不同的生
产过程、不同的产品之间进行成本和效益的比较，这势必造成经
济生活的混乱和浪费。米瑟斯的这一判断很快就在苏俄战时共产
主义经济政策的后果中得到了出色的印证。

米瑟斯还预见，"社会主义也不一定完全废除货币。可以设
想在消费品交换中允许使用货币。但是，由于各种生产要素（包
括劳动）的价格不以货币来表示，货币无法在经济核算中发挥作
用"。在米瑟斯看来，问题正是出在这里："较之生产资料私有
制社会，货币在以生产资料集体所有制为基础社会里的作用范围
要无可比拟地狭小。因为，在社会主义国家，交换本身的重要性
非常有限，它仅限于生活消费品的范围。生产性物品不进入交换
领域，所以它没有货币价格。货币在自由经济的生产中发挥的会
计功能，在社会主义社会将不存在。"① 米瑟斯这一观点在日后
社会主义经济发展和改革中得到了多方面证实。后来的苏联拒绝
承认生产资料的商品性质，只是在生活消费品领域里实行商品交
换，这一点还被斯大林上升到所谓的理论。生产资料非商品化的
理论和政策导致苏联及其他社会主义国家一直无法实行合理的经
济资源配置。社会主义国家的市场取向经济体制改革，曾一度取
得令人瞩目的成就，但最终还是以失败告终，原因之一是市场机
制的作用主要限于产品市场。波兰经济学家 W. 布鲁斯和 K. 拉
斯基曾就匈牙利的改革批评道："1968 年蓝图的主要缺点是，它

---

① V. Mises, *Socialism*, Liberty Fund, 1981, pp. 104, 138.

其至在原则上都把市场力量的作用范围只局限于产品市场内，而把生产要素市场，尤其是把资本市场摈除在外。"① 相比之下，市场取向改革从消费品市场的发展合乎逻辑地推进到生产要素市场的培育，是中国经济体制改革相对成功的原因之一。

但是，既然市场在要素配置方面优势明显，何不在公有制条件下建立起要素市场？米瑟斯指出，"社会主义者相信，可以通过建立一个生产资料的人造市场解决社会主义经济计算问题"；"有了这样的安排，社会主义就能和资本主义的企业家一样，不费力地进行核算"。米瑟斯批评说，"这些方案的支持者没有看到（也许是不愿看到），不可能把市场及其价格形成机制同生产资料私有制基础上的社会的功能分离开……形成生产资料市场价格的整个过程的动力是，资本家和企业家通过满足消费者的需求而不停地追求利润最大化。没有风险投资家（包括股票持有者）对利润、地主对地租、资本家对利息、工人对工资的追求，整个机制的功能的成功发挥是不可想象的"。"社会主义者有关'人造市场'和以人为竞争解决经济计算问题的全部设想的根本缺陷是，他们坚信只靠生产者的商品买卖就能形成生产要素市场。取消资本家对资本供给的影响和企业家对资本的需求，而又不摧毁生产要素市场本身，是不可能的。"② 这里，米瑟斯事实上以更明确、更具体的方式提出了使学界和社会主义改革者长期感到困扰的社会主义与市场能否兼容的问题——社会主义与市场经济能否兼容这样一个一般性问题，在米瑟斯的语境下转换为公有制与生产要素市场能否兼容这样一个更具体的问题。事实上，这是社会主义市场经济建设成败的关键。

---

① ［波］W. 布鲁斯、K. 拉斯基：《从马克思到市场：社会主义对经济体制的求索》，银温泉译，吴敬琏校，上海三联书店、上海人民出版社 1998 年版，第 97—98 页。

② V. Mises, *Socialism*, Liberty Fund, 1981, pp. 119, 121.

现在断言生产资料公有制与生产要素市场不能兼容，还为时尚早。迄今为止，社会主义国家经济体制改革的经验只是证明，没有私有经济相当程度的发展，就不能有健全的生产要素市场。但是，不能反过来说，这些经验已经证明生产资料公有制与有效的生产要素市场不能并存，就是说，社会主义者和米瑟斯们之间谁是最后的赢家，还需要若干回合才能见分晓。就社会主义者一方来说，能否有说服力地回应米瑟斯在第一个社会主义模式建立之初就提出的挑战，是能否制胜的关键。

要对米瑟斯的挑战做出有力的回应，首先要理解问题的性质。但事实可能正如哈耶克在本书序言中指出的，米瑟斯的论敌们没有弄明白的是，经济计算不在于摆弄数字，而在于建立起合适的指示器，使经理们在相互协调行为的整个结构中确立自己的角色。哈耶克这里的概括并不十分准确。这里不只是经理们的事，尽管他们的角色很重要；这里事关经济活动的每个参与者。事实上，米瑟斯的眼睛也没有只盯住经理们。就拿普通劳动者的角色来说，米瑟斯认为，计划经济体制无法合理确定劳动定额和相应的分配标准，因此，"任何这类通用规定必将完全是武断的。各个行业的工人在这件事上决不会达成一致。每个人都会坚持说分派给他的工作太多，都会尽力减少给他规定的工作量。工人的平均素质、平均技术、平均力量、平均的努力、平均的勤勉——这一切都是无法精确规定的模糊概念"。怎么办呢？尽管可以在各种场合大唱赞歌，在学校和教堂大肆鼓吹，还有荣誉称号、物质奖品，甚至同胞的崇敬等，最终还是导致工作上的敷衍塞责，决不会使人尽心尽力。[1] 米瑟斯在这里连计划经济体制下的大众的某些生活细节都和盘托出了。再说管理机构吧，"数不清的官员，人人尽力自保，不让任何人染指自己的地盘，同时又拼命推诿责任"；"官员

---

[1]　V. Mises, *Socialism*, Liberty Fund, 1981, pp. 153-154.

的选拔不是以真才实学为标准，而是遵循某些形式，如通过了什么考试，进过什么学校，在下级岗位当差多少年，等等"。① 原来，在我们熟悉这些面孔和行为方式之前，米瑟斯早就给他们画过像了。

　　哈耶克的概括未必准确，但在主要之点上他是对的：米瑟斯的论敌们没有真正理解问题的性质。无论在宏观还是微观层次上，经济计算本质上是经济关系、经济利益的协调，是经济行为每个当事人的利益博弈，而不是管理机构的会计学意义上的数字运算。"在任何社会制度下（即使在社会主义制度下），应该生产什么消费品和生产多少都是很容易决定的。没有人会否认这一点。但是，一旦做出决定，仍然存在着如何最有效地利用现有生产资料来生产这些产品的问题。"② 一旦事关如何最有效地利用现有的生产要素，立刻就开始了生产当事人对自己利益的计算，这直接涉及所有权、收益索取权等根本问题，即米瑟斯所说的整个机制的动力问题。20 世纪 30 年代经济计算论战中社会主义一方的主将奥·兰格直到最后似乎也没有弄清楚这一点。兰格在其一生最后一篇论文《计算机与市场》中写道："如果我今天重写我的论文，我的任务可能简单得多。我对哈耶克和罗宾斯的回答可能是：这有什么难处？让我把联立方程放进一架电子计算机，我们将在一秒钟内得到它的解。市场过程连同它的烦琐的试验似乎过时了。实在可以把它看成是前电子时代的一种装置。"在兰格看来，市场不过是"另一种计算机，用以求解一个联立方程体系"③。像兰格这样的人物也把市场首先理解为某种计算工具，也难怪东欧国家市场取向的经济体制改革会走进死胡同。

---

　　① 　V. Mises, *Socialism*, Liberty Fund, 1981, pp. 183, 164.

　　② 　外国经济学说研究会编：《现代国外经济学论文选》第九辑，商务印书馆 1986 年版，第 61—62、67 页。

　　③ 　[波兰]奥斯卡·兰格：《社会主义经济理论》，王宏昌译，中国社会科学出版社 1981 年版，第 183—184 页。

五

马克思的劳动价值论是米瑟斯批评的重点问题之一。一个时期以来，劳动价值论一直是中国理论界的热点，因此，这应该是个令人感兴趣的话题。不必说，这里不是详细讨论劳动价值论的场合；对于一个争执了数世纪的问题，再增加一两篇或长或短的文字，于事无补。不过，对于其中较为简单的基本问题，特别是涉及思想史实方面的问题，总还是有交流的可能，而从米瑟斯对劳动价值论的批评看，恰恰在一些简单的基本问题上需要讨论。

不论对于理解米瑟斯，还是理解中国学界当下的讨论，从奥地利学派的一个传统谈起，或许不无益处。这里所谓奥地利学派的传统指的正是对马克思的批评。当然，对马克思的批评并非始自奥地利学派，但就批评的系统性和强度来说，奥地利学派的确是冲锋在前。① 让我们从庞巴维克开始，正如前述哈耶克所言，米瑟斯的灵感主要来自他的这位先生。《社会主义》一书对劳动价值论的批评就直接引自庞巴维克。

在米瑟斯引证过的《资本与利润》第一卷《经济理论批判史》里，庞巴维克似乎不吝啬赞语，称马克思为一流智者。但让他感到"匪夷所思"的是，像劳动价值论这种"不可理喻的错误"，怎么竟然会得到像马克思那样受过科学训练的人的赞成。②

---

① "在维塞尔和庞巴维克的著作中，开始出现成为奥地利经济学特征的一个传统——对马克思的批评。这种批评在威塞尔那里还相对温和，庞巴维克及后来的奥地利经济学家就强硬得多……庞巴维克是第一个攻击经典社会主义的奥地利经济学家。" Alan Ebenstein, *Hayek's Journey*：*The Mind of Friedrich Hayek*, Palgrave Macmillan, 2003, p. 47。

② Böhm-Bawerk, *Capital and Interest*, Volume I, *History and Critique of Interest Theories*, South Holland, Illinois：Libertarian Press, 1959, pp. 297, 302。

现在，庞巴维克的疑惑和惋惜能否释然，那是上帝的事；能否从他颇为自得的批评中获得教益，就看我们自己的造化了。

庞巴维克批评的要点之一，是断言马克思忽视了物的要素在价值形成中的作用：第一，某些用于交换的物品如处女地、金矿、天然煤层等与劳动无关但却具有交换价值，庞巴维克坚信，劳动价值论无法对此做出说明。第二，从与劳动相关的产品中，庞巴维克得意地发现了马克思的矛盾：《资本论》曾引证威廉·配第"劳动是财富之父，土地是财富之母"的论断，马克思自己也说过"种种商品体，是自然物质和劳动这两种要素的结合"，既如此，劳动怎么会是价值的唯一源泉呢？第三，在庞巴维克看来，商品价值与劳动无关的另一个有力证据是，商品的交换价值并不固定在其中包含的劳动量上，而是时而高于或低于这个劳动量，这种波动是由供求关系造成的。① 在对庞巴维克的高见做简析之前，先说一件令人沮丧的事：在中国理论界近期关于劳动价值论的讨论中，有人以为"土地不是劳动的产物但却具有交换价值"是否定劳动价值论的新证据。庞巴维克这里提醒说，他们迟了，该"发现"早已名花有主。

可以对劳动价值论进行攻击，但是，用此等家什作战，太过小儿科了。从引证文献看，庞巴维克似乎读过《政治经济学批判》，他应该知道，马克思把对劳动价值论的诘难归结为四个方面的问题，其中第四个问题是"如果交换价值不过是一个商品所包含的劳动时间，那么，不包含劳动的商品怎么会有交换价值呢？换句话说，纯粹的自然力的交换价值是从哪里来的呢？这个问题将在地租学说中解决"②。马克思这里说的纯粹的自然力，

---

① Böhm-Bawerk, *Capital and Interest*, Volume I, *History and Critique of Interest Theories*, South Holland, Illinois：Libertarian Press, 1959, pp. 292-294, 298.

② 《马克思恩格斯全集》第十三卷，人民出版社 1962 年版，第 53 页。

当然包括庞巴维克及其后代"发现"的土地等。显然，仅仅举出处女地等实例是不够的，欲以这些实例对马克思的劳动价值论做有分量的批评，就必须深入他的地租理论。很遗憾，如果庞巴维克认真读过《政治经济学批判》，他的提问方式应该更有针对性。《经济理论批判史》没有就《资本论》第三卷关于此问题的解决进行展开分析，我们只能推断庞巴维克不具备讨论这一问题的资质，至于庞马维克的传人们，至少到目前没有显出这个实力。

关于与劳动相关的产品，如果理解了财富与使用价值、财富与价值等这些范畴之间的区别和联系，也就不难理解何以坚持劳动价值论的马克思会把威廉·配第视为同志而斥责"劳动是一切财富之源"的说法。显然，要颠覆马克思，须得对他使用过的这些简单的基本范畴进行解构，而这对一个人的"视力"是有要求的。很遗憾，庞巴维克们"视力"欠佳。更令人遗憾的是，这种欠佳"视力"的遗传导致了今天许多理论创新。

至于交换价值与劳动价值的背离问题，如果翻开例如恩格斯的《马克思和洛贝尔图斯》，庞巴维克会发现对自己更有利的东西。在耗费若干篇幅列举交换价值与劳动价值相背离的例子之后，庞巴维克紧接着批评说，社会主义者把这些情形看作"少数例外"而笃信劳动价值论。[1] 这不是事实。事实应当让庞巴维克更兴奋；事实是，社会主义者恩格斯从未认为这里是什么"少数例外"，相反，他认为这种偏离是一种常态：这是一个商品价格——交换价值的货币表现——"时而高于时而低于价值"的可恶的世界，是一个商品价格对价值的"不断背离"的世界。[2]

① Böhm-Bawerk, *Capital and Interest*, Volume I, *History and Critique of Inerest Theories*, South Holland, Illinois: Libertarian Press, 1959, pp. 298-301.
② 《马克思恩格斯全集》第二十一卷，人民出版社1965年版。第210、215页。

翻开马克思的《哥达纲领批判》，那里讲得更明白："在商品交换中，等价物的交换只是平均来说才存在，不是存在于每个个别场合。"① 如果把劳动形成的价值视为一条相对平稳的轴线，而交换价值呈现沿轴线经常波动的曲线，我们会看到，曲线与轴线的交点是极个别的，就是说，在现实中，交换价值与劳动价值真正相符的情形是很偶然的。至于为什么要把偶然与交换价值相符的劳动价值理解为商品价值的唯一来源，这又是庞巴维克们感到"不可理喻"的。哈耶克在谈到对米瑟斯的理解时指出，要懂得他，需要理解他对社会和经济问题的思维方式。这个意见用在对马克思的理解上尤其恰当。庞巴维克及其前辈和后人满足于现象描述，而马克思则认为，科学的任务是揭示现象背后的本质，"如果事物的表现形式和事物的本质会直接合而为一，一切科学就都是多余的了"②。既如此，庞巴维克们不能理解马克思，也就不奇怪了。同样可以想象的是，通过庞巴维克这样的先生去理解马克思，其可靠程度是可疑的。

从《社会主义》一书中的相关论述看，在对马克思的价值理论的理解上，米瑟斯与庞巴维克的关系是出于蓝而等于蓝。庞巴维克对劳动价值论的批评，被米瑟斯从精神到词句完全继承下来。米瑟斯说，"马克思主义理论中潜伏着一种模糊的想法，即生产的自然要素不必节省。这一结论肯定是来自这样一种理论体系：它把劳动视为唯一的成本要素……即使在社会主义社会，生产的自然要素在数量上也是有限的，从而必须厉行节约"③。认为这个世界上竟然存在着对生产的自然要素不加节约的理论主张，并且要把这一桂冠戴在马克思头上，这是需要一点想象力

---

① 《马克思恩格斯选集》第三卷，人民出版社 1995 年版，第 304 页。

② 《资本论》第三卷，中共中央马克思恩格斯列宁斯大林著作编译局译，人民出版社 1979 年版，第 923 页。

③ V. Mises, *Socialism*, Liberty Fund, 1981, p. 143.

的。顺便说，拥有此类想象力的不乏其人，像埃蒙·巴特勒这样的米瑟斯研究者也认为，以劳动价值论为基础的价值计量是不包含物质损耗的。① 这里，不能不遗憾地告诉他们：在全部经典马克思主义文献中，既看不出这样的意思，更见不到这样的词句，当然，这里指的是有判断力的、不带偏见的阅读。从马克思经济学的观点看，成本是一个价值概念。如果认定全部价值都来源于劳动，那么，把劳动说成是唯一的成本要素，马克思会承认这一指控。问题是，说劳动是唯一的成本要素，是否意味着对自然要素不必节约呢？米瑟斯及其研究者应该知道，马克思笔下的劳动概念，不仅指活劳动，也包括死劳动、物化劳动。显然，对作为生产成本的劳动的节约，当然包括节约死劳动，而对凝结在物中的死劳动的节约难道不同时就是对"生产的自然要素"的节约吗？如果节约的对象是处于自然状态的土地，对于土地使用者来说，在地租水平已定的情况下，会追求最大限度地利用土地，而最大限度地利用土地实质上就是最大限度地利用他为地租购买价格所付出的不变资本，反过来说，最大限度地利用投入到土地上的作为不变资本的死劳动，就必然要求提高土地利用率，这不也是对"生产的自然要素"的节约吗？

　　劳动二重性理论是马克思劳动价值论的核心，这里着重分析一下米瑟斯对这一理论及相关问题的批评。米瑟斯批评说："劳动计算理论的……缺陷是，它忽视了劳动质量的差别。在马克思看来，所有的人类劳动在经济上是同质的，因为它不外是'人类的脑、肌肉、神经、手等等的生产性耗费'；'比较复杂的劳动只是自乘的或不如说多倍的简单劳动，因此，少量的复杂劳动等于多量的简单劳动。经验表明，这种复杂劳动向简单劳动的转化

---

① Eamonn Butler, *Ludig von Mises*: *Fountainhead of the Modern Microeconomics Revolution*, Gower Publishing Company Limited, Hants , England, 1988, p. 45.

是经常进行的。一件商品可能是高级的复杂劳动的产品，但其价值使它与简单劳动的产品相等，因而本身只表示一定量的简单劳动'……在对这一理论的批判中，有人不愿追问是否可能找到测量所有人类劳动（体力和脑力）的统一的生理标准。无疑，人与人之间存在着能力和技艺的差别，这些差别会体现为产生出来的产品和服务的不同质量。解答把劳动作为经济核算基础的可能性这一问题，说到底取决于是否能够无需消费者对产品的评估而把各种不同的劳动简化为一个统一的尺度。显然，马克思就此提出的论证是失败的。"① 这段评论针对的是《资本论》第一卷有关劳动二重性的论述，这一完全是"庞巴维克式"的批评②，表明他们师徒没有耐心去理解自己的批评对象。第一，马克思从没说过所有的人类劳动"在经济上是同质的"；哪怕目不识丁的人也知道"人与人之间存在着能力和技艺的差别，这些差别会体现为产生出来的产品和服务的不同质量"，马克思不知道这一点，言者该有着怎样的判断力，只有天知道。

　　第二，当马克思把劳动理解为"同质"的时候，他是在谈抽象意义上的劳动。各种各类劳动，既然都被称作劳动，用哲学家的话说，它们就是一个"类"，不管它们之间有着怎样的差别，它们肯定有某种共性，马克思说的抽象劳动，指的就是这种共性。事物的共性不是虚构，而是现实的存在，只不过它不能脱离事物的个性而存在。理解了这一点，就能理解抽象劳动不是虚构，而是现实的存在，只不过是它不能脱离各个具体劳动而独立存在罢了，而承认抽象劳动的存在，决不会否定各种具体劳动之间的差别。比方说，庞巴维克、米瑟斯、哈耶克是差别鲜明的个

---

　　①　V. Mises, *Socialisms*, Liberty Fund, 1981, p. 115.

　　②　Böhm-Bawerk, *Capital ard Inaterest*, Volume I, *History and Critique of Interest Theories*, South. Holland, Illinois：Libertarian Press, 1959, pp. 298-299.

体，但不管他们之间有着怎样的差别，但他们都是人，都具有人之共性，而对这种共性的承认，决不会抹杀他们之间的差别。马克思的抽象劳动概念没有，也不可能抹杀不同质的劳动之间的差别，要理解这一点，无须特别的智商。

米瑟斯或许会把老师请来助阵。庞巴维克问道，商品还有许多其他方面的共性，如都有效用，都"稀缺"，都具有某种物的要素，等等，为什么单单把"劳动"抽象出来？细分下去，庞巴维克的这个共性清单可无限延长，比如，它们都必须以某种形式存在，都有某种物理的和化学的性质，等等。既如此，为什么独独钟情于劳动？

任何事物都有多重属性，可以从不同方面去认识它们。哪些方面进入人们的视野，这取决于认识的目的。比方说，庞巴维克、米瑟斯、哈耶克都是自由主义者这一共性，决不会引起人体解剖学家的兴趣。就商品来说，经济学家马克思关心的是它们之间的交换比例如何得以建立，而在他看来，这种比例只能从抽象劳动中得到理解，商品的其他共性，如它们都可能分解为分子和原子，都可以被消费，等等，丝毫无助于对商品交换的理解。

第三，在米瑟斯的这段话中，包含着一个需要费些周折才能理出头绪的问题，这个问题一方面仍然表明米瑟斯对马克思的不解，另一方面这种不理解的造成，原因可能不完全在米瑟斯。下面我们分别谈谈这一问题的两个方面。

我们重读米瑟斯刚才的话："劳动计算理论的……缺陷是，它忽视了劳动质量的差别"；"人与人之间存在着能力和技艺的差别，这些差别会体现为产生出来的产品和服务的不同质量。解答把劳动作为经济核算基础的可能性这一问题，说到底取决于是否能够无须消费者对产品的评估而把各种不同的劳动简化为一个统一的尺度。显然，马克思就此提出的论证是失败的"。这里须特别注意，米瑟斯是在讨论社会主义条件下的经济计算问题时说这番话的；米瑟斯这里谈的是社会主义条件下如何对不同性质和质量的产品和服务进行自觉的计算。米瑟斯在这里引述并批评马克思的劳动二重性理论，这表明他没有理解的是这样一个问题：马克思政治经济学的价值理论原本与社会主义经济无关，它只是关于商品经济和资本主义经济的理论。

　　关于政治经济学的性质，尼古拉·布哈林讲过一段有争议的话："理论政治经济学是关于以商品生产为基础的社会经济的科学，也就是关于无组织的社会经济的科学。只有在生产是无政府状态，产品分配也是无政府状态的社会中，社会生活的规律才作为不取决于个人和集体的意志的'自然的'、'自发的'规律……显现出来。……只要我们来研究有组织的社会经济，那么，政治经济学中的一切基本'问题'如价值、价格、利润等问题就都消失了……资本主义商品社会的末日也就是政治经济学的告终。"①列宁对此有异议，他在针对这段话的批注中写道："不对。甚至在纯粹的共产主义社会里不也有 Iv+m 和 IIc 的关系吗？还有积累呢？"② 在这两种歧见中，道理恐怕在布哈林一边。理论研究的必要性来自对事物本质的无知，一旦把握了事物的本质，理论研究的使命也就完结了，余下的困难和问题将交由技术及其他领域的工作去解决。对价值、价格、利润等范畴进行理论研究，是因为这些范畴是人们无力控制的社会关系的表现。马克思理想中的社会主义和共产主义是人们的社会关系受到自觉控制的社会，对于这样一个社会的经济关系，自然不会产生对其进行理论研究的必要。当然，在马克思设想的共产主义社会里，也会有列宁所说的 Iv+m 和 IIc 的关系，也会有积累问题以及无数其他需要处理的经济

---

　　① 　[苏]尼古拉·布哈林：《过渡时期经济学》，余大章、郑异凡译，生活·读书·新知三联书店 1981 年版，第 1—2 页。

　　② 　列宁：《对布哈林"过渡时期的经济"一书的评论》，中共中央马克思恩格斯列宁斯大林著作编译局译，人民出版社 1958 年版，第 3 页。

问题。但是——在梦想成真的共产主义里——这些都是技术性问题。为了理解布哈林观点的合理性，请特别注意他的表述中的异体字：布哈林讲的正是"理论"政治经济学的基本问题。

马克思的劳动价值论就是此类理论政治经济学的内容之一。在社会条件允许人们把劳动时间作为交换尺度自觉加以运用的场合——如自然经济中偶然的交换行为，在那里，产品生产的全部劳动时间清楚地呈现在每个参与交换的劳动者面前①——劳动尺度的运用是一个一目了然的过程，不会产生对其进行研究的动机。在马克思学派看来，在生产条件千差万别、不同生产过程在时间和空间上相互分离的商品经济和资本主义经济时代，劳动量依然是产品交换的"计算"尺度，但这种计算是生产无政府状态下一种不自觉的过程，是"在生产者背后由社会过程决定的"②，也只是在这样的情形下，"劳动价值"才成为科学研究的对象。因此，与米瑟斯的误解不同，劳动不是对产品价值进行自觉计算的尺度，劳动价值论不是关于社会主义经济的理论。顺便说，在这一问题上，米瑟斯决不是个别现象；鲍里斯·布鲁斯库斯对劳动价值论的批评表明该阵营的批评家们在该问题上陷入了

---

① "中世纪的农民相当准确地知道，要制造他换来的物品，需要多少劳动时间。村里的铁匠和车匠就在他眼前干活；裁缝和鞋匠也是这样，在我少年时代，裁缝和鞋匠还挨家挨户地来到我们莱茵地区的农民家里，把各家自备的原料做成衣服和鞋子……在这里，不仅花在这些产品上的劳动时间对相互交换的产品量的数量规定来说是唯一合适的尺度；在这里也根本不可能有别的尺度。不然的话，难道可以设想，农民和手工业者竟如此愚蠢，以致有人会拿 10 小时劳动的产品和另一个人 1 小时劳动的产品交换吗？在农民的自然经济的整个时期内，只可能有这样一种交换，即相互交换的产品量趋向于越来越用它们所体现的劳动量来计量。"（恩格斯对《资本论》第三卷的增补，参见《资本论》第三卷，中共中央马克思恩格斯列宁斯大林著作编译局译，人民出版社 1975 年版，第 1016 页。）

② 《资本论》第一卷，中共中央马克思恩格斯列宁斯大林著作编译局译，人民出版社 1975 年版，第 58 页。

同一误区。① 把劳动价值论视为社会主义经济计算的工具是对这一理论最大的误解之一。

问题的另一方面是，马克思恩格斯关于社会主义经济的某些论述，使得米瑟斯的批评不完全是无中生有；马克思对社会主义按劳分配制度的论证，就是以"各种不同的劳动简化为一个统一的尺度"的假定为前提的，米瑟斯认为，马克思对于这种简化的论证是失败的。就如何把不同质的劳动简化为统一的尺度以作为社会主义的分配依据而言，确实存在着需要探讨的问题；事实上，这一问题在马克思主义创始人的著作中已经提出并试图加以解决，但结果却并不理想。

如前所述，在商品交换中，劳动量作为交换尺度职能的发挥是一种自发的过程，是"在生产者背后由社会过程决定的"。在马克思笔下没有商品货币的社会主义社会里，消费品分配依然遵循着等量劳动相交换的原则。但是，这一原则在商品交换中与在按劳分配中的实现方式有着根本差别：前者的等量劳动相交换只是作为支配商品价格运动的规律而存在着，用《哥达纲领批判》的话说，"在商品交换中，等价物的交换只是平均来说才存在，不是存在于每个个别场合"，真正的等价交换只是偶然现象；等量劳动相交换的原则在按劳分配中的情形正相反，它应该存在于每个个别场合，"原则和实践在这里已不再相互矛盾"②，交换尺度是社会事先确定的生产各类使用价值所需要的劳动时间。正是在这里遇到了真正的困难：劳动价值的作为交换尺度职能的执行，本来是在交换当事人的博弈中，在价格对价值的不断背离中，作为一个自发的社会过程实现的，现在却要用作自觉地计算

---

① Brutzkus, *Economic Planning in Soviet Russia*, George Routledge & Sons, 1935, pp. 23–31.

② 《马克思恩格斯选集》第三卷，人民出版社 1995 年版，第 304 页。

手段，这一点如何可能做到？

换个方式提出这个问题，也许会把问题的性质表露得更清楚。在商品经济中，首先，存在社会分工，其次，不同的生产者之间有着不同利益，正是同时存在着这两个条件，使得等价交换成为必要，使得作为价值化身的货币的产生和使用成为必然。理论上的社会主义社会实现了生产资料的全社会占有，这是社会经济关系的根本变化，但对于劳动交换来说，这种变化所改变的只是交换的内容或范围：生产资料和劳动力不再是交换对象，用马克思的话说，"除了自己的劳动，谁都不能提供其他任何东西，另一方面，除了个人的消费资料，没有任何东西可以转为个人的财产"①。交换得以发生的两个前提条件并没有随着生产资料公有制的建立而改变。之所以要实行按劳分配，实行"一种形式的一定量劳动同另一种形式的等量劳动相交换"，同样是因为社会分工和生产者之间有着不同利益这两个条件的同时存在，因为在这种条件下，劳动价值规律必然要发挥作用。现在的问题是，本来是生产无政府状态下的自发的规律，如何可能成为人们手中自觉的工具呢？或者再换一个设问：一般说来，从必然王国向自由王国迈进的条件是什么呢？这就是对必然规律的认识和对它发挥作用的条件的控制。必然王国与自由王国之间的区别，用恩格斯用过的一个比喻来说，"这里的区别正像雷电中的电的破坏力同电报机和弧光灯的被驯服的电之间的区别一样，正像火灾同供人使用的火之间的区别一样"。这样一来，问题的提法就是，我们能够认识和控制劳动价值规律发挥作用的条件吗？

我们再读一下前面引证过的恩格斯的话：在社会主义经济关系下，"一个产品中所包含的社会劳动量，可以不必首先采取迂回的途径加以确定；日常的经验就直接显示出这个产品平均需要

---

① 《马克思恩格斯选集》第三卷，人民出版社1995年版，第304页。

多少数量的社会劳动。社会可以简单地计算出：在一台蒸汽机中，在100公升的最近收获的小麦中，在100平方米的一定质量的棉布中，包含着多少劳动小时"①。

　　这里有许多问题不清楚。其一，日常经验也许可以在范围狭小的小生产条件下显示出简单劳动产品的生产所需要的劳动时间②，但对于复杂的劳动产品，如蒸汽机，要确定从图纸设计到产出成品需要多少劳动小时，决非易事，估计到科技的飞速发展，事情更加复杂。其二，最困难的问题是，对于不同质的劳动，尤其是体力与脑力劳动，它们的比例如何折算？用米瑟斯的话说，如何能够"把各种不同的劳动简化为一个统一的尺度"呢？恩格斯在同杜林的论战中遇到了这个难题。对于这个难题的解决，恩格斯提到了消灭固定分工。恩格斯以"建筑师"与"推车人"为例，设想通过他们之间经常互换工作，以使他们的劳动量相比较。确实，建筑设计劳动与推车劳动没有可比性，但如果约翰和汤姆都既是建筑师也是推车工，则可以把他们的同类工作分别进行比较。恩格斯的思路是合理的。要取消自发形成的货币，代之以劳动时间作为劳动计量手段，前提是根本改变劳动关系。分工的取消就是劳动关系的根本改变。我们这里看到，在恩格斯的设想中，不同质的劳动之间的量的比较，是通过固定分工的消灭而实现的。也就是在这个意义上，我们说米瑟斯没有完全理解固定劳动分工的消除在马克思社会主义学说中的意义。

---

　　① 《马克思恩格斯选集》第三卷，人民出版社1995年版，第660页。

　　② 一个耐人寻味的事实是，《资本论》和《反杜林论》在谈到可以在全社会对劳动时间进行计划分配以调节各种劳动职能同各种需要的适当比例时，马克思以鲁滨逊根据需要安排自己的时间和活动作比喻，认为未来的经济运行机制不过是鲁滨逊劳动的一切规定"在社会范围内重演"；恩格斯则以处在原始公有制阶段的古代印度公社和南方斯拉夫人家庭公社为参照。（参见《资本论》第一卷，中共中央马克思恩格斯列宁斯大林著作编译局译，人民出版社1975年版，第93—96页；《马克思恩格斯选集》第三卷，人民出版社1995年版，第659—660页。）

但是，恩格斯的方案依然是同质劳动相比较，异质劳动相比较的问题还是没有解决。且不说消灭固定分工的理想能否实现，就算能实现，依《哥达纲领批判》的分析，那也是共产主义高级阶段的事，因此，社会主义阶段仍旧存在的由固定劳动分工引起的分配问题，仍然悬而未决。恩格斯清楚地知道问题的存在，对此他有一个进一步的解决方案。他说："现在怎样解决关于对复合劳动支付较高工资的全部重要问题呢？在私人生产者的社会里，培养熟练劳动者的费用是由私人或其家庭负担的，所以熟练的劳动力的较高的价格也首先归私人所有……在按社会主义原则组织起来的社会里，这种费用是由社会来负担的，所以复合劳动的成果，即所创造的比较大的价值的成果也归社会所有。工人本身没有任何额外的要求。"① 恩格斯这个方案至少忽视了下述事实：复杂劳动能力的形成决不能简单地由培养费用来解释；复杂劳动力的培养更多地取决于被培养者的天赋、学习的勤奋程度等等，培养费用只是生成这种能力的条件之一。实在说，这一方案并不是解决问题，而是取消问题。恩格斯这里的论述重复了约翰·勃雷 1839 年的《对劳动的迫害及其救治方案》一书中的意见。②

对异质劳动进行量的比较，甚至在据称已经实现了按劳分配的地方，依然是经济学家们感到困扰的问题。蒋学模先生 20 世纪 60 年代曾说过："复杂劳动还原为简单劳动，是劳动核算中最困难最复杂的问题。在社会主义社会里，究竟有哪些因素影响着复杂劳动与简单劳动的换算关系，这是一个还没有完全弄清楚的问题，很需要进一步加以研究。"③ 迄今为止的种种努力劳而无

① 《马克思恩格斯选集》第三卷，人民出版社 1995 年版，第 545 页。
② 参见［英］约翰·勃雷《对劳动的迫害及其救治方案》，袁贤能译，商务印书馆 1997 年版，第 48—49 页。
③ 蒋学模：《谈谈按劳分配中的劳动问题》，《经济研究》1964 年第 8 期。

功，症结何在？我们看到，研究和讨论总是围绕着技术问题兜圈子。但是，等量劳动相交换原本不是技术领域的问题，因此，从学理上说，困难不会在技术领域里求得解决，而只能从社会经济关系的改变中，从固定劳动分工的消灭中寻找出路。固定劳动分工不消除，按劳分配就至多是一个有待验证的经济学假设。

历史上有许多自发形成的社会和经济制度，其有效运行可以无需理论之助。但对于一个自觉设计的社会制度的有效运行来说，科学的理论说明便是一个必要条件。按劳分配便是这样一种自觉设计的经济制度。几十年的社会主义实践并没有建立起真正的按劳分配制度，决非偶然，重要原因之一是，理论说明和制度设计原本就有缺陷。在分配制度上，20世纪的现实社会主义国家实行的主要是平均主义。在纯粹生产资料公有制条件下，一旦按劳分配无法实施，又不能实行其他生产资料所有制结构中才会有的分配方式，余者只剩平均主义了。

还是回到米瑟斯。既然谈到劳动价值论与社会主义的关系，我们就来进一步看看米瑟斯对这两者的一般关系做何理解。他说："人们一直以为，劳动价值论为生产资料社会化的要求提供了必要的伦理基础。我们现在知道，根本就不是这么回事……社会主义生产方式的政治要求既不需要也不接受劳动价值理论的支持。"① 这段话的后一句再次暴露了米瑟斯的不足。"社会主义的政治要求"是需要并接受劳动价值论的支持的，只不过这种支持同时需要其他相关理论的辅助。在马克思看来，资本主义生产的目的是剩余价值生产。但是，先有价值才谈得上剩余价值，因此，剩余价值的生产以价值的生产为前提，就是说，以商品生产为前提。商品首先必须是使用价值。从劳动价值论的观点看，使用价值中凝结的价值从而剩余价值是劳动者的活劳动创造的。资

---

① V. Mises, *Socialism*, Liberty Fund, 1981, p.116.

本主义发展的必然趋势是，随着生产力的发展，随着科学技术在生产中的应用，使用价值生产中所需的活劳动愈来愈少，这意味着，单位使用价值中的价值量将日趋减少。生产力的发展和科学技术的应用趋向于使生产完全自动化。自动化的发展将使劳动者日益脱离使用价值的直接生产过程，从理论上说，这一过程的极限是使用价值中的价值量从而剩余价值量趋向于零，而没有剩余价值就没有资本主义，就是说，即使没有任何其他因素的干预，资本主义也会随着生产自动化的发展而自行消亡。马克思说："随着大工业的发展，现实财富的创造较少地取决于劳动时间和已耗费的劳动量，较多地取决于在劳动时间内所运用的动因的力量，而这种动因……取决于一般的科学水平和技术进步，或者说取决于科学在生产上的应用"；"一旦直接形式的劳动不再是财富的巨大源泉，劳动时间就不再是，而且必然不再是财富的尺度，因而交换价值也不再是使用价值的尺度。群众的剩余劳动不再是发展一般财富的条件……于是，以交换价值为基础的生产便会崩溃，直接的物质生产过程本身也就摆脱了贫困和对抗的形式"。① 在马克思那里，劳动价值论与社会主义之间的联系十分清晰，米瑟斯不知道这一点，可能是他对马克思的《政治经济学批判》缺乏了解。

不过，米瑟斯毕竟是米瑟斯，当他说"人们一直以为，劳动价值理论为生产资料社会化的要求提供了必要的伦理基础。我们现在知道，根本就不是这么回事"，这表明较之今天许多人，他对劳动价值论与社会主义的关系的理解可能略高那么一二筹。在近些年关于劳动价值论的讨论中，经常可以看到有人把劳动价值论与社会主义的关系理解为某种"伦理的"联系。为了顺利贯

---

① 《马克思恩格斯全集》第四十六卷（下），人民出版社 1980 年版，第217—218 页。

彻所谓的"按要素分配"的政策，一些听说过劳动价值论这个词的人忽然觉得这一理论碍手碍脚；他们以为，价值既然只能由劳动创造，理应只能由劳动者参与分配，因此，劳动价值论与按要素分配是矛盾的。他们既然认定劳动价值论与现行分配政策相矛盾，而现行分配政策又不可易移，于是便想到要对劳动价值论进行"深化"。这些勇士不知道，在从事他们伟大的深化工作之前，有必要先"深化"一下自己的阅读。第一，如果读一下罗伯特·欧文或19世纪二三十年代的社会主义者如威廉·汤普逊的作品，例如他的《最能促进人类幸福的分配原理的研究》，就会看到，早在近200年前，也就是在中国清朝嘉庆年间，欧洲的先贤们已经"深化"出今天许多人所理解的劳动价值论与社会主义的关系：遵循着与今天某些人所持的"谁创造，谁分配"相同的伦理逻辑，罗伯特·欧文们创新出一种被称为李嘉图学派社会主义的东西，他们以劳动价值论为伦理依据而直接推导出社会主义的结论。但是，这种"深化"是一种与前进方向相反的运动；这种把科学理论与伦理要求混为一谈的努力，是开科学的倒车。第二，如果读一下亚当·斯密和大卫·李嘉图，特别是试图在自己的体系中彻底贯彻劳动价值论的李嘉图，就会看到，劳动价值论完全不碍事。这两位大师坚持认为资本的利润完全来自雇佣工人创造的价值，但他们并没有感到他们信奉的劳动价值论有任何不便；他们坚持劳动价值论，但既不曾想到改变资本主义所有制，也没有想到要改变资本主义分配制度。是他们的感觉迟钝而无力觉察其中的矛盾吗？不是的。他们清楚地知道，价值创造所遵循原则不同于价值分配所遵循的原则；劳动所创造的价值是按要素所有权的原则分配的。顺便说，"按劳分配与按要素分配相结合"的说法是一种相当糊涂的观念，这种观念把按劳分配视为不同于按要素分配的东西。事实上，任何经济制度下实行的都是按要素所有权分配的分配制度，按劳分配（假如能够得以实现的话）不过是按要素分配在生产资料公有制条件下的特殊形式——它是生产资料要素归社会占有而劳动力要素归个人占有条件下的分配方式。

把作为科学原理的劳动价值论变成表达社会愿望的伦理前提；硬逼着劳动价值论的关公大战按要素分配的秦琼；按劳分配的白马原本属于按要素分配的马，却硬要白马与马相结合。谁能说出这是混乱的几次方！

事情本来早已弄清楚，马克思学派著作家从来都是从生产力与生产关系的矛盾运动出发去论证社会主义的必然性，从所有制关系出发去说明分配制度；马克思经济学没有也不可能从劳动价值论出发直接引申出分配制度。把本来已经清楚的问题搞乱，此等近 200 年开科学倒车的接力，不能不说是思想史上的奇观。

六

在关于社会主义的论证中，马克思恩格斯预言无产阶级将取代资产阶级而管理经济和社会，一个重要理由是，他们认为生产社会化的发展已使资本家阶级成为多余的阶级，相应地，他们认为新兴无产阶级有能力比资产阶级更好地管理经济生活。因此，对资本家阶级的经济和社会职能的认识，是社会主义理论的核心问题之一。社会主义者曾经认为，这个问题在理论上已经清楚，在实践上也已经解决了——社会主义革命使资本家阶级在很长时期里在许多国家里没了踪影。改革开放以来，市场经济的发展在中国初步造就了一个新的私营企业家阶层，这个长期被视为洪水猛兽的群体重现中国社会，自然会成为议论的热点。有人呼唤"像样的"私营企业家出现；有人虽不否认这个阶层存在的必要，但始终把他们视为不劳而获的剥削者；有人对私营企业家给予极高评价，认为他们的劳动是高级智力劳动，是稀缺资源，他们在信息极不完备的条件下，把分散的资源寻找出来，串联组合，使社会生产得以正常进行。在这种意见分歧较大的情形下，《社会主义》一书对这一问题的看法想必是读者感兴趣的。不必说，在这个问题上，米瑟斯照例与马克思学派唱反调。

先看马克思主义经典作家。不必重复读者熟知的《共产党宣言》第一章中对资产阶级的政治、经济和文化成就的长篇赞扬，恩格斯的《必要的和多余的社会阶级》一文精练地概括了他们关于这一问题的思想要点。关于资产阶级存在的必要性，恩格斯说，"资本主义中等阶级的经济职能的确在于，它创立了现代蒸汽工业和蒸汽交通的体系，并打破了一切延缓或妨碍这个体系发展的经济和政治障碍。没有疑问，只要资本主义中等阶级还执行着这种职能，在这种情况下它就是一个必要的阶级"。恩格斯接下来问道："但是，现在它还是那样吗？它还在继续履行它的造福全社会的社会生产的管理者和扩大者的重要职能吗?""先看交通工具，我们看到，电报是在政府手里。铁路和大部分远洋轮船都不属于那些亲自经营业务的单个资本家，而属于股份公司，这些公司的业务是由支薪的雇员，由那些实际上地位相当于位置较高和待遇较好的工人的职员代为经营。至于说到董事们和股东们，他们都知道，前者干预业务管理愈少，而后者干预业务监督愈少，则对企业就愈有利……这些大企业的所有者资本家，实际上没有别的工作，只有把半年一期的息票兑换成现款罢了。资本家的社会职能在这里已经转移给领工资的职员了……资本家由于上述大企业的规模而被迫从业务管理中'引退'，但是另一个职能仍然留给了他们。这个职能就是拿他们的股票到交易所去投机……这种'引退了的'握有股票的资本家的存在，确实不仅是多余的，而且是十足的祸害"。文章最后总结道，"资本家阶级已经变得没有能力管理本国巨大的工业体系了……（工人阶级）能够不要资本家阶级干预而把本国大工业管理得更好。"①
在马克思恩格斯看来，资本家的企业管理职能由支薪的高级雇员
替代，资本家的唯一业务是在交易所里从事投机，这一事实表示
资本所有权与生产过程完全分离，这是资本家阶级要退出历史舞
台的重要征兆。在《反杜林论》《社会主义从空想到科学的发
展》等重要著作中，这一事实及其意义被反复强调；在《资本
论》第三卷"信用在资本主义生产中的作用"一章里，对于从
资本主义财产关系向社会主义财产关系的转变来说，这一事实被
赋予了至关重要的意义，那里写道："在股份公司内，职能已经
同资本所有权相分离，而劳动也已经完全同生产资料的所有权和
剩余劳动的所有权相分离。资本主义生产极度发展的这个结果，
是资本转化为生产者的财产所必需的过渡点，不过这种财产不再
是相互分离的生产者的私有财产，而是联合起来的生产者的财
产，即直接的社会财产。"②

　　与马克思恩格斯截然相反，米瑟斯把资本家阶级看作对经济
和现代社会发展来说是最重要的社会群体。除去世界观和阶级立
场等因素，我们看到，造成这种差别的，首先是由于在观察股份
公司等大的资本主义企业组织时，他们的视角不同。马克思恩格
斯在观察股份公司时，首先看到的是企业规模，是生产社会化的
发展，从而看到的是企业的所有权与管理权的分离，所有者与管
理者的职能的分离。米瑟斯则始终把生产资料所有权置于观察的
中心，在他看来，股份公司不过是资本所有者实现经济管理职能
的一种形式，因此，尽管他同马克思一样清楚地知道所有者与管
理者的职能是分开的，但他更多地看到的是它们的联系："在资

　　① 《马克思恩格斯全集》第十九卷，人民出版社 1963 年版，第 316—318 页。
　　② 《资本论》第三卷，中共中央马克思恩格斯列宁斯大林著作编译局译，人民
出版社 1975 年版，第 396 页。

本主义制度下，股份公司的经理是由股东直接或间接任命的。就股东授权经理使用公司的（即股东的）资产从事生产而言，他们是在拿自己的部分或全部财产去冒险。投机（因为这必然是一种投机）可能成功并带来利润；当然，也可能失败并亏掉部分或全部资本。把自己的资本投入后果难料的生意，把它交给不管对其过去多么了解但未来能力未卜的经理人，这是股份公司的实质。"①

仅仅看到资本所有者与企业管理者的联系，还不足以认定资本所有者在社会经济生活中是必不可少的。重要的是对资本所有者的经济活动内容的理解，在这一点上发生了进一步的差别。马克思学派把资本所有者经济活动的积极内容主要理解为对直接生产过程的管理，理解为对企业经营活动的直接管理。既然对经济活动内容作如此理解，必然的逻辑是，脱离企业管理，也就是脱离对社会经济生活的领导，从而成为多余的阶级。既然管理着股份公司的经理们并不是所有者，他们为谁工作，这一点并不重要，因此，东家的变换——由社会取代资本家而成为生产资料的所有者——应该不影响他们尽职尽责，生产照样可以发展，甚至可以发展得更好。

相反，在米瑟斯看来，支薪经理的管理工作对于资本主义经济的运行不是最重要的，重要的是资本市场的作用和所有者在资本市场上的活动。他说，资本主义经济计算"每天都面临着必须解决的新问题。为了解决这种问题，首先有必要使资本从某个生产线、某个企业和公司抽出，投入到其他生产线、其他企业和公司。这不是股份公司经理的事，这本质上是资本家的事——买卖股票和股份，贷出和收回贷款，在银行里把钞票存入或提取。正是这些资本家的投机活动，为货币市场、股票市场和批发市场的

---

① V. Mises, *Socialism*, Liberty Fund, 1981, p. 120.

形成创造了条件。股份公司经理们视这种条件为理所当然……正
是资本家的投机活动所传达的信息，成为他们必须调整经营的依
据，成为他们商业活动的指南"。"比生产过程……更重要的是
资本的更新和新增资本的投资。这才是经济核算的核心问题，而
不是如何运用现有流动资本的问题。"①

与米瑟斯对资本家经济职能的看法密切相关的是他对投机活
动的性质的理解，这是他与马克思学派之间更深刻的分歧。资本
家在资本市场上的投机活动，用恩格斯的话说，在经济上不仅多
余，而且是十足的祸害。米瑟斯则认为，资本主义制度下的投机
行为所发挥的功能，是任何经济体系不可或缺的；投机者所扮演
的经济角色，在任何经济制度下都不可能取消。如果像社会主义
者所设想的那样把它取消，必须有其他组织取代它的功能；没有
投机，就没有超前的经济行为。②

从上述这一分歧出发做进一步分析，将不仅关乎对投机行为
本身的评价，而且涉及基本的哲学世界观。在马克思学派看来，
投机是与私有制和生产无政府状态相联系的经济行为；社会占有
生产资料并对社会经济生活进行有计划的安排之日，就是投机行
为的消除之时，而在马克思学派看来，对经济和社会生活进行自
觉地全面安排，是人力所能及的，用恩格斯的话说，"社会力量
完全像自然力量一样，在我们还没有认识和考虑到它们的时候，
起着盲目的、强制的和破坏的作用。但是，一旦我们认识了它
们，理解了它们活动、方向和作用，那么，要使它们越来越服从
我们的意志并利用它们来达到我们的目的，就完全取决于我们
了"。现代生产力的本性一旦被理解，"它就会在联合起来的生
产者手中从魔鬼似的统治者变成顺从的奴仆。这里的区别正像雷

---

① V. Mises, *Socialism*, Liberty Fund, 1981, pp. 121, 477.

② V. Mises, *Socialism*, Liberty Fund, 1981, p. 125.

电中的电的破坏力同电报机和弧光灯的被驯服的电之间的区别一样，正像火灾同供人使用的火之间的区别一样。当人们按照今天的生产力终于被认识了的本性来对待这种生产力的时候，社会的生产无政府状态就让位于按照社会总体和每个成员的需要对生产进行的社会的有计划的调节"①。这种洋溢着近代科学主义精神的哲学社会观是马克思学派坚信计划经济的可行性的心理前提。

与马克思学派把投机行为的发生与特定的经济和社会条件相联系的看法不同，米瑟斯把投机看作任何变化着的经济过程中的必然现象，而现实经济生活无不处在变动之中，因此，经济行为就是投机行为，用米瑟斯的话说，"在任何不断变化的经济体制中，一切经济活动都面临着未知的前景，从而它总是面临着风险。经济活动的本质就是投机"；"经济活动依据的是未来的不确定性，因此必然带有投机的性质"，工匠短期的加工订货，煤矿的长期投资、棉花买卖、债券投资等，无不是投机。② 一切经济活动都面临着未知的前景，这是一个从米瑟斯的社会哲学观中必然生出的论断。他的哲学社会观也就是哈耶克在本书序言中讲的那段话："社会秩序并非出自我们之手，我们也没有足够的智慧去设计它；只能说在对它的作用机制做了长期大量的观察之后，我们已经部分地学会理解它。说人们选择了这种秩序，这仅仅意味着他学会了选择已经发挥作用的事物，通过进一步的理解，能够改进它发挥作用的条件。"从这一哲学社会观出发，必然否定计划经济的可能性，从而必然肯定投机行为的合理性。如此，米瑟斯的逻辑结论是，以投机为业的资本家阶级永远是一个必要的阶级，而不会像恩格斯所说的那样成为多余的社会阶级。

资本家阶级现在是不是一个必要的阶级，无须多言，20 世

---

① 《马克思恩格斯选集》第三卷，人民出版社 1995 年版，第 630 页。

② V. Mises, *Socialism*, Liberty Fund, 1981, pp. 181–182.

纪的世界经济发展、私营企业家阶层在许多国家"死灰复燃"以及他们在经济上的积极表现等，已经给出了答案。现在至少可以说，在一个相当长的时期内，在经济领域的许多部门，它依然是一个必要的社会阶级。

但是，我们决不能完全赞同米瑟斯对这个阶级的评价。当他说，"必须把消费者视为实际意义上的真正所有者，把法律意义上的所有者视为他人财产的管理者"①，这显然是一个佩戴玫瑰色眼镜的观察者看到的景象。他还认为，投机者是为社会而工作的。② 即便这是真的，这最多只是事情的一个方面。可敬的资本家阶层中许多人干的那些损害他人、危害社会的坏事还少吗？但是，一本皇皇数百页的巨著，除了赞美还是赞美，见不到一句从整体上对这个阶级的批评，说米瑟斯有着强烈的阶级偏见，这恐怕不能算是乱扣帽子。

既然对资本所有者和资本主义持如此立场，毫不奇怪，对于一切反资本主义的思想和行为，米瑟斯均感到忍无可忍，一概冠以"破坏主义"恶名。《社会主义》一书第五卷题为"破坏主义"，在这一卷里，一切改善工人阶级状况、维护工人阶级利益、加强对工人阶级的法律保护措施等，如限制工作时间、事故和健康保险、失业保险、建立工会、举行罢工等，一概被视为破坏主义的手段。在米瑟斯眼里，只有资本所有者的财产才是财产，而其他财产概不算数。米瑟斯宣称，"真正的自由主义国家的唯一任务，就是确保生命和财产不受内外敌人的侵犯。它是社会安全的生产者，或如拉萨尔所嘲讽的那样，是一个'守夜人'国家"；"国家强制机构应以维护私有制为目标，拒绝所有那些企

---

① V. Mises, *Socialism*, Liberty Fund, 1981, p. 31.
② V. Mises, *Socialism*, Liberty Fund, 1981, p. 182.

图限制或废除私有财产的建议"。① 就算是这样，就算把保护私有财产确定为国家的唯一任务，为什么只保护资本所有者的财产呢？雇佣劳动者唯一重要的私有财产是他的劳动力，不仅如此，按米瑟斯在世时就已经流行的动听的说法，劳动力是工人的"人力资本"，为什么保护这类"资本"的措施就成了破坏主义呢？

米瑟斯拒绝批评资本主义和资产阶级，因为他坚信，资本主义制度不仅有益于资产者，甚至更有益于无产者；他认为，自工业革命以来，由于资本主义的进步，由于资本积累导致的生产力发展，大众的生活水平一直在提高。② 米瑟斯在书中没有就这个论点进行发挥，不过，1954 年，他的得意门生哈耶克主编了一部题为《资本主义与历史学家》的文集，文集中没有米瑟斯本人的文字③，但其中每篇文章都堪称米瑟斯这一观点的展开。一反 19 世纪以来包括马克思学派著作家在内的欧洲观察家的主流意见，该文集只有一个旋律：流行的关于工业革命以来欧洲工人阶级的苦难的描述是失真的，甚至是对实际情况的恶意歪曲；文集作者们坚持认为，大量证据表明，工业革命和资本主义使工人阶级状况得到了持续而明显的改善。

对我们来说，争论的是一百年、二百年前发生在遥远异国的往事，而针锋相对的双方都能就自己的观点提出证据，谁更有理？我们难以判断。但是，我们知道我们身边正在发生的事。在当下处于工业化进程中的中国，随处可见许多劳动者在有害、危险的环境中劳作：大城市周围低收入者聚居区的出现，早已不是新闻；有多少打工者被老板拖欠血汗钱长达数年；还有频频发生

---

① V. Mises, *Socialism*, Liberty Fund, 1981, pp. 133, 358.

② V. Mises, *Socialism*, Liberty Fund, 1981, pp. 14, 432–433.

③ 该文集的中文版附录收录有米瑟斯的论文《对流行的有关"工业革命"的种种说法的评论》，参见 F. A. 哈耶克编《资本主义与历史学家》，秋风译，吉林人民出版社 2003 年版。

的矿难，个别黑心老板有时竟然对遇难矿工毁尸灭迹。这些事见多了，往往使人联想到第一次工业革命时期的欧洲，联想到围绕着当时工人阶级状况而发生的争论。除非第一次工业革命时期欧洲的资本家们大多是罗伯特·欧文那样的善人，我们是否更应该相信例如恩格斯在《英国工人阶级状况》中展示的景象呢？至少在一定时期内，计划经济的社会主义还有诸多问题需要解决，就此而言，米瑟斯的分析有一定借鉴意义。但是，是否应该对资本的消极影响进行限制，是否要实行带有社会主义性质的、被米瑟斯视为"破坏主义"的种种保护劳动者的措施等，在这些方面，我们与米瑟斯们势不两立。

王建民

2006 年 3 月初稿于美国图伦大学

2007 年 9 月改毕于山东大学

目　　录

第一卷　自由主义和社会主义

第二卷　社会主义经济学

第一部分　孤立的社会主义社会的经济

第三卷　所谓社会主义的必然性

第一部分　社会的进化

第二部分　资本集中与作为社会主义准备阶段的垄断的形成

第四卷　作为道德命令的社会主义

第五卷　破坏主义

自由基金会出版说明

米瑟斯的《社会主义》一书最初是以德文出版，标题为 *Die Gemeinwirtschaft：Untersuchungen über den Sozialismus*（《公有制经济：对社会主义的考察》）（Jena：Gustav Fischer，1922）。[①] 1932 年该出版社又出了德文第二版，增加了一些段落和一篇附录；由 J. Kaanne 翻译的英译本 *Socialism：An Economic and Sociological Analysis*（translated by J. Kahane，London：Jonathan Cape，1936）又增补了稍许内容。

Kahane 英译本的增订版于 1951 年出版（New Haven：Yale University Press）。这个版本收录了最初以"有计划的混乱" Planned Chaos，Irvington，New York：Foundation for Economic Education，1947）为题发表的"跋"。这个增订本在 1969 年由 Jonathan Cape（London）出版社重印，1981 年又由我们自由基金会（印第安纳波利斯）重印。

这个版本对 Kahane1936 年的译文和 1951 年米瑟斯的增补未作任何改动。但本出版社补充了一些注释以方便当代读者的阅读。给 Jonathan Cape 版本中没有翻译的非英语字句作了翻译，

---

① "Gemeinwirtschaft"相当于中文的"公有制经济"。根据奥地利文化信息系统网站中的《奥地利词典》，"Gemeinwirtschaf"系公有的企业，履行公益性任务。根据该词的较早用法，它在更大程度上属于国家、州、市镇和合作社所属所有企业的总称。此外，"Gemeinwirtschaft"另被指称为一种在更大程度上属于计划经济的经济秩序，在该种秩序下，生产资料的公共所有有着特殊的意义。——译注

它们被放在相关字句后的括号中。把全书的各章改为连续编号。

对照德文第二版核对了全部脚注。米瑟斯引用的非英文著作，凡能找到英译本者，皆一一列明，凡能确定英译本的对应页码者，亦予标出。英译本的全部著录事项仅在第一次出现时注明，下面再次出现只注页码。

《社会主义》一书是1922年在奥地利写成，它涉及许多学术领域，提到的一些人与事，很多读者可能不熟悉，这个版本对它们做了一些简单的解释，并注明是由出版者所加。这些注释也就米瑟斯对少数英语概念的特殊用法做了解释。

为方便对本书的研究，增加了两个索引，一是"引用的著作一览表"，列出《社会主义》一书所引用的全部著作（译按：这些著作都已出现在注释中，故中译本删略了该表）。这个索引也提供了米瑟斯所引用的德文著作的英译本。如果找不到英译本，则把标题译为英文。此外还有一个主题和人名索引。

《社会主义》的英译本出版已有40余年，被大量的学术文献所引用。自由基金会这个版本采用了新的版式，所以这个新版本的分页不同于先前的版本。因此，我们在每一页的外侧标明了1951年增订版的页码。

以前各英译本的页码从15页到521页是相同的。在1951年的增订版中多了一个前言，页码为13—14页。"跋"的页码为522—592页。我们把1951年版的页码标在每页外侧，可为先前各个英文版的引文位置提供一个查找线索。

出版者谨向为这个版本提供帮助的一些人致谢。首先要感谢经济教育基金会的Bettina Bien Greaves，她为这个版本提供了大量帮助。她承担了参照德文第二版核对脚注的大量工作。她承担了为以德文引用的英文版著作提供引文著录这一同样困难的工作。在出版者为读者不熟悉的事项做的注释中，大多数材料是由她提供的。编制新索引的大多数工作也是由她完成。如果这个版本能使当代读者更易于研读此书，这应大大归功于 Greaves 女士。

希腊文的翻译，出版者要感谢 Bethany College 的 Perry E. Gresham 和 Burton Thurston 两位教授的帮助。拉丁文的翻译要再次感谢 Gresham 教授以及 Wheeling College 的 Laut 神父。纽约州德布斯费里的 Percy L. Greaves，Jr. 提供了法文翻译。Pomona College 的 H. D. Brueckner 教授为确定康德的英译文和引文位置提供了帮助。

序

哈耶克

《社会主义》在 1922 年初版时，它的冲击是深刻的。它逐步地，但也是根本性地改变了第一次世界大战后重返大学校园的许多青年理想主义者的信念。我知道这一点，因为我是他们中的一员。

我们感到，我们成长于其中的那个文明已经崩溃。我们立志建设一个更美好的世界，而正是这种再造社会的渴望，鞭策我们投身经济学研究。社会主义许诺给我们一个更加理性、更加公正的世界。此时，《社会主义》问世了。我们的信念坍塌了。《社会主义》对我们说，我们的方向错了。

这一心路是我的许多同辈都经历过的，他们后来很知名而当时互不相识，德国的罗普克和英国的莱昂内尔·罗宾斯是这当中的佼佼者。我们当初都不是米瑟斯的学生。在奥地利政府一个临时机构工作时我开始认识他，该机构负责落实《凡尔赛和约》中的某些条款，他是我的上司，是该部门的主任。

当时，米瑟斯以反通货膨胀的斗士而著名。他的意见早已引起政府的注意；他以维也纳商会金融顾问的身份奔走呼号，力劝政府采取唯一还有可能避免金融彻底崩溃的措施（在他手下工作的前八个月里，我的名义工资比最初的数额上涨了 200 倍）。

在 1920 年代早期的我们这些大学生眼里，米瑟斯看上去是个深居简出的大学讲师，此人十多年前出版过一本书[1]，该书以

出色地运用奥地利边际效用货币分析理论而著名，被马克斯·韦 xx
伯誉为有关该课题的最令人满意的著作。或许我们也应该已经知
道，在1919年他还出版过一本很有思想和远见的专著，涉及社
会哲学的很多方面，如民族、国家和经济等[2]。但是，这本书从
未广为人知，我也是在维也纳的政府部门做他的属下时才读到
它。不管怎么说，《社会主义》的出版[3]使我殊感吃惊。因为
就我所知，此前极度繁忙的十年间，他不可能有闲暇埋头学术研
究。然而这却是关于社会哲学的重要著作，它见解独到而证据详
尽，他的评述表明，他熟知这个专题的大部分文献。

　　本世纪最初的12年间，直到服兵役之前，米瑟斯致力于经
济和社会问题的研究。如同20年后的我辈，他是被当时对"社
会政策"（Sozialpolitik）——一种与英国费边社会主义相近的思
想——的时髦关切带入这些题目的。当他还是维也纳大学年轻的
法学学生时，就出版了第一本书[4]，该书充满了致力于"社会
政策"问题的德国"历史学派"主流经济学家的气息。他后来
甚至还加入过其中的一个组织，该组织曾鼓动一家德国讽刺周刊
给经济学家们下定义，说他们是一帮忙于丈量工人的住所然后说
房子太小的人。也是在这一过程中，在作为法学研修内容之一的
政治经济学课堂上，他通过已近退休的卡尔·门格尔教授的《经
济学原理》[5]而接触到经济学理论。正如米瑟斯在自传残稿[6]
中所言，是这本书使他成了经济学家。这也是我曾经历过的，我
知道他在说什么。

　　米瑟斯原本的兴趣主要在历史方面，所以，他的一生是理论 xxi
家中罕见的具有渊博历史知识的一生。但是，不满意于史学家，
特别是经济史学家解释史料的方式，最终使他转向了经济理论。
有一个人是他的灵感的主要来源，即从奥地利财政部长位置上卸
任重回大学执教的埃冈·冯·庞巴维克。大战前的十年间，庞巴
维克的研讨班是讨论经济理论问题的重要中心。它的参加者包括

米瑟斯、约瑟夫·熊彼特、奥地利著名马克思主义理论家奥托·鲍威尔,后者对马克思主义的捍卫在很长时间主导着讨论。在此期间,庞巴维克对社会主义的看法似乎有了较大发展,超越了他早逝之前发表的为数不多的论文。无疑,这个时期为米瑟斯关于社会主义问题的独到见解打下了基础,尽管他的第一本重要著作《货币和信用理论》(1912)一出版,进一步系统研究的机会随着他投身"一战"的炮火而消失了。

米瑟斯军人生涯的多数时间是作为炮兵军官服役于俄国前线,但在最后几个月里他供职于国防部的经济处。想必他是在卸掉军职之后开始《社会主义》的写作的。他很可能是在1919—1921年写出了大部分内容;关于社会主义条件下经济计算的关键章节,事实上是被奥托·诺瑞1919年出版的一本书所激怒而写下的。米瑟斯引证了该书。在当时那种局势下,他哪来的时间潜心于综合性的理论和哲学研究,这至今对我仍是个谜。至少在这一时期的最后几个月里,我几乎天天看到他公务缠身。

前面说过,《社会主义》一书震撼了我们这代人,尽管我们对其核心论点的接受是缓慢而痛苦的。当然,米瑟斯继续思考着该领域中的问题,他的许多新思想在《社会主义》出版以后开始的"私人研讨班"中得到了发展。两年后,当我结束在美国一年的研究生学习回国时,也加入了研讨班。最初只有几个忠诚的追随者,但他还是引起了年轻人的兴趣和钦佩,吸引了他们当中对社会理论与哲学之间的交叉学科问题感兴趣的人。学术界对这本书的反应或漠然,或仇视。对《社会主义》的重要性予以肯定的评论,我印象里只有一次,那还是当时健在的上世纪的一
位自由派国务活动家做出的。他的反对者的伎俩不外是把他描绘成孤家寡人的极端主义者。

米瑟斯的思想在此后的20年间成熟起来,并在著名的《人类行为》(1940)一书德文第一版中达到高峰。但对我们这些经

历过第一波冲击的人来说，《社会主义》永远是他的决定性贡献。它向一代人的观念挑战，改变了许多人的思想，尽管过程是缓慢的。米瑟斯维也纳小组的成员不是门徒。来到他身边时，他们多数是已经完成了基本的经济学训练的大学生，他们只是逐渐地被他那不同寻常的观点所折服。也许，他们受到了他准确地预言当前经济政策全部后果的令人难堪的习惯和他论点力量的双重影响。米瑟斯并不期望他们接受他的全部观点。讨论所取得的主要收获是，参与者只是逐渐地缩小他们的歧见。只是到后来，他形成了完整的思想体系，"米瑟斯学派"发展起来了。他的体系的充分开放性丰富了他的思想，也使他的一些追随者能够将它们朝着不同的方向加以发展。

米瑟斯的观点并非总那么容易理解。要完全领会它们，有时需要直接与他接触和讨论。他的文笔乍看上去似乎简单清晰，但字里行间蕴含着对经济过程的理解，而这种理解不是每个读者都具备的。这一点，我们在他的关于社会主义条件下经济计算的不可能性的关键论点中看得最清楚。在阅读米瑟斯的论敌时，人们会有一个印象：他们没有真正弄明白为什么这种计算是如此必要。在他们看来，经济计算问题似乎仅仅是一种使社会主义的经理们对受托经营的资源负起责任的方法问题，而与他们应该生产什么和如何生产的问题完全无关。每一组神秘的数字都足以使他们监控那些尚无法摆脱的资本主义时代过来人的诚实可靠。他们似乎从未理解，这里问题不在于摆弄数字，而是要确立起最合适的指示器，使经理们在相互协调行为的整个结构中确立自己的角色。因此米瑟斯愈来愈清楚地意识到，他与他的批评者之间的距离不仅是对特定事实的解释不同，而是他对社会和经济问题有着独特的思维方式。要说服他们，他必须让他们知道全新的方法论 xxiii 的必要性。这自然地成为他关注的重点。

1936 年英文版很大程度上是莱昂内尔·罗宾斯教授（现在

的罗宾斯勋爵）促成的。他在伦敦经济学院旧日同窗中找到了一位堪当此任的译者，雅科布·凯汉（1900—1969），尽管凯汉本人不从事该专业，但一直活跃在这一代学院派经济学家圈子里。凯汉曾多年受雇于伦敦一家大的谷物贸易商，后在罗马的联合国粮农组织及在华盛顿的世界银行的任上结束了其职业生涯。凯汉的译文打字稿让我最后一次重读《社会主义》一书的全文。在准备这篇序言之前，我再次翻阅过。

这么多年过去了，这一经历必然使人反思米瑟斯一些观点的意义。较之当年，这一著作的大部分内容在今天已不那么新颖或具有革命性；它在许多方面已经成为"经典"之一，往往被人当成老生常谈，从中可以学到的新东西已经很少。然而我必须承认，使我吃惊的不仅是它依然与今天的争论如此贴近，而且他的许多论证，我当初只是部分地接受或认为它们过分夸张和片面，结果证明他的论证是正确的。我现在还是不能全盘接受，米瑟斯本人也不会无所改变。他绝不期望他的学生们无批评地接受他的结论而不超越它们。然而，总的来说，我不同意的地方比我料想的要少得多。

我的一个不同意见涉及1951年版第463页（本版第418页）上米瑟斯的一个陈述。我始终觉得这里的基本哲学表述有些不对劲，而只是现在我才能理清为什么会有这种别扭的感觉。米瑟斯在这里宣称，自由主义认为，"全部社会合作都是被理性地认识到的效用的表现，在合作中，全部权力以民意为基础，它无力采取任何行动阻挠有思想的人们的自由决定"。我不敢苟同的正是这段话的前一句。这段话中的极端理性主义是他无力摆脱的那个时代的产儿，他或许从未彻底放弃过，而在我看来，它确实是错的。市场经济的发展绝不是对普遍福利的理性洞察的结果。我觉得，米瑟斯想要说的是，我们之所以采用自由制度，并不是因为我们理解了它的益处；社会秩序并非出自我们之手，我们也没有

足够的智慧去设计它；只能说在对它的作用机制做了长期大量的 xxiv
观察之后，我们已经部分地学会理解它：说人们选择了这种秩
序，这仅仅意味着他学会了选择已经发挥作用的事物，通过进一
步的理解，能够改进它发挥作用的条件。

米瑟斯大可引以为荣的是，他在很大程度上摆脱了理性建构
主义的起点，虽然这一过程没有完成。在帮助我们理解一些非人
工设计的秩序方面，米瑟斯的功劳不亚于任何人。

还有一点，今天的读者不可不察。半个世纪前米瑟斯所讲的
自由主义，其含义与今天在美国——别处的情形更甚——被理解
的多少有些相反。米瑟斯认同的自由主义是古典的、19 世纪的
自由主义。半个世纪前，熊彼特曾颇不情愿地说，在美国，自由
的敌人"已经在想，既然自由是极高贵而又无所指的漂亮名称，
盗用这个标签不失为明智之举"。

在该书初版 25 年后写于美国的"跋"中，米瑟斯表明他意
识到了这一点，并且对"自由主义"一词的滥用做了评论。后
来的 30 年极好地证实了这些评论，如同该书初版的最后部分
"破坏主义"被证实一样。阅读它时，我被那种过度的悲观主义
所震撼。当然，面对书卷，更令我敬畏的不是他的悲观主义，而
是他的远见。事实上，今天的读者将发现，较之 40 多年前第一
个英文版面世的那个时期，《社会主义》一书更直接地适用于当
代的问题。

1978 年 8 月

注释：

[1] Ludwig von Mises, *Theorie des Geldes und der Umlaufsmittel* (Munich and
Leigzig: Duncker & Humblot, 1912). Publisher note: This has been trans-
lated into English as *The Theory of Money and Credit* (Indianapolis: Liberty

Classics, 1981）.

[2] Ludwig von Mises, *Nation*, *Staat und Wirtschaft*: *Beitrige zur Politik und- Geschichte der Zeit* （Vienna: Manz'sche Verlags und Universitiitas – Buch- handlung, 1919）.

[3] Ludwig von Mises, *Die Gemeinwirtschaft*: *Untersuchungen iiber den Sozialis- mus* （Jena: Gustav Fischer, 1922）.

[4] Ludwig von Mises, *Die Entwicklung des gutsherrichbiuerlichen Verlaltnisses in Galizien 1772–1848* （Vienna and Leipzig: Franz Deuticke, 1902）.

[5] Carl Menger, *Principles of Economics* （New York: New York University Press, 1981）.

[6] Ludwig von Mises, *Notes and Recollections*, forword by Margit von Mises, translation and postscript by Hans F. Sennholz （South Holland, Ill. Libertar- ian Press, 1978）, p. 33.

英文第二版前言

当代西方世界已经分裂为两大敌对阵营，即共产主义者和反共产主义者，彼此进行着殊死的搏斗。他们在口角中使用的夸张言辞掩盖了一个事实：在他们关于人类社会和经济组织的纲领中，他们的最终目标完全一致。他们都要取消私营企业和生产资料私有制，建立社会主义。他们想以全权政府替代市场经济。生产什么以及产品的数量和质量，不再由个人的购买或拒绝购买来决定。今后这些事都由政府的唯一计划来确定。福利国家的"父爱"将把全体人民降低到包身工的地位，他们对计划当局只能言听计从，不能有二话。

无论是自封的"进步人士"、意大利法西斯分子还是德国纳粹，他们的图谋并无实质差别。同那些高举反法西斯旗帜的政府和政党一样，法西斯主义者和纳粹分子同样致力于建立全面管制一切经济活动的严密组织。庇隆[1] 先生试图在阿根廷强行推行的制度，是"新政"[2] 和"良政"以及诸如此类的东西[3] 的翻版，若不及时刹车，结果将是完全的社会主义。

我们时代的这场严重的意识形态冲突，决不能被理解为各种极权运动之间的对抗。真正的问题不是由谁掌控极权机器。真正的问题是，是否应以社会主义取代市场经济。

这便是拙著的主题。

自本书第一版问世以来，世界局势已发生了显著变化。但 2 是，毁灭性的战争和革命、凶残的大屠杀和可怕的灾难，这一切都没有改变一个关键的分歧：热爱自由、繁荣和文明的人们与极权主义野蛮大潮之间的生死之战。

在本书的"跋"中，我讨论了近二三十年来各种事变的最主要方面。对所有这些相关问题的更详尽的研究，见耶鲁大学出版社出版的我的三本书：

《全能政府，极权国家的崛起和整体战争》[4]；

《官僚政治》[5]；

《人类行为：经济学》[6]。

路德维希·冯·米瑟斯
1950 年 7 月于纽约

注释：

[1] 庇隆（Juan Peron, 1815—1974）：阿根廷总统（1946—1955，1973—1974），在内政上推动国家工业化，主张国家干预经济；在外交上持反英美立场。——译注

[2] 新政（New Deal）：美国总统罗斯福在 1933—1939 年的内政纲领的总称。主要内容包括：解决失业问题；制定管理贸易、工资、工时、童工和集体谈判法规；社会保险；在某些工业部门规定最高工时和最低工资；等等。——译注

[3] 良政（Fair Deal）：美国总统杜鲁门 1949 年给自己的国内改革计划所定的名称，政策包括扩大社会保险、实行新计时工资、制定公共住宅立法等。——译注

[4] *Omnipotent Government, the Rise of the Total State and Total War*, French translation by M. de Hulster, Librairie de Médicis, Paris; Spanish translation by Pedro Elgoibar, Editorial Hermes, México.

[5] *Bureaucracy*, British edition by William Hodge & Company Limited, London; French translation by R. Florin and P. Barbier, Librairie de Médicis, Paris.

[6] *Human Action, a Treatise on Economics*, British edition by William Hodge & Company Limited, London.

英译本译者说明

本书译自作者的 Die Gemeinwirtschaft（《公有制经济》）德文第二版（第一版出版于 1922 年）。作者在翻译的每一个阶段都提供了帮助，并对译本尤其是讨论经济核算和失业的章节作了若干补充，这些内容不见于德文版。为照顾英语读者的习惯，也做了一些措辞上的改动。

德文第二版前言

19世纪中叶之前是否存在对社会主义观念——生产资料及其衍生品的社会化,由社会,更准确地说是由国家机构集中控制全部生产——的清晰认识,是个有争议的问题。答案首先取决于我们是否把对全世界的生产资料实行集中管理的要求视为社会主义计划的本质特征。昔日的社会主义者认为小国寡民的自给自足是"自然的",认为任何超出它们地域的商品交换都是"非自然的"和有害的。只是在英国的自由贸易鼓吹者证明了国际劳动分工的优越,并通过科布登[1] 运动普及了他们的观念之后,社会主义者才开始将村社的和地域的社会主义观扩展为民族的、最后是世界的社会主义观。但是,除去这一点,在19世纪三四十年代,那些被马克思主义称为"乌托邦社会主义者"的作家,已经相当清晰地阐明了社会主义的基本概念。当时,对社会主义社会秩序的各种方案有广泛的讨论,但讨论并没有沿着他们所赞成的方向进行。这些空想家们未能设计出经得起经济学家和社会学家们批评的计划性的社会结构。从他们的方案中很容易找出漏洞,很容易证明按这些原则构建的社会肯定缺乏效率和活力,肯定不符合人们的期望。因而,大约在19世纪中叶,社会主义观念似乎已被抛弃,科学以其严格的逻辑证明了它毫无价值,其信徒提不出任何有力的反驳。

6 就在此时,马克思出现了。他熟知黑格尔的辩证法——一个极易被热衷于思想控制者的狂想和烦琐玄学所滥用的体系——他积极地为身处困境的社会主义者寻求出路。科学和逻辑已经驳倒了社会主义，因而迫切需要为它设计出一个可靠的体系，以对抗那些讨厌的批评。这就是马克思主义承担起的任务。它从三个方面着手：第一，否认逻辑对全人类和所有时代的普遍有效性；它指出，思想是由思想家所属的阶级决定的，是他们的阶级利益的"意识形态上层建筑"；驳斥社会主义思想的推理方式被"揭露"为"资产阶级"推理，是对资本主义的辩护。第二，它断言，辩证的发展必然导致社会主义；全部历史的目的和结局就是通过剥夺剥夺者实现生产资料的社会化——否定之否定。第三，它规定任何人不得像乌托邦社会主义者那样，为"社会主义未来乐土"的建设提出任何明确方案。鉴于社会主义的到来是不可避免的，科学最好放弃所有确定其性质的企图。

　　在历史上，从没有任何教义像马克思主义的这三条原则那样被迅速而完全地接受。它取得的巨大而持久的成功被普遍低估了。这是因为"马克思主义"这个称号习惯上仅用来指那些自封为马克思主义政党的正式成员们，他们发誓要一字不差地忠实于其各自派别所解释的马克思和恩格斯的教义，认为这些教义是关于社会的全部知识的不可动摇的基础和出发点，是政治行动的最高准则。但是，如果我们用"马克思主义者"这个名称去指称所有那些接受马克思的基本原则——阶级决定思想、社会主义的必然性、对社会主义共同体的存在和运行的研究是非科学的——的人，那么在莱茵河以东的欧洲，非马克思主义者就所剩无几了，甚至在西欧和美国，马克思主义的支持者也多于反对者。虔诚的基督教徒攻击马克思主义者的唯物主义，保皇派攻击他们的共和主义，民族主义者攻击他们的国际主义；而这些人又分别希望自己被称为基督教社会主义者、国家社会主义者和民族社会主义者。他们宣称自己的社会主义品牌才是唯一正宗的社会主义——它将会到来，并且带来幸福和　7

美满。他们认为，另一些人的社会主义没有他们这样正宗的阶级出身。同时，他们恪守马克思为探索未来社会主义经济制度定下的戒规，试图把现存经济体制的运行理解为按照历史进程不可抗拒的要求朝着社会主义的发展。当然，不但马克思主义者，而且大多数强调自己是反马克思主义者的人，都完全按照马克思主义者的方式思考问题，并且接受了马克思那些武断而毫无根据、很容易被驳倒的教条。一旦他们执政，他们将完全以社会主义的精神进行统治和开展工作。

马克思主义取得的空前成功，是由于它承诺要实现那些自远古以来就埋藏在人类灵魂深处的渴望和梦想。它许诺了一个人间天国，一个充满幸福欢乐的至福乐园；令生存竞争中的失意者更加开心的是，所有出人头地者都将遭到贬损。逻辑和理性被弃之如敝屣，因为它们会揭露这些天堂和复仇之梦的荒谬。在与理性主义建立起来的有关生活和行为的科学思想的所有对抗中，马克思主义是最激进的一派。它确实应以"科学社会主义"之名而享有科学的声誉，因为它在批评社会主义经济学的构建所取得的所有科学成就时利用这种声誉，在约束人们的生活和行为上取得了不容置疑的成功。

在这个做了不少修订的新版本中，我采用科学的方法，即借助于社会学和经济理论，考察社会主义建设的各种问题，向广受尊崇的马克思主义戒律提出挑战。想到那些在此领域中以他们的研究为包括我本人的研究在内的全部工作开辟道路的先驱，我心存感激；我有机会指出马克思主义在这些问题上设立的科学禁区，这我感到满意。自本书第一版问世以来，此前被忽略的问题已居于科学兴趣的前沿；关于社会主义和资本主义的讨论已被置于一个新的基础之上。以往那些对社会主义将会带来的福祉只满足于发表一点模糊议论的人，现在不得不去研究社会主义社会的本质。问题已被锁定，不可能再对它熟视无睹。

可以想见，形形色色的社会主义者，从最激进的苏维埃布尔 8
什维主义者到西方文明中那些风雅社会主义者（Edelsoziali-
ten）[2]，都想驳倒我的推理和结论。然而他们并没有得逞，他们
甚至未能提出任何我不曾讨论和证伪的观点。当前对社会主义基
本问题的科学讨论，是沿着本书的研究路线在进行。

我在证明社会主义社会不可能进行经济计算时做出的论证，
引起了特别广泛的关注。本书第一版问世的两年前，我在《社会
经济学文献》（*Archiv fur Sozialwissenschaft*，Vol. XLVII，No. 1）[3]
上发表了我的这一部分研究，内容跟本书的两个版本几乎一字不
差。这个此前很少被人触及的问题，立刻在德语国家及其他国家
引起了热烈的讨论。也许确实可以说，这场辩论已经结束，今天
几乎没有人再反对我的论点了。

本书第一版问世不久，古斯塔夫·施姆勒的继任者、"讲坛
社会主义"（Kathedersozialisten）的领袖海因里希·赫尔克纳发
表了一篇文章，在全部实质问题上支持我对社会主义的批评。[4]
他的言论在德国社会主义者及其文丐中引起轩然大波。在鲁尔的
灾难性斗争和恶性通货膨胀期间，它导致了一场很快便以"社会
改革政策"危机闻名的论战。交锋的结果实在无味。一位热情的
社会主义者早已注意到的社会主义思想的"不育症"，这一次表
现得尤为显眼。[5] 鲍尔、阿道夫·韦伯、罗普克、哈姆、苏尔茨
巴赫、布鲁斯库兹、罗宾斯、胡特、柏恩等人的大作，证明了对
社会主义问题无偏见的研究能够取得良好的成果。

但是，对社会主义问题只进行科学探讨是不够的。我们必须 9
打破当前阻碍对这些问题进行公正研究的偏见壁垒。社会主义措
施的拥护者都被视为"善良""高贵"和"道德"之友，是必要
改革的无私先驱，一句话，是无私地服务于自己的人民和全人类
的人，更是热情而勇敢的真理追求者。这种思想方式的最奇异之
处是，它认为社会主义和资本主义与大众福利的关系问题早就解

决了——当然是把社会主义视为善，把资本主义视为恶；其实这是只能用科学研究加以解决的事情。经济研究的结果遭遇的不是争论，而且是"道德怜悯"，我们从 1872 年埃森纳赫代表大会[6] 的邀请书中就能见到它，社会主义者和国家社会主义者也只能拿这种怜悯做挡箭牌，因为对这些用科学征服了他们的教义的批评，他们没有还手之力。

以古典政治经济学为基础的旧自由主义认为，整个工资劳动者阶级的物质条件，只有通过资本的增加，才能得到持续的提高，而这一点只有以生产资料私有制为基础的资本主义社会才能给予保证。现代的主观主义经济学用它的工资理论强化和证实了这一观点。现代自由主义完全赞同这个较早的学派。然而，社会主义却认为生产资料社会化是一种惠及全体的制度。对这些相互对立的观点，必须以冷静的科学加以考察。

确实，对今天的许多人，或许对大多数信徒来说，社会主义是一种宗教信条。而科学批评的崇高使命，莫过于指出错误的信仰。

10

为使社会主义理想免于这类批评的毁灭性打击，近来人们在努力完善"社会主义"概念的公认定义。我本人对社会主义的定义，即它是一种以建立生产资料社会化的社会为宗旨的政策，与科学家们关于此类问题的所有论述一致。我认为，这是过去 100 年间社会主义唯一的显著标志，看不到这一点，必定是史盲；唯有在此意义上，浩大的社会主义运动在过去和今天才有"社会主义"之名。可是，何必纠缠于称谓！如果有人愿意把保留生产资料私有制的社会理想称为社会主义理想，由他去好了！只要高兴，他尽可以把猫称为狗，把日说成月。但是，颠倒这类尽人皆知的词语含义，除了制造混乱外别无益处。我们这里面对的是生产资料社会化问题，是天下人为此进行了长达百年残酷斗争的问题，是我们时代的首要问题。

声称社会主义除了生产资料社会化以外还有其他内容，比如说，声称我们成为社会主义者是受某种特殊动机的激励，或者声称还存在着另一个目标——大概是一个同它密不可分的纯粹的宗教观念，以这种借口来回避对社会主义的明确定义是不行的。社会主义的支持者认为，只有出于"高尚"动机要求生产资料社会化的派别，才无愧于社会主义的称号。其实，那些社会主义的所谓反对者，那些仅仅出于"卑劣"动机主张生产资料国有化的人，也必须被冠以社会主义标签。宗教社会主义者说，真正的社会主义与宗教密切相关；无神论的社会主义者则坚持要把上帝和私有财产一起铲除。但是，社会主义社会如何运行，与它的拥护者是否崇拜上帝、与某位先生从私见出发对他们的动机做出"崇高"或"卑下"的判断完全无关。浩大的社会主义运动的每一个派别都自诩为正宗，把其他党派一概视为异端；他们理所当然地强调自己特有的理想与其他党派的分歧。我敢说，我在自己的研究中已经提供了对这些主张必须给予的一切说明。

在这种对各种特定社会主义倾向的特征的强调中，它们对民主和独裁的取向显然起着重要作用。对于本书讨论这一问题的部分（第三、十五、三十一章），我也没有需要补充的。这里只需指出一点，拥护独裁的人试图建立的计划经济，与自称社会民主党的人宣传的社会主义，是一模一样的社会主义。

我相信，按帕斯菲尔德爵士[7]和韦伯女士的用法，经济民主一词出现之后，仅仅是用来指由作为生产者的工人而不是由消费者决定生产什么和如何生产的体制。倘若不是这样的话，那就不妨说，资本主义社会是经济民主的实现。而前一种状态，就像由政府官员而不是人民来决定如何治理国家的政治制度——当然，我们习惯上把与此相反的制度称为民主——一样，根本不是民主。我们称资本主义社会为消费者民主，其含义是，属于企业家和资本家的处置生产资料的权力，只能通过消费者每天在市场上的投票获得。每个孩子对玩具的选择，都是在向票箱里投票，这个票箱最终决定着谁能当选工业首领。诚然，这种民主中的选票是不平等的，一些人有多张选票。但是，要想取得和保持高收入所包含的较大的投票权，也必须过选举这一关。在资本主义社会，只有做出符合消费者需求的反应，才能获取和保有财富。因此，富人的消费大大超过穷人的消费——虽然对富裕阶级的消费多于大众消费的部分，存在着夸大其词的强烈倾向——这本身就是"选举的结果"。因此，成功商人的财富只能是消费者公众投票的结果。财富一旦获得，只有以消费者认为对他们最有利的方式加以运用，才能保持财富。普通公众在作为消费者做出决定时，较之他作为政治选民更加知情和更不易收买。可以说，如果选民面对的是在贸易自由和贸易保护之间、金本位制和通货膨胀之间的选择，他们对这种选择的含义没有能力看得很透。但是，对不同种类的啤酒或不同品牌的巧克力做出选择，对于消费者来说却是胜任愉快的事情。

　　社会主义运动经常不辞辛劳地为根据其理想建立的国家更换标签。用旧了一个就再换一个，不断唤起对社会主义无望解决的基本问题能够获得最终解决的希望——直至人们认识到这不过一种换汤不换药的把戏。最近的时髦字眼是"国家资本主义"。人 **12** 们尚未普遍认识到它与通常所称的"计划经济"和"国家社会主义"是一回事。国家资本主义、计划经济和国家社会主义与"古典的"平均主义的社会主义理想只有枝节上的差别。本书对一切可以想象的社会主义社会形态做了不偏不倚的批评。

　　只有与社会主义有着根本区别的工团主义需要给予特殊对待（第十六章第四节）。

　　我希望这些评论能够让不求甚解的读者也相信，我的研究和分析不只适用于马克思主义的社会主义。但是，由于所有的社会主义运动都受到马克思主义的强烈影响，较之其他各种社会主义，我将较多的篇幅用于马克思主义的观点。我以为自己已经考察过对这些问题有实质性影响的一切，对各种非马克思主义的纲领的特点也作了详尽的批评。

本书是一项科学研究，而不是政治论战。我分析基本问题，尽量忽略当下的全部经济和政治斗争以及政府和政党的政治调整。我相信，为理解以往一二十年尤其是未来的政治发展，这是最好的基础准备。只有对社会主义思想进行全面的批判性研究，才能理解我们身边正在发生的进程。

在论述经济事务时对问题浅尝辄止的风气的蔓延，已经激发起公众关注人类社会命运重大问题的热情，并且把政治直接导向摧毁全部文明的邪路。对经济理论的排斥始自德国历史学派，而今在美国制度学派中亦有鲜明表现，它摧毁了在这些问题上的真正思想权威。今天的人们以为，对于以经济和社会学面貌出现的一切，人人都能指手画脚。人们以为，工会官僚和企业家的身份就使他们有资格决定政治经济学问题。这个层次的"实干家"，甚至那些经常造成失败和破产，口碑甚差的人，也享有经济学家的虚名。必须不惜一切代价消除这种局面。避免言辞刻薄的善意，决不是妥协的理由。现在是揭去这些外行假面具的时候了。

解决当代许多经济问题中的每一个都需要思考的过程，只有 13 那些理解经济现象普遍的内在关系的人具备这种能力。只有对事物追根问底的理论研究才有真正的实际价值。讨论当前问题时陷在细节中不能自拔的论述概属无用，因为它们太专注于特殊和偶然，看不到普遍和本质。

常有人说，对社会主义的所有科学研究都是无用功，因为除了少数受过科学思维训练的人，没有人能够理解它们。据说，大众一向缺乏理解力。对大众来说社会主义口号娓娓动听，人们强烈渴望社会主义，是因为他们预期它能带来彻底的救赎和满足他们的要求。所以他们将继续效力于社会主义，从而促使西方各国数千年建立起的文明不可避免地衰落。因此，我们必然遭灾受难，坠入野蛮和毁灭的深渊。

我对这种悲观论调不敢苟同。它也许发生，但也许未必发生。不错，人类的大多数难以接受艰苦的思维训练，对于那些连最简单的命题都难以掌握的人，没有任何教育能帮助他们理解复杂的命题。但是，正是因为不能独立思考，大众才追随我们所谓有教养的人。明白了这一点，也就胜券在握了。但在此，我不想重复本书第一版最后一章结尾处所说的话。[8]

我十分清楚地知道，不能指望通过逻辑论证使那些社会主义思想的信徒相信，他们的观点是怪诞错误的。我也很清楚，他们不想听，不想看，尤其是不想思考，他们拒不接受说理。但是，有眼光、善动脑的新一代成长起来了。他们将站在无私和公正的立场上看待事物，他们会权衡和审视，他们将本着未雨绸缪的精神进行思考和行动。本书是为他们写的。

十分接近于自由主义的经济政策延续了数代人之久，使世界的财富有了巨大增长。资本主义把广大群众的生活水平提高到了我们的祖先想都不敢想的高度。破坏世界经济基础的干预主义和实行社会主义的努力已经干了数十年。我们就站在可能吞噬我们文明的悬崖边上。我们的文明是陷入万劫不复，还是在最后一刻免遭噩运，重返唯一可能的获救之道——我是说，在无条件承认生产资料私有制的基础上重建社会——这就是未来数十年必须采取行动的一代人所面临的问题。支持着他们行动的观念将决定这一点。

1932 年 1 月于维也纳

注释：

[1] 理察德·科布登（Richard Cobden, 1804—1865）：19 世纪英国著名政治家和经济学家，大力鼓吹自由贸易，反谷物法运动的领

袖。——译注

[2] "Edelsozialisten" 的意思是纯粹的或有知识的社会主义者，类似于英语
    口语中的"客厅社会主义者"（parlour socialists）。——英文版出版
    者注

[3] "Die Wirtschaftsrechnung im sozialistischen Gemeinwesen" 一文由 S. Adler
    译成英文，以 "Economic Calculation in the Socialist Commonwealth" 为
    题收入哈耶克编的文集 *Collectivist Economic Planning*（London：Rout-
    ledge and Kegan, 1935）, pp. 87 - 130。该文集 1967 年由 Augustus
    M. Kelley Publishers of New Jersey 再版。——英文版出版者注

[4] Herkner, "Sozialpolitische Wandlungen in der wissenschaftlichen Nationalö-
    konomie", *Der Arbeitgeber*, vol. 13, p. 35.

[5] Cassau, "Die sozialistische Ideenwelt vor und nach dem Kriege", in *Die
    Wirtschafiswissenschaft nach dem Kriege*, *Festgabe fuir Lujo Brentano zum 80.
    Geburtstag*（Munich, 1925）, vol. 1, pp. 149 ff. .

[6] 德国经济学家的埃森纳赫会议是由古斯塔夫·施姆勒及其德国历史学
    派的一些同道召集。该会议导致了社会政策学会（Verein fur Sozialpoli-
    tik）的成立。它主张政府干预经济事务，属于该组织成员的"讲坛社
    会主义者"对德国的政策有很大影响。——英文版出版者注

[7] 帕斯菲尔德爵士：英国费边社会主义思想家和社会活动家西德尼·韦
    伯的别名。——译注

[8] 见本书 459 页以下（译按：指原书页码，见中译本边码。下同）。

导　言

15

一　社会主义思想的成功

社会主义是我们这个时代很走红的口号。社会主义思想主导着时代精神。公众赞成它；它表达着全体人民的思想和情感；它是我们这个时代的象征。当后人把我们的故事载入史册时，这一章的标题将是"社会主义时代"。

不错，社会主义尚未建立起能够体现其理想的社会。但是过去二三十年来，文明国家的政策一直在朝着逐步实现社会主义的方向努力。[1] 这场运动的活力和顽强精神近几年有了显著增长。一些国家在寻求一举彻底实现社会主义。我们目睹了俄国布尔什维克已经有所成就，不论如何看待它的意义，必须承认，就其宏伟蓝图而言，这是人类历史上最为显著的成就之一。还没有哪个国家有过如此作为。对另一些民族来说，只是社会主义本身的内在矛盾和它不能完全实现这一事实迟滞了社会主义的凯旋。他们也在既有条件下竭尽所能了。没有人从原则上反对社会主义。今天，凡是有影响的政党，都不敢公开主张生产资料私有制。对于我们这个时代，"资本主义"代表着万恶之源。甚至社会主义的敌人也受到社会主义观念的支配。这些反对者，尤其自称"资产阶级"的或"农民"的政党，在从他们特殊的阶级利益出发反抗社会主义时，也间接承认社会主义思想全部实质内容的合理

16

性。因为，倘若有可能以社会主义威胁到部分人的特殊利益为由
驳斥社会主义纲领，这其实已经肯定了社会主义。倘若有人抱怨
说，以生产资料私有制为基础的经济制度和社会组织不能充分考
虑社会利益，而是只迎合某个社会阶层的目标，它限制了生产
力；倘若这人因此而同形形色色"社会政策"和"社会改革"
运动的支持者一道要求在经济生活中全面实行国家干预，那么这
人就从根本上接受了社会主义纲领的原则。或者说，如果只是以
人性缺陷使得社会主义不可能实现，或以现存经济条件下不能立
刻实行社会化为由攻击社会主义，那么这也不过是表明了他已向
社会主义观念投降。民族主义者也对社会主义给予肯定，他只反
对它的国际主义，他希望把社会主义与帝国主义思想以及同其他
民族的斗争结合在一起。他是民族社会主义者，而非国际社会主
义者；但是他也赞成社会主义的基本原则。[2]

　　因此，社会主义的支持者不限于布尔什维克及其国外朋友或
众多社会主义政党的成员。凡是认为社会主义的社会制度在经济
和道德上优于以生产资料私有制为基础的社会的人，都是社会主
义者，尽管他们出于某种理由，也许试图在他们的社会主义理想
与他们认为自己所代表的特殊利益之间做出某种暂时或永久的妥
协。如果我们这样宽泛地定义社会主义，我们就会看到，绝大多
数民众今天是站在社会主义一边的。服膺自由主义[3] 原则、认 17
为以生产资料私有制为基础的秩序是唯一可能的经济社会形态的
人的确很少。

　　一个醒目的事实说明了社会主义思想的成功，即我们已经日
益习惯于只把那些旨在立刻全面实施社会主义纲领的政策视为社
会主义，而对目标相同、只是更加温和有保留的所有运动冠以别
的名称，甚至把它们描述为社会主义的敌人。完全是因为真正的
反社会主义者已经所剩无几，才会发生这种事。即使在自由主义
的故乡英国，这个因自由主义政策而变得富裕强大的国家，人们

也已不知道自由主义的真正含义。今天英国的"自由党人"或多或少是温和的社会主义者。[4] 在从来没有真正了解自由主义、因其反自由主义的政策而积弱贫困的德国，人们对自由主义可能意味着什么毫无概念。

正是过去数十年间社会主义思想的完全胜利，成为俄国布尔什维主义的巨大权力的基础。布尔什维主义的强大力量不是来自苏维埃的大炮和机枪，而是来自整个世界对其观念抱以同情的事实。许多社会主义者认为布尔什维克的事业尚不成熟，把社会主义的胜利寄托于未来。但是，没有一个社会主义者不被第三国际呼吁各国人民向资本主义开战的召唤所打动。整个世界都能感到迈向布尔什维主义的冲动。微弱而勉强的同情中夹杂着恐惧与敬佩，无畏的信徒总是能在胆怯的机会主义者中激发出这种感情。但是，更加勇敢和执着的人则毫不迟疑地欢迎新时代的曙光。

二　对社会主义的科学分析

18　　　社会主义学说是以批判资本主义社会秩序起家的。我们知道，社会主义作家在这方面不是很成功，他们误解了经济机制的作用，他们不理解以分工和生产资料私有制为基础的各种社会制度的功能。揭示社会主义理论家在分析经济过程时犯下的错误并非难事：批评家们已成功地证明了他们的经济学是一堆严重的谬论。提出资本主义社会秩序是否存在缺陷的问题，并不能为社会主义是否能够提供更佳替代的问题得出定论。仅仅证明生产资料私有制的社会存在缺陷，说它没有创造一个最完善的社会，这是不够的；还必须进一步说明社会主义制度更胜一筹。试图提供这一论证的社会主义者为数有限，而且大部分论证完全不科学，有些论证则十分无聊。马克思主义一直不满足于把社会主义的到来描述为社会进化的一个必然阶段。如果它满足于这一点，它也许不会在它必须加以处理的社会生活问题的科学分析方面产生那么大的影响；如果它仅限于把社会主义制度描述为可以想象的最优形态，它决不会造成如此的后果。但是，它以辩证的手段阻碍了对社会学问题的科学研究。

在马克思主义看来，人们的社会条件决定其思维方式。社会阶级地位决定着作者的观点，他只能在他所属的阶级中成长，他的思想越不出其阶级利益的界限。[5] 这样一来，不分阶级、适用于全人类的一般科学的可能性便遭到了质疑。狄茨根距离创立一种特殊的无产阶级逻辑只有一步之遥。[6] 然而，真理是只站在无产阶级科学一边的："无产阶级逻辑的观点并非党派私见，而是纯粹而简单的逻辑的结果。"[7] 马克思主义就是这样保护自己免受各种令人不快的批评的。一方面，马克思主义宣称，生产资料社会化是经济演化之自然规律的必然结局；另一方面，它又将这种社会化视为它的政治努力的目标。它以此来阐述社会主义组织的首要原理。对社会主义社会的清晰说明，对于那些希望社会主义能把他们从人间一切罪恶中拯救出来的大众来说，可能会给他们的热情泼冷水。因为人们没能充分地谈论或思考社会主义社会的性质，社会主义才能在 19 世纪末 20 世纪初成为占主导地位的政治运动。

对于这一点，第一次世界大战前的数十年间对德国思想界影响最大的人物之一赫尔曼·柯亨的著作提供了最好的证明。他说："今天，阻碍我们认识社会问题的病根，从而——哪怕是以难以察觉的方式——阻碍我们认识社会改革政策之必要性的，并不是缺少理解力，而是罪恶或善意的不足在阻止我们这样做。有人要求揭示未来国家的一般形象，并试图以此让党派社会主义难堪，这种不合理的要求只能用存在着人性缺陷这个事实来解释。国家以法律为前提，而这些人却要问国家会是什么形象，而不是问法律的伦理要求是什么。如此颠倒概念，就把社会主义伦理与乌托邦的诗意混为一谈了。但是，伦理不是诗歌，观念有着无形的真实性。形象是一种只能从其原型中产生的现实。社会主义的理想主义今天可以被视为存在于大众意识中的普遍真理，即使它仍是一个尚不为人所知的公开秘密。只有赤裸裸的贪欲观念所包含的利己主义，即真正的物欲主义，才不承认它是一种信仰。"[8] 写下这些荒唐思想的人，被普遍誉为那个时代最伟大、最无畏的德国思想家，甚至他的敌人也尊他为智者。正因为如此，才有必要强调指出，柯亨不仅不加批评地或无保留地接受社会主义的主张，承认不许对社会主义的社会条件进行考察的戒律，而且把那些要求澄清社会主义经济问题而使"党派社会主义"难堪的人，说成道德品质低下的小人。一个在其他方面不会让任何事情逃过其批评的思想家，在他那个时代的巨大偶像面前却丧失了勇气，这是思想史上常见的现象——甚至柯亨的伟大楷模康德也为此而受过责备。[9] 但是，一个哲学家居然不仅把全部持不同意见的人，而且把所有那些触碰让权威人士感到威胁的问题的人，一概斥为不怀好意，性情不良，有着不加掩饰的贪欲——幸亏思想史上举不出几个这样的例子。

21   凡是没有无条件服从这种压制的人，统统被打入另册，成了不法之徒。就这样，社会主义侵占的地盘在一年年扩大，却不让任何人对它如何运行刨根问底。如果有一天马克思一派的社会主义终于执掌政权，打算落实它的全部纲领时，它肯定会意识到，它对于自己数十年来努力实现的东西，并没有清晰的想法。

因此，对社会主义社会的问题展开讨论具有无比的重要性，这不限于理解自由主义与社会主义政策的差异。没有这样的讨论，就不可能理解自从国有化和市有化运动以来形成的局面。迄今为止，经济学——以可以理解但也令人遗憾的片面性——只研究以生产资料私有制为基础的社会机制。由此形成的空白必须填补。

社会应当建立在生产资料私有制的基础上，还是应当建立在生产资料公有制的基础上，这是个政治问题。科学对此无法做出判断；科学无力对社会组织形态的相对价值做出裁决。但是，只有科学能够通过研究制度的效用为理解社会打下基础。尽管实干家，即政治家们，往往不在意这种研究的结果，但思想者绝不会停止对人类智力可及的一切事物的研究。而从长远看，思想肯定决定着行动。

三　社会主义问题分析方法的选择

研究社会主义向科学提出的问题，途径有二。

文化哲学家可以把社会主义置于所有其他文化现象的序列中进行考察。他探索其思想源流，研究它同其他社会生活形式的关系，他从个人的心灵深处寻找其隐秘的起源，他试图把它理解为一种群众现象；他研究它对宗教、哲学、艺术和文学的影响，他试图揭示它与当代自然科学和精神科学的关系。他把它作为一种 22 生活方式、一种心理表现、一种伦理和审美信念的表现进行研究。这是文化—历史—心理学的方法，也是无数论著反复使用的方法。

切不可对一种科学方法有先入之见，对它的功效只有一个判断标准：成功。文化—历史—心理学的方法也很有可能为解决社会主义向科学提出的问题做出很大贡献。它的成果一直不令人满意，不仅是由于从事这一工作的人们的无能和政治偏见，而首先是由于必须把对问题的社会学[10]—经济学研究置于文化—历史—心理学研究之前。因为社会主义是一个根据明确的理想改造经济生活和社会制度的纲领。欲理解它在精神和文化生活领域的影响，必须先认清它的社会和经济意义。只要对此尚无把握，冒险做出文化—历史—心理学的解释就是不明智的。在厘清社会主义跟其他道德标准的关系之前，还是免谈社会主义伦理为好。如果对它的本质还糊里糊涂，那就不可能对它在宗教和公众生活中所起的作用进行恰当的分析。不首先研究以生产资料公有制为基础的经济秩序的机制，就根本不可能讨论社会主义问题。

在文化—历史—心理学方法通常作为起点的每一个问题上，都可以清楚地看到这一点。采用这种方法的人认为社会主义是平等的民主思想的最终结果，他们既不去确定民主和平等的真正含义或它们之间有着怎样的关系，也不考虑社会主义与平等思想有着实质性联系还是一般联系。有时，他们把社会主义看作与资本 23 主义密不可分的理性主义所造成的精神孤独的心理反应；有时又宣称社会主义的目标是世俗生活的最大理性化，这种理性化是资本主义永远不可企及的。[11] 至于那些在对社会主义进行文化和理论解说时陷入神秘主义泥潭的让人不知所云的人，这里不说也罢。

本书的研究首先是针对社会主义的社会学和经济学问题。我们必须在讨论文化和心理学问题之前研究这些问题。只有以这种研究的成果为基础，才能研究社会主义的文化和心理问题。唯有社会学和经济学的研究能为另一种阐述提供基础，那是一种更令大众着迷的阐述，即根据人类的普遍愿望对社会主义做出评价。

注释：

[1] "现在大概可以公平地说，今天的社会主义哲学不过是对已被不自觉采用的社会组织原则的自觉而明确的表述。本世纪的经济史几乎不断记录着社会主义的进步。" Sidney Webb, *Fabian Essays* (1889), p. 30.

[2] 福斯特特别指出，劳工运动确实征服了"有产阶级的心"；它"已经使这些阶级失去了道德反抗的力量"。[Foerster, *Christentum und Klassenkampf* (Zurich, 1908), p. 111 ff. .] 1869 年，普林斯-史密斯指出，事实上，社会主义思想在雇主中也找到了支持者。他说，在商人中间，"不管听起来多么不可思议，有些人对自己在国民经济中的活动并没

有清醒的认识，于是认为社会主义思想多多少少是有根据的，他们为此而深感愧疚，他们好像必须承认，他们的利润实际上是以工人为代价取得的。这使他们胆怯甚至心虚。这很糟糕。因为，假如我们的经济文明的担当者找不到完全正当的感觉，不敢坚定地捍卫它的基础，这会使它受到严重威胁"。见 *Prince-Smith's Gesammelte Schriften*（Berlin, 1877），vol. 1, p. 362。但是，普林斯-史密斯似乎不知道如何批评社会主义理论。

[3] 米瑟斯是在 19 世纪世界各地及今日欧洲大陆各国赋予"自由主义"的含义上"使用这个概念的。这是一种迫不得已的做法，因为没有别的词汇可以用来表示这样一场伟大的政治和思想运动，它用自由企业和市场经济取代了前资本主义的生产方式；用立宪代议制政府取代了国王或寡头们的专制主义；用每个人的自由取代了奴隶制、家奴制和其他形式的束缚"。见 Mises, *Human Action：A Treatise on Economics*, 3rd ed.（Chicago：Regnery, 1966），p. v。——英文版出版者注

[4] 这清楚地表现在今日英国自由党的纲领：*Britain's Industrial Future, being the Report of the Liberal Industrial Inquiry*（London, 1928）。

[5] "科学只存在于科学家的头脑里，而他们是社会的产物。他们不能脱离和超越社会。"见 Kautsky, *Die soziale Revolution*, 3rd ed.（Berlin, 1911），vol. 2, p. 39。英文版出版者注：英文版见 *The Social Revolution*, trans. J. B. Askew（London, 1907）。

[6] Dietzgen, "Briefe über Logik, speziell demokratisch-proletarische Logik", *Internationale Bibliothek*, 2nd ed.（Stuttgart, 1903），vol. 22, p. 112："最后，应当给逻辑学加上'无产阶级'的称号，还因为要想理解逻辑，就必须克服资产阶级持有的一切偏见。"

[7] 同上书，p. 112。

[8] Cohen, *Einleitung mit kritischem Nachtrag zur neurten Auflage der Geschichte des Materialismus von Friedrich Albert Lange*, 3rd extended ed.（Leipzig, 1914），p. 115. 另参见 Natorp, *Sozialpädagogik*, 4th ed.（Leipzig, 1920），p. 201。

[9] 见 Anton Menger, *Neue Sittenlehre*（Jena, 1905），pp. 45, 62。

[10] 在整个 1920 年代，米瑟斯一直把人类行为科学称为"社会学"。但

是他后来更偏向于使用"人类行为理论"（praxeology），这个概念来自希腊语的"praxis"，其含义是"行为""习惯"或"实践"。在给《经济学的认识论问题》[*Epistemological Problems of Economics*（Princeton：Van Nostrand，1960；New York：NYU Press，1981）] 所写的前言中，他对自己写于 1929 年的一篇文章中使用的这个概念有如下评论："……在 1929 年，我仍然相信没有必要用一个新的术语来指称人类行为的一般理论科学，使它有别于过去对人类行为的历史研究。我认为，为此可以采用'社会学'一词，在一些作者看来它就是用来表示这种一般理论科学的。只是到了后来，我才认识到它有所不当，于是采用了 praxeology 一词。"——英文版出版者注

[11] Muckle，*Das Kulturideal des Sozialismus*（Munich，1918），此书甚至预期社会主义会同时导致"经济生活最大程度的合理化"和"最可怕的野蛮制度——资本主义的理性主义——的恢复"。

第一卷

自由主义和社会主义

第一章

所 有 权

一 所有权的性质

作为社会学范畴的所有权，表现为经济物品的使用权。所有者就是对经济物品有处置权的人。

因此，社会学的所有权概念不同于法学的所有权概念。这是不言而喻的，令人不解的反而是这一点有时仍然被人忽略。从社会学和经济学的观点看，所有权是对人们的经济目标所必需的物品的占有（having）。[1] 这种占有或许可以称为自然的或初始的所有权，因为它纯粹是人同物品的物质关系（physical relationship），与人和人之间的或法律制度中的社会关系无关。法律的财产概念的意义恰好就在这里：它区分出了物质的"占有"（has）和法律上的"应当占有"（should have），法律承认缺乏这种"实物占有"的所有者和拥有者，即没有占有而应当占有的所有者。在法律的眼里，失窃的人仍然是所有者，而窃贼决不能获得所有权。只有实物的"占有"与经济学有关，而法律上的"应当占有"的意义只在于它为实物"占有"的获取、维持和恢复提供的保障。

在法律上，所有权是一种无差别的制度；法律所有权的调整对象不分生活消费品还是生产性用品，不分耐用消费品和非耐用消费品。把自身与任何经济基础相分离的法律形式主义，便清楚

28 地体现在这一事实当中。当然，法律不能完全脱离相关的经济差异。例如，作为生产资料的土地的特性，部分地赋予了不动产所有者以特殊的法律地位。这种经济上的差异在下述关系中较之它在财产法中表现得更为清晰：它们与社会学意义上的所有权相同，而与法律上的所有权只是相关，例如地役权（servitudes），特别是用益权（usufruct）。但总的来说，法的形式上的划一掩盖了实质上的差别。

经济意义上的所有权决不是无差别的。消费品的所有权与生产性物品的所有权在许多方面是不同的，而在这两种情形下，我们还必须区分耐用品和易耗品。

直接生活消费品提供直接的需求满足。它们作为易耗品，由其性质所定只能被一次耗尽，被利用后便失去了作为物品的特性，这里的所有权实际上体现为消费它们的可能性。所有者也可以不使用他的物品，任其败坏甚至故意破坏；他还可以用它们进行交换或把它们丢弃。所有这些情形都是他在处置物品的使用价值，而这种价值是不能分割的。

耐用品的情形略有不同，它是可以多次使用的消费品。它也可以被多人依次使用。这里的情况仍然是，能够按自己的目的支配物品之使用价值的人，就是经济学的意义上的所有者。在这个意义上，一幢房子的所有者就是在房子有争议期间住在里边的人；自然公园之一部分的马特峰[2]的所有者，是登上山峰饱览风光的人；一幅画的所有者是正在欣赏它的人。[3]这类物品所提供的使用价值的"占有"是可分割的，因此它们的实物所有权也是可分割的。

生产性物品只能间接地供人享用；它们被用于生产消费品。消费品最终是来自生产性物品和劳动的成功组合。能够为满足需求提供这类间接服务的东西，就是生产性物品。对生产性物品的支配权，是对它们的实物占有。生产性物品的"占有"具有经济意义，仅仅是因为它最终导致消费品的"占有"。

消费品，即可以直接用于消费的东西，只能被消费它们的人一次性地"占有"；可直接用于消费的耐用品可能被多人依次"占有"，但是，同时使用会干扰他人的享受，尽管该物品的属性并不完全排除多人共享。多人可以同时观赏一幅油画，虽然身边的人会挡住最佳视线，对人群中任何一个赏画者形成干扰。但是两个人不能同穿一件上衣。对于能满足需求的消费品的占有的分割，受到物品本身使用价值的可分割性的限制。这意味着个人对易耗品的实物所有权完全排斥他人的所有权。耐用品的所有权至少在特定时间内也是排他的，即使对它的利用程度很低。对消费品而言，除了个人的实物占有，任何其他意义上的经济关系都是不可想象的。纯粹的易耗品以及至少不能被多人同时使用的耐用品，只能是个人对实物的占有。这种所有权也是"私人"所有权，也就是说，它剥夺别人从处置物品的权利中所能得到的好处。

因此，关于取消甚至改革消费品所有制的想法是极其荒谬的。无论如何都不能改变这样的事实：被吃掉的苹果会消失，上衣在穿着中会破损。消费品不可能是公有财产或全体人的公共财产，这是不言而喻的。就消费品而言，通常称为公有财产的东西，必须在消费之前进行分配。一件物品被耗费或使用之日，就是共同所有权消失之时。消费者的"占有"必定是排他的。公有财产权不过是使用公共库房中物品的基础而已。每个合伙人是物品总量中可以为他所用的那一部分的所有者。他是否已是法律上的所有者，或只能通过分配总量成为所有者，或他是否会变成所有者，或在消费之前是否对总量有正式的分割——这些问题都没有实质的经济意义。事实是，即使没有分割，他也是自己那一份的所有者。

财产公有制无法废除消费品的所有权，它只能以一种本来并

不存在的方式对所有权进行分配。如同所有在消费品面前终止的
改革一样，共有财产权只限于对消费品存量实行不同的分配。存
量耗尽，它的作用也随之结束。它不能充盈空空如也的仓库。唯
有那些主导着生产性物品和劳动之处置权的人们能做到这一点。
如果他们对回报不满意，充实仓廪的物流也随之停止。由此可
见，任何改变消费分配的努力，说到底取决于生产资料的处置
权。

与消费品相反，生产性物品的"占有"在自然形态上是可
以分割的。在孤立的经济条件下，对生产性物品所有权的"占
有"（having）进行分割的条件，与分割消费品的条件相同。在
没有劳动分工的地方，只有当可以对物品产生的服务进行分配
时，才能够对"占有"进行分割。非耐用生产性物品的"占有"
是不能分享的。耐用生产性物品的"占有"能够分割，但这取
决于它提供的服务的可分割性。一定量的谷物只能由一人占有，
一把锤子则可多人依次占有，一条河流可以驱动多个水车。仅就
以上情况而言，对生产性物品的占有并无特别之处，但在实行分
工的生产中，这类物品的占有存在着双重性。事实上，这里的占
有总是有双重性：自然的占有（直接的）和社会性的占有（间
接的）。自然的占有是那些支配实物并用之于生产的人的占有；
社会的占有属于这样的人，他对商品没有自然的或法律上的支配
权，但可以间接地支配它的使用效果，即他可以交换或购买物品
或物品提供的服务。在此意义上，在存在分工的社会里，自然所
有权（natural ownership）由生产者和其产品的需求者分享。交
换社会之外的自给自足的农夫可以说，他的田地、犁、牲口等是
他自己的，意思是它们只服务于他。但是其劳作与贸易有关，为
市场和出售而生产的农民，则是另一种性质的生产资料所有者，
他不像自给自足的农民那样控制生产。生产什么由不得他，而是
由他的服务对象——消费者——说了算，是消费者而非生产者主

宰着经济活动的目标。生产者只能按消费者确定的目标指挥生产。

但是，在为市场而生产的条件下，还有一些生产资料所有者不能将他们的自然占有直接用于生产性服务。由于全部生产是各类生产资料的组合，这些生产资料的某些所有者必须把他的自然所有权转移给别人，以便后者能够落实生产过程中的生产资料的组合。资本、土地和劳动的所有者将这些要素交给企业家支配，由他直接掌管生产。企业家仍是按照消费者决定的方向管理生 31产，而这些消费者不是别人，正是资本、土地和劳动等生产资料的所有者。至于产品，每一种生产要素的所有者依据要素在产出中贡献的价值而取得其份额。

因此，实际上，生产性物品的自然所有权与消费品的自然所有权有着本质的不同。经济意义上的对生产性物品的占有，也就是说，使生产性物品服务于人的经济目的，不必像占有可被短期或长期消费的消费品那样，必须占有实物。要喝咖啡，我不必拥有巴西的咖啡园、远洋货轮以及咖啡加工厂，尽管这些生产手段都为我面前的这杯咖啡所必需，其他人拥有这些手段但为了我而运用它们，这就足矣。在存在分工的社会里，没有人是生产资料——不论是物质资料还是人力要素——的独占性的所有者。全部生产资料都服务于在市场上买入卖出的每一个人。因此，即使我们不想把所有权说成由消费者和生产资料所有者分享，我们也必须把消费者视为实际意义上的真正所有者，把法律意义上的所有者视为他人财产的管理者。[4] 不过，这会使我们脱离这些词汇的公认含义太远。为避免误解起见，最好还是尽量不造生词，不在完全不同的意义上使用那些表示特定观念的约定俗成的用语。因此，抛开任何特定的术语，这里只需再次强调，在实行分工的 32社会里的生产资料的所有权，实质上不同于没有发生分工的社会中的生产资料所有权，也在实质上不同于任何经济制度下的消费品所有权。为避免任何误解，此后我们将在公认的含义上使用"生产资料所有权"一词，即表示一种直接的处置权。

二 暴力和契约

对经济物品的实物占有，在经济上构成了自然所有权的本质，只能被理解为源自"占用"（occupation）。所有权不是一个与人的意志和行为无关的事实，因此，除非考虑到对无主财产的占用，否则我们无从理解它的起源。所有权一旦发生，只要它的对象不消失，就会持续下去，直至它被自愿放弃或实物占有发生了违背所有者意志的转移。所有者自愿放弃财产时发生的是前者，非自愿放弃时发生的是后者，比如你的牛丢了，或财产被暴力剥夺。

全部所有权都起源于占用和暴力。当我们考察物品的自然成分，先不管它所包含的劳动成分，我们在追溯合法的所有权时，必然在对人人都能取得的物品的占有行为中找到这一权利的起点。在此之前，我们也许能看到对某个占先者的财产的暴力占有，而这位占先者的所有权亦可追溯到更早的占有或抢掠。既然一切权利都是源于暴力，一切所有权都是来自占有或抢掠，我们也许会轻率地赞同那些基于自然法的考虑反对所有权的人。但这丝毫不能证明所有权的取消是必要的、可取的或道义上是正当的。

自然所有权不需要依靠所有者的同胞的尊重。事实上，只有当不存在推翻它的强权时，它才能得到容忍，一旦有个更强壮的人要把它据为己有，它一刻也存在不下去。它是由随意性的暴力所创设，所以肯定总是惧怕更强大的暴力。这便是自然法理论所说的一切人反对一切人的战争。当人们认为现有的关系值得加以维护时，战争便停息了。法律是从暴力中诞生的。

自然法学说未能正确解释一种巨大的变化：作为一个自觉的过程，它把人从野蛮状态提升至人类社会；它是一种行动，也就是说，人在这种过程中完全清楚自己的动机、目的以及实现的途径。据信，社会契约由此而缔结，国家、社会和法律秩序依此契约而产生。古老的信仰将社会制度的起源归于神，或至少归于人从神启中获得的感悟。[5] 理性主义在破除这种信仰后，并未找到其他可能的解释。上述过程导致了目前的状态，人们便认为社会生活的发展肯定是有目的、有理性的；没有目的和理性，没有自觉的选择，这一发展如何可能呢？今天我们拥有解释这件事的另一些理论。我们谈论生存竞争中的自然选择和后天获得性特征的遗传，虽然这一切并没有使我们较之神学家和理性主义者更接近对这个终极奥秘的理解。我们可以用以下说法"解释"社会制度的产生和发展：它有助于人们的生存竞争；接受并完善了这些制度的人，较之那些在这方面落后的人，具备抵御生活中各种危险的更好的手段。指出这类解释在今天是多么不能令人满意，等于给雅典人送去猫头鹰。[6] 这种解释令我们满意、我们愿意把它作为对一切存在和变化问题的最终答案的时代早就过去了，它并没有使我们比神学或理性主义更进一步。这是各门科学的交汇点，重大的哲学问题由此发端——我们的全部智慧终止于此。

其实，说明法律和国家不是起源于契约，并不需要大见识。不必求助于历史学派的渊博考证就能证明，历史上从来就不可能创立什么社会契约。在从羊皮纸和碑文中获取知识方面，求实的科学无疑优于17世纪和18世纪的理性主义，但它在社会学上的见识却落后很多。无论怎样非难理性主义的社会哲学，我们不能否认它在揭示社会制度的作用方面是取得了不朽成果的。我们关于法律秩序和国家的功能的最初知识，首先应当归功于它。

经济活动要求稳定的环境。生产过程所采用的周期越长，它在规模和时间跨度上取得的成功就越大。它要求延续性，除非极严重的困境，这一延续性不可能中断。这意味着经济活动需要和平，拒绝暴力。理性主义者认为，和平是一切法律制度的目标和目的；而我们则认为，和平是其结果，是其功能。[7] 理性主义者认为，法源自契约；我们说，法是冲突的解决和终结，是对冲突的防范。暴力与法、战争与和平是社会生活的两极，但社会生活的内容是经济活动。

所有的暴力都是针对他人的财产。人身——生命和健康——只有在成为获得财产的障碍时，才会成为攻击的目标。（纯粹为残忍而残忍的虐待狂和嗜血症是一种反常现象。防止这种情形并不需要一整套法律制度。今天，人们把医生而不是法官视为它们的解药。）因此，法律在对财产的维护中最清晰地显示出其和平缔造者的特征，这并非偶然。在保护财产的双重体系中，在对所有权与实际占有权的法律区别当中，可以最生动地看到法律作为和平缔造者的实质——它是不惜代价的和平缔造者。正如法理学家所言，甚至缺少资格的占有权也受到保护。不仅诚实的所有者，即使不诚实的所有者，甚至劫匪和盗贼，都可以主张保护其占有的财产。[8]

有人相信，对出现在某个时代的财富分配中的所有权可以进行攻击，因为它们源于非法强占和暴力劫掠。根据这种观点，一切法权都不过是被历史粉饰的非法现象。因此，现存法律秩序与永恒不变的正义观相冲突，必须废除它们，代之以合乎正义的新的法律秩序，国家的任务不应是"只尊重公民的财产现状，不问获取财产的法律基础"，"国家的使命首先是让人人各得其所，首先是让人人拥有自己的财产，然后再保护他们的财产"。[9] 在此情形下，人们或是假定存在着国家有责任予以承认和实现的某种永远正确的正义观；或是从契约论意义上的社会契约中找到真正法律的起源，这种社会契约只能来自全体个人放弃部分自然权利而一致达成的协议。"我们的天赋权利"的自然法观念就是以这两个假设为基础的。前一种假设认为，我们的行为必须合乎永恒的正义；后者则认为，现存法律制度是我们按契约的规定偏离永恒正义而产生的。至于绝对正义的起源，众说不一。一则曰上帝对人的恩赐；一则曰人的理性的创造。但两者都同意，区分正义和非正义的能力正是人有别于动物的标志；这是他的"伦理天性"。

今天我们已不再接受这些观念，因为我们看待这一问题的前提已经改变。说实话，在我们看来，关于人性与所有其他生物在本质上完全不同的观念是怪异的。我们不再认为作为生物的人从一开始就具有正义观。但是，就算我们或许没有对法的起源问题提供答案，我们依然必须明确，它不可能在起源上是合法的。法不可能来自它本身，它的起源在法的领域之外。那些不同意法无非就是法律化的非正义现象的人没有认识到，如果法最初就已存在，它肯定只能是另一种状态。假如设想它有起源，那么在某个时刻成为法的东西，在此之前不可能是法。要求法有一个合法的起源，是在要求不可能之事。谁这样做，谁就是把只在法律制度之内有效的概念应用于法律制度之外的事物。

我们这些只考察法的作用——缔造和平——的人必须认识到，不管怎样，法只能起源于对事物现状的承认，不管这种现状是如何发生的。另起炉灶将引发新的无休止的争执。只有当我们维护现状免受暴力的干扰，使将来的每一次改变都以当事人的同意为基础，才会有和平。这就是保护现有权利的真正意义，是一切法律的核心所在。

法出现在生活中时并非完美无缺。它已生长了数千年，而且仍在生长。它臻于完美的时代——永久和平的时代——也许永远不会到来。法律分类学家徒劳而固执地坚持传统教义对私法和公法的划分，他们认为这在实践中是不可或缺的。这些企图的失败——的确致使许多人放弃了这种划分——决不使我们感到惊讶。
36 事实上，这一划分并非一成不变；法的体系是统一的，并不包含
这一划分。这一划分是历史的，是法的观念的逐渐演化和完成的
结果。法的观念是在为保障经济的连续性而最为迫切地需要维持
和平的领域——在人与人的关系中——最先实现的。只是为了在
此基础上产生的文明的进一步发展，在更高级的领域维护和平才
成为必需。公法服务于此目的。公法并非在本质上不同于私法，
但人们仍觉得它有不同于私法的地方。这是因为公法只是后来才
获得了私法早已取得的进步。在公法中，对现存权利的保护尚未
像在私法中那样得到强有力的发展。[10] 公法的不成熟的最明显
表现是，它在系统化方面落后于私法。国际法更加落后。在国际
交往中，特定条件下的蛮横暴力是被认可的措施，而在仍受公法
调整的领域，以革命的形式出现的蛮横暴力，即使压迫性稍逊，
也是非法的。在私法领域，这种暴力完全是非法的，除非它是自
卫的行动，在非常环境中作为合法的防卫手段而得到允许。

成为法的东西曾是非正义的，或更确切地说，无所谓非法合
法，这一事实并非法律秩序的缺点。任何试图从法理或道德上证
明法律秩序的人，都会感到事实就是如此。但是，确认这一事实
决不能证明废除或改变所有制是必要的或有益的。试图用这个事
实证明废除所有制的要求是合法的，是很荒谬的。

三 暴力论和契约论

法的观念的获胜是缓慢而艰难的。它缓慢而艰难地击退了暴
37 力法则。一次次地反复；法的历史一次次从头开始。塔西佗在谈
到古日耳曼人时说："Pigrum quin immo et iners videtur sudore
adquirere quod possis sanguine parare"（凡能以流血掠夺获取之
物，靠出力流汗得之便是无能，甚至可谓懒散）。[11] 这种观念与

支配着现代经济生活的观点相距万里之遥。

这种观念上的对立超出了所有制问题，涵盖了我们的全部人生观。这是封建主和资产者的思想方式的对立。前者表现于罗曼蒂克的诗篇之中，尽管其人生观间或使我们产生幻觉，诗篇的意象是我们陌生的，其美妙依然使我们欣悦。[12] 后者在自由主义社会哲学中发展为一种伟大的体系，各个时代最出色的头脑在建构这一体系上通力合作。它的宏伟壮丽反映在古典文献中。通过自由主义，人类意识到了指引其发展的力量。笼罩在历史道路上的黑暗逐渐退去。人类开始理解社会生活，使之自觉地发展。

封建观念从没有形成类似的严密体系。它不可能建立起合乎其逻辑结论的暴力理论。要彻底贯彻暴力法则，哪怕只是在思想上，其反社会的特征便昭然若揭。它是混乱之源，它导致一切人反对一切人的战争。任何诡辩都无济于事。所有反自由主义的社会理论必定要么支离破碎，要么得出最荒谬的结论。它们指责自由主义忽视崇高，只关注凡间俗事，只为油盐酱醋奋斗。他们这是多此一举。自由主义从来没有冒充尘世生活哲学以外的东西。它的教导只关乎凡间的举止。它从未自诩穷尽了人类最后或最伟大的秘密。反自由主义的说教什么都承诺。它们许诺幸福和内心的宁静，似乎画饼真能充饥。只有一点是确定的，即在它们憧憬的社会制度中，商品的供给将大为减少。至于精神补偿的价值几何，至少人们众说不一。[13]

自由主义社会观的批评家们的最后一招是试图以自由主义观念本身提供的武器去摧毁它。他们试图证明，自由主义服务于而且只服务于特定的阶级利益；它所寻求的和平只对一小撮人有利，对其他人统统有害。甚至现代宪政国家所建立的社会秩序也是以暴力为基础。他们认为，这种社会秩序赖以建立的所谓自由契约，不过是征服者强加于被征服者的和平条件。只有使它们得以产生的强权继续存在，它们才依然有效。全部所有权都以暴力

38

为基础，由暴力所维系。自由社会的自由工人无异于封建时代的奴仆，企业家剥削他们，就像领主剥削农奴、种植园主剥削奴隶一样。居然有人能够提出——而且想必仍会有人提出——诸如此类的诘难，表明了对自由理论的理解力已经衰落到何等地步。但是，这些诘难决不能弥补反自由主义运动没有理论体系的缺陷。

自由主义的社会生活观创建了以分工为基础的经济学说。交换经济最显著的表现是只有在这种经济中才能存在的城市。自由主义学说在城市中发展成了严密的体系，也是在城市中它的支持者最多。但是，财富增长得愈多愈快，从而从乡村移居城市的人口愈众，暴力原则对自由主义的攻击就愈强烈。移居者很快在城市生活中找到了自己的位置，他们很快在表面上接受了城市的习俗和观念，但在相当长的时期里，他们同市民观念仍是格格不入的。人们接受一种社会哲学，并不像制作一套新衣服那样简单。这是必须争取——靠思想的努力去争取——的事情。所以我们从历史中一再看到，因为与分工的发展相伴随的财富增长而出现的思想自由世界强劲成长的时代，是与暴力原则试图卷土重来、财富因分工的衰落而减少的时代交替出现的。城市和城市生活发展得太快，它的广度有余而深度不足。城市的新居民徒具市民的外表，并无市民的思想方式。因此，随着他们的得势，市民精神衰落了。充满商人的自由主义精神的一切文化时代，就是这样走向衰亡的，历史上最优秀的文化，即我们的商人文化，看来也正在因此而衰亡。较之从城外发动攻击的野蛮人更可怕的是城内的所谓市民——徒有市民之衣衫而无市民之意识的人。

过去的几代人已经领教了暴力原则强有力的复活。现代帝国主义，其业绩是后果令人震惊的世界战争，在新的面具之下发展了暴力原则拥护者的古老观念。当然，即使帝国主义也无力建立39 起它们的反自由理论的完整体系。把斗争作为社会发展推动力的理论与合作的理论是势不两立的——而任何社会理论只能是合作的理论。现代帝国主义理论的特点是采用了某些科学的表述方式，譬如生存竞争理论和种族概念。这使它能够炮制出大量的口号，除了有宣传的效果，这些口号别无他用。现代帝国主义所炫耀的一切观念，早就被自由主义批得体无完肤了。

帝国主义者最有力的论据，大概是来自他们对分工社会的生产资料所有权的性质的彻底误解。他们认为，所有制最重要的任务之一就是提供自己的煤炭、自己的原材料、自己的轮船和自己的港口。显然，这一论证源自这样一种观点，即这些生产资料的自然所有权（natural ownership）是不可分割的，只有占有实物的人才能从中获益。它没有认识到这种观点必然导致关于生产资料所有权性质的社会主义教义。因为，既然德意志民族不拥有自己的棉花农场不对，单个德国人不拥有自己的煤矿、自己的纺织厂怎么就是对的呢？如果洛林[14] 的一座铁矿被某一个德国公民而不是法国公民所拥有，一个德国人就更有理由把它称为"自己的"铁矿吗？

帝国主义者在批评资产阶级所有制时，与社会主义者的看法是一致的。但社会主义者还试图设计出一套有关未来社会制度的严密思想体系，这是帝国主义者无力为之的。

四　生产资料集体所有制

改革所有权和财产权的最早尝试，无非是在财产分配上达到最大限度的平等的尝试，不管它所宣称的指导思想是社会效用还是社会正义。人人的所有不低于一个下限，无人超过一个上限。每人的财富应当大致相同——这是大目标。实现这个目标的手段也始终如一，通常是没收全部或部分财产，然后实行再分配。 40

一个由自给自足的农民组成的世界，至多保留少数工匠——这便是人们追求的理想社会。但是，今天我们已不必在意这些主张了。在实行分工的经济里，它们已经行不通了。一条铁路、一座轧钢厂或机器工厂是不能进行分割的。如果这种设想在数百年或数千年前就被付诸实施，我们将仍然停留在当时的经济发展水平上——当然，除非我们早已沦落到与禽兽为伍的境地。地球将只能供养它今天所供养的人口的极少部分，每个人的所得较之今天将少得可怜，甚至比工业国家中最穷的人还要可怜。我们的整个文明都是建立在这样一个事实上，即人们总是成功地击败了财产瓜分者的进攻。但是，即使在工业国家，重分财富的观念依然深得人心。在以农业为主的国家，这种主张被很不恰当地称为"农业社会主义"，是社会改革运动最重要的终极目标。它是伟大的俄国革命的主要支柱，它不顾革命领导者——本来的马克思主义者——的意愿，使他们暂时成为这一理想的倡导者。它有可能在世界的另一些地方取胜，并在短期内摧毁历经数千年才建立起来的文化。我们不妨再说一遍，对所有这一切，无须多费一句批评之口舌。不存在意见分歧。今天几乎无须证明，不可能在"土地和田园共产主义"的基础上建立起供养千百万白种人的社会组织。

很久以前，一种新的社会理想代替了财产瓜分者对平等的狂热幼稚病，今天，社会主义的口号不再是财产分配，而是公有制。消灭生产资料私有制，把生产资料变成共同体的财产，这就是社会主义的全部目标。

社会主义观念最有力、最纯粹的形式，已经与财产再分配的观念无任何共同之处。它与消费资料共同占有的糊涂观念也相去甚远。它的目标是使人人都能过上体面的生活。但是它还没有愚笨到相信通过摧毁实行分工的社会体系实现这一目标。不错，社会主义保留了狂热的财产瓜分者对市场的厌恶态度，但当它试图消灭贸易时，并不想取消分工，恢复自给自足的家庭经济，或至少恢复自给自足的农业区的简单交换组织。

这种社会主义不可能兴起于分工社会所特有的生产资料私有制之前。在生产资料公有制的理想能够具有确定的形态之前，独立的生产单位之间的相互联系必须首先达到外部需求支配生产的阶段。只有在自由主义社会哲学揭示了社会生产的性质之后，社会主义理想才能变得清晰起来。在这个意义上，也只有在这个意义上，社会主义可以被视为自由主义哲学的产物。

不论我们对其效用或可行性持有何种看法，我们必须承认，社会主义理想既宏伟又朴实。甚至它的最坚决的敌人也不能拒绝对它进行详尽的考察。其实可以说，它是人类精神最具雄心的创造。试图摧毁一切传统的社会组织形式，在全新的基础上建立一个新社会，构想一幅新的世界蓝图，预见未来的全部人类事务所必然采取的形式——它是如此壮丽，如此无畏，无愧于赢得最高的赞誉。如果我们希望拯救世界于野蛮，就必须打败社会主义，我们不能无所用心地把它撇在一边。

五 财产演化理论

把自己试图实现的目标描述为"古已有之""符合自然"从一开始就存在，只是由于历史发展中的不幸它才消失——这是政治改革家们的老把戏。他们说，人类必须返回这种状态，复兴黄金时代。所以，自然法学说把它为个人所要求的权利解释成大自然赋予个人的、不可剥夺的天生权利。这不是什么创新的问题，而是要恢复"永恒的权利，它像星辰一样在天空闪烁，永远不会熄灭，不可摧毁"。同样，浪漫派的乌托邦公有制，也是作为一种远古的社会制度而被提出的。几乎所有的民族都曾怀有这种梦想。古罗马有农神的黄金时代的传说，它被维吉尔、提布卢斯和奥维德描绘得无比灿烂，也得到了塞涅卡[15] 的盛赞。那是个无忧无虑的幸福时代，它没有私产，人人得享大自然慷慨赐予的富 42

足。[16] 当然，社会主义认为自己已经超越了这种质朴的孩子气，但是它的理想与罗马帝国时代的理想并没有多少差别。

自由主义学说强调生产资料私有制在文明演化中发挥的重要作用。社会主义不再承认所有权制度的作用，但同时也可能并不否认它在历史上的意义。马克思主义甚至把简单生产和资本主义生产说成社会发展的必经阶段。但另一方面，它同其他社会主义学说一样，带着强烈的道德义愤谴责历史上的全部私有财产制度。曾经有过没有私产的美好时代，这样的好时光还会再来。

为了使这种观点看上去言之成理，新兴的经济史学必须为其提供证据。一套论证古代土地私有制的理论建立起来了。据说，曾经有过全部土地为部落全体成员共有的时代。最初是共同耕种全部土地；后来才被分配给每个部落成员分散使用，但仍保留着共同所有权。但是不断地进行重新分配，一开始是一年一次，后来间隔时间变得更长。根据这一观点，私有制是一种相对较晚的制度。它是如何产生的，这一点不很清楚。但必须假定，它或多或少是通过省略再分配——这就是说，人们不想再追寻其非法占有的起源——而作为一种习惯悄然产生的。由此可见，把文明史过多地归功于私有制似乎是错误的。有人争辩说，农业是在定期分配土地的公有制下获得发展的。对于耕种土地的人来说，只需为他的劳动产出提供保障，为达到这一目的，以年为期的占有就够了。据说，将土地所有权的起源溯及对无主土地的占用是不正确的；未被占用的土地从来不是无主的。古代和今天一样，任何地方的人都宣布它属于国家或公社；因此，古代和今天一样，对所有权的抢占是鲜见的。[17]

从这一新的史学知识的高度，可以用既怜悯又开心的态度俯视自由主义社会哲学的教导。它使人们相信，私有财产仅仅是一个历史的法律范畴。它不是永远存在，只不过是文化的一个并非十分必要的产物，因而是可以废除的。所有的社会主义者，尤其是马克思主义者，热情地宣传着这些观点。它们给其拥护者带来的声望，是不持这种观点的经济史研究绝对得不到的。

但是，近来的研究已经驳倒了这种假设：农业耕地共同所有制是所有民族必经的基本阶段，是原始时代的所有制［"原始所有制"（Ureigentum）］形态。这些研究已经证明，俄国的"村社"（mir）是由于农奴制和人头税的压力而在近代出现的；锡根地区的"伐木合作社"[18] 的建立不早于 16 世纪；特利尔的"农庄队"（Trier Gehöferschaften）[19] 是在 13 世纪，甚至迟至 17、18 世纪才形成；南部斯拉夫的"大家庭制"（Zadruga）是因为实行拜占庭的税收制度而产生的。[20] 最早的日耳曼农业史尚未梳理得十分清晰，在这一领域的重大问题上不可能有一致的见解。恺撒和塔西佗所提供的贫乏信息解读起来尤为困难。但是，要想理解这两位作者，决不可忽略一个事实，即他们所描述的古代日耳曼地区的状况有一个突出特点——良田十分丰富，这使土地所有权在当时没有经济意义。"Superest ager"（耕地无边）是塔西佗时代日耳曼地区农业状况的基本事实。[21]

其实，为了理解"原始所有制"学说没有提供驳倒生产资料私有制的论据，我们不必援引与这种学说相对立的经济史的考证。在对私有制的历史成就以及它在当前和未来经济制度中的作用做出判断时，私有制之前是否存在过公有制，与我们是不相干的。即使能够证明公有制曾经是各民族的土地法的基础，全部私有制都是通过非法获取而产生，这也远不能说明集约化耕种的合理农业可以在非私有制条件下发展出来，更不能据此得出私有制能够和应该被废除的结论。

注释:

[1] Böhm-Bawerk, *Rechte und Verhiiltnisse vom Standpunkte der volkswirtscha-filichen Güterlehre* (Innsbruck, 1881), p. 37. 英文版出版者按：此书已

由 George D. Huncke 译为英文: *Whether Legal Rights and Relationships Are Economic Goods, in Shorter Classics of Böhm-Bawerk* (South Holland, Ill. : Libertarian Press, 1962), vol. 1, pp. 25-138。这里提到的段落见英文版第 58 页。

[2] 马特峰(Matterhorn)位于瑞士和意大利边界,为阿尔卑斯山脉最著名的山峰。——译注

[3] Fetter, *The Principles of Economics*, 3rd ed. (New York, 1913), p. 408.

[4] 见贺拉斯的诗:

Si proprium est quod quis libra mercatus et aere est,

quaedam, si credis consultis, mancipat usus:

qui te pascit ager, tuus est; et vilicus Orbi

cum segetes occat tibi mox frumenta daturas,

te dominum sentit, das nummos: accipis uvam

pullos ova, cadum temeti. [2. *Epistol.* 2, 158-163]

(正当交易所得即为个人之物;

律师亦称用益权使得物有所属;

所以,养活你的田便是你的,

在即将赐你以谷物的田里耕作的人,

亦会觉得你是他的主人。

你付工钱,收获葡萄、鸡只和美酒。)

最先注意到这几行诗的经济学家是艾弗茨,见 Effertz, *Arbeit und Boden*, new ed. (Berlin, 1897), vol. 1, pp. 72, 79。

[5] 把所有这些制度归结为"国家"的国家社会主义社会哲学,又回到了这种古老的神学解释。它认为国家占据着神学家为上帝安排的位置。

[6] 在希腊神话中,猫头鹰是一种受人宠爱的动物,经常与雅典女神雅典娜为伴。——英文版出版者注

[7] J. S. Mill, *Principles of Political Economy*, People's ed. (London, 1867), p. 124.

[8] Dernburg, *Pendekten*, 6th ed. (Berlin, 1900), vol. 1, pt. 2, p. 12.

[9] Fichte, *Der geschlossene Handelsstaat*, edited by Medicus (Leipzig, 1910), p. 12.

[10] 自由主义试图通过推动主观的公共权利、扩大法庭的司法保护，以推进对已获权利的保护。国家社会主义和社会主义则相反，它们试图为了公法而限制不断扩大的私法领域。

[11] Tacitus, *Germania*, p. 14.

[12] 在 Andersen 的 "The Galoshes of Fortune" 中的柯纳普参赞这个人物身上，可以看到对 "哪儿无需手艺，哪儿就有幸福" 这种浪漫主义愿望的嘲讽。英文版出版者按：见 New York：Doubleday，1974。

[13] Wiese, *Der Liberalismus in Vergangenheit und Zukunft*（Berlin, 1917），pp. 58 ff..

[14] 洛林（Lorraine）：法国行政大区之一，普法战争结束后有一部分被割让给德国。——译注

[15] Poehlmann, *Geschichte der sozialen Frage und des Sozialismus in der antiken Welt*, 2nd ed.（Munich, 1912），vol. 2, p. 577. 维吉尔（Virgil，公元前70—公元19）、提布卢斯（Tibulus，公元前54？—公元19?）和奥维德（Ovid，公元前43—公元17）是古罗马的三位大诗人；塞涅卡（Seneca，公元前4—公元65）是古罗马的著名哲学家和政治家。——译注

[16] "Ipsaque tellus omnia liberius nullo poscente fexebat"（土地以其慷慨的手，自动提供一切）（Virgil, *Georgica*, I, 127f.）

[17] Laveleye, *Das Ureigentum*, trans. by Bucher from French（Leipzig, 1879），pp. 514 ff..

[18] "伐木合作社" 是伐木业和制革业的一个劳动者组织。——英文版出版者注

[19] 这种农庄队是一种世袭制组织，起源可追溯至中世纪。建立这种组织是为了耕作采邑之外的土地，在德国西南的特利尔近郊直到不久前才消失。——英文版出版者注

[20] Below, *Probleme der Wirtschafisgeschichte*（Tübingen, 1920），pp. 13 ff..

[21] Tacitus, *Germania*, p. 26.

第二章

社 会 主 义

一 国家和经济行为

社会主义的宗旨是把生产资料私有制改造为有组织的社会所有制，改造为国有制。[1] 社会主义国家拥有和支配全部物质生产要素。这种改造不必遵循以生产资料私有制为基础的历史时期所形成的财产转移的形式上的正当规则。在这一改造的过程中，传统的法律术语的重要性尚在其次。所有权是处置权，当处置权脱离其传统的称谓，托付于新冠名的法律制度时，旧的术语实质上就微不足道了。应考虑的是实质，而不是名义。对所有者权利的限制以及正式的转移是社会化的手段。如果国家通过扩大其对生产的影响而逐步剥夺了所有者的处置权，如果国家的怎样生产和生产什么的决定权在增强，所有者徒有所有权的空名，财产事实上已转到国家手中。

人们常常看不到自由与无政府观念之间的本质差别。无政府主义否定一切强制性的社会组织，拒绝作为一种社会手段的强制。事实上，它希望取消国家和法律秩序，认为没有这些东西的社会可以更美好。它并不担心无政府的混乱，因为它认为，没有了强制，人们将为社会合作而联合起来，按社会生活的要求行事。无政府主义本身既不是自由主义，也不是社会主义，它在一个不同于它们的平台上活动。凡是拒绝无政府主义的观念的人，凡是承认没有有约束力的法律秩序的强制人们便不能为了和平的合作而联合起来的人，无论他是自由主义者还是社会主义者，都会拒绝无政府主义的理想。以思想的严格逻辑关系为基础的自由主义和社会主义理论，在阐述自己的体系时都对强制有适当的考虑，都断然拒绝无政府主义。它们都承认法律秩序的必要性，虽然对其内容和范围有不同的理解。自由主义限制国家的活动范围，但它并不质疑法律秩序的必要性，肯定也不认为国家是一种恶或必要的恶。自由主义对国家问题的观点，其特点在于它对所有制问题的态度，而不是它厌恶国家本身。它要求生产资料私有制，所以从逻辑上说，它必定拒绝与这种理想有冲突的一切。就社会主义而言，一旦它从根本上脱离了无政府主义，它必然要努力扩大国家的强制性秩序的控制范围，因为它的明确目标就是消灭"生产的无政府状态"。它非但不主张取消国家和强制，反而要把政府的行动扩展到自由主义主张保留的自由空间。社会主义作家，特别是那些基于道德原因赞成社会主义的作家喜欢说，社会主义社会是以公众福利作为国家的最高目标，而自由主义只关心一个特殊阶级的利益。只有当彻底的研究已经展示出清晰的图画时，人们才能对一种社会组织形态的价值作出判断，无论它是自由主义还是社会主义。但是，必须毫不犹豫地否定只有社会主义才关注公众福利之说。自由主义拥护生产资料私有制，不是因为它想帮助有产者，而是因为它期待这种经济组织会带来更高的生活水平。自由主义经济体系能生产出比社会主义经济体系更多的产品，经济剩余不只是有益于所有者。因此在自由主义看来，向社会主义的理论开战决不是为了富人的特殊利益，它甚至关心最贫穷的人，因为他们也会受到社会主义的严重伤害。无论是否接受这一观点，把狭隘的阶级利益强加给自由主义是错误的。其实，这两种学说的分野并不在于目标的不同，而在于实现目标的手段各异。

二 社会主义理论中的"基本权利"

自由主义政治哲学的纲领被概括为若干要点，并且是作为自然法的要求而提出的。这些要点就是各项人权和公民权，它们构成了18世纪和19世纪历次解放战争的主题，这些权利被镌刻于受当时政治运动的影响而拟制的宪法之中。甚至自由主义的支持者也会自问，它是不是这些权利的恰当处所，因为在形式和措辞上，它们更像是立法和行政所应遵循的政治纲领，而不是一些在内容上符合实际生活规则的法律原则。无论如何，仅仅从形式上把它们纳入国家的根本大法和宪法显然是不够的；必须使它们的精神渗透整个国家。国家的基本法赋予奥地利公民享有"在法律规定的限度内以口头、文字、印刷或绘画方式自由表达意见"的权利，但他们从这一事实中获益甚微。这些法律规定对言论自由的妨碍，与没有制定基本法时的情况一样严重。英国没有规定言论自由的"基本权利"，然而言论和出版在英国却享有真正的自由，因为体现在思想自由原则中的精神浸透进了英国的全部立法。

某些反自由主义的作家试图效仿这种政治的"基本权利"，确定基本的经济权利。他们有着双重目的：一方面，他们想揭示一种社会制度的无效，它甚至不能保障这些所谓的天赋人权；另一方面，他们想制造一些简短易记、行之有效的口号，用来宣传他们的观点。为了建立一个符合他们所说的理想的社会秩序，从法律上确立这些基本权利就够了，这种观点通常不是其作者想要表达的意思。特别是近些年来，多数人确实认为，只有通过生产资料的社会化，他们才能达到自己的目的。构思出基本的经济权利，仅仅是为了表明社会制度必须满足哪一些需求，它是批评而不是政纲。从这个角度来考虑，他们是要让我们明白，按其拥护者的观点社会主义应当取得什么成果。

以安东·门格尔之见，社会主义通常设定了三项基本经济权 48
利——对全部劳动产品的权利、生存的权利和工作的权利。[2]

任何生产都要求生产的物质要素和人力要素的协作：它是土
地、资本和劳动的有目的的联合。这些要素分别对生产的成果做
出了多少物质上的贡献，是无法确定的。这些要素分别对产品的
价值做出的贡献，则是一个每日每时由市场上的买卖双方来回答
的问题，虽然近年来对这一过程的科学解释取得了令人满意的成
果，但离最终结论还相距甚远。全部生产要素的市场价格的形
成，赋予它们跟它们各自在生产过程中的作用相一致的重要性。
每一种要素以价格的形式获得其在协作中的收益。劳动者以工资
的形式获得其全部劳动成果。因此，以主观价值学说的观点观
之，社会主义的那种独特主张是十分荒谬的。但在平民百姓看来
并非如此。表达这种要求的语言习惯源于这样一种观点，即价值
仅仅来自劳动。谁持有这种价值观，谁就会在废除生产资料私有
制的要求中看到全部劳动成果归劳动者所有的要求。首先，这是
一种否定性的要求——它排除了全部非劳动收入。但是，一旦有
人试图本着这条原则建立一种制度，立刻就会遇到不可克服的困
难，造成这些困难的是一种站不住脚的价值形成理论，它确立了
劳动者对全部劳动成果享有权利的原则。所有这类学说都是毁在
这一点上。它们的始作俑者最终都不得不承认，他们想要的无非
是取消个人的非劳动收入，只有实行生产资料社会化才能做到这
一点。至于那种数十年来一直盘踞于人们头脑中的获得全部劳动
成果的权利，不过是一句要求取消全部"不劳而获"的非劳动
收入的口号——当然，它的宣传效果不错。

对"生存权"可有多种界定。如果指的是那些没有生活资
料和工作能力、在生计上无依无靠的人们的权利，那么，"生存
权"就是一种无害的制度，数百年前它在多数社会就已经实现

了。确实，这一权利在实践中的贯彻可能不那么令人满意，原因
49 是它缘起于对穷人的善举，而不是穷人在法律上的权利。但是，
社会主义者所说的"生存权"并没有这层意思。他们的定义是：
"在满足部分人的非基本需要之前，按照现有的生活资料的标准，
所有社会成员都有权要求获得维持生存所必需的产品和服
务。"[3] "维持生存"这一概念的暧昧，以及不可能客观地对不
同人的需求的迫切性进行确认和比较，最终只能使这种权利成为
一种最大限度地平均分配消费品的要求。这一概念有时采取的形
式——岂能富者阡陌，贫者无立锥之地——将这一意图表达得更
明确。显然，若是从否定的角度看，只有全部生产资料归社会占
有，产品的分配由国家实行，这种平等的要求才能得到实现。至
于从积极的角度看它能否真正实现，却是倡导"生存权"的人
极少考虑的问题。他们争辩说，大自然本身为人类提供了足够的
生存资料，只因社会制度不公平，才使大多数人生计不足；一旦
剥夺富人超出"必需"的消费，人人都可以过上体面的生活。
只是由于以马尔萨斯人口定律[4]为基础的批评，社会主义者才
对其理论做了些许改进。社会主义者确信，非社会主义的生产不
能提供足够多的产品，使人人过上富足的生活，而社会主义将极
大地提高劳动生产率，所以它有可能为不计其数的人建立一个人
间天堂。甚至一向十分谨慎的马克思也说过，社会主义社会将把
每个人的需求作为统一的分配标准。[5]

　　无论如何，有一点是十分确定的：要想使社会主义理论家所
说的这种"生存权"得到承认，只能对生产资料实行社会化。
不错，安东·门格尔表达过这样的看法：私有制与生存权可以并
50 存。在此情形下，公民获得基本生活资料的政治权利，只能被视
为以国民收入做担保。在特权者获得非劳动收入之前，必须先满
足这些要求。但他也不得不承认，如果完全承认这种"生存
权"，它将耗费相当大一部分非工薪所得，这将剥夺私有财产的

大量利润，从而使全部财产很快就变为集体所有。[6] 如果门格尔意识到这种"生存权"必然同消费资料的平均分配权相联系，他或许就不会宣称"生存权"从根本上说可以同生产资料私有制并存了。

"生存权"与"劳动权"密切相关。[7] 这一观念很大程度不是建立在作为一种责任的劳动权上。承认无劳动能力的人有权维持生计的法律，并不允许能干活的人也得到类似的照顾。他只有权获得分派的工作。当然，社会主义作家以及他们早先提出的社会主义政策，对这一权利持有不同见解。他们或明或暗地将劳动权变成了获得这样一种工作的权利：它既符合工人的兴趣和能力，又能挣到足以维持生计的工资。隐藏在"劳动权"背后的理念，与导致"生存权"产生的理念是一样的，即在"自然"条件下——我们只能想象，这种条件存在于以私有制为基础的社会秩序之前和之外，在消灭了私有制的社会主义制度下又得以恢复——人人都有能力通过劳动获得足够的收入。摧毁这种理想状态的资产阶级社会对那些受损害的人欠下了相当于他们的损失的债务。据说，这笔债务恰好就体现在劳动权上。这里我们再次看到了那种无论在哪一个社会历史发展阶段，大自然都会赐我们以衣食的古老幻想。然而事实是，大自然没有赐予我们任何权利，正是由于她供给我们的生存资料极为匮乏，并且需求实际上是没有止境的，人们才被迫从事经济活动。这种活动引起社会协作，因为人们认识到协作可以提高生产力，改善生活水平。有一种从极为天真的自然法学说中借来的观念，认为个人在社会中的生活要比"更为自由的原始自然状态"下糟得多，认为社会必须——不妨这样说——用特殊权利换取他的宽容，那些有关劳动权和生存权的宏论，便是以这种观念作为基础的。

51

在生产达到完全均衡的地方，是不存在失业的。失业是经济变化的结果，只要生产没有因为政府当局和工会的干预而受到阻挠，它就只能是一种暂时现象，工资水平的变化会使它趋于消失。通过适当的制度，比如说通过扩大劳动力的交流——在不受阻碍的市场上，即在个人可以自由选择和改变职业及工作场所的地方，这种流动会因市场机制而发生——每个失业者的失业时间会大大缩短，所以它不会被认为是一种严重的弊端。[8] 但是，要求每个人都有权从事自己熟悉的工作，而且工资不低于更加短缺的劳动力的工资，是极其荒谬的。生产组织不能没有调换岗位的强制手段。社会主义者所要求的那种"劳动权"是断不可行的，它不仅在以生产资料私有制为基础的社会中行不通，因为即使社会主义社会也不能给予工人只在他熟悉的领域工作的权利；它也需要一种把劳动力转移到亟需的岗位的权力。

这三项基本的经济权利——其数量偶尔也会有所增加——属于一个已经成为过去的社会改革运动的时代。今天它们的重要性仅仅残存在宣传之中，虽然仍很有效。生产资料社会化已经把它们完全取代了。

三 集体主义和社会主义

自柏拉图和亚里士多德以降贯穿于整个思想史的唯实论和唯
52 名论之争，在社会哲学中也有反映。[9] 在社会协作问题上的"集体主义"和个人主义态度之间的分歧，与普遍主义和唯名论对待类概念问题的态度并无不同。但在社会科学领域，这种差别——在哲学中，对待上帝观念的态度赋予这种差别一种大大超出科学研究范围的意义——至关重要。不甘屈服的各种既有势力，在"集体主义"哲学中找到了维持其权利的武器。然而即使在这里，唯名论也是一种不安分的力量，它总想有所进展。正像它在哲学领域瓦解了旧的形而上学思辨一样，它在这里粉碎了社会学的"集体主义"形而上学。

对这种对立的政治误解，清楚地体现在伦理学和政治学所采用的目的论形式上。它对这个问题的表述与纯哲学中的表述有所不同。这里的问题是，究竟应当把个人还是社会作为目的。[10] 这预设了个人目标与社会整体目标之间的对立，这种对立只有通过一方为另一方做出牺牲才能得到克服。概念的名实之争变成了两个目标的优先权之争。这给"集体主义"带来了新的麻烦。社会"集体"多种多样，它们之间的目标冲突，似乎不亚于个人主义与"集体主义"的目标冲突，它们的利益分歧也只能通过斗争加以解决。事实上，现实中的"集体主义"对此不是十分担心。它自认为是统治阶级的唯一守护神，充当着为掌权者提供保护的科学警察的角色，与政治警察没什么两样。

但是，启蒙时代的个人主义社会哲学早已解决了个人主义与"集体主义"之间的冲突。它之所以被称为个人主义，是因为它的首要使命是打败占统治地位的"集体主义"观念，为后来的社会哲学扫清道路。但它决不是用个人主义的迷信替代已被粉碎的"集体主义"偶像。它以利益和谐一致的学说作为社会学的起点，建立了现代社会科学，并且揭示了作为争论焦点的目标冲突在现实中并不存在。因为，只有在这些条件下，即个人在社会中可以使他的自我和他的愿望得到强化，社会才能存在。

当代的集体主义运动并不是从现代科学思想的内在要求中，而是从一种向往浪漫主义和神秘主义时代的政治理想中汲取力量。各种精神运动都是思想对习惯、少数对多数的反叛；那些因为精神上强大而成为最强者的人，孤独地对抗着只会哗众取宠的人，他们的重要性仅仅在于他们人数众多。集体主义正好相反，它是那些思想和精神扼杀者的武器。所以它造就了"新的偶像"，"冷酷的怪兽中最冷酷的怪兽"——国家。[11]"集体主义"把这个神秘之物提升为偶像，以天马行空般的幻想把它装扮得华美无比，一尘不染，[12] 并且表示随时准备把一切献上它的祭坛，通过这一切，集体主义有意识地切断了社会学同科学思想的所有联系。在某些思想家那里我们可以清楚地看到这一点：他们调动全部目的论的因素，向自由的科学思想发起最严厉的批判，而在社会认知的领域，他们不仅固守传统观念和目的论的思维方式，甚至通过竭力证明其合理性，给社会学的前进道路设置障碍，使其无法获得自然科学早已享有的思想自由。在康德有关自然的认识理论中，并不存在上帝和自然的统治者，但他把历史看作"是在执行自然的一个隐秘计划，以便使国家制度得到内在的——因此也是外在的——完善，使之成为她借助人类发展自身全部能力的唯一场所"。[13] 我们从康德的这些话中特别清楚地看到了一个事实：现代的集体主义同以往的观念唯实论毫无关系，它是从政治而非哲学的需要中产生的，因此在科学之外占有一个以认识论为基础的批评无力撼动的特殊地位。赫尔德在《对人类历史哲学

54 的思考》（*Ideen zu einer Philosophie der Geschichte der Menschheit*）的第二部分猛烈抨击了康德的批判哲学，他认为这种哲学是"以阿威罗伊[14] 的方式"把抽象因素实体化了。凡是坚持把人类整体而不是个人作为教育和教化对象的人，都会令人莫名其妙地说："种和类仅是抽象概念，就算它们存在于个体之中，那也是一种例外。"即使有人赋予这个抽象概念以人类的全部完美性——文化和最高智慧——这是理念所允许的，但是他"并没有对我们人类真正的历史做出什么说明，这就像我在谈到抽象的动物、石头、金属时，我赋予它们最好的属性，而这些属性作为单独的个体是相互冲突的"。[15] 在对此做出的回应中，康德完成了伦理—政治的集体主义与哲学的观念唯实论的分离："无论谁说没有任何一匹马有角，但作为类的马是有角的，他都是在宣扬一种彻头彻尾的谬论。类不过是指所有的个体共有的特征。但是，如果'人类'这一个词的含义是指——一般而言也确实如此——无限延续（不可限定的）的世世代代的整体，并且假定

这个延续体在不断地向着与它并行的它的宿命线贴近，那就可以无矛盾地说，人类每个部分与这个宿命是渐近线的关系，而人类整体与它是相交的关系——换句话说，不是人类所有世代的连接，而仅仅是它作为一个类，完全得到自己的宿命。数学家能够对此做出阐明。哲学家会说，作为整体的人类的宿命就是不断进步，进步的完成不过是一个理想——但从各方面说是个有用的理想，是一个根据上帝的计划我们必须为之付出努力的目标。"[16]在此，"集体主义"的目的论特征显露无遗，并且与纯粹认知的思想方式之间形成了一道难以逾越的鸿沟。对大自然的隐秘计划的认知大大超出了一切经验；对于它是否存在，它包含什么内容，我们的思想无法提供任何可以得出结论的东西。我们所能观察到的个人和社会组织的行为不能为猜测提供依据。在经验和我们可能做出的假设之间，无法建立起任何逻辑联系。我们权且相信——因为它无法证实——人类在违心地做着更有智慧的大自然命令他做的事情，他在做着有利于人类整体而不是个人的事。[17]可这哪是符合常规的科学方法啊。

事实上，集体主义是无法被解释成有着科学必然性的。它只能用政治需要来说明。所以它没有止步于对社会协作——它被恰当地称为有机体和有生命的存在——的肯定，而是把它们变成了理念，把它们打造成了偶像。基尔克公然毫不含糊地声言，必须牢牢把握"社会的真正统一性这个观念"，因为唯有如此，才能要求个人为民族和国家献出力量和生命。[18] 莱辛说得好，集体主义只不过是"暴政的外衣"。[19]

若是真的存在着整体的共同利益和个体的特殊利益之间的冲突，人们就根本无法在社会中合作。人与人之间的自然交往将是一切人反对一切人的战争，不可能有和平或相互容忍，只会有暂时的休战，其持续的时间不会比一方或所有各方的厌倦所能允许的时间更长。个体至少是潜在地不断对抗每一个人和所有的人，

55

就像他要无休止地同食肉兽和疾病进行搏斗一样。集体主义的历史观是彻底反社会的，它认为社会制度只能通过柏拉图的δημτουργòs（为人民而工作的人）这个"世界的缔造者"的干预而产生，在历史中，英雄人物就是发挥这种作用的工具，他们率领反叛者到它要求他去的地方。于是，个人的意志被粉碎了，那些希望只为自己而活着的人在上帝的现世代表的逼迫下遵从着道德律，它要求他为全体的利益和未来的发展而牺牲个人幸福。

对社会的科学研究是从排除这种二元论开始的。它认识到社会中独立的个体的利益是彼此相容的，个体与社会之间没有冲突，所以它不必借助神明和英雄就能理解社会制度。一旦我们认识到社会联合体对个人予多取少，我们就能把那个强迫人们违心地接受集体主义的造物主抛诸脑后了；当我们看到在朝着更紧密56 的社会组织的发展中，每一步都给当事人而不仅是他们的后代带来好处时，我们无需设想什么"自然的隐秘计划"，也能理解这种发展。

集体主义对这种新的社会埋论毫无还手之力。它翻来覆去地指责这一新理论不懂得集体，特别是国家和民族的重要性，这不过表明它没有看到自由主义的社会学对提问方式的改变产生了怎样的影响。集体主义不再试图创建完整的社会生活理论；它至多只能制造一些反对其敌手的机智格言。在经济学以及在一般社会学领域，它表明了自己的彻底无能。难怪在相当长的时期里，德国人的头脑在从康德到黑格尔的古典哲学的社会理论支配下，在经济学领域毫无重要建树。打破这一符咒的人，先是屠能和格森，然后是奥地利人卡尔·门格尔、庞巴威克和维塞尔，都没有受到国家集体主义哲学的任何传染。

集体主义处理社会意志问题的方式，最清楚地暴露出它无力克服它在阐述自己的教义时遇到的困难。反复诉诸"国家的意志""人民的意志"以及"人民的判断"，丝毫不能解释社会协作中的集体意志是如何产生的。由于集体意志不但不同于独立的个人的意志，而且在一些关键方面与后者截然对立，所以它不可能来自许多个人意志的相加或汇总。集体主义者对集体意志的来源言人人殊，这取决于他们各自的政治、宗教和民族信念。无论把它解释成国王或神父的超自然力量，还是解释成特定阶级或人民的品质，从根本上说是一样的。弗里德里希·威廉四世和威廉二世深信上帝授予了他们特殊的权威，这一信念无疑激励着他们兢兢业业，发挥自身的力量。许多当代人同样相信并准备为上帝派来的君王流尽最后一滴血。但是科学无法证明这种信念的真实性，正如它不能证实宗教的真实性一样。集体主义是政治而不是科学，它所传播的是价值判断。

　　一般而言，集体主义赞成生产资料的社会化，因为这更接近于它的世界观。不过也有一些拥护生产资料私有制的集体主义者，他们相信这一制度能更好地服务于社会整体的福利。[20] 另一方 57 面，即使没有受到集体主义思想的影响，也可能相信生产资料私有制实现人类各种目标的能力不如公有制。

注释：

[1] "共产主义"一词的含义和"社会主义"是一样的。在过去几十年里，这两个词不断被交替使用，把社会党人和共产党人加以区分的问题仅仅是一种政治策略。他们的目标都是生产资料的社会化。

[2] Anton Menger, *Das Recht auf den vollen Arbeitsertrag in geschichtlicher Darstellung*, 4th ed. (Stuttgart and Berlin, 1910), p. 6. 英文版出版者注：英译本见 *Right to the Whole Produce of Labor*, with an introduction by Foxwell, 1899。

[3] Malthus, *An Essay on the Principle of Population*, 5th ed. (London, 1817), vol. 3, pp. 154 ff. .

[4] Marx, *Zur Kritik des sozialdemokratischen Parteiprogramms von Gotha*, ed. Kreibich (Reichenberg, 1920), p. 17："各尽所能，按需分配。"（译

按：中译本见《马克思恩格斯全集》第十九卷，人民出版社 1963 年版，第 23 页。）

[5] Anton Menger, op. cit. , p. 10.

[6] 同上书，pp. 10 ff. 另参见 Singer‐Sieghart, *Das Recht auf Arbeit in geschichtlicher Darstellung* (Jena, 1895), pp. 1 ff. ; Mutasoff, *Zur Geschichte des Rechts auf Arbeit mit besonderer Rücksicht auf Charles Fourier* (Berne, 1897), pp. 4 ff. 。

[7] 见拙著 *Kritik des Interventionismus* (Jena, 1929), pp. 22 ff. ; *Die Ursachen der Wirtschafiskrise* (Tübingen, 1931), pp. 15 ff. 英文版出版者按：该书现已有英译本，见 *A Critique of Interventionism*, trans. Hans F. Sennholz (New Rochelle, N. Y. Arlington House, 1977), pp. 26 ff. ; "The Causes of the Economic Crisis", in *On the Manipulation of Money and Credit*, trans. Bettina Bien Greaves and ed. Percy L. Greaves, Jr. , Dobbs Ferry (N. Y. : Free Market Books, 1978), pp. 186 ff. 。

[8] Pribram, *Die Entstehung der individualistischen Sozialphilosophie* (Leipzig, 1912), pp. 3 ff. .

[9] 因此，迪泽尔（Dietzel, "Individualismus", *Handwirterbuch der Staatswissenschaften*, 3rd ed. , vol. 5, p. 590）虚构出了个人原则和社会原则的对立。施宾格勒也是如此，见 Spengler, *Preussentum und Sozialismus* (Munich, 1920), p. 14。

[10] Nietzsche, "Also Sprach Zarathustra", vol. 6, *Werke* (Krönersche Klassikerausgabe), p. 69.

[11] "L'État étant conçu comme un être ideal, on le pare de toutes les qualités que l'on rêve et on le dépouille de toutes les faiblesses que l'on hait." （"被理解为一种理想状态的国家，具有我们所梦想的全部特质，摒除了我们所痛恨的一切缺陷。"）见 P. Leroy‐Beaulieu, *L'État moderne et ses fonctions*, 3rd ed. (Paris, 1900), p. 11；另参见 Bamberger, *Deutschland und der Sozialismus* (Leipzig, 1878), pp. 86 ff. 。

[12] Kant, *Idee zu einer allgemeinen Geschichte in weltbürgerlicher Absicht*, vol. 1, *Sämtliche Werke*, Inselausgabe (Leipzig, 1912), p. 235.

[13] 阿威罗伊（Averroes, 1126—1198）：伊斯兰哲学家，致力于把伊斯兰

哲学和希腊哲学融为一体，评注过柏拉图和亚里士多德的著作。——
译注

[14] Herder, *Ideen zu einer Philosophie der Geschichte der Menschheit*, vol. 13, Sämtliche Werke, ed. Suphan（Berlin, 1887）, pp. 345 ff. .

[15] Kant, *Rezension zum zweiten Teil von Herders Ideen zur Philosophie der Geschichte der Menschheit*, vol. 1, *Werke*, p. 267. 关于这个问题，参见 Cassirer, *Freiheit und Form*（Berlin, 1916）, pp. 504 ff. 。

[16] Kant, *Idee zu einer allgemeinen Geschichte...* p. 228.

[17] Gierke, *Des Wesen der menschlichen Verbünde*（Leipzig, 1902）, pp. 34 ff. .

[18] In "Ernst und Falk", *Gespräche für Freimaurer*, vol. 5, *Werke*（Stuttgart, 1873）, p. 80.

[19] Huth, *Soziale und individualistische Auffassung im 18. Jahrhundert, vornehmlich bei Adam Smith und Adam Ferguson*（Leipzig, 1907）, p. 6.

第三章

社会秩序与政治制度

一 暴力政策和契约政策

暴力原则的统治当然不限于财产领域。只相信实力，不是从契约而是从无休止的冲突中追求基本福利，这种精神弥漫于全部生活之中。人类的全部关系是按照"弱肉强食"法则确立的，这一法则其实是对法律的否定。不存在和平，充其量只有休战。

社会是从最小的协作团体发展起来的。人们为维持和平而结成的小圈子最初是十分有限的。这种小团体在数千年的岁月里逐渐扩大，直到覆盖除文明水平最低的半野蛮民族之外的人类绝大部分的国际法共同体及和平联盟。在这一共同体内，契约原则的力量并不是在所有的领域都一样。大体上说，它在财产领域得到了最完整的承认，在涉及政治统治问题时它最软弱无力。至于在外交政策领域，迄今为止仅限于制订限制暴力原则的交战规则。除了新近发展起来的仲裁程序，国家间的争端本质上依然是用武器这种最常见的古老手段决出胜负。但是，正如最古老的法律对决斗的裁决，用交战决出胜负也必须遵守一定的规则。认为在国家间的交往中是对外国暴力的恐惧才使得剑不出鞘，同样是错误的。[1] 数千年来一直活跃于国家外交政策中的约束力，已经把和 平的价值置于军事胜利的收益之上。在今天，甚至最强大的军阀也不能对开战须有正当理由这一法条的影响完全置之不理。发动

战争的人总是竭力证明自己有正当理由，是在进行自卫或至少是
预防性自卫；这是对法律与和平原则的庄严承认。任何公然信奉
暴力原则的政策，都会招致全世界的一致反对，最终使它就范。

在自由主义的社会哲学中，人类的智慧明白了要用和平原则
战胜暴力原则。在这种哲学中，人类首次对自己的行为做出了说
明。它拆除了笼罩着强权的浪漫光环。它教导人们说，战争不仅
有害于被征服者，也有害于征服者；社会产生于和平的努力；社
会的本质是缔造和平；和平而非战争才是万物之母，唯有经济活
动为我们创造财富；不是战争而是劳动带来幸福；和平是建设，
战争是毁坏。各民族本质上是和平的，因为他们承认和平的显著
效用。他们只接受自卫战争，不要侵略战争。想打仗的是君主，
他们希望以此获得金钱、财富和权力。各民族的使命就是剥夺他
们发动战争的手段，阻止他们满足自己的欲望。

自由主义对和平的热爱并非像贝莎·苏特纳[2] 及其同道那
样，是出于博爱的考虑。它也绝没有那种试图以国际会议中的清
醒与嗜血的浪漫主义进行搏斗的灰心情绪。它对和平的偏爱，并
不是一种与其他各种可能的信念相一致的消遣。爱和平就是自由
主义社会理论本身。凡是主张各民族的经济利益相互交融，对领
土大小和国家边界不感兴趣的人，凡是克服了集体主义观念，对
"国家的荣誉"这类说法难以理解的人，看不出侵略战争有任何
正当理由。自由主义的和平主义是自由主义社会哲学的产物。自
由主义致力于保护财产，反对战争，这不过是同一条原则的两种
表述。[3]

二 民主的社会功能

60

在国内政治方面，自由主义要求表达政治观点的充分自由；
它要求政府应当根据大多数人的意志组成；它要求通过人民代表

进行立法；要求政府作为人民代表组成的委员会应当受到法律的约束。自由主义在接受君主制时，不过是做了些妥协。它的理想依然是共和制，至少是英国式的影子君主国。它的最高政治原则是人民像个人一样享有自决权。讨论这种政治理想是不是民主的，没有多少用处。近来一些著作家倾向于假定自由主义与民主主义之间存在着对立。他们似乎对两者都缺乏清晰的概念；首要的一点是，他们关于民主制度的哲学基础的观点，似乎仅仅来自自然法的观念。

现在的大多数自由主义理论在宣扬民主制度时，也许都是基于跟自然法理论关于人的不可让渡的自决权相一致的理由。但是，政治运动在证明其基本原则的合理性时提出的理由，并不总是与它们不得不说的理由相一致。采取政治行动是比较容易的，而要看清人的行为的最终动机往往比较困难。昔日的自由主义很清楚，从它的社会哲学体系中必然产生民主的要求。但是，这些要求在它的哲学体系中占据怎样的地位，则是很不清楚的。这可以解释它在基本原理问题上一直表现出的不确定性。这也可以解释，那些最终只给自己冠以民主派的称号，因此与尚未这样做的自由派形成对立的人，为何会不加节制地夸大一些假民主的要求。

民主政体的意义不在于它比任何其他政体更多地代表着天赋
61 人权；也不在于它比其他政体更好地实现了自由和平等的观念。抽象地说，一个人让别人来统治自己，就像让别人给自己干活一样，很难说对他没有任何价值。发达社会的公民在民主制度下感到自由和幸福，他认为这一制度优于任何其他政体，他准备为争取和捍卫它而献身，这一切不是因为民主制度本身值得热爱，而是因为这一制度事实上发挥着他无意放弃的功能。

人们通常认为民主的基本功能是挑选政治领导人。在民主制度下，至少最重要的公职的就任者，是在完全公开的政治生活中通过竞争决定的。人们相信，竞争注定会使最优者胜出。但是，很难明白为何民主制注定要比独裁政体或贵族政体在选拔国家领导人方面更幸运。历史表明，在非民主国家经常有政治精英胜出，而民主制并不能保证总是最优者掌权。在这一点上，民主的敌人和朋友永远不会取得一致。

其实，民主政体的重要意义与以上所言十分不同。它的功能是缔造和平，避免暴力革命。在非民主国家也是一样，只有得到民意支持的政府才能长期执政。任何政府的力量都不是取决于武装，而是取决于控制武装力量的精神。当权者总是以少数面对大多数，只有使多数人对他们的统治心悦诚服，他们才能获得和维持政权。如有变故发生，如果政府所依靠的人不认为自己一定要支持它，政府的基础就发生动摇了，它迟早要倒台。非民主国家的人和制度只能通过暴力加以改变。失去人民支持的制度和个人将在剧变中被扫地出门，被新的制度和个人取代。

但是，任何暴力革命都以鲜血和金钱为代价。生灵涂炭，破坏造成经济活动的停顿。民主试图通过协调国家意志——通过国家机关表达的意志——和多数人的意志，阻止这种物质损失以及相伴随的精神创伤。它通过使国家机关在法律上服从当下多数民意而做到了这一点。它在内政中实现了和平主义在对外政策中力求实现的事情。[4]

这是民主政治唯一的决定性的功能。看看民主原则的敌人经常援引的论点，这一点就变得更加明显了。俄国的保守派指出，沙皇独裁和沙皇的政策得到了俄国广大人民的认可，所以即使民主的国家形式也不能给予俄国另一种政体。他无疑是正确的。俄国的民主派对此也不存幻想。只要俄国的多数民众，或者更称心的状况是，政治上成熟并有机会干预政策的那一部分人支持沙皇，这个帝国就不会受到缺乏民主政体的连累。然而，一旦民意与沙皇政体之间发生分歧，这种缺乏就是致命的。国家意志与人民的意志不能和平地协调，政治灾难是不可避免的。对沙皇俄国是如此，对布尔什维克的俄国也是如此。这也同样适用于普鲁士、德国以及其他任何国家。法国革命造成了怎样的一场灾难啊，它的精神创伤从未痊愈！看看英国吧，它自 17 世纪以来一直能够避免革命，这使它获得了何等巨大的利益！

我们由此可知，把民主与革命看成同义词，哪怕看成近义词，是何其错误。民主不但不具有革命性，而且它要竭力根除革命。马克思主义所特有的对革命、对不惜一切代价的暴力颠覆的崇拜，与民主势同水火。自由主义渴望和平，因为它认识到先有和平，才有人们的经济目标的实现，因而在内政外交上力求消除一切冲突的根源。在自由主义看来，战争和革命的暴力永远是一种罪恶，只要没有政治民主，这种罪恶就难以避免。即使革命已成必然之势，自由主义也试图救民于血火，期望哲理能让暴君们开窍，自愿放弃那些阻碍社会发展的权利。席勒请德·波萨侯爵向国王恳求思想自由的权利时，他发出的是自由主义的声音；1789 年 8 月 4 日那个光荣的夜晚，法国的封建领主自愿放弃了他们的特权，以及 1832 年的英国改革法案，都表明这种期望并非十分虚妄。自由主义对马克思主义职业革命家的英雄壮举是不敢恭维的，他们拿千百万人的生命做赌注，他们摧毁数十年数百年辛勤劳动创造的价值。经济原则在这里也十分有效：自由主义希望以最低的代价获得成功。

民主是人民的自我管理，是人民的自治。但这不意味着全体人民必须在立法和行政中平等合作。直接民主只能在极小的范围内实现。甚至不大的议会也无法在全体会议中从事全部工作。必须选出委员会，具体工作是由个人完成的——提案人、发言者、大会报告起草人，尤其是法案的作者。最终还是证明了一个事实：大众受着少数人的领导。人不是完全平等的，有人天生是领袖，有人只能跟着走，甚至民主也无法改变这种情形。我们不可能都当先驱：大多数人既没有这种抱负，也缺少必要的能力。认为在纯粹的民主制度下人民将像国会议员那样整日开会讨论问题，这一想法来自我们对古希腊衰落时期的城邦国家的想象。可是我们忽略了这样一个事实：这些共同体根本就不是民主的，因为它把奴隶和不享有完全公民权的人排除在公共生活之外。凡是打算实行全体参与的地方，直接民主的"完美"理想都是不可行的。想实现这种空中楼阁式的民主，无异于迂腐的自然法教条主义。要实现民主制度所追求的目标，只需立法和行政接受多数民意的指导，欲达此目的，间接民主就足以胜任。民主的实质并非人人制定和执行法律，而是使立法者和统治者服从人民的意志，以便在发生冲突时能够和平地撤换他们。

这使那些人民统治的朋友和敌人提出的民主政治不能实现的观点不攻自破。[5] 民主不会因为从群众中产生的领导人专职从政而有所减损。如同分工社会中的任何其他职业一样，政治需要职业化，业余政治家是无用的。[6] 只要职业政治家不脱离多数的民意，只要能推行为他赢得多数的政策，民主原则就得到了满足。民主政治也不要求议会成为国家社会分层的缩微版，如在农民和产业工人占人口大多数的地方，主要由农民和产业工人组成议会。[7] 在英国议会中扮演着重要角色的有闲绅士，以及拉丁语国家的议会中的律师和记者，很可能比那些把德国和斯拉夫国家的议会变成精神荒漠的工会领袖能更好地代表着人民。如果把上层阶级的成员排除在议会之外，议会以及由它产生的政府是不能代表民意的。因为社会中的这个上层本身就是民意选择的结果，他们对公众精神的影响远超出他们在人口中的比率。如果在选民中间把他们描绘成不适合统治的人，使他们不能进入议会和政府，民意与议会的意见之间就会发生冲突，这即使不会使民主制度失效，也会使它更加难以运行。议会外的势力会让立法和行政部门感到它们的存在，因为进入议会的低能者无法扼杀议会外的智力。议会制度受到的伤害莫甚于此；我们必须从这里寻找议会政治令人悲哀的衰落的原因。民主政治不是暴民统治，议会若想不辱使命，就应该接纳国民中最出色的政治头脑。

那些夸大自然法的主权论，把它理解为"普遍意志"不受限制的统治权的人，已经给民主政治的概念造成了严重伤害。民65 主国家不受限制的权力与独裁者不受限制的权力之间其实并无实质差别。让政治煽动家及其信徒忘乎所以的观念，国家可以为所欲为的观念，以及作为主权者的人民的意志不可抗拒的观念，它们所造成的后果可能比堕落的君主们的恺撒狂躁症更加恶劣。两者有着相同的起源，即纯粹以政治实力为基础的国家观。立法者觉得自己不受任何限制，因为他从法学理论中得知，全部法律皆依靠他的意志。这是思想上的小错乱，但是当他使自己形式上的自由成为实质的自由，并且自认为高居于社会生活的客观条件之上时，这种小错乱就会酿成严重的后果。从这种思想错误中产生的冲突表明，只有在自由主义框架内，民主政治才能履行某种社会功能。没有自由主义的民主只是个空壳。

三　平等的理想

政治民主必然来自自由主义。然而常有人说，民主原则必须最终超越自由主义。据说，如果严格贯彻自由主义原则，它将不但要求政治权利的平等，也将要求经济权利的平等。因此，自由主义在逻辑上必然演变为社会主义，而自由主义必然走向自身的毁灭。

平等的观念同样是作为一种自然法的要求而出现的。它从宗教、心理学和哲学的观点中寻找合理性的依据，但这些论据都被证明是不成立的。事实是人们天生有别，因此，应当平等对待每一个人的要求，不可能以人人平等的理论为基础。自然法观点的贫乏，在它处理平等原则时暴露得最为充分。

欲理解这一原则，必须先做一番历史考察。在近代，如同早期一样，人们诉诸平等的要求，是把它作为废除封建时代个人法权不平等的一个手段。只要有障碍阻止个人和全体人民的发展，社会生活注定受到暴力骚乱的困扰。无权利的人们永远是社会秩序的威胁者。他们要摧毁这些障碍的共同利益使他们团结在一起；他们准备诉诸暴力，因为他们用和平手段无法实现自己的要求。只有允许全体社会成员都参与到民主制度之中，才能取得社 66 会和平。而这意味着法律面前的人人平等。

另一项考虑同样推动着自由主义追求这种平等。只有生产资料的占有者是懂得如何最好地利用它们的人，对社会才最为有利。由门第造成的法权等级使生产资料与最佳管理者分离。我们都知道，在自由主义的斗争中，首先是在解放农奴的斗争中，这一观点发挥着怎样的作用。这是让自由主义喜欢平等观念的最朴实的现成理由。当然，自由主义十分清楚，在某些情形下，法律面前的平等可能变得对个人极具压迫性；因为一人之利可能是他人之害；自由主义的平等观说到底是建立在对社会的关切上，那些迎合个人敏感情绪的考虑必须抛弃。如同任何其他社会制度一样，法律是为社会的目的而存在，个人必须服从它，因为个人的目标只有在社会中并通过社会才能实现。

如果对法律制度做出另外的理解，如果使它成为一些新权利的基础，不惜以社会合作的目标的落空为代价都要实现这些权利，那就是误解了法律制度的内涵。自由主义所创立的平等是法律面前的平等，它从未追求过更多的东西。因此从自由主义的观点看，主张真正的平等是通过平均分配商品实现收入完全的平等，从而指责自由主义的平等不充分，是毫无道理的。

然而，正是这种平等原则，博得了那些在财富的平均分配中有望得多失寡的人的喝彩。这是政治煽动家的沃土。煽动穷人仇富心理的人，定能听众如云。民主政治为这种尽管隐蔽但无时无处不在的精神创造了最适宜的初步条件。[8] 过去的所有民主国家都是毁在这一点上。我们这个时代的民主也正在奔向同样的下场。

奇怪的是，正是这种只从社会整体利益的角度看待平等，有助于社会以实现其社会目标为条件实现平等的观点，却被称为反社会的；而那种不计后果，一味坚持平等是指在国民收入中享有平等份额权利的观点，却被推崇为唯一具有社会关怀的观点。在公元前4世纪的希腊城邦国家，公民自认为是全体臣民的财产的主人，他们傲慢地要求自己的份额，就像股东索取红利一样。埃斯基涅斯[9] 在谈到这种瓜分公共财产和侵犯私有财产的风俗时评论道："希腊人从城邦公民大会出来时，不像是走出一场政治集会，倒像是走出一个完成了利润分配的合伙人会议。"[10] 毋庸讳言，今天的老百姓也倾向于把国家视为一个获取尽量多的收入的来源。

但是，这种平等观不一定以民主观念为先导，不应认为它的正确性先验地高于任何其他社会生活原则。在对它做出判断之前，必须搞清楚它的作用。它在民众中广受欢迎，从而在民主国家极易得到认可，但这并不能使之成为民主的基本原则，也不能免于理论家们的详细审查。

四 民主主义与社会民主主义

民主与社会主义有着内在联系的观点，早在布尔什维克革命前的数十年间就得到了广泛传播。许多人倾向于认为民主与社会主义是一回事，认为没有社会主义的民主和没有民主的社会主义都是不可能的。

这一观念主要来自两个思想流派的汇合，而它们都是源于黑格尔的历史哲学。在黑格尔看来，世界历史是"自由意识的进步"。进步是这样发生的："东方只知道一个人是自由的，希腊和罗马世界知道一部分人是自由的，我们则知道所有的人是自由的，自由是人的本质。"[11] 显然，黑格尔所说的自由不同于他那个时代激进政治家为之奋斗的自由。黑格尔汲取了启蒙时代政治学说中的寻常观念，把它们改造成了抽象概念。但是，激进的青年黑格尔派从他的论述中读出了让他们兴奋的东西。在他们看来确定无疑的是，民主是一种黑格尔意义上的必然性。历史学家们也不甘落后。格维努斯"从整个人类历史中"，"就像从国家的内在演进中"一样，看到了"精神的和公民的自由是一个从个体到部分人再到大众的……有序发展"。[12]

唯物史观为"多数人的自由"观赋予了另一种内涵。多数是指无产阶级；意识是由社会条件决定的，因此他们必然成为社会主义者。因此，向民主的演进和向社会主义的演进是一回事。民主是实现社会主义的手段，同时社会主义也是实现民主的手段。"社会民主"（Sozialdemokratie）[13] 这个名称最清楚地表明了民主与社会主义的结合。借助民主之名，社会主义的工人政党接过了"青年欧洲"（Young Europe）运动的精神遗产。在社会民主党的纲领中，可以看到 1848 年 3 月之前的激进主义[14] 的全部口号。这些口号为该党招募到了对社会主义不感兴趣甚至被社会主义的要求所排斥的支持者。

马克思主义的社会主义提出民主要求，是由这种情形造成的，即它是一种德国人、俄国人以及生活在奥匈帝国和沙俄帝国统治下的弱小民族的社会主义。在这些独裁程度不同的专制国家，反对党必须首先要求民主，以便创造开展政治活动的条件。对社会民主党来说，民主实际上是不容讨论的；它绝不会对民主的意识形态表示疑义，至少表面上如此。

但是，该党名称中的两个字眼儿所表达的这两种观念之间的关系问题，并不能在党内完全取消。人们开始把问题分为两部分。在谈论即将到来的社会主义天堂时，他们继续坚持这两个概念相互依存，甚至进而说它们终归是一回事。既然一个人继续认为民主本身就是个好东西，他也不可能——作为一个等待着在未来天堂中得到最后救赎的忠诚的社会主义者——得出其他结论。
69 如果这片乐土在政治上不是最理想的，它可能就有些不妙了。因此，社会主义作家们不断声称，只有在社会主义社会才有可能存在真正的民主；资本主义国家的所谓民主不过是掩盖剥削者阴谋的闹剧。

尽管看到了社会主义和民主必定在目标上一致，但无人知道它们是否会走同一条道路。人们争论过这样的问题：社会主义——根据刚才讨论的观点，从而民主制度——应以民主的手段去实现，还是在斗争中应当脱离民主原则。这就是关于无产阶级专政的著名争论；十月革命前，它是马克思主义文献中的一个学术问题，后来则变成了一个重大的政治问题。

就像使马克思主义者分裂为不同派别的其他意见分歧一样，这场争吵也是来自把所谓马克思主义体系的一堆教条劈成两半的二元论。马克思主义总是至少用两种方式观察一切事物，通过虚构的辩证法来调和这些观点。最常用的伎俩是，根据一时之需，使用那些可以赋予多重含义的词汇。这些词汇被用来从事让人想起拜物教的崇拜，同时作为政治口号迷惑大众的心灵。马克思主义的辩证法实质上是一种词语崇拜。这种信仰的每一条教义都体现在对一个字眼儿的崇拜上，它的双重甚至多重的含义使它有可能集不同的观点和要求于一身。对这些词汇的解释就像特尔斐城的波提娅[15]故意把话说得暧昧不明一样，最终引发了不同派别的争吵，人人都从被奉为重要权威的马克思恩格斯著作中为自己寻章摘句。

"革命"就是这样的词汇之一。马克思主义所说的"工业革命"，是指前资本主义生产方式向资本主义生产方式的逐渐转变。在这里"革命"与"发展"是一个意思，而"进化"和"革命"这两个术语的差别几乎消失了。这样，只要马克思主义者高兴，他可以把革命精神说成无聊的"盲动主义"（"草莽英雄"）。当修正主义者说他们有马克思恩格斯著述中的很多段落做根据时，他们是很正确的。而当马克思说工人运动是革命运动，把工人阶级称为唯一真正革命的阶级时，他是从街垒和巷战的意义上使用这个字眼的。因此，当工团主义者援引马克思时，他们同样是正确的。

　　马克思主义对"国家"一词的使用同样是模糊的。根据马克思主义，国家仅仅是阶级统治的工具。通过掌握政治权力，无产阶级将消灭阶级冲突，国家也就不存在了。"当不再有需要加以镇压的社会阶级的时候，当阶级统治和根源于生产无政府状态的生存竞争已被消除，而由此二者产生的冲突和极端行动也随着被消除了的时候，就不再有什么需要镇压了，也就不再需要国家这种特殊的镇压力量。国家真正作为整个社会的代表所采取的第一个行动，即以社会的名义占有生产资料，同时也是它作为国家所采取的最后一个独立行动。国家政权对社会关系的干预将先后在各个领域中成为多余的事情而自行停止下来。"[16] 无论这里所设想的有关政治组织的本质的观点是多么模糊和糟糕，这段有关无产阶级的统治的话是如此言之凿凿，似乎没有留下任何怀疑的余地。但马克思也说过，在资本主义和共产主义社会之间必定有一个革命的转变时期，与此相对应的将是一个"政治上的过渡时期，这个时期的国家只能是无产阶级的革命专政"。[17] 当我们想起马克思的这段话时，上述确定性似乎就要打折扣了。如果我们和列宁一起来假设，这个时期将持续到"共产主义社会高级阶段"的到来，在这个阶段"分工条件下的奴隶般的服从以及与之伴随的脑力劳动和体力劳动的对立已经消失"，"劳动不仅是谋生的手段，而且成为人生的第一需要"，那么我们对马克思主义的民主观当然会得出完全不同的结论。[18] 显然，在这个社会主义社会里，民主在未来数百年里将没有立锥之地。

马克思主义偶尔评论过自由主义的历史功绩，但整个说来它
71 忽视了自由主义思想的重要性。只要一涉及自由主义所要求的信仰自由和意见表达自由，以及从原则上承认所有反对党以及各政党的权利平等，它就会不知所措。在马克思主义没有当政的地方，它要求全部基本的自由权利，因为唯有这些权利能给予它进行宣传所迫切需要的自由。但它决不会理解这些权利的精神，也决不会在它掌权之后把这些权利给予反对派。就此而言，它与教会和另一些以暴力法则为基础的组织很相似，这些组织在进行斗争时也利用民主自由，但是一旦掌权就不再承认反对派的同样的权利。社会主义的民主如此清楚地暴露出了它的欺骗性。布哈林说："共产党人不为与人民为敌的资产阶级主张任何权利，而是正相反。"他洋洋得意地说道，掌握政权之前的共产党人拥护言论自由，只是因为不要求普遍的自由而从资本家那里为工人运动索要自由，会显得"很荒唐"。[19]

自由主义无论何时何地都要求立刻实行民主，因为它相信，民主在社会中必须发挥的功能是刻不容缓的。没有民主就没有国家的和平发展。民主的要求不是折中政策的结果，也不是在世界观问题上与相对主义调情的结果，[20] 因为自由主义坚信民主学说的绝对正确性。毋宁说，它是自由主义信念的结果。自由主义相信，权力只能以对精神的掌控为基础，而要取得这种掌控，唯有精神武器才有效。即使某一天自由主义预感到民主只能给它带来不利的处境，它也依然主张民主。自由主义坚信它不能违抗多数的意志；无论如何，忤逆民意而引起的终止国家和平发展的动乱，将大大抵消人为地维护自由政体可能带来的好处。

社会民主党人肯定会继续用民主口号招摇撞骗。然而，由于

一个历史事变，布尔什维克革命强迫他们过早地摘下了面具，暴露出他们教义的暴虐。

五 社会主义社会的政治制度 72

无产阶级专政的尽头将是天堂，即"共产主义社会的高级阶段"，在这个阶段，"随着个人的全面发展生产力也增长起来，而集体财富的一切源泉都充分涌流"。[21] 在这片乐土上，"不再有什么需要镇压了，也就不再需要国家这种特殊的镇压力量了。……对人的统治将由对物的管理和对生产过程的领导所代替"。[22] 一个时代将要开始，那时"在新的自由的社会条件下成长起来的一代能够把这全部国家废物完全抛掉"。[23] 经过"长期的斗争"，"经过一系列将把人和环境都完全改变的历史过程"，[24] 工人阶级也将消失。如此一来，就像曾经的黄金时代，那将是一个没有强制的社会。关于这一点，恩格斯讲得很多，讲得美轮美奂。[25] 然而，早在古代维吉尔、奥维德和塔西佗把它描绘得更加美妙：

Aurea prima sara est aetas, quae vindice nullo,
sponte sua, sine lege fidem rectumque colebat.
Poena metusque aberant, nec verba minantia fixo
aere legebantur.[26]
（繁荣的原初黄金时代，真理正义自然生成；
诚信无需法律保证，恐惧惩罚未曾与闻；
青铜铸就的法表，不见残忍严酷的律令。）

这样一来，马克思主义者也就没有时间为社会主义社会的政治制度问题操心了。在这种想入非非之中，他们根本不会想到那 73

些不加讨论并不能使之消失的问题。然而，即使在社会主义社会，共同行动的必然性也必定产生如何共同行动的问题。必须确定如何形成那种通常语焉不详的所谓社会意志或人民意志。即使我们撇开以下事实不谈，即没有对人的管理（让一个人的意志屈从于他人）就不可能有对物的管理，没有对人的统治（即一个人的意志受他人支配[27]）就不可能有对生产过程的领导——即使我们撇开这事不谈，我们仍然要问，是谁，又是以什么原则来管理物品和领导生产过程？这样一问，我们便重新回到了受法律调节的社会所面临的全部政治问题。

历史上所有实现社会主义制度的尝试都带有极为醒目的专制主义特点。在埃及法老的帝国或印加帝国，在巴拉圭的耶稣会士国家，毫无民主和多数人的自治可言。昔日各路社会主义者的所有乌托邦，同样是不民主的。柏拉图和圣西门都不是民主派。在历史上或社会主义理论的历史文献中，你看不到社会主义社会秩序与民主之间有任何内在联系。

通过更细致的观察可以发现，在遥远的将来才能成熟的共产主义高级阶段，正如马克思主义者之所见，是完全不民主的。[28]这里，社会主义者的意图也是永久和平——这是所有民主制度的目标。但是，获得这种和平的手段与民主主义者大不相同。它不是依靠着和平地改变统治者和现行政策的能力，而是使政权永久化，使统治者和政策不可改变。这也是和平，但不是自由主义者追求的进步的和平，而是墓地里的和平。这不是和平主义者的和平，而是暴乱平定者的和平，是暴君通过征服制造出来的和平。所有的专制主义者都通过建立绝对统治制造这种和平，这种和平的寿命只能与他维持统治的时间长短相始终。自由主义看透了这一切皆属徒劳，因此立志缔造另一种和平，它能够抵御人们不可遏制的求变欲望所造成的威胁。

注释：

[1] 例如拉森就这样认为。见 Lasson, *Prinzip und Zukunft des Völkerrechts* (Berlin, 1871), p. 35。

[2] 贝莎·苏特纳（Bertha Suttner, 1843—1914）是奥地利的作家、和平主义者，1905 年获诺贝尔和平奖。——英文版出版者注

[3] 社会主义者在把一切罪恶归咎于资本主义时，甚至试图把现代帝国主义和世界大战也说成是资本主义的产物。或许根本没有必要更全面地讨论这种为没有头脑的群众提出的理论。不过，回想一下康德的观点也许并无不当。当他预期"金钱势力"的影响日增会逐渐消除好战倾向时，他正确地讲述了事实。他说，"正是这种商业精神，与战争是不能并存的"。见 Kant, "Zum ewigen Frieden", vol. 5, *Sämtliche Werke*, p. 688；另参见 Sulzbach, *Nationales Gemeinschaftsgefühl und wirtschaftliches Interesse* (Leipzig, 1929), pp. 80 ff.。

[4] 也许并非偶然，最先提出人民立法这一民主要求的一位生活在文艺复兴初期的作家——帕多亚的马西留斯，把他的著作取名为"和平的捍卫者"（*Defensor Pacis*）。参见 Atger, *Essai sur l'Histoire des Doctrines du Contrat Social* (Paris, 1906), p. 75; Scholz, "Marsilius von Padua und die Idee der Demokratie" (*Zeitschrift fur Politik*, 1908), vol. 1, pp. 66 ff.。

[5] 一方面可以看看那些普鲁士专制主义国家的拥护者的著作。另一方面也可以看看工团主义者的著作，例如 Michels, *Zur Soziologie des Parteiwesens in der modernen Demokratie*, 2nd ed. (Leipzig, 1925), pp. 463 ff.。

[6] Max Weber, *Politik als Beruf* (Munich and Leipzig, 1920), pp. 17 ff.．

[7] 民主的自然法学说没有估计到分工的重要意义，而是倚重于选举产生选民"代表"的观点。很容易证明这种观点是多么矫揉造作。为我从事立法工作、为我控制着邮政系统管理权的议会成员，并不比给我看病的医生或给我做鞋子的鞋匠更能"代表"我。他从本质上不同于医生和鞋匠，并不是因为他在为我提供另一种服务，而是因为即使我对他不满意，我也无法像换一个医生或鞋匠那样，很方便地不再让他插手我的事情。为了使我能够像对待自己的医生和鞋匠那样对政府发挥影响，我需要成为一个选民。

[8] 就此而言，可以像鲍尔曼那样说："La democratie c'est l'envie."（民主

乃嫉妒之谓。）见 Poehlmann, *Geschichte der sozialen Frage und des Sozialismus in der antiken Welt*, vol. 1, p. 317, fn. 4。

[9] 埃斯基涅斯（Aeschines, 公元前 389—公元前 314）：雅典著名的政治家和演说家，后因在公民大会上败诉而离开雅典。——译注

[10] Poehlmann, op. cit. , vol. 1, p. 333.

[11] Hegel, *Vorlesungen über die Philosophie der Weltgeschichte*, ed. Lasson, （Leipzig, 1917）, vol. 1, p. 40.

[12] Gervinus, *Einleitung in die Geschichte des neunzehnten Jahrhunderts*（Leipzig, 1853）, p. 13.

[13] 德语中的"sozial"（社会的）一词也有"社会主义的"含义。——译注

[14] 指 1848 年之前的德国激进主义。——英文版出版者注

[15] 特尔斐城的波提娅（Delphic Pythia）：希腊神话中在阿波罗神庙宣示阿波罗神谕的女神。——译注

[16] Engels, *Herrn Eugen Dührings Umwälzung der Wissenschaft*, 7th ed. , （Stuttgart, 1910）, p. 302.（译按：中译本见《马克思恩格斯全集》第二十卷，人民出版社 1971 年版，第 305 页。）

[17] Marx, *Zur Kritik des sozialdemokratischen Parteiprogramms von Gotha*, ed. Kreibich（Reichenberg, 1920）, p. 23.（译按：中译本见《马克思恩格斯全集》第十九卷，第 31 页。）

[18] 同上书, p. 17。（译按：中译本同上引，第 22—23 页。）另参见 Lenin, *Staat und Revolution*（Berlin, 1918）, p. 89。

[19 Bukharin, *Das Programm der Kommunisten（Bolschewiki）*（Zurich, 1918）, pp. 24 ff. Publisher's Note: For an English translation, see Program of the Communists, Bolshevists, 1918.

[20] 持这种看法的有 Kelsen, "Vom Wesen und Wert der Demokratie", *in Archiv fuir Sozialwissenschaft und Sozialpolitik*, vol. 47, p. 84；另参见 Menzel, "Demokratie und Weltanschauung", in *Zeitschrift fur & ffentliches Recht*, vol. 2, pp. 701 ff. 。

[21] Marx, op. cit. , p. 17.（译按：中译本同上引，第 23 页。）

[22] Engels, op. cit. , p. 302.（译按：中译本同上引，第二十卷，第

305—306 页。)

[23] Engels, Preface to Marx, *Der Bütrgerkrieg in Frankreich*, Politische Ak-tions-Bibliothek (Berlin, 1919), p. 16. (译按：中译本同上引，第二十二卷，第 229 页。)

[24] Marx, *Der Bürgerkrieg*, p. 54. (译按：中译本同上引，第十七卷，第363 页。)

[25] Engels, *Der Ursprung der Familie*, *des Privateigentums und des Staates*, 20th ed. (Stuttgart, 1921), pp. 163 ff. .

[26] Ovid, *Metamorphoses*, I, pp. 89 ff. also Virgil, *Aeneid*, Ⅶ, pp. 203 ff. ; Tacitus, *Annal*, Ⅲ, p. 26; Poehlmann, *Geschichte der sozialen Frage und des Sozialismus in der antiken Welt*, vol. 2, pp. 583 ff. .

[27] Bourguin, *Die sozialistischen Systeme und die wirtschafiliche Entwicklung*, trans. Katenstein (Tübingen, 1906), pp. 70 ff. ; Kelsen, *Sozialismus und Staat*, 2nd ed. (Leipzig, 1923), p. 105.

[28] 参见 Bryce, *Moderne Demokratien*, trans. Loewenstein and Mendelssohn Bartholdy (Munich, 1926), vol. 3, pp. 289 ff. . 英文版出版者注：英文版见 James Bryce, *Modern Democracies* (New York: Macmillan, 1921), 2 vols。

第四章

社会秩序和家庭

一 社会主义与两性问题

　　长久以来，改造两性关系的设想一直与生产资料社会化的方案相伴随。婚姻将与私有财产一道消失，取而代之的是一种更加符合两性的基本属性的安排。一旦人们从经济活动的桎梏中解放出来，性爱也就摆脱了一直亵渎它的经济束缚。社会主义不仅许诺给人以福利——全体富裕，而且许诺性爱的普遍美满。它的纲领中的这部分内容一向是它深得民心的重要原因。意味深长的是，若论读者之多和宣传效果之大，任何一本德国的社会主义著作都比不上倍倍尔的《妇女与社会主义》，这是一本以论述性爱自由为主要内容的书。

　　毫不奇怪，许多人对我们生活于其中的规范两性关系的制度感到不满。这种制度在扭曲性能力上发挥了深远的影响，而这种能力是众多人类行为的基础，从纯粹的性表现到与文化发展相关的新想法。为这种制度的建立已经付出了巨大的牺牲，并且新的牺牲仍在继续。一个人要想使他的性欲摆脱孩提时代的散漫形态，获得其最终的成熟状态，他就必须在自己的生活中经历一个过程。他必须培养出一种阻止性欲泛滥的内在心理力量，就像堤坝改变水的流向一样。

　　自然赋予性本能的精力，有一部分便以这种方式从性欲转向

其他目的。并不是人人都能不受损伤地从这种转向的压力和挣扎中走出。很多人屈服了,很多人患上了神经质或精神病。即使保 75
持健康并成了社会有益成员的人,也留有疮疤,说不定哪个不幸
的事件就能使其旧病复发。[1] 性爱固然应该成为他最大的快乐之
源,但它也会成为他最大的痛苦之源。它的消失将提醒他暮年已
到,他注定要走向和所有尘世过客一样的归宿。可见,性似乎是
在不断的予取予夺中捉弄人,先喂蜜糖后灌苦水,从不让他消
停。无论醒时还是梦中,人的愿望总在围绕着性打转。探索社会
改革的人是不能忽视性问题的。

由于他们许多人因为性本能不健康的发展而变得神经质,人
们就更有理由期待这种现象。例如,傅立叶就有严重的精神疾
病。这样一个性生活极其混乱的人,他的病态在其著作的每一行
里都清晰可见;遗憾的是,还没有人用心理分析的方法考察他的
生平。他著作中的那些痴人说梦被人广为传播,极受推崇,完全
要归因于这样一个事实:它们靠病态的幻想描绘出的淫乐,正在
"法伦斯泰尔"的天堂里等着人类。

乌托邦主义把它对未来的全部理想描述为重新建立一个因人
类自身的过错而失去的黄金时代。它以同样的伎俩谎称,它对性
关系的要求仅仅是使其回归原初的幸福。古代诗人对昔日美妙的
性爱自由的赞美,与他们对没有财产的黄金时代的吟唱同样动人
心弦。[2] 马克思主义便是这些古代的各种乌托邦的回声。

确实,就像马克思主义力图为消灭私有财产辩护一样,它也
试图通过揭示其历史根源而反对婚姻;它从以下事实中为消灭国
家找理由时也是如此,即国家不是"从来就有的",社会曾经存
在于没有任何"国家和国家权力"痕迹的时代。[3] 对马克思主
义者来说,历史研究不过是政治煽动的手段,它的用处就是给他
提供反对可憎的资产阶级社会秩序的武器。我们反对这种方法,
主要原因不在于它没有彻底考察历史资料便提出了轻浮的、站不 76

住脚的理论，而在于它把对这些资料的评价偷运进所谓的科学阐述。他说，曾经有过一个黄金时代，继之而来的是一个尚可忍受的糟糕时代。最后出现的是集罪恶之大成的资本主义。资本主义事先就注定了要灭亡。如果说它不是一无是处，那就是要感谢它的可恶至极，使世界为得到社会主义的拯救做好了准备。

二 暴力时代的男人和妇女

新近的人种学和历史学研究已经提供了据以对两性关系的历史做出判断的丰富资料，新的心理分析科学也为性生活的科学理论奠定了基础。社会学至今尚未理解这些学科的丰富思想和资料。它一直没有能力用新的方式重新表述问题，使自身适应今天它首先应当研究的题目。它那些有关异族通婚、同族婚姻、乱交——更不用说母权制和父权制——的言论，与值得作为理论提出来的东西完全不沾边。事实上，有关婚姻和家庭的远古历史的社会学知识有很大缺陷，不能用来解释我们这里所要讨论的问题；它在研究各个历史时期的状况时有着相当可靠的依据，但也仅此而已。

以暴力原则为主导的家庭关系是以男性的无限统治为特征的。性关系的本质所蕴含的男性的进攻性在这里被推到极致。男性夺占女性，他对待这个性对象就像他拥有的外在世界的物品一样。妇女在这里完全变成了一件东西。她可以被偷来，也可以买到手，可以被抛弃，也可以被卖掉或赶走，总之，她是家中的奴隶。终其一生，男人是她的主宰，男人死后她同他的其他物品随葬。[4] 各民族古老的法律史料几乎无一例外地表明，这曾经是一种合法的状态。历史学家们，特别是在涉及本民族的历史时，通常总是试图淡化这种历史状况的描述留在现代人脑海中的痛苦印象。他们指出，实际情况要比法律文书温和得多，法律的严酷并没有使家庭关系变得暗无天日。此外，对于那些跟他们的学说不太合拍的题目，他们唯恐避之不及，说上几句古代道德如何严肃、家庭关系如何纯洁之类的话了事。[5] 但是，受民族主义观点和厚古薄今的倾向诱使，这些辩解的动机是不正常的。古代法律和法律著作中表达的关于男女关系的观念，并不是天真梦想家的理论虚构；它是生活的直接写照，准确反映着当时的男人和女人关于家庭和性关系的观念。一位处在丈夫的"夫权"（manus）之下或受到部族看管的罗马妇女，或一个毕生臣服于"黑鬼"（munt）[6] 的古代日耳曼妇女，认为这种关系是非常自然和正当的，她们内心并不想反抗或试图挣脱枷锁——这并没有证明在法律和习俗之间有巨大的差别；它只是表明了这种制度适合当时女性的情感。对此我们不必感到惊讶。一个时代占主导地位的法律和道德观，不仅为受益者所赞成，似乎也被受害者所接纳。它的主导地位反映在这样一个事实之中——那些被要求做出牺牲的人也接受这种观念。在暴力原则之下，妇女是男人的仆人，而她也认为这是自己命中注定。她的态度，被《新约》概括为一句很简单的话：

男人不是为女人造的。女人乃是为男人造的。[7]

暴力法则只承认男性。只有他有权力，因此也只是他享有权利。妇女只是一件性工具。女人总是有主人的，不管他是父亲、监护人、丈夫还是雇主。甚至妓女也是不自由的；她们属于妓院的老鸨，嫖客不是与她而是与妓院的主人做交易。流浪女是大家的玩偶，男人随自己的高兴而享用她。自己选择男人的权利不属于妇女。她被送给她的丈夫，他把她取走。爱丈夫是她的责任，大概也是她的美德。情感能够强化男人从婚姻中获得的快感，但是没有人问一下她的感受。男人有权把她休掉或跟她离

78

婚，而她本人是没有这种权利的。

所以说，在暴力的时代，男性统治的信念压制了两性之间发展出平等权利的一切早期趋势。在传说中保留着一个时代的寥寥痕迹，那时女性享有较大的性自由——例如布伦希尔德的形象[8]——但是人们已经不再理解这种事情了。不过，男性的统治权太大，以至于同性关系的本质是冲突的，即使仅仅出于性的考虑，男人为了自己，最终也必须弱化这种统治。

因为男人把女人当作无意识之物是违反自然的。性行为是有予有取的互动关系，仅是女性的受苦状，就会减弱男性的快感。为使自己满意，他必须唤起女性的回应。把女奴拖上婚床或从父亲那里购得女儿的得胜者，必须用求婚去取得激烈反抗的女人不会给他的东西。在家中，表面上是女人为所欲为的主宰者的男人，并不像他认为的那样强大；他必须对女性放弃自己的一部分统治权，虽然他羞于向外界承认这一点。

除此之外，又出现了一个因素。性行为逐渐变成了一种不同寻常的精神努力，只有靠特殊的刺激才能成功。在使所有的妇女认识到女人的价值，从而使性关系变得更加困难的暴力法则的逼迫下，个人限制自己的冲动，控制自己的本能欲望，上述精神努力相应地变得愈来愈重要。现在，性行为要求对性对象有一种特殊的精神态度，这就是爱情。这是原始人和野蛮人所不知道的，他们只是不失时机地占有，并不进行选择。爱的特征，即对对象的倾慕，在女性处于暴力法则之下的受蔑视的状态中，是不可能存在的。她在那种制度下只是个奴隶，而爱的本质却把她尊为女王。

从这一反差中产生了两性关系的第一个巨大冲突，我们在历史记录中可以十分清晰地看到它。婚姻与爱情变得相互排斥。这种对立的表现形式各异，但实质始终如一。爱情进入了男人和女人的情感与思想，日益成为精神生活的中心，赋予人生以内涵和

魅力。但最初它同婚姻和夫妇关系毫不相干，这必然导致严重的
冲突，即骑士时代的史诗和抒情诗向我们展示的冲突。我们对这 79
些冲突耳熟能详，因为它们已被镌刻在不朽的艺术作品之中，因
为它们仍然被后人，被从至今残存的原始状况中汲取主题的艺术
所描绘。但是我们当代人不能理解这种冲突的实质。我们不明白
什么东西妨碍了各方都满意的解决办法，为什么有情人天各一
方，却要跟自己不爱的人捆在一起。两情相悦，男女唯愿长相厮
守，照我们的看法，这一切应该是非常简单的。在我们今天，描
述此情此景的诗作，无论如何会让汉斯和格丽特[9]投入对方的
怀抱，这样的结局无疑是为了取悦于小说的读者，但它并非悲剧
冲突的产物。

　　如果不了解骑士时代的文学，而是用来自另一些方面的男女
关系知识作为判断的根据，去描绘骑士爱情的精神冲突，我们大
概会想象这样一种情景：一个男人徘徊于两个女人之间，一边是
他妻子，一个与其子女的命运连在一起的女人；另一边是他心仪
的女人。或者，我们会设想一个受到丈夫冷落的女人爱上了另一
个男人。但是，这种描述与受暴力法则支配的时代相去甚远。沉
迷于高等妓女（Hetaeras）（卖淫者或情妇）和娈童的希腊人，
并不觉得他与妻子的关系是一种精神负担，妻子也不认为他移情
于情妇是对自己权利的侵犯。痴心于情人的行吟诗人和他的守门
望夫的妻子，都没有受到爱情与婚姻之间冲突的煎熬。乌里希·
冯·李希滕斯坦[10]和他的贤妻认为，侠肝义胆的"明涅迪恩
斯"就该是那个样子。事实上，骑士之爱具有完全不同的性质。
妻子移情别恋，是对丈夫权利的侵害。不管他多么热衷于向其他
女人献媚，他不能容忍"他的"财产权利受到干涉，他受不了
别人拥有"他的"女人。这是以暴力法则为基础的冲突。丈夫受
到冒犯，不是因为妻子的爱另有所属，而是因为归他所有的她的
身体归了别人。在古代以及在东方，男人不是从他人之妻那里，而 80

是从妓女、女奴和娈童等社会边缘人那里寻觅爱情，这不可能发生冲突。爱情引发的冲突仅仅来自男性的妒忌。只有作为妻子所有人的男人，能够主张完全的占有权。妻子对丈夫则没有这样的权利。今天对于男人通奸和女人通奸的评判有着根本的不同，丈夫和妻子对对方的通奸行为也有不同的态度，我们从中可以看到我们已经不能理解的那种道德标准的残迹。

在这种情形下，只要暴力法则主宰着人们，爱的冲动就没有施展的机会；它被逐出了健康的家庭生活，以怪诞的形式在隐蔽的角落里尽情挥洒。放荡之风日盛，自然本能的扭曲日益成为常态。这种环境方便了性病的传播。梅毒是欧洲所固有还是发现美洲之后传入的，尚无定论。但不管真相如何，它在16世纪初开始像流行病一样肆虐欧洲。随着它带来的灾难，骑士们的浪漫爱情剧也收场了。

三 契约观念影响下的婚姻

如今，关于"经济"对两性关系的影响只有一种观点：即这种影响极其恶劣。根据这种观点，性关系的原始纯洁性被经济因素玷污了；文化进步和财富增长未曾在任何其他领域产生过如此有害的影响；史前时期的男女在最纯洁的爱中结合；前资本主义的婚姻与家庭是简单和自然的；资本主义带来了金钱婚姻，一方面是 mariages des convenances（门第婚姻），另一方面是卖淫和纵欲。晚近的历史和人类学研究已经证明了这种观点的荒谬，为我们呈现了原始时代和原始人类性生活的另一幅画面。当代文献已经表明，我们的关于甚至不久以前的乡民有着质朴道德的概念，距离实际情形相去甚远。但是，旧的偏见根深蒂固，新的发现尚不能使之发生严重动摇。此外，社会主义文献用特别感人的花言巧语为这种传说附加上新的惋惜之情，使其得到广泛传播。

所以，今天的人几乎无不认为，现代的契约婚姻观是对性结合的精神实质的羞辱，是资本主义摧毁了家庭生活的纯洁。

对于这种不是建立在对事实的探究之上，而是以高尚的多愁善感为基础的问题，应以何种方法处理，科学家很难有一个确定的态度。

对于什么是善、高贵、道德和贞节，纯粹的科学家是难以做出判断的。但他至少必须纠正在一个重要问题上的成见。我们这个时代有关性关系的理想完全不同于以往，在理想的实现上，任何时代都无法同我们的时代相比。美好的旧时代的两性关系，若按我们这种理想来衡量，是完全难以接受的；所以，这种理想肯定是来自一个受到当代理论谴责的进化过程，理由是它要对我们尚未完全实现自己的理想负责。显而易见，这种时下流行的教义没有反映事实，而是颠倒了事实，从而完全无助于对问题的理解。

暴力法则统治着哪里，一夫多妻制便在哪里盛行。一个男人能守住多少女人，他就会拥有多少妻妾。妻妾是财产的一种形式，自然是越多越好。男人渴望妻妾成群，就像他渴望更多的奴隶和牛羊一样。事实上，对于奴隶、牛羊和妻子，他的道德态度是一样的。他要求妻子忠贞；他可以独自处置她的劳动和她的身体，而他自己则不受任何约束。男人的忠实则意味着一夫一妻制。[11] 更有权势的领主也有权支配臣民的妻子。[12] 人们谈论甚多的 Jus Primae Noctis（初夜权）就是这种情况的写照。它的一个最终结果便是南方斯拉夫人"大家庭"里公公与儿媳之间的性关系。

道德改革家并没有取消一夫多妻制，教会最初也不反对这一制度。数百年的时间里，基督教从未反对蛮族君主们的一夫多妻制。查理曼大帝情妇成群。[13] 一夫多妻制由其性质所定，不是为穷汉所设，只供富贵享用。但是，妇女作为继承人和所有者带着

82

丰厚的嫁妆步入婚姻，她享有处置这些嫁妆的更大权利，这使富贵们的一夫多妻制变得日益复杂。如此，一夫一妻制逐步得到了给丈夫带来财富的妻子及其亲属的推动——这是资本主义思想和算计方式已经向家庭渗透的直接表现。为了从法律上保护妻子及子女的财产，在合法与非法的姻亲和继承权之间划出了严格的界限。夫妻关系被承认为一种契约关系。[15]

契约观念进入婚姻法，打破了男性的统治，使妻子成为权利平等的伙伴。婚姻从单方面的、以暴力为基础的关系，变成一种对等协议的关系；仆人若被娶为妻子，丈夫有权对她提出的要求，她也同样有权向丈夫提出。妻子逐步赢得了她在今天家庭中的地位。如今，妇女与男子的地位仅有具体谋生方式上的不同。男性特权的残余已微不足道，也就是一种荣誉权，例如妻子仍在使用丈夫的姓氏。

婚姻的这种演变是通过与已婚者的财产相关的法律手段而发生的。暴力法则被击退，随着契约观念在另一些财产法领域的进步，它也必然使夫妻的财产关系发生变化，妇女在婚姻中的地位由此得到改善。当妻子对她带入婚姻的财产以及她在婚姻中获得的财产有了合法的权利，丈夫按惯例给予她的财产变成了受法律调整的私房财物时，妇女终于摆脱了夫权的统治。

由此可见，我们所了解的婚姻，完全是契约观念进入这个生活领域的结果。我们所珍视的所有婚姻理想，都是来自契约观念。婚姻使一男一女结合在一起；它只能来自两相情愿，它要求互相忠贞；违背婚誓，无论男女都按同样的标准裁决；夫妻权利
83 实质上是平等的——所有这些原则都是从对待婚姻生活的契约观中发展起来的。没有人可以吹牛说，他的祖先对婚姻的想法与我们今天的想法相同。以往的道德是否比今天更严格，科学对此无法判定。我们所能确定的仅仅是，我们对于婚姻应当怎样的观点不同于先辈的观点，而且在我们看来他们的婚姻观是不道德的。

那些称赞美好的旧道德的人在诅咒离婚和分居制度时，大概会不无道理地指出，以往根本就不存在这种事情。男人曾经拥有的抛弃妻子的权利，与现代的离婚法毫无共同之处。这两种制度的对立再清楚不过地反映着人们态度上的巨大变化。当教会带头发起反对离婚的斗争时，很容易使人想起，一夫一妻制的现代婚姻观——以及教会试图干涉的对夫妻平权的捍卫——的存在，是资本主义而不是教会制度发展的结果。

四 婚姻生活中的问题

在现代夫妻所向往的契约婚姻中，婚姻和爱情是合一的。有爱情的婚姻才是合乎道德的；没有爱情却结为连理是不对的。在千里之外安排好的皇室婚姻让我们觉得很古怪，在这样的婚姻中，就像有统治权的家族的大多数思想和行为一样，可以听到暴力时代的回声。他们也觉得有必要向公众表明这是有爱情的婚姻，这个事实说明，甚至皇室也难免受到资产阶级婚姻理想的感染。

现代婚姻生活的冲突首先是由于激情洋溢的时光毕竟有限，而契约却是终生的。诗人席勒在谈到资产阶级婚姻生活时说，"Die Leidenschaft flieht, die Liebe muss bleiben"（激情已逝，爱意需存）。在大多数有了孩子的婚姻中，婚后的爱情无声息地渐渐淡去，代之而起的是一种朋友般的绵绵情愫，偶尔会被昔日爱情的重新闪现所打断；共同生活成了一种习惯，父母在孩子们身上对青春年华的重温，为自己的被迫节制找到了慰藉，因为衰老已 84 使他们气力不济。

但是也不尽然。人们可以采取多种方式适应短暂的人生旅程。对信徒来说，信仰给他带来宽慰和勇气，使他能够把自己视作永恒生命织锦中的一缕丝线；宗教为他在创世者的不朽计划中安排了一席之地，使他能够超越时空和生老病死，升入天国牧场。有人则从哲学中得到了满足；他们拒绝相信有一个仁慈的神，因为这种观念有悖于经验；他们对那种廉价的慰藉也不屑一顾，因为它来自一种臆造的虚幻结构，来自一种凭空想象的方案，给人们造成世界秩序的幻觉，它不同于他们身处其中的、他们必须承认的秩序。不过，广大民众则采用其他方式。他们麻木不仁地屈从于日常生活；他们从不想眼前之外的事，完全受习惯和情绪的摆布。当然还有第四种人，他们在任何地方任何时候都找不到安宁。这些人无法再有信仰，是因为他们已经品尝过知识之果；他们无法让自己反叛的心平静下来；他们情绪躁动，心理失衡，无法调整人生观以适应现实生活；他们不惜一切代价地争取和把握幸福；他们竭尽全力推倒遏阻他们本能的栅栏；他们决不想委曲求全；他们要得到不可能得到的；他们不是从奋斗的过程中，而是从完美中，不是从战斗中，而是从胜利中，追求幸福。

这种性情的人，在初恋的野火逐渐熄灭后，是不能忍受婚姻生活的。他们对爱本身提出了最高要求；他们对性对象的期望值过高。仅仅出于心理的原因，较之性情平和的人，他们注定了更快地对亲密的婚姻生活感到失望。这种失望极易演化成嫌恶。爱变成了恨，与曾经爱过的人一起生活变成了一种折磨。如果有人不知餍足，不愿淡化带入爱情婚姻的幻想，学不会把婚姻生活无法满足的欲望加以升华，把它们寄托在孩子身上，那么这种人就不是为婚姻造就的。他会通过争取幸福爱情的新点子挣脱束缚，一遍遍地重复这出老戏。

但是，所有这一切与社会条件无关。这种婚姻的破灭，并不是因为夫妻生活在资本主义社会秩序下，也不是因为生产资料归私人所有。病根不在外面，而是在里面；它来自当事人的天生的禀性。有人荒谬地认为，既然前资本主义社会没有这种冲突，这种病态的婚姻生活中的缺陷肯定是由婚姻制度造成的。真相是，婚姻与爱情是两码事，人们并不期待婚姻生活给他们带来持久而明媚的幸福。只有当契约和自愿的观念作用于婚姻时，夫妻才会要求他们的结合应当永远满足欲望。单凭爱情是不能满足这种要求的。爱的幸福在于赢得情人的欢心，在于实现与她结合在一起的愿望。这里不必讨论如果没有心理满足，这种幸福是否还会持续。但我们确切地知道，得到满足的欲望迟早会冷却，想把易逝的浪漫时光变为永恒纯属徒劳。婚姻没有能把我们的日常生活变成无穷无尽的陶醉时刻，使它在爱的喜悦中熠熠生辉，我们是不能为此而谴责婚姻的。为此而谴责我们的社会环境同样是没有道理的。

婚姻生活中由社会条件引起的冲突已经微不足道了。没有理由假定：没有爱情的婚姻图的是妻子的嫁妆或丈夫的财产，或经济因素给婚姻生活造成痛苦，就像相关文献经常谈到的那样，是这个问题的一个重要方面。如果人们愿意，总是很容易找到出路。

作为一种社会制度，婚姻是让个人适应社会秩序的手段，这种秩序为他划定了带有各种任务和要求的一定活动领域。有些人天生出类拔萃，能力大大超出常人，不能忍受这种调整大众生活方式的手段中必然包含的强制力。这种人有着内在的渴望，他要设计和实现伟大的目标，他宁死也不愿有辱使命，他不会为儿女之情压抑自己的渴望。在伟人的生活中，无论爱情、女人及与她相关的一切都是无足轻重的。这里说的不是那种把性欲彻底升华，使之转向其他渠道的伟人，例如康德；也不是那些热情似火，如痴如醉地追求爱情，无法忍受婚姻生活不可避免的失望，以不竭的精力从激情奔向激情的人。甚至那些婚姻看似正常，对性的态度与常人无异的伟人，也无法长时期受婚姻的束缚而心里不烦。伟人不允许自己因为对身边的甚至最亲近的人的关怀而受

到羁绊。伟人试图摆脱或至少是松动已成枷锁的婚姻，以便自由
86 飞翔。已婚夫妻必定手挽手漫步于凡夫俗子之间。谁想特立独
行，就必须挣脱婚姻。能够找到一位乐意并且有能力与他一起孤
独前行的女性，有此福气的伟人确实罕见。

这是早就得到公认的事实。大众对此完全接受，所以谁要是
背叛了妻子，他便觉得自己有权以此作为借口给自己开脱。但是
伟人寥若晨星，一种制度不会因为有一两个人不适应它就变为不
可能。婚姻制度并没有受到这方面的威胁。

19 世纪的女权运动似乎对婚姻制度发动了更猛烈的攻击。
它的代言人宣称，婚姻迫使妇女做出人格上的牺牲。它为男性提
供了发展个人能力的充分空间，却剥夺了妇女的一切自由。这是
婚姻制度不可改变的性质使然，它硬是把夫妻捆在一起，使弱势
的妻子降格为男性的仆人。靠改良是不能解决这个问题的，唯一
的救治之道是废除整个制度。女性必须为打碎这个枷锁而战，她
不仅可以自由地满足性欲，而且可以发展自己的个性。必须用给
双方以自由的松散关系取代婚姻。

顽固坚持这种观点的女权主义激进派忽略了一个事实：阻碍
妇女的权力和能力发展的不是婚姻，不是她受到男人、孩子和家
务的束缚，而是影响妇女身体的性别机能这个更加有意思的事
实。妊娠和哺乳占去了女性一生中最好的年华，男性在这段时间
却可以把自己的精力用于成就大事。有人或许认为，生育负担的
不平等分配是大自然本身的不公，或是认为生儿育女对于女性来
说不值得。但是这些观点丝毫不能改变事实。也许女性能够做出
选择：要么放弃对于女人来说最为深沉的愉悦，即做母亲的愉
悦，要么放弃她在人格方面向更加男性化发展的努力。也许对她
而言不存在这种选择。也许她压制自己的母性欲望会使她的全部
女性机能受到伤害。但是，不管哪一条属实，事实仍然是，只要
她做了母亲，不管已婚还是未婚，她的生活就不能像男性那样无

拘无束了。天资卓绝的女性，即使做了母亲，仍可能小有所成：但是由于女性面对性别机能的首要要求，天才和最伟大的事业是与她无缘的。

如果女权运动追求的是男女法律地位的平等，如果它追求的 87 是妇女的法律和经济自由，使她们能够依照自己的喜好、愿望和经济状况去发展和行动，那么就此而言，它不过是主张和平的自由进化的伟大自由主义运动的一个分支。一旦它越过这个界限而攻击社会生活制度，以为这样就能排除天生的障碍，它便成了社会主义的精神产儿。因为社会主义的一个特点就是，它要从社会制度中发现不可改变的自然事实的根源，它要通过改造这些制度去改造自然。

五 性自由

性爱自由是社会主义解决性问题的激进方案。社会主义社会消除了妻子要靠丈夫挣钱养活而产生的经济依赖。如果不考虑女性因为母亲的身份而需要特殊关照，男性和女性便拥有相同的经济权利和责任。孩子的抚养和教育由政府出钱，因为它不再是父母的事，而是全社会的事。这样一来，两性之间的关系不再受社会经济条件的影响。交媾不再形成社会联合体最简单的形式，即婚姻和家庭。家庭消失了，社会面对的只有独立的个人。性爱的选择完全自由，男女可以随心所欲地结合或分手。社会主义所要创造的东西一点都不新鲜，不过是"以更高的文化水平和新的社会形态为基础，重新恢复在较原始的文化水平上和私有制之前普遍存在的事情"。[16]

神学家和道学家提出了一些论说，时而假惺惺，时而十分恶毒，但作为对上述方案的回击是完全不适当的。大多数思考性关系问题的作家，一向被道德神学家那些修行禁欲的观念所左右。88

在他们看来，性本能是十足的恶，纵欲是罪过，沉迷酒色是魔鬼的礼物，甚至对这些事动动心思也有伤风化。我们是否赞成这种对性本能的谴责，完全取决于我们的倾向和价值标准。伦理学家从科学角度进行的攻击或辩护都是白费工夫。让科学充当审判官和评价者，是没有认识到科学方法的局限性。不但用科学方法去揭示实现目标的手段的效力，还要用它去确定目标本身的相对价值，希望以此来影响行动，这是对科学方法的性质的误解。科学家在处理伦理问题时无论如何都应该指出，不能先是把性本能作为十足的罪恶加以否定，然后又在一定条件下对性行为给予道德上的承认或容忍。谴责性关系中的纵欲享乐，却又宣称为尽继嗣之责而履行夫妇责任是道德的，这种老套话是黔驴技穷的诡辩。已婚夫妇纵情于床第之乐，哪里有孩子是因为忠实地考虑到国家需要兵员或纳税人而出生或怀上的呢？那种视生儿育女的活动为不齿的伦理体系，为求逻辑上的一致，势必要求无条件地彻底禁欲。只要我们不想看到生命灭绝，就不应该把生命延续之源称为罪恶的渊薮。这种伦理体系的谴责和证明都不合逻辑，它混淆善恶的界限，为悖谬之事罩上耀眼的光环，它对现代社会道德的毒害无出其右。而它最当受到谴责的是，它使现代人在性道德问题上没有定见，甚至没有能力恰当地理解性关系中的重大问题。

显然，性在男人的生活中不像在女人的生活中那样重要。性满足给他带来的是放松和精神的平和。但对女性来说，为人母的负担也由此开始。她的命运完全被性所限；而在男人的生活中它不过是个事件。无论他爱得多么热烈，多么专心不二，无论他要为女性付出多少，他自己总是超然于性爱之上。女人最终甚至会瞧不起那种陷在性爱中不能自拔的男人。但是作为情侣和母亲的女性，在服从性本能时却必须竭尽全力。男人在面临职业上的各种烦恼时，经常觉得难以保持内心的自主以发展自己的个性，不过最让他心烦意乱的不会是他的性生活。而对于女人来说，性却是她一生中最大的一道坎。

所以说，女权主义问题的含义，实质上是女性为人格而斗 89
争。但此事对男性的影响不亚于女性，因为只有通过合作，两性
才能达到个人修养的最高境界。由于女人的拖累，总是处于精神
受到禁锢的低俗氛围中的男人，从长远看是难以自由发展的。使
女性保持内心生活的自主，这是女性的真正问题所在；这是人类
文化问题的一部分。

正是在解决这个问题上的失败毁掉了东方。那里的妇女是性
对象，是生育工具，是保姆。每一次以人格发展作为起点的进步
运动，都因妇女而胎死腹中，男人再次被她们拖入妻妾成群的瘴
气中。今天，使东西方之间形成最关键差别的因素，便是女性的
地位和对女性的态度。人们经常认为，东方人的智慧对存在的根
本问题的深刻理解胜过全部欧洲哲学。然而有一点是确定的，他
们从未在性问题上使自己获得自由，这一事实决定了他们的文化
的命运。

独特的希腊文化是在东西方之间的夹缝中成长起来的。但是
那些古人同样没有把女性的地位提高到当时男性的水平。希腊文
化排斥已婚女性。妻子待在女性的住处，隔绝于世事，她不过是
男性继承人的母亲和丈夫家里的管家。丈夫的爱都给了名妓。最
终这也无法让他满足，于是搞起了同性恋。柏拉图从男儿之恋中
看到的是情人的精神结合和对灵魂与肉体之美的倾慕之心的升
华。在他看来，对女人的爱不过是下流的肉欲满足。

对西方男性来说妇女是伴侣，在东方人眼里她是个同床者。
欧洲妇女并不是一直享有她今天的地位；她是在从暴力原则到契
约原则的演变过程中获得这一地位的。现在，男女在法律面前是
平等的。在私法领域残存的细微差别已没有实际意义。例如，法
律是否责成妻子顺从丈夫，并没有什么特别重要的意义。只要婚
姻存在，总是一方顺从另一方，夫妻哪一方更强一些，决不是法

律条文所能规定的。妇女的政治权利受到限制，妇女不能投票和
担任公职，这也没有什么重大意义了。因为，即使给予妇女投票
90 权，并不会使各个政党的政治力量对比从整体上发生重大改变；
某些政党必定在预期的变化中（无论如何都不是重要的变化）
受损，支持它们的妇女若是从自己利益出发，应当变成妇女选举
权的反对者而不是支持者。妇女取得公职的权利与其说是受到法
律限制，不如说是为性别特征所困。人们可以大胆地断言，仍然
存在于文明国家立法机关中的对妇女法律地位的轻视态度，并没
有给妇女或社会造成深刻的伤害。这样说，并不是在贬低女权主
义者扩大妇女公民权的斗争。

　　法律面前人人平等的原则在一般社会关系的领域易于受到误
解，在两性关系这一特殊领域同样如此。正像假民主运动试图用
法令消灭自然的和社会条件方面的不平等，要在强者与弱者、天
才与低能儿、健康人与病夫之间实现平等一样，女权运动的激进
派追求女人与男人的平等。[17] 虽然她们无法做到把做母亲的一
半负担转移给男人，但她们还是希望取消婚姻和家庭生活，这样
至少可以使妇女拥有似乎与她们的生育相协调的全部自由。摆脱
了丈夫和孩子，妇女就可以自由地居住，自由地行动，为了自
己、为了发展自己的个性而活着。

　　但是，两性及其命运之间的差别，就像人类的另一些不平等
一样，不是一纸政令就能消灭的。使妇女在内心里一直感到不自
由的并不是婚姻，而是这样一个事实：她的性别特征要求她依靠
一个男人，她对丈夫和孩子的爱耗费了她的大好年华。那些要在
放弃爱情和婚姻的生涯中寻找幸福的妇女，并没有人间的法律阻
止她这样做。可是那些没有这样做的妇女没有保留足够的力量像
男人那样去把握生活。事实上，不是婚姻和家庭，而是占据了她
的全部个性的性特征束缚着她。"废除"婚姻未必能使女性更加
自由和幸福；这也许只会夺走她的人生的实质内容，却无法提供

任何东西加以弥补。

妇女在婚姻中为保持个性而进行的斗争，是争取人格完整的斗争的一个组成部分，这种人格完整是经济秩序以生产资料私有制为基础的理性社会的特征。它不仅关系到在斗争中取得胜利的女性的利益；把两性的利益对立起来，像极端女权主义者所做的那样，是非常愚蠢的。如果女性不能发展自我，不能作为一个平等而自由的伙伴和同志与男性结合，那将是整个人类的不幸。　91

把孩子从母亲身边带走交给一个机构，这是夺走母亲的部分生命；孩子离开温暖的家庭，也就被剥夺了他能受到的意义深远的影响。就在最近，弗洛伊德以其天才的洞察力，说明了双亲家庭对孩子有多么深刻的影响。孩子从双亲那里学会了爱，继而获得了使其成长为一个健全的人的力量。封闭的教育机构是同性恋和神经质的温床。让男女彻底平等，由国家来规范性生活，婴儿一出生就送进公共保育院，确保孩子与双亲互不相识，这些建议的始作俑者是柏拉图并非偶然，因为他在两性关系中看到的只有肉欲。

从暴力原则到契约原则的进化，把婚姻关系放到了爱情自由的基础之上。女性可以拒绝任何男人，她也可以要求她委身的男人忠贞不贰。只有这样，才为女性的个性发展打下了基础。社会主义通过有意识地回避契约观念回归暴力原则，即使它的目的是平等分配战利品，最终也必然要求在性生活中实行滥交。

六 卖淫

《共产党宣言》认为，公开卖淫是"资产阶级家庭"的"补充"。"随着资本的消失"，卖淫也将消失。[18] 在倍倍尔论妇女的著作中，有一章的标题是"卖淫：资产阶级世界的一种必需的社会制度"。这是对一种理论的扩充，它认为卖淫对于资产阶 92

级社会，就像"警察、常备军、教会、企业家等"[19]一样必不可少。这种理论出现后，卖淫是资本主义的产物的观点便不胫而走。此外，传教士们仍在抱怨说，旧时美好的道德已荡然无存，现代文化导致生活放纵。这一切使人相信，性方面的一切坏事，都是我们这个时代特别腐朽的表征。

在回答这一问题时，只需指出，卖淫是一种极其古老的制度，自有人类以来几乎无人不知。[20]它是古代风俗的一种残余，绝非高级文化衰朽的表征。今天反对这种现象的最强大势力——要求男性婚外节欲——是在争取男女道德平等的战斗中所包含的原则之一，可见它完全是一个资本主义时代的观念。暴力原则时代的贞操观是对新娘而不是新郎的要求。今天的一切有助于卖淫的因素，与私有财产和资本主义没有任何关系。违背青年意愿使其不得成婚的军国主义，不管怎么说都不是爱好和平的自由主义的产物。政府和各种部门的官员有了财富之后才能结婚，不然他们无法维持体面的外表，这一事实像所有其他等级的拜物教一样，是前资本主义时代的思想残余。资本主义不承认等级或等级习俗；在资本主义制度下，人人都是靠自己的收入过日子。

有些女人卖淫是因为她们需要男人；有些是为了糊口；还有许多女人两种动机兼而有之。无须进一步的讨论就可以断定，在一个收入平等的社会里，卖淫的经济动机将彻底消失或降到最低。但是，在不存在收入不平等的社会里，是否不会产生一些导致卖淫的新的社会原因，做这样的推测也没多大用处。不过无论如何都不能设想，社会主义社会的性道德会比资本主义社会的性道德更加令人满意。

较之社会知识的所有其他领域，在研究性生活与财产的关系时更需要澄清和改变我们的观念。当代对这一问题的研究受到各种偏见的干扰。但是我们在观察这个问题时，千万不可以采用那些梦想家的眼光，他们虚构出一个失去的天堂，他们眼中的未来闪烁着玫瑰色的光芒，他们谴责我们周围的一切。

注释：

[1] Freud, *Drei Abhandlungen zur Sexualtheorie*, 2nd ed., (Leipzig and Vienna, 1910), pp. 38 ff.. 英文版出版者按：英译本见 Freud, "Three Essays on the Theory of Sexuality", in *The Standard Edition of the Complete Psychological Works of Sigmund Freud* (New York: Avon Books, 1965)。本引文在 pp. 53 ff.。

[2] Poehlmann, *Geschichte der sozialen Frage und des Sozialismus in der antiken Welt*, vol. 2, p. 576.

[3] Engels, *Der Ursprung der Familie, des Privateigentums und des Staates*, p. 182. (译按：中译本见《马克思恩格斯全集》第二十一卷，人民出版社 1965 年版，第 197 页。)

[4] Westermarck, *Geschichte der menschlichen Ehe*, trans. Katscher and Grazer, 2nd ed. (Berlin, 1902), p. 122; Weinhold, *Die deutschen Frauen in dem Mittelalter*, 3rd ed. (Vienna, l897), vol. 2, pp. 9 ff.. 英文版出版者注：英译本是 Westermarck, *The History of Human Marriage* (1891)。

[5] 例如参见 Weinhold, op. cit., pp. 7 ff.。

[6] "munt" 是南非对黑人的蔑称，有残暴义。——译注

[7]《新约·哥林多前书》11：9。

[8] 布伦希尔德 (Brunhilde)：古代北欧和日耳曼传说中美貌而刚强的女性，发誓只嫁给比自己更杰出的男子。——译注

[9] 汉斯和格丽特为德国童话中的兄妹俩。——英文版出版者注

[10] 李希滕斯坦 (Ulirch von Lichtenstein) 是 13 世纪的一位诗人。——英文版出版者注

[11] Weinhold, op. cit., 1st ed. (Vienna, 1851), pp. 292 ff..

[12] Westermarck, op. cit., pp. 74 ff.; Weinhold, op. cit., 3rd ed. (Vienna), vol. 1, p. 273.

[13] Schröder, *Lehrbuch der deutschen Rechtsgeschichte*, 3rd ed. (Leipzig, 1898), pp. 70, 110; Weinhold, op. cit., vol. 2, pp. 12 ff..

[14] Tacitus, *Germania*, c. 17.

[15] Marianne Weber, *Ehefrau und Mutter in der Rechtsentwicklung* (Tübingen, 1907), pp. 53 ff., 217 ff..

[16] August Bebel, *Die Frau und der Sozialismus*, 16th ed. (Stuttgart, 1892), p. 343. 英文版出版者注：见 Bebel, *Women and Socialism*, auth. trans. Meta L. Stern (New York：Socialist Literature, 1910), p. 467。

[17] 关于提出女权运动激进要求的人是一些性心理形成过程不太正常的男女，对此加以评价超出了这里的论题。

[18] Marx and Engels, *Das Kommunistische Manifest*, 7th German ed. (Berlin, 1906), p. 35. （译按：中译本见《马克思恩格斯全集》第四卷，人民出版社 1958 年版，第 486 页。）

[19] August Bebel, op. cit., pp. 141 ff.. 英文版出版者注：此书英文版见前引, pp. 274 ff.。

[20] Marianne Weber, op. cit., pp. 6 ff..

第二卷

社会主义经济学

第一部分

孤立的社会主义社会的经济

第五章

经济行为的性质

一　论"经济活动"概念受到的批评

　　经济科学起源于对商品和服务的货币价格的探讨。它最早的起点是对货币的研究，继而发展为对价格变动的研究。货币、货币价格以及用货币进行核算的一切，构成了使经济科学得以诞生的讨论话题。在经济研究的各种尝试中，论述家政和生产组织——特别是农业生产组织——的著作并没有沿着这个方向进一步发展；它们只是成了各门技术和自然科学的起点。这不是偶然的。只有通过以货币的使用为基础的经济核算所固有的合理化过程，人类的头脑才能理解和找出经济行为的法则。

　　早期的经济学家没有向自己提出"经济"和"经济行为"究竟是什么的问题。他们当时所关心的特定问题，已经向他们提出了太多需要完成的艰巨任务。他们不关心方法论。过了很久之后，他们才开始投身于研究经济学的方法和根本目的，以及经济学在一般知识体系中的地位。然后，一个似乎不可克服的障碍出现了——定义经济活动的内容的问题。

　　无论古典经济学家还是当代经济学家，他们的全部理论研究都是以经济原理作为出发点。然而他们必然很快就意识到，这并没有为清晰定义经济学的内容提供基础。经济原理是理性行为的一般原理，而不是构成经济学研究之主题的行为的特殊原理。[1]

经济原理主导着所有的理性行为、所有的能够成为一门科学之研究主题的行为。只要是讨论传统的经济问题，对"经济"和"非经济"的区分似乎毫无用处。[2]

但是另一方面，根据理性行为所针对的直接目标对理性行为加以划分，只把那些旨在为人类提供实物商品的行为确定为经济学的内容，同样是行不通的。对这种做法的一个决定性的反对意见是，归根到底，物质商品的供给不仅服务于我们通常所说的经济目的，而且服务于许多其他目的。

这种对理性行为的动机的划分，涉及一个有着双重含义的行为概念——出于经济动机的行为和出于非经济动机的行为。决不能把这种划分混同于意志和行为之间的必要划分。关于理性行为的理论必须把这种行为看作一元的。

二　理性行为

行为[3] 是有原因[4] 的，从而只有通过原因才能理解的行为只知道一个目标：行动的个人的最大快乐。趋乐避苦——这就是行为的意图。当然，我们所说的"快乐"和"痛苦"不同于它们通常使用的含义。在现代经济学家的术语中，快乐被理解为囊括了人们渴望、需要和努力追求的一切。所以，这里不可能再有"高贵的"责任伦理和低俗的享乐伦理之间的对立。现代意义上的快乐、幸福、效用、满足等等概念，包括了人类的全部目的，不管人类的行为动机是有德还是缺德，高贵还是卑下，利他还是利己。[5]

一般而言，只有当人们不是十分满足时才行动。如果他们总是幸福美满，就不会有意愿，有渴望，有行为。在无忧无虑的乐土上是没有行为的。行为只因需要、因不满而发生，是对事物的有目的的追求。它的最终目的不外是摆脱被认为有缺憾的状

97

态——满足需要，获得满足，增大幸福。如果人们有异常充足的外部资源供自己支配，他们能够通过行动使自己获得完全满足，人们就会毫不吝惜使用这些资源。他们就会只考虑可供支配的自己的能力和有限的时间。因为，较之他们的全部需求，他们的能力和生存时间仍是有限的，他们仍然必须节约时间和精力。但他们不会在意材料的节约。然而事实是材料也是有限的，同样必须先把它们用于最迫切的需要，以最小的资源消耗去实现各项满足。

可见，理性行为的范围和经济行为的范围是一致的。所有的经济活动都是理性行为。所有的理性行为首先是个人的行为。思索着的只是个人，考虑着的只是个人，行动着的仍然只是个人。我们在后面将讨论，社会是怎样从个人的行为中发展起来的。

98

三 经济核算

全部人类行为，只要它是理性的，都表现为以一种条件交换另一种条件。人们使用经济品、个人时间和劳动，是为了在既定条件下获得最大满足，他们为了满足较迫切的需求而放弃次要的需求。这就是经济活动的实质——使交换行为得到实现。[6]

在经济活动的过程中，每个人对只能满足其一的两种需求做出选择时，他要做出价值判断。[7] 这种判断首先和直接的考虑是满足本身；只是从这些满足中他们才会仔细考虑物品。通常，任何有判断力的人都能很快对打算消费的物品做出价值判断。在非常简单的条件下，他判断生产要素对他的重要程度也没有多大困难。一旦条件很复杂，难以找出事物之间的联系，要对这些手段做出评估，我们就必须进行更精细的核算。孤立的个人很容易决定是否要扩大狩猎或耕作。他所要考虑的生产过程相对较短。要搞清楚生产的支出和收获，总的说来比较容易。但是，对于是否利用瀑布发电，是否扩大煤矿开采，怎样才能更好地利用煤炭中的能量，对这类问题做出选择，就完全是另一回事了。这方面的生产过程很复杂、周期很长，事业成功的必要条件多种多样，大而化之的概念是不允许的。为了确定一项事业是否合理，必须进行仔细的计算。

但是，核算需要核算单位。商品的主观使用价值没有单位。边际效用没有提供价值单位。一种既定商品的两个单位的价值，不是一个单位的翻倍——虽然它必定大于或小于一个单位。价值判断不是测量，它要排序，要分等。[8] 如果只依靠主观评价，在答案并非一目了然的情况下，即使孤立的人也无法做出以大体准确的核算为基础的决定。他为便于核算，必须假定商品之间的替代关系。通常他没有办法把所有的商品折合成一个共同的单位。99但是，他可以将全部核算中的要素折合为他能直接评估的商品，就是说，折合为可随时消费的商品和劳动负效用（disutilty of labor），从而能够以此为根据做出决定。显然，这也只在非常简单的情形下才能做到。对于复杂和较长的生产过程来说，这是做不到的。

在交换经济中，商品的客观交换价值变成了核算单位。这有三方面的益处。首先，我们能够把所有参与交易的个人的评估作为计算的基础。一个人的主观评价与另一个人的主观评价之间没有直接的可比性。只有从所有参与买卖者的主观评价的相互作用中产生的交换价值才具有这种可比性。其次，这种计算提供了一个控制生产资料合理使用的手段，它使那些希望计算出复杂生产过程的成本的人，马上可以看出自己的工作是否像别人一样节约。如果他们在当前的市场价格下从事生产不能取得一定的利润，这就清楚地证明别人能更好利用作为生产工具的物品获得收益。最后，以交换价值为基础的核算，使我们能够把价值简化为一个共同单位。由于市场定价在商品之间建立了替代关系，任何有需求的商品都可用于这一目的。在货币经济中，货币是被选定的商品。

货币核算亦有其局限。货币既非价值尺度，也非价格尺度。货币并不测定价值。价格也不是用货币来测定的：价格是货币量。有些将货币描述为一种"延期支付的标准"的人，天真地假定它不过如此，但是作为商品的货币的价值是不稳定的。商品和货币之间的关系在不停地波动，这种波动不仅发生在"商品一方"，也发生在"货币一方"。通常，这种波动确实不是很剧烈，也不会对经济核算产生太大影响，因为在全部经济条件不断变化的状态下，这种核算只是着眼于相对较短的时期，在这个时期，至少"优良货币"的购买力不会发生非常大的变化。

货币核算有缺陷，在很大程度上不是因为它利用了货币这种一般交易媒介，而是因为它不以主观的使用价值，而是以交换价值为基础。因此，所有不作为交易对象的价值要素都没有被纳入计算。比方说，如果我们考虑的是水电站是否有利可图，除非考虑到游客流量的减少造成的价值损失，否则不可能把瀑布美景受到的损害也计算在内。然而，在决定是否实施这个项目时，我们当然必须把这类考虑纳入计算。

这类考虑通常被称为"非经济的"考虑。可以认为这一用语对于术语之争毫无助益，但不能说这类考虑都是非理性的。一个景点或一幢建筑之美，种族的健康，个人或民族的荣誉，即使（因为它们没有在市场上进行交易）它们不进入交换关系，倘若人们认为它们很重要，那么它们与通常所说的经济考虑同样是理性行为的动机。它们无法进入货币核算，是因为这种核算的特性。但是，这丝毫不降低货币核算对于通常的经济活动的意义。这类精神商品是"生活消费品"（goods of the first order）。我们可以直接对其进行评价；即使它们不在货币核算的范围内，对它们的评估也没有什么困难。它们避开了核算，并不会使人难于记住它们。如果我们准确地知道自己必须为美丽、健康、荣誉、自尊等支付多少费用，那么没有什么事情会阻止我们对其给予适当的考虑。易动感情的人，也许会因为必须在理想与俗事之间做出选择而痛苦，但这不是货币经济的错。此乃事物的本性使然。即使在没有货币核算我们也能做出价值判断的场合，我们仍然不能避免这种选择。孤立的人和社会主义社会也许不会这样做，真正感情用事的人绝不会为此感到痛苦。要求人们在面包和荣誉之间做出选择，他们绝不会不知道如何行动。即使荣誉不能果腹，至少可以为了荣誉而绝食。仅仅由于他们内心知道自己无法弃绝物质而使选择的苦恼变成了恐惧，才会把选择的必要性视为亵渎神明。

货币核算只对经济核算有意义。运用这种核算，是为了使商品的配置符合经济的标准。这种核算在核算商品时，只按它们在既定条件下进行货币交换的相应数量。任何对货币核算范围的扩大都是一种误解：在历史研究中把它用于对以往产品的价值测定是错误的；用它来评估国家的资产或国民收入是错误的；用它来评估不可交换的事物的价值，例如评估移民或战争的损失，也是错误的。[9] 凡此种种皆是半吊子的表现——哪怕它是由最优秀的经济学家所为。

但是，在此限度之内——在实际生活中并未超出这一限度——货币核算做到了我们能够要求它做的一切。它在纷繁复杂的经济可能性中提供了一个指南。它使我们能够把仅仅直接适用于消费品——或至多是最初级的生产性物品——的价值判断，扩大到全部较高级的物品。没有它，那些漫长而复杂的生产过程将变成盲人瞎马。

使用货币进行价值核算，有两个不可或缺的条件：第一，不仅是用于消费的物品，而且更高层级的物品，都必须是可交换的。不然就不会有交换关系体系的出现。其实，如果一个孤立的人在自己家里用他的劳动和面粉"交换"面包，他必须做出的考虑与支配他的在市场上用面包交换衣服的考虑没有什么不同。因此，把所有的经济行为，甚至这个孤立的个人的经济行为，都视为交换行为，是十分正确的。但是，没有任何一个人，哪怕他是旷世不遇的天才，具备能够确定无以计数的更高层级物品中每一件的相对价值的智力。没人能够对无数可供选择的生产方法进行这样一种划分，使他不必借助核算就能对它们的相对价值直接做出判断。在以分工为基础的社会中，财产权的状况造成一种智力上的分工，没有这种分工，经济活动和系统化的生产都是不可能的。

第二个条件是，必须使用有一种一般的交换媒介，即货币。必须使用货币作为生产性物品与其他物品进行等价交换的媒介，不然就不可能把所有的交换关系化简为一个通用标准。

101 只有在非常简单的条件下才不需要货币核算。在封闭的小家庭的范围里，父亲可以监管一切，他也许不必借助货币的核算，就能够对生产方法的改变做出评估。因为在这种情形下，从事生产只需占用相对较少的资本，很少使用曲折迂回的生产方法。通常生产的只是消费品，或与消费品相距不远的高层级产品。分工仍然处在最初级的阶段。一件商品的生产自始至终是由一个劳动者完成。在发达社会里，一切都变了。原始社会的状态决不能证明在现代条件下我们可以没有货币。

在封闭的家庭这种简单条件下，可以从头至尾监督生产的全过程，可以判断哪种生产方法能够生产更多的消费品。在条件远102 为复杂的今天这已经不可能了。当然，社会主义社会也能看出1000 升葡萄酒要好于 800 升。它可以决定是要 1000 升葡萄酒还是要 500 升油。这样的决定无须核算，某个人的意志就能办到。但是，做出这种决定后，经济管理的真正任务，即把手段运用于目的，才刚刚开始。只有经济核算使这种运用成为可能。没有它的帮助，面对纷繁复杂的原料和手段，人类的头脑将陷入一片茫然。每当必须在不同的生产工艺或不同的生产重点之间进行选择，我们都会成为迷失于汪洋中的一叶孤舟。[10]

社会主义社会可以用实物核算代替货币核算的设想，是一种天方夜谭。在不进行交换的社会里，实物核算绝不可能超出消费品的范围。只要一涉及生产性产品的生产，这种核算便彻底失效。社会一旦放弃生产性产品的自由定价制度，就不可能有合理的生产。从生产资料私有制和使用货币每脱离一步，就离合理的生产远了一步。

也许可以忽略以上所言，因为我们所知道的社会主义，可以说，只存在于一些社会主义的福地之内，它周围的地区全都实行以自由交换和使用货币为基础的制度。在这个意义上我们甚至可能赞同另一种难以成立的（除非用于宣传的目的）社会主义观点，即资本主义体系中的国有化和市有化企业不是社会主义。价格自由的制度环境为这些企业的经营提供了支持，以至于它们没有表现出社会主义经济行为的本质特征。在国有和市有企业中仍然有可能推进技术进步，因为有可能观察到国内外同类企业的类似的技术进步的效果。在这些企业中，同样有可能确定企业重组的益处，因为大的社会环境仍然是以生产资料私有制和货币的使用为基础。它们同样有可能从事簿记和核算，而对于纯粹社会主义环境下的企业来说，这是不可能的。

没有核算就不可能有经济活动。社会主义制度下不可能进行经济核算，所以在社会主义制度下不可能有我们所说的那种经济行为。在一些无足轻重的小事情上仍然有可能存在理性行为。但说到合理的生产，大体可以免谈。没有合理的标准，就不可能自觉地从事经济的生产。

有可能在一段时间内，数千年积累起的经济自由传统会维持经济管理的技艺，使其不致彻底解体。人们倾向于保留老办法，

103

并非因为它们合理，而是因为它们被传统神圣化了。同时，变化的环境会使它们变得不合理。它们将变得不经济，这是经济思想普遍衰退导致的变化所造成的结果。确实，生产将不再处于"无政府状态"。产品供给将被最高当局掌控。生产的"无政府状态"消失了，非理性的管理集团的那些毫无意义的命令成了至高无上的东西。轮子仍在旋转，但它是在空转。

我们不妨想象一下社会主义社会的处境。有成千上万正在运行的企业，其中少数企业生产直接用于消费的产品，多数企业生产资本品和半成品。全部企业被紧密地联系在一起。每个产品在被消费之前，要经过这些企业构成的整个链条。然而，在所有这些过程的持续压力之下，经济管理部门将失去真实的方向感。它没有办法确定某一特定的工作是否真正必要，用于完成这项工作的劳动和原材料是不是浪费。它如何确定在两种工艺中哪一种更合理？它充其量只能对最终产品进行质量比较。但是，对生产成本进行比较的可能性小之又小。它也许确实知道——或者它只是自以为知道——它要生产什么。因此它应当想方设法以最低的成本取得它所期望的结果。但要做到这一点，它必须能够进行核算。而这种核算必须是价值核算。这种核算不能仅仅是"技术性的"，也不能是产品和服务的主观使用价值的核算。这都是一目了然的事，无需多说。

在以生产资料私有制为基础的制度下，价值标准是每个独立的社会成员的行为的结果。每个人在这个标准的建立中都扮演着104 双重角色：首先是消费者，其次是生产者。作为消费者，他确定消费品的价值。作为生产者，他使生产要素的利用做到产出的最大化。在这一过程中，全部生产性产品也根据现有生产条件和社会需求，以其适当的用途分门别类。消费和生产过程的相互作用，确保了生产和消费遵循着经济法则。准确的价格分级体系就是以这种方式产生的，它使每个人能够遵照经济的方法确定自己的需求。

在社会主义制度下，这一切必然是不存在的。经济管理部门也许真的确切知道什么产品是最急需的。但这只是问题的一半，另一半是对生产手段进行评估，对此它无能为力。它可以从整体上确定这些生产手段的价值，它显然等于这些手段所提供的满足的价值。如果它要计算将它们从生产中撤出引起的损失，它同样可以确定个别生产工具的价值。但是，它无法像在自由经济和货币价格制度下那样，把这些价值简化成一个通用的价格标准。

社会主义也不一定完全废除货币。可以设想在消费品交换中允许使用货币。但是，由于各种生产要素（包括劳动）的价格不以货币来表示，货币无法在经济核算中发挥作用。[11]

例如，假设社会主义国家正在筹划一条新铁路。新铁路有好处吗？若有，那么在若干可能的路线中选择哪一条呢？在私有制之下，我们能用货币核算来解决这些问题。新线路将使某些货物的运费下降，我们将以此为据，估算出运费的下降是否足以抵消建设和管理这条新铁路所支出的成本。这种核算只能用货币来进行。我们不可能用实物去比较各种类别的开支和节省。如果不能用一个统一的单位去衡量各种熟练和非熟练劳动、钢铁、煤炭、各种建筑材料、机械以及其他建筑和维持铁路所必需的一切，就不可能使这些要素成为经济核算的对象。只有当我们必须考虑的全部产品都能够折算成货币，我们才能制订系统的经济计划。诚然，货币核算有其不完善之处。诚然，它有内在缺陷。可是我们没有更好的替代手段。在健全的货币体系下，它满足了实际需要。如果放弃它，就绝对不可能有经济核算。

这不是说，社会主义社会完全是一只无头苍蝇。它对拟建的企业做出赞成或反对的决定并发布政令。但是这种决策充其量只能以模糊的评估为基础；它不可能以准确的价值核算为基础。

确实，一个停滞的社会无需这种核算。在那里，经济活动只

105

是简单的重复。所以，如果设想社会主义的生产体系是以它所取代的自由经济制度的最后状态为基础，以后也不会再发生变化，那么我们确实可以设想一个理性的和经济的社会主义。但这只在理论上说得通。决不会有停滞的经济体系。事物是不断变化的。停滞状态是一种理论假设，这种假设有助于人们思维，但在现实中并不存在其对应物。更何况，由于伴随着收入平等化地向社会主义过渡必然改变消费和生产的整个"背景"，所以根本不可能维持社会主义与交换经济的最后状态的联系。于是我们将看到这样一种社会主义，它没有经济核算的罗盘，穿行于可能的和可以想象的充满经济变数的汪洋之中。

从而，全部经济变化将涉及各种活动，对这些活动的意义，既不能事先预见，也不能事后确定。一切都在冒险。社会主义是对理性经济的否定。

四 资本主义经济

"资本主义"和"资本主义生产"是政治口号。社会主义者把它们炮制出来，不是为了拓展知识，而是为了吹毛求疵，为了批评，为了谴责。今天人们把它们挂在嘴边上，仅仅是为了编织106 出一幅无情的富人残酷剥削工资奴隶的画面。它们除了被用来表示政治体制的弊病，几乎没有任何用处。从科学的观点看，它们是如此模糊和暧昧，简直没有任何价值。使用者只在一点上是一致的：它们指出了现代经济制度的特征。但这些特征到底是什么，却始终存在争议。由此可见，使用它们是完全有害的。把它们从经济术语中彻底清除出去，把它们留给惯于煽情的斗牛士们——这个建议值得认真考虑。[12]

然而，如果我们确实想从这两个术语中发现确切的用途，我们应该从资本核算的概念出发。我们所关注的只是对实际经济现象的分析，而不是经济理论——在经济理论中，"资本"的含义常常为了特定目的而扩展——所以我们必须首先提出的问题是，在工商业实践中这一术语具有怎样的意义。我们发现，它只是被用于经济核算。它把一个企业的原始资产归于一个名目之下，不管这些资产是由货币构成，还是仅仅用货币来表示。[13] 资本核算的目的是使我们确定资产的价值在经营期间发生了多大变化。资本的概念源于经济核算，它的真正的发祥地是会计学——经营合理化的首要工具。用货币进行核算是资本概念的实质。[14]

如果"资本主义"一词是指一种资本核算支配着生产的经济制度，它就获得了一种定义经济活动的特定含义。对它做这样的理解，"资本主义"和"资本主义生产方式"这些说法就不会引起误解，"资本主义精神"和"反资本主义倾向"等表述也具有严格限定的含义。与经常被用来作为社会主义对立面的个人主义相比，资本主义更适合作为社会主义的对立面。那些认为社会主义和个人主义相对立的人通常有一个默认的假设，即在个人利益和社会利益之间存在矛盾，社会主义以公共福祉为目标，个人主义则服务于特定人群的利益。鉴于这是最严重的社会学谬论之一，我们必须小心地避免任何使其悄然混入的表述方式。

照帕索的观点，如果正确使用资本主义一词，它所指的组织通常与大企业的发展和扩张有密切关系。[15] 我们可以同意这种说法——尽管它很难同人们习惯于先说"Grosskapital"（大资本）和"Grosskapitalist"（大资本家）然后再说"Kleinkapitalisten"（小资本家）这一事实相吻合。但是，如果我们记住只有资本的核算使大企业大公司的发展成为可能，那么以上观点不会使我们提出的定义失效。

五 狭义的"经济"概念

经济学家把"经济"或"纯经济"行为与"非经济"行为加以区分的普遍习惯，就像以往对精神产品与物质产品的区别一样，是不能令人满意的。意愿和行为是统一的。所有的目标本身相互冲突，正是这种冲突把这些目标排成序列。不仅那些可以通过与外部世界的相互作用而获得的愿望、欲望和冲动的满足，而且精神的满足，都必须用一个标准来衡量。生活中，我们不得不在"精神"和"物质"之间选择。因此，使前者服从一个统一的价值标准，就像后者一样必不可少。在面包和荣誉、信仰和财富、爱情和金钱之间做出选择时，我们让两个选项服从同一个检验尺度。

因此，认为"经济"行为是一个同其他行为领域泾渭分明的人类行为领域，是没有道理的。经济活动是理性活动。由于不可能有完全的满足，经济活动的领域同理性行为的范围是相通108 的。它的首要内容是对目标的评估，然后是对实现这些目标的手段的评估。所以，全部经济活动都取决于目标的存在。目标决定着经济，只有它赋予经济以意义。

经济法则适用于全部人类行为，因此，在对"纯经济"行为和其他行为进行划分时，必须十分谨慎。对于许多科学研究的目的来说，这样的划分不可或缺。它选取一个特定目标，同所有其他目标相对照。这一目标——这里不必讨论它是不是终极目标——是获得用货币衡量的最大可能的产出。因此，不可能为经济目标指定一个界限明确的行为范围。当然，对每个人而言，它有一个界限明确的范围，但这个范围会随着相关个人的人生观而发生变化。认为荣誉重要的人是一个看法，为金钱而出卖朋友的人又是一个看法。目的的性质和手段的特点都不能为这种划分提供正当理由，只有所采用的方法的特殊性质能够做到这一点。只有使用精确核算这一事实，使"纯经济"行为有别于其他行为。

"纯经济"的范围与货币核算的范围是完全重合的。在某一行为领域，货币核算使我们能够十分精确地对各种手段进行细致入微的比较，这对思想和行为都大有影响，使我们情不自禁地赋予这类行为以特别重要的意义。一个很容易忽略的事实是，这一划分只是对思想和行为的"技术"划分，而不是对行为的最终目标的划分——它们是统一的。试图把"经济"描绘成理性行为的一个特殊领域，然后又在这中间找出另一个界限分明的领域，即"纯经济"领域，这类尝试的失败不是分析工具的错。无疑，针对这一问题已经做过大量精妙的论证，而问题迄未解决，这表明该问题不可能有满意的答案。"经济"的范围明摆着就是理性的范围："纯经济"的范围无非就是有可能进行货币核算的范围。

归根结底，个人能够承认一个目标，而且只有一个目标：获得最大满足。这一表述包括满足人类的所有需求和渴望，不管它们是物质的还是非物质的（精神的）。如果不担心享乐主义（Hedonism）和幸福主义（Eudemonism）之争造成的误解，我们也可以用"幸福"来代替"满足"。

109

满足是主观的。同以往的理论相比，现代社会哲学特别强调这一点，以至于出现了一种倾向，即忽略人们在需求及其满足手段的看法上的广泛相似性，这种相似性是由源自传统的人类心理结构及认识与情感的相似性造成的。正是这种相似性使社会成为可能。因为有共同的目标，人们才能生活在一起。大多数目标（最重要的目标）是大多数人的共同目标，与这个事实相比，有些目标只为少数人所接受的事实只具有次要意义。

一方面，经济活动的目标超出了经济学的范围；另一方面，所有的理性活动都是经济活动——这一事实使得对经济和非经济动机的传统划分失效。不过，有一个很好的理由对"纯经济"活动（即可以用货币进行评估的活动）与所有其他形式的行为加以区分。因为，正如我们所知，货币核算的范围之外，只剩下了可以通过直接观察进行评估的中间目标：一旦离开这个范围，就必然要借助于这样的判断。正是对这一必然性的认识，为我们提供了一个做出我们正在讨论的这种划分的机会。

举例来说，假如有个民族想发动战争，我们没有理由认为这种愿望必然是非理性的，因为发动战争的动机在传统上所说的"经济"之外——例如，宗教战争的动机或许就是这样。如果这个民族通过对全部事实的充分了解做出了战争决定，因为它断定期待中的目标比战争的牺牲更重要，战争是达到这一目标最恰当的手段，那么战争就不能被认为是非理性的。这里没有必要确定它这种假设是否正确或能否使它正确。当一个人要在战争与和平之间做出选择时，这正是必须加以考察的问题。而正是为了使这种考察清晰明了，才引入了我们一直讨论的那种划分。

要了解这种划分是如何经常被人遗忘的，只需回想一下战争和关税是多么经常地从"经济"角度作为"有益的生意"被推荐的就够了。如果牢记这种对行为的"纯经济"和"非经济"理由的划分，上个世纪的政治讨论也许会清晰很多。

注释：

[1] 对一切概念都进行可怕混淆的经验主义唯实论学派，把经济原理解释成货币经济条件下的特殊生产，例如参见 Lexis, *Allgemeine Volkswirtschafislehre* (Berlin and Leipzig, 1910), p. 15。

[2] Amonn, *Objekt und Grundbegriffe der theoretischen Nationalökonomie* (Vienna and Leipzig, 1927), p. 185.

[3] "action" 是米瑟斯社会思想中的一个核心概念。关于这个词的译法，有学者认为应译为"行动"，以区别于泛指的动物"行为"（behavio）。在米瑟斯的思想脉络中——以及在很多社会学、政治学和哲学人类学

的文献中——它特指人类有主观意图的——即使本人对此没有清醒认识——活动，英语中有个更准确的词"conduct"用来表示。但是以上意见似乎没有注意到，汉语中行为的"为"字，显然要比行动的"动"字更多地与人相关，如"为人""作为""无为"等，可见以"行动"译"action"，尚不如"行为"贴切，尽管"动物行动"听起来不如"动物行为"那样顺耳。这大概是语义分析拗不过语言直觉的一例。——译注

[4] 这里的"原因"（reason）亦可作"理性"解。——译注

[5] Mill, *Das Nuitzlichkeitsprinzip*, trans. Wahrmund, *Gesammelte Werke*, German ed. Th. Gomperz（Leipzig, 1869）, vol. 1, pp. 125–200. 英文版出版者注：这是密尔《功利主义》一书的德文译本。

[6] Schumpeter, *Das Wesen und der Hauptinhalt der theoretischen Nationaloikonomie*（Leipzig, 1908）, pp. 50, 80.

[7] 以下段落摘自我的文章"Die Wirtschaftsrechnung im sozialistischen Gemeinwesen"（*Archiv fiir Sozialwissenschaft*, vol. XLVII, pp. 86–121）。英文版出版者注：米瑟斯此文已由 S. Ader 译成英文，收于哈耶克编辑并作序的 *Collectivist Economic Planning：Critical Studies on the Possibilitiesof Socialism*（London：Routledge & Kegan Paul Ltd. , 1935）, 米瑟斯文章的标题是"Economic Calculation in the Socialist Commonwealth"。

[8] Cuhel, *Zur Lehre von den Bedurfnissen*（Innsbruck, 1907）, p. 198.

[9] Wieser, *Über den Ursprung und die Hauptgesetze des wirtschaftlichen Wertes*（Vienna, 1884）, pp. 185 ff. .

[10] Gottl-Otthlienfeld, "Wirtschaft und Technik", *Grundriss der Sozialökonomik*, II（Tübingen, 1914）, p. 216.

[11] 纽拉特也同意这一点［Neurath, *Durch die Kriegswirtschaft zur Naturalwurtschaft*（Munich, 1919）, pp. 216 ff. ］。他说，每一个完全的行政式经济（计划经济）最终都会是自然经济（实物经济）。"因此，把生产资料社会化就是推动自然经济。"然而，纽拉特没有认识到经济核算在社会主义社会面对着无法克服的困难。

[12] Passow, *Kapitalismus, eine begrifflich - terminologische Studie*（Jena, 1918）, pp. 1 ff. 1927 年第 2 版，帕索根据最新文献表示（p. 15, note

2)，"资本主义"一词也许会逐渐失去其道德色彩。

[13] Carl Menger，"Zur Theorie des Kapitals"，*Jahrbuicher für Nationalökö-nomieund Statistik*，vol. XⅧ，p. 41.

[14] Passow，op. cit.（2nd edition），pp. 49 ff. .

[15] Passow，op. cit.（2nd edition），pp. 132 ff. .

110

第六章

社会主义的生产组织

一　生产资料的社会化

在社会主义制度下，全部生产资料都是社会的财产。只有社会能够支配并决定如何在生产中使用这些财产。社会从事生产，产品归社会，由社会决定产品的使用。

当代的社会主义者，尤其是马克思主义者，特别强调这个社会主义共同体是"社会"，因而把生产资料转由社会控制的措施描述为"生产资料的社会化"。这一表述本身并无不妥，但在相关的语境中，它是被特意用来掩盖社会主义的一个最重要的问题。

"社会"（society）一词及其相应的形容词"社会的"（social）有三层不同的含义。第一，它是一个表示社会的相互联系的抽象概念。第二，它是一个表示由个体本身所组成的联合体的具体概念。在这两个截然不同的含义之间，第三种含义被插入日常语言之中：在"人类社会""公民社会"等用语中，抽象的社会被人格化了。

马克思在所有这些含义上使用这个词，只要他做出清楚的界定，倒也没有什么不妥。但他做的正好相反。当谈论资本主义生产的社会性时，他从抽象的意义上使用"社会的"一词。在谈到陷入危机的社会时，他指的是人格化的人类社会。但是，在谈

111 到剥夺剥夺者、对生产资料实行社会化的社会时，他指的是实际的社会联合体。他这样做是为了避免使用"国家"一词或与其相对应的词，因为这个词让热爱民主和自由的人听起来不舒服，而马克思主义者最初不想失去这些人的支持。一个赋予国家以全面责任并控制全部生产的纲领，别指望得到这些人的认可。因而，马克思主义者必须不断找出一些说法以掩盖其纲领的实质，掩盖民主主义和社会主义之间无法填平的鸿沟。那些生活在世界大战之前数十年的人们没有看穿这种诡辩，倒也不能过于责怪他们的理解力。

现代国家学说把"国家"一词理解成一个权力部门，一个不是以其目标而是以其形式为特征的强制机器。但是，马克思主义武断地界定国家一词的含义，以便把社会主义国家排除在外。社会主义作家只把他们不喜欢的国家和国家组织形式称为"国家"。他们把国家一词视为虚伪和可耻的称谓，愤怒地拒绝把它用于他们所向往的未来组织。未来的组织被称为"社会"。以这种方式，马克思主义的社会民主主义可以一石三鸟：摧毁现存的国家机器；猛烈抨击一切无政府主义运动；实行一种导致全权国家的政策。[1]

给社会主义社会的强制机器起一个什么样的特殊名称，再怎么说也不是个大问题。如果我们使用"国家"一词，我们是在采用一个含义人所共知的术语，不过毫无批判能力的马克思主义文献除外；人们普遍理解这一用语的含义，它能唤起它打算唤起的意念。如果我们鉴于"国家"一词在许多人当中会引起复杂的情感而不想使用这一术语，用"共同体"一词取而代之，也不会带来什么不便。术语的选择纯然是个文体问题，并无实际意义。

重要的是社会主义国家或社会的组织问题。当涉及国家意志的具体称谓时，英语提供了一个更细致的划分，它使我们可以用政府一词代替国家一词。避免在这个问题上被马克思主义者发挥到极致的神秘主义，这个说法真是再好不过了。马克思主义者巧舌如簧地谈论着社会意志的表达，却不对社会如何能够产生意志和采取行动给出任何说明。当然，社会只能通过它所创立的组织而行动。

　　根据这种对社会主义社会的认识，它的控制机构必定是一元化的。社会主义社会只能有一个集全部经济和政治功能于一身的最高控制机构。当然，这个机构可以再分解，有一些接受明确指令的下属部门。但是，共同意志的统一表达——这是生产和生产资料社会化的首要目标——必然意味着所有受托管理不同事务的部门要服从一个机关，这个机关必须拥有最高权威，以消除各种对共同目的的偏离，统一贯彻目标。它的构成情况如何，普遍意志如何在其中得到表达以及它如何表达这种意志，这些问题对于我们这里所研究的具体问题只有次要意义。这个机构是一个专制君主，还是一个以直接或间接民主方式组织起来的全体市民会议，这并不重要。这个机构如何形成它的意志并加以表达，也无关宏旨。就我们的研究目的而言，我们必须认为它已经被建立起来，我们不必关心怎么能够建立它，它是否能够建立，或者社会主义已经因为它不能建立而走向死亡。

　　在研究的起点上，我们必须假定社会主义社会没有对外贸易。它拥有整个世界及其居民。如果设想它是一个有限的存在，它只是由世界的一部分及其居民所构成，我们只能设想它与边界之外的地区和人民没有经济关系。我们将讨论这个孤立的社会主义共同体的问题。在考察完这个一般性问题之后，我们将研究有若干个社会主义共同体同时并存的问题。

112

二 社会主义社会的经济核算

经济核算的理论表明，在社会主义社会里不可能有经济核算。

在任何大企业中，每一个工厂或分部都部分地实行独立核算。他们能够计算原料和劳动的成本，每个单位任何时候都能列出单独的资金平衡表，用数字来总结自己的经营成果。通过这一方法，有可能确定每个部门的经营成果如何，从而做出对现有部门进行重组、限制、扩大或建立新部门的决定。当然，这种核算难免会出现一些偏差。它们部分地是由于整体成本难以分摊。还有一些偏差产生于必须在缺乏确切数据情况下进行核算。举例来说，在计算某一过程的收益率时，机器的折旧率是由假定的机器使用年限决定的。但是，所有这些错误都可以被控制在有限的程度内，不会推翻核算的整体结果。各种不确定因素的存在都是由于未来条件的不确定性，而在任何可以想象的事情中这都是不可避免的。

似乎可以很自然地提出一个问题：社会主义社会的单个生产部门为什么不能用同样的方法分别核算呢？但这是不可能的。只有当所有类型的产品和服务的价格由市场决定，从而提供了一个计算的基础时，一个企业的各分部分别核算才是可能的。没有市场就没有价格体系，没有价格体系就不可能有经济核算。

有人会想，可以允许企业的不同部门之间进行交换，以此建立交换关系（价格）体系，通过这种方法为社会主义社会创造一个核算的基础。这样，在一个不承认生产资料私有制的单一经济体制框架内，就可以建立起有各自管理机构的产业分支，当然，它们都要服从最高经济当局，但出于用共同的交易媒介进行计算的考虑，它们之间能够相互转移产品和服务。这大体上就是如今谈论全盘社会化这类事情的人所构想的社会主义产业的生产组织。但是他们再次漏掉了一个要害问题。生产性物品的交换关系只能以生产资料私有制为基础。如果煤炭辛迪加向钢铁辛迪加提供煤炭，只有在这两个辛迪加占有产业中的生产资料时，才能确定价格。然而这不是社会主义，而是辛迪加主义。

对那些坚持劳动价值理论的社会主义作家来说，这个问题当然是非常简单的。

恩格斯说："社会一旦占有生产资料并且以直接社会化的形式把它们应用于生产，每一个人的劳动，无论其特殊的用途是如何的不同，从一开始就成为直接的社会劳动。那时，一个产品中所包含的社会劳动量，可以不必首先采用迂回的途径加以确定；日常的经验就直接显示出这个产品平均需要多少数量的社会劳动。社会可以简单地计算出：在一台蒸汽机中，在一百公升的最近收获的小麦中，在一百平方米的一定质量的棉布中，包含着多少工作小时。……诚然，就在这种情况下，社会也必须知道，每一种消费品的生产需要多少劳动。它必须按照生产资料，其中特别是劳动力，来安排生产计划。各种消费品的效用（它们被相互衡量并和制造它们所必需的劳动量相比较）最后决定这一计划。人们可以非常简单地处理这一切，而不需要著名的'价值'插手其间。"[2]

这里的任务不是重申对劳动价值理论的批评。这里我们感兴趣的仅在于它使我们能够对社会主义社会把劳动作为核算基础的可能性做出判断。

乍一看，似乎以劳动为基础的核算考虑到了生产的自然条件以及人类因素所产生的条件。马克思主义的社会必要劳动时间概念考虑到了生产的不同自然条件导致的收益递减规律。如果某种产品的需求在增长，不得不利用较不利的自然条件以满足需求，那么生产单位产量的社会必要劳动时间也将增长。如果更有利的

114

生产条件被发现，则社会必要劳动时间量下降。[3] 但这是不够的。边际劳动成本变化的计算只考虑到影响劳动成本的自然条件。超出这一范围，"劳动"核算便失效了。例如，它完全没有把生产过程中的物质要素的耗费计算在内。设生产两种产品 P 和 Q 的社会必要劳动时间为 10 小时，生产单位 P 和单位 Q 需要材料 A，生产单位 A 的社会必要劳动时间是 1 小时，而且生产 P 需要两个单位的 A 和 8 小时劳动时间，Q 的生产需要一个单位的 A 和 9 小时劳动时间。在以劳动时间为标准的计算中，P 和 Q 是等价物，但在以价值为基础的计算中，P 的价值肯定高于 Q 的价值。前一种计算是错误的，后一种计算才符合经济计算的实质和目的。无疑，P 的价值高出 Q 的价值的那个部分，其物质基础是由"不借人力之助而天然存在的"，[4] 但是，倘若自然界提供的数量有限以至于它成为一种经济要素，那就必须以某种形式把它纳入经济核算。

劳动计算理论的第二个缺陷是，它忽视了劳动质量的差别。在马克思主义者看来，所有的人类劳动在经济上是同质的，因为它不外是"人类的脑、肌肉、神经、手等等的生产性耗费"；"比较复杂的劳动只是自乘的或不如说多倍的简单劳动，因此，少量的复杂劳动等于多量的简单劳动。经验表明，这种复杂劳动向简单劳动的转化是经常进行的。一件商品可能是高级的复杂劳动的产品，但其价值使它与简单劳动的产品相等，因而本身只表示一定量的简单劳动"。[5] 庞巴威克有理由称这一观点为令人惊异的天真的杰作。[6] 在对这一理论的批判中，有人可能不愿追问是否可能发现测量所有人人类劳动（体力和脑力）的统一的生理标准。无疑，人与人之间存在着能力和技艺的差别，这些差别会体现为产生出来的产品和服务的不同质量。解答把劳动作为经济核算基础的可能性这一问题，说到底取决于是否能够不需要消费者对产品的评估而把各种不同的劳动简化为

一个统一的尺度。显然，马克思就此提出的论证是失败的。经验 116
确实表明，商品进入市场交换与它们是复杂劳动还是简单劳动的
产品这一问题无关。但是，即使证明了劳动是交换价值的源泉，
这也只是证明了一定量的简单劳动等于一定量的复杂劳动。但问
题还不在于连这一点也没有得到证明；重要的是它正是马克思论
证的起点。在交换中，简单劳动和复杂劳动之间的替代关系是以
工资水平的形式出现——马克思这里没有提及的一点——这一事
实绝不能证明它们的同质性。这一等量化过程是市场作用的结
果，而不是市场作用的前提。以劳动的消耗为基础而不是以货币
价值为基础进行核算，必须确定一种纯粹任意的关系，以便将复
杂劳动分解为简单劳动，而这种核算不能用作经济地配置资源的
工具。

人们一直认为，劳动价值理论为生产资料社会化的要求提供
了必要的伦理基础。我们现在知道，根本就不是这么回事。虽然
多数社会主义者持有这种观点，虽然公开表明其非伦理立场的马
克思也摆脱不了这种观点，但很显然，一方面，采用社会主义生
产方式的政治要求既不需要也不接受劳动价值理论的支持；另一
方面，在价值的性质和来源问题上持有其他观点的人，也可能具
有社会主义倾向。但换个角度看，劳动价值理论依然是社会主义
生产方式的拥护者的首要教条。因为，在以分工为基础的社会
里，只有存在着客观公认的价值单位以便能够进行核算，没有交
换和货币的社会主义生产方式似乎才是可行的，而劳动好像是用
于这一目的的唯一手段。

三　近年来的社会主义学说和经济核算问题

经济核算问题是社会主义的基本问题。过去数十年间人们能
够谈论社会主义而不去触及这一问题，仅仅表明了马克思主义对 117

有关社会主义经济的性质和作用的科学研究的禁令所发挥的作用。[7]

证明了社会主义社会里经济核算的不可能，也就是证明了社会主义的不可行。过去一百年间成千上万的著述和演说中提出的所有赞成社会主义的东西，社会主义的支持者洒下的热血，这一切都不能使社会主义成为可行的。人民大众可能热切地期盼着它，无数的革命和战争可能为它而发生，它还是永远不会实现。任何实现它的尝试，要么导致工团主义，要么通过其他途径导致天下大乱，以分工为基础的社会将迅速瓦解为自给自足的小群体。

这一事实的发现显然给各社会主义政党带来了极大的不便，各派社会主义者对我的观点奋起讨伐，努力为社会主义设计经济核算体系。他们迄今依然颗粒无收。他们尚未提出任何我未曾讨论过的新观点。[8] 没有任何东西撼动过这一证明：社会主义制度下不可能有经济核算。[9]

俄国布尔什维克把社会主义从党的纲领转变为实际生活的尝118 试，尚未面对社会主义制度下的经济核算问题，因为苏维埃共和国联盟生存于一个为全部生产资料形成货币价格的世界里。苏维埃共和国联盟的统治者把他们根据这些价格做出的决定作为核算的基础。没有这些价格的帮助，他们的行动将会是既无目标也无计划。他们只有求助于这一价格体系，才能够进行核算、记账和制订他们的计划。他们的处境与另一些国家的国家社会主义和市政社会主义的处境相同；对于他们来说，社会主义经济核算问题尚未出现。国有和市有企业以市场形成的生产资料和生活资料价格为手段进行核算。因此，从市有和国有企业的存在这一事实得出结论说，社会主义的经济核算是可能的，未免过于轻率。

我们当然知道，个别生产部门的社会主义企业之所以能够运行，仅仅是因为它们得到了非社会主义环境之助。国家和市政当局能够经营它们的企业，是因为资本主义企业的纳税弥补了它们的亏损。与此相似，俄国也得到了资本主义国家的财政支持，如果把它弃之不顾，它早就完蛋了。但是，较之资本主义经济给予社会主义企业的物质援助，精神方面的援助有着无可比拟的重要意义。没有资本主义以市场价格形式为社会主义提供核算基础，社会主义企业将难以为继，甚至在个别产业部门或个别国家也是如此。社会主义作家们会继续连篇累牍地谈论资本主义的腐朽和社会主义太平盛世的到来：他们将用可怖的色彩描绘资本主义的邪恶，把它同社会主义福地的诱人画卷做对照；他们的著述将继续感动没头脑的人——但这一切都不能改变社会主义思想的命运。[10] 用社会主义改造世界的努力将造成文明的毁灭。它绝对不可能建立一个成功的社会主义社会。

四　作为经济核算问题之出路的人造市场 119

一些年轻的社会主义者相信，可以通过建立一个生产资料的人造市场解决社会主义经济核算问题。他们承认，老一代社会主义者试图通过取消市场和生产性产品的价格建立社会主义是错误的；他们坚持认为，把社会主义理想的本质理解为对市场和价格体系的压制是错误。他们主张，如果不想倒退到我们整个文明荡然无存的毫无意义的混乱，社会主义就必须像资本主义一样，建立起为全部产品和服务定价的市场。他们认为，有了这样的安排，社会主义就能和资本主义的企业家一样，不费力地进行核算。

很遗憾，这些方案的支持者没有看到（也许是不愿看到），不可能把市场及其价格形成机制同生产资料私有制基础上的社会的功能分离开，在这种社会制度下，地主、资本家和企业家能够以他们认为合适的方式处置自己的财产。形成生产资料市场价格的整个过程的动力是，资本家和企业家通过满足消费者的需求而不停地追求利润最大化。没有风险投资家（包括股票持有者）对利润、地主对地租、资本家对利息、工人对工资的追求，整个机制的功能的成功发挥是不可想象的。唯有利润前景能够引导生产进入使消费者以最小花费获得最大满足的渠道。赢利前景消失，整个机制将失去主动力，正是这一前景为机制注入动力并维持其运转。唯其如此，市场才成为资本主义社会秩序的关键所在；这是资本主义的实质。这只有在资本主义制度下才是可能的；社会主义社会不可能对它进行"人为的"模仿。

120 　　这种人造市场的提倡者的想法是，通过命令不同生产单位的管理者像资本主义国家的企业家一样行动，便可以建立起人造市场。他们争辩道，即使在资本主义制度下，股份公司的经理也不是为自己工作，而是为公司和股东打工。因此，在社会主义社会，经理也可以完全像以前一样谨慎而忠于职守地干活。唯一的区别是，经理的劳动成果将归社会，而不是归股东。这样，同以往的所有社会主义者特别是马克思主义者对此问题的论述不同，他们认为，不同于中央集权的社会主义，非集权的社会主义的建立还是有可能的。

　　为了对这一建议做出恰当判断，首先有必要认识到，人们必须为每个生产单位任命管理者。在资本主义制度下，股份公司的经理是由股东直接或间接任命的。就股东授权经理使用公司的（即股东的）资产从事生产而言，他们是在拿自己的部分或全部财产去冒险。投机（因为这必然是一种投机）可能成功并带来利润；当然，也可能失败并亏掉部分或全部资本。把自己的资本投入后果难料的生意，把它交给不管对其过去多么了解但未来能力未卜的经理人，这是股份公司的实质。

　　可见，把社会主义社会的经济核算问题设想为仅仅同股份公司经理的日常经营活动有关，是十分荒谬的。显然，这种设想只能产生于仅仅思考静止的经济系统——这一概念对许多理论问题的解决无疑很有用处，但在实际生活中没有对应的事实，如果仅仅专注于它，甚至肯定会导致误解。很清楚，在静止的条件下，不会有真正的经济核算问题。当我们思考静止的社会时，我们思考的是这样一种经济：在既定条件下，全部生产要素的利用已经提供的消费者需求的产品已达到数量最大化。这就是说，在静止的条件下，不再有需要用经济核算加以解决的问题。经济核算的基本功能，由其逻辑前提所定，已经履行完了，不存在对核算手段的需求。采用不是十分令人满意的流行说法，我们可以说，经济核算是一个经济动力学问题，而不是经济静力学问题。 121

经济核算是一个从不断变化的经济中产生的问题，这种经济每天都面临着必须解决的新问题。为了解决这种问题，首先有必要使资本能够从某个生产线、某个企业和公司抽出，投入到其他的生产线、其他企业和公司。这不是股份公司经理的事，这本质上是资本家——买卖股票和股份、贷出和收回贷款、把钱存入银行和取出银行、在所有的买卖中投机的资本家的事。正是这些资本家的投机活动，为货币市场、股票市场和批发市场的形成创造了条件。股份公司经理们视这种条件为理所当然，用我们正在打交道的社会主义作家的话说，他们不过是公司的可靠而尽责的奴仆。正是资本家的投机行动所传达的信息，成为他们必须调整经营的依据，成为他们的商业经营的指南。

因此，社会主义者有关"人造市场"和以人为竞争解决经济核算问题的全部设想的根本缺陷是，他们坚信只靠生产者的商品买卖就能形成生产要素市场。取消资本家的资本供给的影响和企业家对资本的需求，而又不摧毁生产要素市场本身，是不可能的。

面对这个难题，社会主义者可能建议说，国家作为全部资本和生产资料的所有者，应该简单地把资本完全投向那些有最高回报前景的企业。他会主张把可用资产投向那些利润率最高的企业。然而这种情形不过意味着那些谨慎不足而乐观有余的经理会得到扩建企业的资本，而谨小慎微的经理将空手而归。在资本主义制度下，把自己的资本托付给谁，是由资本家决定的。股份公司经理对企业的未来的信心，施工商对自己的计划的收益率的希望，在这里不起任何决定性的作用。决定是由货币市场和资本市场机制做出的。这确是它的主要职能：从整体上适应经济体制，判断各种机会的收益率，不盲目跟随经理因自己企业的视野有限而偏向于提出的建议。

要完全理解这一点，就必须认识到资本家不是一味将资本投向高利息或高利润企业的人；他更愿意对自己的获利期望和风险评估加以平衡。他必须有长远眼光。如果他不这样，他就会蒙受损失——这种损失会把他对生产要素的支配权转移给能够更好评估风险和投机前景的人。

现在如果只剩下社会主义，这个社会主义国家就不可能把用于企业的扩大、缩小或建立新企业的资本的处置权交给任何人。很难设想任何一派社会主义者会认真建议将这一职能交给这样一些人，他们"完全"像资本主义条件下的资本家和投机者那样作为，唯一的不同是他们的先见之明带来的成果不归他们，而是归社会。可以做出一些与股份公司经理有关的此类建议。此类建议不可能扩展到资本家和投机者。任何社会主义者都不会怀疑，资本主义条件下的资本家和投机者能够发挥的功能，亦即使资本品用于最能满足消费者需求的方向，只是因为他们受到维持自己的财产并使其增值或至少不亏本的激励。

由此可知，社会主义社会所能做的，只是把资本的支配权交给国家或作为统治者管理企业的人手里。这意味着市场的取消，而废除市场正是社会主义的基本目标，因为由市场主导经济行为，意味着生产的组织和产品的分配根据社会每个成员影响市场的支付能力来确定；这就是说，这正是社会主义所要废除的对象。

如果社会主义者试图淡化社会主义社会的经济核算问题的重要性，理由是市场的力量不会导致合乎伦理的安排，这就直接暴露了他们完全不理解问题的真正性质。这里的问题不在于应当生产大炮还是衣服、住宅还是教堂、奢侈品还是必需品。在任何社会秩序下，即便是社会主义社会，都可以很容易地确定应当生产的消费品的种类和数量。没有人否认这一点。但是，决定做出之后，现有生产手段如何能够最有效地生产这些消费品的问题仍然悬而未决。要解决这一问题，就必须有经济核算。而经济核算只能以生产资料私有制社会里的生产要素市场的货币价格为手段。就是说，必须存在着土地、原料、半成品的货币价格；就是说，必须有货币工资和利率。

所以说，选择仍然只能是：要么是社会主义，要么是市场经济。

五 利润和生产

社会主义社会的经济活动所要服从的外部条件，与制约着生产资料私有制基础上的经济体系或任何可以设想的经济体系的外部条件是一样的。适用于其他任何经济体系的法则，也同样适用于社会主义：就是说，它承认目标是要排序的，做事得分轻重缓急。这是经济活动的本质。

不言而喻，社会主义社会的生产活动不仅需要劳动，而且需要物质的生产工具。按照普遍习惯，这些物质的生产工具被称为资本。资本主义采用聪明的、迂回曲折的生产方法，相比之下，非资本主义生产采用的是从手到嘴的方式，直接生产出最终产品。[11] 如果我们坚持使用这种表述方式，那就必须承认，社会主义社会的生产也必须使用资本，它的生产也将是资本主义式的。被理解为在不同生产阶段以间接方式产生的作为中间产品的资本，无论如何首先[12] 是社会主义取消不了的，它们只是从私人占有转变为公共占有。

但是如上所述，如果我们打算把资本主义生产方式理解为采用货币核算的经济体制，它使我们能够把一组用于生产并以货币估价的物品纳入资本这个范畴，从而我们能够用资本价值的各种变量去评估经济活动的结果，那么很显然，社会主义生产方式是不能称为资本主义的。我们能够从完全不同于马克思主义者的意义上，对社会主义生产方式和资本主义生产方式、社会主义和资本主义加以区分。

社会主义者认为，资本主义生产方式的典型特征是生产者为获取利润而工作。资本主义生产是为利润而生产，社会主义的生产是为满足需要而生产。不错，资本主义的生产目的是利润。但是，获得收益，即产出的价值大于成本，肯定也是社会主义生产的目的。如果经济行为是受理性的引导的，就是说，如果它是按轻重缓急去满足需求，那么它就已经获得利润了，因为成本——有待满足的最重要的需求的价值——要低于所获得的结果的价值。在资本主义制度下，只有当生产满足了相对迫切的需求，才会获得利润。只生产而不重视供求关系的人，是不能达到他的预期结果的。所谓的为利润而生产，也就是为满足他人的需求而生产。在这个意义上，它可以同孤立的个人为自身需求而从事的生产形成对照。但即使这个人，也是在上述意义上为利润而工作。为利润而生产和为需求而生产之间并不存在对立。[13]

125 　　把为利润而生产和为需求而生产对立起来，与一种普遍的习惯做法密切相关，即把生产与利润，或"社会的"与"私人的"经济观对立起来。在资本主义制度下，如果经济行为的产出大于成本，它就被认为是有盈利的。从一个设想中的社会主义社会的观点看，如果经济行为的产出大于成本，它会被说成是生产性的行为。在某些情况下，生产与利润并不一致。有些经济行为能赢利，却不是生产性的。反之亦然，有些行为是生产性的，却不能赢利。在那些天真地偏爱社会主义的人甚至大多数经济学家看来，仅用这个事实就足以对资本主义社会秩序做出谴责。对他们来说，社会主义社会所做的一切无疑都是好事，都很合理。在他们眼里，资本主义社会发生的任何与此不同的事情都是不可容忍的弊端。但是，对利润和生产的所谓不一致的情形加以考察即可表明，这种判断纯属一面之词，它披上科学的外衣只是为了行骗。[14]

　　在通常被人认为利润和生产相对立的情形中，大多数并不存在这种对立。例如，从投机中获得的利润就是如此。资本主义制度下的投机行为发挥的功能，是任何经济体系都不可或缺的：它提供了时间和空间上的供求调整。投机利润源自价值的增长，它同任何特定的生产组织形式无关。投机者以较低的价格购买市场上相对充裕的产品，在需求反弹时以较高的价格卖出，从商业和经济的观点看，他的收益是一种价值的增长。在社会主义制度下，这种让人既羡又恨的收益，不是由个人而是由社会获得，我们没有否认这一点。但我们这里所关注的问题是，在这种现象中，并不存在所谓的利润与生产之间的对立。投机所扮演的经济角色，在任何经济制度下都不可能被取消。如果像社会主义者设想的那样把它取消，必须有其他组织取代它的功能；社会本身必须变成一个投机者。没有投机，就不会有超前的经济行为。

　　人们有时以为，把某一特定过程挑出来，孤立地观察它，就可以发现利润和生产之间的差别。人们也许会把资本主义产业组织制度中的某些特征，例如销售费用、广告支出等等，说成非生产性的。然而这是没有道理的。我们必须考虑整个过程的结果，而不仅仅是其中的某个阶段。我们不能只考虑这部分支出而不把它们与它们为之作出贡献的结果相比较。[15]

六 总产值和净产值

把生产和利润对立起来的最大胆的尝试，来自对总产值与净产值的考察。显然，获得最大净产值是资本主义制度下每一个企业家的目标。但是，据说经济活动的正确目标不应是净产值的最大化，而是总产值的最大化。

然而，这种想法是建立在一种有关价值评估的原始思想上的谬论。不过从今天它被广为接受来看，这也是个很受欢迎的谬论。某种生产方法值得推荐是因为它可以雇用大量工人，生产的某种改进受到抵制是因为它可能使人们失去生计——诸如此类的说法中都包含着这种谬论。

如果拥护这种观点的人还讲究点逻辑，他们就不得不承认，这种总产值原则不仅适用于劳动，也适用于生产的物质手段。企业家从事生产的上限是它不再产出净产值。我们不妨设想，超过这个界限，生产将只需要物质手段而不需要劳动力。如果企业家扩大生产以获得更大的总产值，这符合社会的利益吗？如果是社会控制着生产，它会这样做吗？对这两个问题只能坚定地回答说：否。扩大生产却没有回报，这表明生产的物质手段可以被用于经济体系中需求更迫切的目的。如果它们被用于非营利领域，就会给更需要它们的地方造成短缺。无论在资本主义社会还是在社会主义社会都是如此。即使社会主义社会，假如它的行为是理性的，它也不会无限扩大某些生产部门而忽视其他部门。即使社会主义社会，当生产扩张到支出大于收入时，就是说，当扩大生产意味着无法满足其他更迫切的需要时，它也会停止某些生产。

物质手段的增加是如此，劳动力的增加同样如此。如果用于特定生产部门的劳动到达了某个点，总产值增加而净产值下降，这是把劳动力撤出了它们可以提供更有价值的服务的部门。在这里，忽视净产值原则的唯一后果，同样是更迫切的需求得不到满足，而不迫切的需求却有大量供给。在资本主义体系的机制作用下，这一事实被净产值的下降表达得十分清楚。在社会主义社会，防止这种资源配置错误的发生是经济管理部门的职责。可见在利润和生产之间并不存在矛盾。即使从社会主义的观点来看，经济活动的目标也只能是净产值的最大化，而不是总产值的最大化。

然而人们却固执己见，有时涉及的是全部生产，有时只涉及劳动，有时是农业生产。他们谴责只顾净产值最大化的资本主义活动，呼吁国家干预以纠正弊端。

这种讨论有着悠久的历史。亚当·斯密认为，不同生产部门的生产力的大小，应以它们使用的劳动的多少而定。[16]李嘉图对此提出了反对意见，他指出，人民福利的提高只能通过净产值而不是总产值的增长。[17]李嘉图为此受到了严厉攻击。甚至萨伊也误解了他，责怪他完全无视众多生灵的福利；[18]喜欢对经济论证动感情的西斯蒙第认为，他可以用冷嘲热讽打发这个问题，他说：照李嘉图的说法，按一下纽扣就能生产净产值的君主，可以使国民成为多余。[19]在这一点上贝恩哈迪也步西斯蒙第的后尘。[20]蒲鲁东甚至把社会主义社会与私有企业之间的差别概括成了这样一条公式：社会必须追求总产值最大化，企业家只把净产值的最大化作为目标。[21]马克思回避这个问题，但在《资本论》第一卷他写下了充满感情的两章，以最阴暗的笔调描述从集约农业到规模农业的转变，用托马斯·莫尔爵士的话把它称为"羊吃人"的制度，并在论述过程中竭力把贵族依仗政治权力对土地的大规模征用（这是近代开始后的最初一百年里欧洲农业史的特征）同后来土地所有者推行的耕作方式的改进混为一谈。[22]

从那时以来，关于这个问题的高谈阔论已成为社会主义者的论战著作和演说的常备武器。德国一位农业历史学家格尔茨试图证明，总产值的最大化不仅对社会来说是生产性的，从个人的观点看也是有利可图的。他认为，总产值的增长理所当然地是以净产值的增长为前提，就此而言，以净产值增长为目标的个人利益同以总产值增长为目标的国家利益是一致的。[23] 但是，他无法为此提供证明。

129　　较之这些为克服社会利益与个人利益的表面对立而置农业统计的显著事实于不顾的做法，浪漫主义经济史学派的追随者，特别是德国的国家社会主义者的立场更合乎逻辑：农场经营者拥有国家公务员身份，必须为公众利益而工作。既然这种利益要求总产值的最大化，那么从事农业的人——他们未受到商业的精神、观念或利益的影响，并且不考虑可能出现的各种不利条件——就必须努力实现这一目标。[24] 所有这些作家想当然地认为，社会利益是由总产值的最大化来满足的。可是他们不想费心思证明这一点。当他们确实做这种尝试时，也只是从 Machtpolitik（强权力政治）或 Nationalpolitik（国家政策）的角度进行论证。由于农业人口思想保守，保持农业人口符合国家的利益；农民是最大的兵源；战时必须为人口保障食品供应，如此等等。

　　与上述尝试不同，兰德利试图利用经济理由对总产值原理做出论证。他只承认，如果不再产生利润的成本是发生在生产的物质手段的利用上，那么净产值的最大化是符合社会利益的。当涉及劳动的使用时，他认为情况就完全不一样了。从经济观点看，这时劳动的使用并没有造成任何成本，因此社会福利没有减少。总产值下降所导致的工资节约是有害的。[25] 他得出这种结论，是因为他假设由此释放出的劳动力不会在别处得到雇用。然而这是绝对错误的。只要劳动不是"免费物品"，社会对劳动的需求就永远不会满足。失业工人会在他们必须提供从经济观点看急需劳动的地方找到新工作。如果兰德利是正确的，那么一切节省劳

力的机器最好根本不存在，抵制节省劳力的技术革新的和捣毁机器
的工人也无可指责。在使用物质手段和使用劳动之间并无差别存 130
在的理由。从物质手段的价格和它们的产品的价格来看，某个生
产部门的产值增长却无利可图，这是因为市场需求更旺的部门需
要这些物质手段。但是，对劳动而言不也是这样吗？工人受雇于
总产值增长却不能赢利的部门，而另一些部门则急需他们。他们
的工资太高以至于总产值增长的部门不能赢利，其实是因为社会
的一般边际生产率高于我们讨论的这些总产值增长的部门，那里
使用的劳动力超过了净产值原则所设定的界限。这里不存在什么
社会利益和私人利益的对立：在这里，社会主义经济管理者的行
为与资本主义企业家不会有什么不同。

当然，有大量的观点可以被引用，以证明对净产值原则的坚
持是有害的。这在所有民族主义—军国主义思想中司空见惯，并
作为支持一切贸易保护政策的论点而广为人知。一个民族必须人
口众多，因为它在世界上的政治和军事地位靠的是数量；经济上
必须做到自足，或至少必须在国内生产食品，如此等等。兰德利
最终只能乞灵于这些观点来支持自己的理论。在讨论封闭的社会
主义社会时考察这些观点为时尚早。

但是，如果我们考察过的这些观点是错误的，那就可以断
定，社会主义社会必须采用净产值而不是总产值以作为经济活动
的指导原则。同资本主义社会一样，如果能在别处耕种产值更高
的土地，社会主义社会也会把耕地改成牧场。不管托马斯·莫尔
爵士说什么，甚至在乌托邦里"羊也会吃掉人"，社会主义社会
的统治者的行为，与马克思嘲笑过的萨瑟兰公爵夫人不会有什么
两样，他们都是"懂得经济学的人"。[26]

净产值原则适用于所有经济部门。农业也不例外。德国现代
农业的先驱塔尔的格言——"即使从公众福利的观点看"，农业
经营者的目标必须是较高的净产值，今天依然成立。[27]

注释：

[1] 对它的批评见 Kelsen, "Staat und Gesellschaft", in *Sozialismus und Staat* (Leipzig, 1923), pp. 11 ff., 20 ff.。

[2] Engels, *Herrn Eugen Dührings Umwiilzung der Wissenschaft*, pp. 335 ff.. （译按：中译本见《马克思恩格斯全集》第二十卷，人民出版社 1971 年版，第 334 页。）

[3] Marx, *Das Kapital*, vol. 1, pp. 5 ff..

[4] 同上书，pp. 9 ff.。（译按：中译本见《马克思恩格斯全集》，第二十三卷，第 56 页。）

[5] 同上书，pp. 10 ff.。（译按：中译本同上引，第二十三卷，第 57—58 页。）

[6] Böhm – Bawerk, *Kapital und Kapitalzins*, vol. Ⅰ, 3rd ed.（Innsbruck, 1914), p. 531. 英文版出版者注：庞巴维克这部三卷本著作的英译本是 Böhm–Bawerk, Eugen von., *Capital and Interest*, 3 volumes（South-Holland, Illinois: Libertarian Press, 1959); Volume Ⅰ, *History and Critigue of Interest Theories*, translated by George D. Huncke and Hans F. Sennholz。

[7] 我们在这里可以指出，早在 1854 年格森就知道，"只有通过私有财产才能找到一种办法，可以用来确定在既定条件下每一种商品的最佳生产量。因此，共产主义者所提倡的分配各种任务及其奖赏的中央权威很快就会发现，它必须承担起一种大大超出个人能力的任务"。见格森（Gossen, *Entwicklung der Gesetze des menschlichen Verkehrs*, new ed., Berlin, 1889, p. 231)，帕累托（Pareto, *Cours d' Économie Politique*, vol. Ⅱ, Lausanne, 1897, pp. 364 ff.）和巴罗尼（Barone, "Il Ministro della Produzione nello Stato Coletivista", in *Giornale degli Economisti*, vol. XXXVⅡ, 1908, pp. 409 ff.）没有深入这个问题的核心。皮尔森在 1902 年清楚而全面地认识到了这个问题，见 Pierson, *Das Wertproblem in der sozialistischen Gesellschaft*（German translation by Hayek, *Zeitschrift fuir Volkswirtschafi*, New Series, vol. Ⅳ, 1925, pp. 607 ff.）。

[8] 我在两篇文章中简短地评论过这些最重要的回应："Neue Beiträge zurn Problem der sozialistischen Wirtschaftsrechnung"（*Archiv fuir Sozialwissen*

schaft, vol. LI, pp. 488-500）；"Neue Schriften zum Problem der sozialis-tischen Wirtschaftsrechnung"（Ibid, vol. LX, pp. 187-90）。英文版出版者注：前一篇文章已作为附录收入本书。

[9] 在科学文献中对此没有更多的疑问。参见 Max Weber, "Wirtschaft und Ge-sellschaft", *Grundriss der Sozialökonomik*, vol. III（Tübingen, 1922）, pp. 45-59; Adolf Weber, *Allgemeine Volkswirtschafislehre*, 4th ed.（Munich and Leipzig, 1932）, vol. II, pp. 369 ff.; Brutzkus, *Die Lehren des Marxismus im Lichte der russischen Revolution*（Berlin, 1928）, pp. 21 ff.; C. A. Verrijn Stuart, "Winstbejag versus behoeftenbevrediging", *Overdruk Economist*, vol, 76, No. 1, pp. 28 ff.; Pohle-Halm, *Kapitalismus und Sozialismus*, 4th ed.（Berlin, 1931）, pp. 237 ff.。

[10] 不久前出版了一本这类文献中的典型著作：C. Landauer, *Plan-wirtschaft und Verkehrswirtschaft*（Munich and Leipzig, 1931）。这位作者十分天真地讨论了经济核算问题，他先是认为在社会主义社会"每个企业……能相互买卖，就像资本主义企业相互买卖一样"（p. 114）。几页之后他又解释说，"除此之外"，社会主义国家将"建立一种实物核算机构"，国家将是"唯一能够做到这件事的机构，因为与资本主义相反，它控制着生产本身"（p. 122）。这位作者无法理解，对不同类型的数字是不能进行加减的。

[11] Böhm-Bawerk, *Kapital und Kapitalzins*, vol. II, 3rd ed.（Innsbruck, 1912）, p. 21. 英文版出版者注：英译本见 Volume II, p. 14. Böhm-Bawerk, Eugen von., *Capital and Interest*, 3 volumes, South Holland, Illinois: Libertarian Press, 1959.（Information re vol. I above.）Volume II, *Positive Theory of Capital*. Translated by George D. Huncke; Hans F. Sennholz, *Consulting Economist*. Volume III, *Further Essays on Capital and Interest*. Translated by Hans F. Sennholz。

[12] "首先"这个限制词不是指社会主义后来不会达到一个"共产主义社会的更高阶级"，从这里所说的意义上自觉地消灭资本。社会主义绝对不会计划返回从手到嘴的生活。我这里希望指出的是，社会主义由其内在的必然性所定，肯定会导致资本的逐渐消耗。

[13] Pohle-Halm, *Kapitalismus und Sozialismus*, pp. 12 ff..

[14] 关于垄断，见本书第 344 页（译按：见中译本边码；下同）；关于
"不经济的"消费，见第 401 页。

[15] 见本书 140 页以下、160 页以下。

[16] A. Smith, *An Inquiry into the Nature and Causes of the Wealth of Nations*,
Book Ⅱ, Chap. Ⅴ (London, 1776, vol. Ⅰ, pp. 437 ff.）.

[17] Ricardo, *Principles of Political Economy and Taxation*, Chap. XXVI [Works,
ed. MacCulloch, 2nd ed. (London, 1852)pp. 220 ff.]

[18] Say, in his *Notes to Constancio's French Edition of Ricardo's Works*, vol.
Ⅱ (Paris, 1819), pp. 222 ff..

[19] Sismondi, *Nouveaux Principes d'Économie Politique* (Paris, 1819), vol.
ⅱ, p. 331 footnote.

[20] Bernhardi, *Versuch einer Kritik der Grande, die für grosses und kleines
Grundeigentum angefihrt werden* (Petersburg, 1849), pp. 367 ff.;
also Cronbach, *Das landwirtschaftliche Betriebsproblem in der deutschen
Nationalökonomie bis zur Mitte des 19. Jahrhunderts* (Vienna, 1907),
pp. 292 ff..

[21] "La société recherche le plus grand produit brut, par consequent la plus
grande population possible, parce que pour elle produit brut et produit net
sonidentiques. Le monopole, au contraire, vise constamment au plus grand
produit net, dûtil ne l'obtenir qu'au prix de l'extermination du genre hu-
man."（"社会追求最大产量，所以也追求尽可能多的人口，因为对
它来说，最大产量和净产量是一回事。垄断却是在不断追求最大净
产量，它只能以消失人类为代价才能做到这一点。"）见 Proudhon,
Système des contradictions économiques ou philosophie de la misère (Paris,
1846), vol. Ⅰ, p. 270。在蒲鲁东的语言中，"垄断"和私有财产是
一回事。同上书，vol. Ⅰ, p. 236；另参见 Landry, *L'utilité sociale de
lapropriété individuelle* (Paris, 1901), p. 76。

[22] Max, *Das Kapital*, vol. Ⅰ, pp. 613-726.（译按：中译本见《马克思
恩格斯全集》第二十三卷，人民出版社 1972 年版，第 672—832 页。）
从边际效用理论的观点看，关于"对于被机器取代的工人的补偿"
(pp. 403-412) 的论证是徒劳的。

[23] Goltz, *Agrarwesen und Agrarpolitik*, 2nd ed. (Jena, 1904), p. 53; also *Waltz*, *Vom Reinertrag in der Landwirtschaft* (Stuttgart and Berlin, 1904), pp. 27 ff.. 格尔茨在这里的论点是自相矛盾的，他在说过上述那段话之后，马上又补充说，"然而，在扣除成本后作为净利润的数额有相当大程度上的变化。平均地看，规模耕作要比集约耕作的净利润更大"。

[24] Waltz, op. cit. , pp. 19 ff. on Adam Müller, Bülow-Cummerow and Phillipp von Arnim, and pp. 30 ff. on Rudolf Meyer and Adolf Wagner.

[25] Landry, *L'utilité sociale de la propriété individuelle*, pp. 109, 127 ff..

[26] Max, *Das Kapital*, vol. I , p. 695. （译按：中译本见《马克思恩格斯全集》第二十三卷，人民出版社 1972 年版，第 798 页。）

[27] 转引自 Waltz, *Vom Reinertrag in der Landwirtschaft*, p. 29。

第七章

收 入 分 配

一 自由主义与社会主义的分配的性质

在逻辑上，对收入问题的论述应当放到对社会主义社会生活的其他研究之后。只有先生产，然后才能分配，因此从逻辑上说，应该先讨论前者再讨论后者。但是，分配问题是社会主义的一个异常重要的特征，故应尽早加以讨论。因为从根本上说，社会主义无非就是一种有关"公平"分配的理论；社会主义运动无非就是实现这一理想的努力。所有社会主义方案都是以分配问题为起点，最后又落脚于此。对社会主义来说，分配问题是唯一的经济问题。

不仅如此。分配问题又是社会主义特有的问题。当然，我们习惯上也谈论私有制经济社会里的分配，经济理论在"分配"的标题下论述收入和生产要素价格的决定问题。这一术语由来已久，坚不可摧，难以想象会被别的说法所取代。然而，这是一个误导性的字眼儿，它并不能表达它要描述的那个理论的性质。在资本主义制度下，收入是同生产紧密相关的市场交易的结果。我们不是先生产物品，然后再分配它们。收入出现在生产过程之中，其实是生产过程的衍生物，所以当产品被供给使用和消费时，收入大体上已经被确定了。产品在进入消费之前，工人、地 主、资本家和大批企业家等为生产作出贡献的人，已经取得了他们各自的份额。最终产品从市场上获得的价格，只决定着从生产过程中产生的归企业家所有的那一份。（最终产品的价格对其他阶级的收入的影响，已经通过企业家的预期而生效。）在资本主义社会制度下，个人收入加在一起构成了社会总收入，只是一个理论上的概念，所以分配的概念也只是个比喻性的用语。采用这一概念，而不是采用简单的、更恰当的收入形成的概念，是因为科学经济学的创始人们——重农学派和英国古典经济学派只是逐渐地学会了摆脱重商主义的国家社会主义观的影响。对作为市场交易结果的收入形成的分析是他们最主要的成就，尽管如此，他们还是沿用了老习惯，把讨论各种收入的章节放在"分配"的标题下——幸运的是，这没有对他们的学说造成任何损害。[1]

只有在社会主义社会，才存在"分配"一词本来意义上的消费品分配。在谈论资本主义社会时，如果从比喻以外的任何意义上使用分配一词，就会把社会主义的收入决定机制等同于资本主义的收入决定机制。对资本主义社会机制的任何研究，必须排除任何实际的收入分配过程的概念。

二 社会红利

根据社会主义的基本观点，只有适于消费的产品才能被分配。生产性产品是用于再生产的社会财产，绝不允许分配。相反，消费品无一例外地都要被分配：它们是真正的社会纯红利。由于我们在思考社会主义问题时不能完全摆脱只适合资本主义秩序的观念，因此通常会说社会将保留部分消费品用于公共消费。我们想到的其实是在资本主义通常被称为公共开支的那一部分消费。在私有财产原则得到严格贯彻的地方，公共支出仅仅用于维持那些确保秩序不被破坏的机构。真正的自由主义国家的唯一任务，就是确保生命和财产不受内外敌人的侵犯。它是社会安全的

133

生产者，或如拉萨尔所嘲讽的那样，是一个"守夜人"国家。社会主义社会也有保证社会主义秩序和生产秩序不受侵犯的任务。执行这一任务的高压和暴力机构仍被称为国家还是另有尊称，是否从法律上赋予这个机构以不同于社会主义社会其他负责机构的特殊地位，我们对此完全不感兴趣。这里只需明确一点，用于这项任务的一切开支，在社会主义社会都将表现为生产的一般成本。如果这些成本还包括分配社会红利时的劳动力的使用，那么它们也必须被算在内，以使这些工作者得到他们的份额。

但是，公共开支还包括其他费用。多数国家和市政当局向公民提供一定的实物用品，有些是免费的，有些是收费的，但只能弥补一部分开支。通常是以单一耐用产品提供的某个方面的服务，如公园、画廊、公共图书馆、宗教场所，是向那些希望使用它们的人提供服务的。同样，道路、街道供所有的人使用。此外，也有消费品的直接配给，如向病人提供的药品和向教育机构的学生提供的食品；看病时还会有人员提供服务。这一切都不是社会主义，不是生产资料公有制基础上的生产。确实，这里发生了分配。但是，这里所分配的是当初从居民那里收来的税款。只有从这种分配与国家和市政当局生产的产品有关的角度，才可以称之为自由社会秩序中的社会主义因素。我们不必追问国家和市政部门的这些举措在多大程度上受到反资本主义的社会主义观点的影响，它在多大程度上是由于特定耐用品的几乎可以无限使用的特性。对我们来说唯一重要的是，就这类公共开支来说，甚至在其他各领域都实行资本主义的社会，也存在着本来意义上的分配。

不仅如此。社会主义不会对所有消费品进行实物分配。不可
134 能向每个居民提供一本新出版的书，而只能是把它们摆在公共阅览室供大家使用。学校和教学、公园、体育场馆、集会大厅等也是如此。这一切安排所需要的支出不会使社会红利减少，相反，

它们是社会红利的组成部分。

这部分社会红利表现出这样一种特性，即在不损害决定着个人消费品和部分耐用品的分配原则的情况下，相关服务的特性决定着特定的分配原则。艺术藏品和科学出版物由大众共用，这一方式完全不同于日用消费品的分配规则。

三 分配原则

社会主义社会的特征是生产和分配之间没有联系。分配给每个公民使用的份额的大小，与他向社会提供的服务的价值完全无关。根据价值估算（imputation）进行分配基本上是不可能的，因为社会主义生产方式的一个本质特征就是，它无法确定不同的生产要素做出了多大贡献；对努力与绩效之间的关系不可能进行任何量化的检验。

因此，哪怕部分地根据对要素的贡献的计算进行分配也是不可能的，例如先把工人劳动的全部成果分给他，这相当于他在资本主义制度下得到的工资；然后对那些归因于生产的物质要素和企业家贡献的份额采取一种特殊的分配形式。总的来说，对于这些事实，社会主义者缺乏任何清晰的认识。但是，马克思主义的教义中渗透着一种模糊的推测，即在社会主义社会里，工资、利润和地租等范畴是不可想象的。

有四条不同的原则可以作为社会主义的分配依据：按人头平均分配；按向社会提供的服务分配；按需分配；按功德分配。这些原则又可以用不同的方式组合。

135

平均分配原则源于自然法学说中人人平等的古老教义。若严格贯彻之，这种分配会变得很荒唐；结果将是成人与孩童、病夫与壮汉、勤者与懒虫、好人与坏蛋没有区别。这条原则只能同另外三条原则结合在一起使用。至少有必要考虑按需分配的原则，这样就可以把分配的份额按年龄、性别、健康状况及特殊需求进行分类；也有必要考虑按向社会提供的服务进行分配的原则，这样可以使勤快人和懒虫、好工人和坏工人有所区别；最后还得多少顾及按功德分配的原则，以使奖惩手段发挥作用。但是，即使对平均分配原则进行这些补救，社会主义分配的困难依然如故。事实上，这些困难根本没有被克服的可能。

我们已经对按提供服务的价值进行分配的困难做了说明。在资本主义制度下，经济主体以其对总的生产过程提供的价值而取得收入。服务以其价值而取得回报。社会主义希望改变的正是这种安排，它要用另一种安排取而代之：把归因于生产资料和企业家的份额广而散之，使财产所有者和企业家的地位与其他社会成员之间没有固定的基本差别。但是，这将使分配彻底脱离对经济价值的估算。它同个人向社会提供的服务的价值完全无关。只有根据某些外在尺度把个人的服务作为分配的依据，才能使服务与分配标准之间形成一种外在关系。最显著的标准似乎是工时。但是，任何服务对社会红利所具有的重要性，是不能用工时的长短来衡量的。首先，服务的价值以其在经济安排中的用途的不同而不同。服务的使用是否得当，就是说，是被用于最急需的事项还是用错了地方，结果是不同的。可是在社会主义生产组织中，要为此承担最终责任的不可能是工人，而只能是那些给他分派工作的人。其次，服务的价值因工作质量和工作者的特定技能的差别而不同；也因他们的体力和工作热情的差别而不同。为能力各异而报酬相同的安排找出伦理理由不难：常言道，才华和天资乃上帝所赐，个人不应为此负责。但是，这一说法丝毫不能解决工时等价的做法是否有利或可行的问题。

第三条原则是按需分配。按需分配是没脑子的共产主义者的老口号了。它偶尔从早期基督教徒共享一切物品的事实中寻求支持。[2] 还有人也认为它是可行的，理由是据说它是家庭内部分配的依据。只要孩子饿不死，母亲宁愿挨饿也高兴，如果母亲的这种天性具有普遍性，按需分配当然也能推而广之。按需分配的鼓吹者是不看这一点的。他们视而不见的东西还有很多。他们没有看到，只要经济上的努力是必需的，那么只有一部分需求能得到满足，其他需求只能先放在一边。不对在多大程度上满足个人需求做出界定，"按需分配"原则就只是一句空话。这一公式是个幻想，因为没有人可以指望自己的全部需求得到完全满足。[3] 它确实可能在很小的范围加以实施。可以给病患和落难者安排特殊的医疗和照料，为他们的特殊需求提供更好的关照和特别待遇，但不能把这些针对特殊情况的考虑变成普遍原则。

　　同样，根本不可能把个人的功德作为分配的普遍标准。功德的高低谁说了算？掌权者对他们同时代人的有德或无德常常持有十分奇怪的看法。人民说了算？人民不是上帝。今天的人民会选出个什么样的顶尖级人物？说不定当选的是个电影明星或拳击手呢。今天的英国老百姓很有可能认为，莎士比亚是最伟大的英国人，莎翁的同时代人会同意吗？如果英国人中间又出了个莎士比亚，他们还会那么崇敬他吗？再者，没有得到造物主的眷顾被赋予才华和天资的人，为什么就要受罚呢？把个人137的功德作为分配依据，只会给想入非非大开方便之门，使个人在众人的压力之下毫无还手之力。这会造成一种使人生变得苦不堪言的状况。

　　若仅从经济学上看待这些问题，把哪一条原则作为分配的依据，或不同的人怎样组合这些原则，是无关紧要的。不管采用什么原则，问题依然是，个人将从社会取得一定份额。人们将得到一组权利，他可以在一定时期内用来交换一定量的不同产品。他将由此得到一日三餐、固定的住所、偶尔的娱乐、按时添置新装。他通过这种方式能使需求获得多大程度的满足，取决于社会的生产能力。

四 分配的过程

个人不一定消费掉分配给他的全部份额。他可能浪费一些，送给别人一些，或只要产品本身许可，他也可以留待日后消费。然而，他也可以拿其中的一部分进行交换。爱喝啤酒的人会为了更多的啤酒而放弃非酒精饮料；戒酒者若能得到其他产品，会放弃对烈性酒的权利；审美家为了有更多机会聆听音乐而不去电影院；修养较低的人会为了更惬意的享乐而卖掉画廊门票。人人都会愿意交换，但交换的范围仅限于消费品。生产性物品是 res extrocommercium（非买卖品）。

这类交换不一定是直接的实物交易：有限范围内的非实物交易也可能发生。在其他社会制度下导致非实物交换的动机，同样会使社会主义社会的交换成为有益的。因此，即使在这里，也存在着使用货币作为一般交易媒介的机会。

货币在社会主义经济中的作用与它在自由经济制度中的作用从根本上说是一样的——方便交易的一般手段。但这一作用的重要性却大不一样。较之生产资料私有制社会，货币在以生产资料集体所有制为基础社会里的作用范围要无可比拟地狭小。因为，在社会主义国家，交换本身的重要性非常有限，它仅限于生活消费品的范围。生产性物品不进入交换领域，所以它没有货币价格。货币在自由经济的生产中发挥的会计功能，在社会主义社会将不存在。价值的货币计算是不可能的。

然而，生产和分配的中央管理机构不可能无视这类交易中所产生的交换关系。在确定社会红利的分配时，为使不同的产品可以互换，它不得不考虑这些交换关系。

如果在交换过程中已经形成了一支雪茄折合五支香烟的关系，管理机构就不能武断地决定一支雪茄折合三支香烟，然后据

138

此给一个人只分配雪茄，给另一个人只分给香烟。如果对烟草没有实行公平分配，雪茄和香烟不能兼得，就是说，一些人——或由于自己的愿望，或由于政府的指令——只得到雪茄，另一些人只得到香烟，就不能无视已经确立的交换关系，否则，同得到雪茄的人比，得到香烟的人就没有受到公平对待，因为作为三支香烟的等价物而得到的一支雪茄，可以交换五支香烟。

居民之间在这种交易中的交换关系的改变，将迫使管理部门在不同产品之间的替代比率上做出相应的改变。居民之间交换关系的每一次变化，都预示着他们的各种需求与满足之间的关系已经改变，他们现在较以前对某些产品有更大需求，对另一些产品的需求则在减少。管理部门大概会努力调整生产以适应这些变化，它们会努力扩大需求更大的产品的产量，减少需求少的产品的生产。但是，有一件事他们无论如何是不会做的：他们不会允许居民个人用香烟或雪茄换回自己的烟草券。如果允许个人在雪茄和香烟之间自由选择，他们对雪茄或香烟的需求就有可能大于它们的产量，或者，从另一方面说，雪茄或香烟可能因为没有需求而积压在分配中心。

劳动价值理论似乎可以为这个问题提供一个简单的解决办 139 法。居民可以以自己的每个工时得到一张有权取得一小时劳动产品的证明，但要扣除社会公共支出，如抚养丧失劳动能力者、文化事业的支出等等。考虑到扣除的社会公共支出也属于全社会，工作者的每个工时将使他有权获得一个工时所生产的产品。每个人通过向社会提供与产品所耗费的工时相应的他自己的工时而得到报酬，从供给中心取得消费品和服务用于自己的消费。

但是，劳动并不是划一的或同质的，所以这条分配原则是行不通的。不同的劳动形式之间存在着质的差别，这种差别连同它们生产的产品的供求变化，导致不同的价值。在其他条件不变的情况下，绘画产品的增长不可能不导致作品质量的下降。提供一小时简单劳动的工人没有消费一小时复杂劳动产品的权利。在社会主义社会，工作的重要性与从社会产品中付给该工作的报酬之间不可能有任何联系。工作报酬的给付将完全无章可循。以生产资料私有制为基础的自由经济社会里采用的价值计算方式，在这里派不上用场，因为正如我们所知，在社会主义社会不可能进行这种价值估算。经济现实显然会限制社会任意奖赏劳动者的能力；从长远看，工资总额无论如何也不可能大于社会收入。但是在此限度内，社会可以自由行动。它可以不管质量如何，对所有的工作付给同样的报酬；它也很容易根据不同的工作质量对不同的工时做出区别。但在这两种场合下，社会都将保留对产品进行具体分配的权利。

即使不考虑劳动及其产品的质量差别，承认有可能确定产品中蕴含的劳动量，社会也永远不会允许人们按等量工时消费等量工时所生产的产品。因为一切经济品除了耗费劳动，还耗费物质资料。需要更多原料的产品决不能等同于需要原料较少的产品。

140

五　分配的成本

批评资本主义制度的社会主义文献，连篇累牍地抨击所谓的分配机构成本太高。他们把国家和政治机构的全部费用，包括军事和战争开支，都列入这种成本。自由竞争产生的社会代价也被算在内。所有的广告开支，与竞争有关的人事活动，诸如代理机构和差旅等，以及企业保持独立、为避免被合并为更大的单位或被迫加入卡特尔所进行的努力——这使专业化成为可能，从而使生产变得更便宜——所带来的成本，统统被记在资本主义体系分配过程的账上。这些批评家认为，通过消除这些浪费，社会主义能省下一大笔钱。

社会主义能够节省出可被恰当地称为国家开支的那笔费用，

这一期望源自一种教义，尤其是许多无政府主义者和马克思一派的社会主义者都相信这种教义，它认为在不以生产资料私有制为基础的社会里，国家强制是多余的。他们说，在社会主义社会，"对于支配着任何社会的简单的基本规则，会从必须遵守很快就变成习惯于遵守"。但它又以如下提示做后盾，即"逃避这种全民的计算和监察就必然会成为极难得逞的、极罕见的例外"，会招致"极迅速极严厉的惩罚"，因为"武装工人"不是"重感情的知识分子"，不会"让人跟自己开玩笑"。[4] 所有这一切，都只是玩弄字眼儿。监察、武装、惩罚，这些难道不是"特殊的镇压机构"，不正是恩格斯自己所说的"国家"吗?[5] 这些强制是由武装的工人——他们带着武器是不能干活的——还是由身着警服的工人的儿子来实施，并不会使实施强制的花费有所不同。

但是，国家作为强制机构，不仅针对自己的居民；它对外也实行强制。只有世界大同才没有对外强制，因为那里没有外国的领土，没有外国人，没有其他国家。从根本上敌视战争的自由主义，希望给予整个世界以某种国家形式的组织。就算这一点能实现，仍然无法设想没有强制机构。即使每个国家的军队都被取消，我们也不能没有一个世界性的强制机构、一个世界警察来保证世界和平。社会主义无论是联合所有国家实现大同，还是让它们各自独立，在任何情况下，离开强制机构它也将一事无成。

社会主义的强制机构也要花钱。它比资本主义社会的相应费用究竟更多还是更少，我们自然不敢说。我们只需知道，这部分费用是社会红利的扣除。

至于资本主义分配过程的浪费，无须多言。资本主义社会不存在本来意义上的分配，因此没有分配成本。交易费用及类似支出不能被称为分配成本，这不仅因为它们不是作为一个独立的特殊过程的分配的成本，而且因为用于这些目的的服务所产生的后果，远远超出了产品的分配。竞争并不局限于分配；分配只是它的服务的一部分。竞争同样服务于生产过程，对于任何试图确保较高生产率的生产组织来说，这甚至更具根本性。因此，把这里的费用同社会主义的分配和管理机构的费用仅仅进行量的比较是不够的。如果社会主义生产方式降低了生产力——我们后面将会谈到——那么它节省下商业差旅、经纪人和广告商的劳动就没有什么意义。

注释：

[1] Cannan, *A History of the Theories of Production and Distribution in English Political Economy from 1776 to 1848*, 3rd ed. （London，1917），pp. 183 ff.. 另见本书 p. 294（译按：见本书边码）。

[2]《新约·使徒行传》2：44—45。（译按：《圣经》中的这段话为："信的人都在一处，凡物公用，并且卖了田产家业，照各人所需用的分给各人。"）

[3] 对这种分配教条的批评，见 Pecqueur, *Théorie nouvelle d'Économie socialeet politique*（Paris，1842），pp. 613 ff. 。他表明了自己比马克思高明，后者会毫不迟疑地沉迷于这种幻觉之中："在共产主义社会高级阶段上……才能完全超出资产阶级法权的狭隘眼界，社会才能在自己的旗帜上写上：各尽所能，按需分配！" Marx, *Zur Kritik des sozialdemokratischen Parteiprogramms von Gotha*, p. 17. （译按：中译本见《马克思恩格斯全集》第十九卷，人民出版社 1963 年版，第 22—23 页。）

[4] Lenin, *Staat und Revolution*, p. 96. （译按：中译本见《列宁选集》第三卷，人民出版社 1972 年版，第 203 页。）

[5] Engels, *Herrn Eugen Dührings Umwälzung der Wissenschaft*, p. 302.

第八章

静态条件下的社会主义社会

一 静态的条件

静止的经济状况的假设只是为了理论上的方便，并不是要描述现实生活。欲理解经济变化的规律，我们不能放弃这种思想方法。为了研究运动，必须首先假定一种不存在运动的条件。静止的状态是这样一个均衡点，我们假定全部经济活动都趋向于这个点，而且，如果新的因素没有形成新的均衡点，我们也能够实际达到这一均衡点。在假定的均衡状态中，生产要素的各单位都被最经济地利用，没有理由对这些要素的数量或配置做出改变。

即使不能设想一种活的——不断变化的——社会主义经济秩序，因为没有经济计算的经济活动是不可想象的，但很容易设想一种静止状态下的社会主义经济秩序。我们只需避免提出如何取得这种静止状态的问题即可。如果我们不提出这样的问题，对社会主义的静力学研究就不会有什么困难。全部社会主义理论和乌托邦计划一向就是只存在于这种想象的静止状态之中。

二 劳动的负效用与劳动的满足

社会主义作家们把社会主义社会描绘成一个心想事成的乐土。傅立叶病态的奇思怪想朝这个方向走得最远。在傅立叶的未

143 来社会里，全部害人虫都将消失，取代它们的是帮助人们劳动——甚至代替他工作——的动物。另类海狸将为人捕鱼；代替狮子的是另类鲸鱼将乖乖地推动着帆船航行；另类河马将牵引河上的舟楫；另类狮子，一种健步如飞的座驾，骑手跨在它的背上，如同安坐于弹性极好的马车里。"跟这样的仆役一起活在世上该是何等愉快。"[1] 噶德文甚至认为，财产取消之后人们会长生不老。[2] 考茨基对我们说，在社会主义社会"将诞生一种新的人类……一种超人……高尚的人"。[3] 托洛茨基提供了更详细的信息："人类将变得无比强壮、聪明、出色。他的身体更加协调，他的运动更有节奏感，他的声音更悦耳。……人类总体上将达到亚里士多德、歌德、马克思的水平。在这些高度之上还会有新的奇峰崛起。"[4] 这号垃圾作家的著作被不断重印，被译成各种语言，被弄成了历史研究不厌其烦的主题！

　　有些社会主义作家的论述较有分寸，但他们仍坚持本质上相同的假定。在马克思主义理论中潜伏着一种模糊的想法，即生产的自然要素不必节省。这一结论肯定是来自这样一种理论体系：它把劳动视为唯一的成本要素；它拒绝接受收益递减规律；它拒斥马尔萨斯的人口定律；它陶醉于生产增长的无限可能性的朦胧幻想之中。[5] 我们不必在这些事上再费口舌了。只要承认如下一点就够了：即使在社会主义社会，生产的自然要素在数量上也是有限的，从而必须厉行节约。

　　另一个必须节约的要素是劳动。即使我们不谈质量方面的差别，显然，可供使用的劳动也是有限的：一个人只能从事一定量的劳动。即便劳动完全是一种享受，也必须节约利用，因为人的寿命是有限的，人的精力不是取之不尽的。即便是悠闲自在的人，没有钱财方面的顾虑，也必须对他的时间做出规划，即对消磨时间的不同方式加以选择。

144　　显然，在我们所知道的世界里，人类行为必然为经济考虑所

左右。我们欲望无限，而自然赐给我们的消费品是稀缺的；在一
定的劳动生产率水平上，只有通过增加劳动，才能使生产性产品
进一步满足需求。且不说劳动不能无限制地增加，与劳动的增加
相伴随的是负效用的增加。

傅立叶及其学派认为劳动的负效用是社会安排不当的结果。
在他们看来，这些不当安排只应归咎于一个事实，即人们通常所
说的"劳动"与"辛苦"是一回事。劳动本身并不令人厌烦。
相反，人人都需要活动，无所事事的无聊令人不堪忍受。要想让
劳动变得引人入胜，就必须在卫生整洁的劳动场所中进行；工人
的团结以及他们之间愉快竞争的幸福感，肯定会使劳动变成乐
趣。劳动引起厌烦的首要原因是连续性。即便是娱乐，延续时间
过长也会变味。因此，必须允许工人随意交换职业；这样劳动就
会变成享受，不会再让人厌烦了。[6]

很容易揭露这些为各派社会主义者所接受的观点的错误。人
有活动的冲动。即使不存在迫使他工作的需要，他也不会总是满
足于在草地上躺着晒太阳。看看那些由父母供养的小动物和孩子
们吧，小家伙们伸胳膊蹬腿，跳舞、跑跑跳跳，锻炼着尚未被劳
动所要求的能力。活动是人的生理和精神需要。因此，一般说
来，有目的的劳动使人感到满足。当然，只是在一定限度内，超
过这个限度就只有辛苦了。在下图中，横线 OX 表示劳动产品的
量，它是劳动负效用与我们付出精力所产生的满足——我们权且
称之为直接的劳动满足——之间的分界线。曲线 a、b、c、p 代
表劳动艰辛和直接的劳动满足与劳动产品之间的关系。劳动开始
时感到某种厌烦。最初的困难克服之后，身体和精神已较好地适
应，厌烦减弱。在 b 点上，厌烦和满足都不占优势。在 b 与 c 之
间，满足占主导。c 点之后厌烦重新出现。在其他劳动形式中，
曲线可能有不同的走向，如 Oc_1、Op_1 或 Op_2 曲线。这取决于工
作的性质和劳动者的个性：挖沟的不同于职业赛马的；愚钝者不

145

同于精力旺盛者。[7]

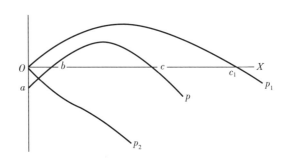

　　当持续劳动引起的负效用超过了从中得到的直接满足时，为什么还要继续劳动呢？这是由直接的劳动满足之外的因素，即劳动产品提供的满足决定的；我们称为间接的劳动满足。只要劳动的负效用被劳动产品带来的欢乐所抵消，劳动就将继续。只有当劳动的负效用大于它带来的益处时，劳动才会停止。

　　傅立叶试图用来消除劳动负效用的方式的确是基于正确的观察，但他过分高估了他的观点的意义。显然，在人们甘愿以艰辛为代价去满足的需求中，直接的劳动满足只能填补其中的极小一部分。不能设想只要允许工人频繁地变换职业，就会发生实质性的改变。首先，各种职业实践的减少会导致技能的降低，进而导致劳动产量的下降；还有，每一次职业变换都有时间的损失，劳动将在这种折腾中空耗。其次，在大于直接的劳动满足的劳动负效用中，只有极小一部分是由于厌倦了当前的具体工作。因此，如果第一份工作未完成，不见得具有从其他劳动形式中获得直接满足的能力。显然，大部分负效用要归因于身体疲劳，归因于摆脱更紧张的劳动的欲望。一个伏案工作数小时的人，宁愿劈上一小时木头，也不愿在办公桌前再待一小时。但是，使他的劳动令人不快的并非变换工作的需要，而是工作的时间太长。若想在不降低产量的情况下减少工时，那就只能提高生产率。劳动有劳身和劳心之分这种普遍观点是不对的，人人都能亲自证明这一点。任何劳动影响的都是整个肌体。我们在这一点上自欺，是因为我们在观察其他劳动形式时只看到了直接的劳动满足。办事员羡慕马车夫，是因为他想得到些许驾车的消遣。但他的羡慕以满足大于痛苦为限。同样，打猎、钓鱼、爬山、骑马和驾车等体育运动也是以此为限。但是，体育运动不是经济意义上的劳动。人类不能靠少许产生直接的劳动满足的劳动而生存，正是这一无情的事实，而不是什么不良的劳动组织，迫使他忍受辛苦劳作的烦恼。

不言而喻，劳动条件的改善既可以在辛苦程度不变的情况下提高产量，也可以在获得相同产量的情况下减少辛苦程度。但是，不增加成本，却想使这种条件的改善比资本主义制度实际发生的情况还要好，是不可能的。合伙劳动会减轻厌烦，这事自古以来人们就知道，只要让工人一起干活不会降低产出，人们总会这样做的。

当然，有些超乎常人的人。伟大的创造性天才投身于不朽的工作和事业，他们在工作时是不分苦与乐的。对他们来说，创造既是最大的欢乐，也是最大的磨难，是一种发自内心的需要。他们所创造的东西，对他们来说并没有作为产品的价值；他们不是为结果而创造，而是为创造而创造。他们的成果是不计成本的，因为在工作时，他们认为自己的工作比什么都珍贵。他们的成果只耗费了他们如若从事其他劳动可能向社会提供的产品。同他们的服务的价值相比，这样的成本几乎等于零。天才的确是上帝的恩赐。

伟人的生平尽人皆知。因此社会改革家极易情不自禁把自己

听到的伟人事迹理解成普通人的禀赋。我们不断看到人们把天才
147 的生活方式视为社会主义社会普通市民的典型生活方式。但是，
并非人人都是索福克罗斯[8]或莎士比亚；在车床前干活，与歌
德写诗或拿破仑创建帝国根本不是一码事儿。

　　因此，马克思主义者有关社会主义社会居民的苦与乐的看
法，其空想性质很容易被识破。如同关于社会主义社会的其他方
面所说过的一切，马克思主义在这里走的也是乌托邦主义者划定
的路线。恩格斯直接借鉴傅立叶和欧文关于为每个人安排短期工
作，使劳动恢复"由于分工而丧失的吸引力"的思想，他从社
会主义制度中看到了这样一种生产组织："生产劳动给每一个人
提供全面发展和表现自己全部的即体力的和脑力的能力的机会，
这样，生产劳动就不再是奴役人的手段，而成了解放人的手段，
因此，生产劳动就从一种负担变成一种快乐。"[9] 马克思说，
"在共产主义社会高级阶段上，迫使人们奴隶般地服从分工的情
形已经消失，从而脑力劳动和体力劳动的对立也随之消失"，
"劳动已经不再仅仅是谋生的手段，而且本身成了生活的第一需
要"。[10] 迈克斯·阿德勒许诺说，社会主义社会"决不会"给任
何人安排"必定让他感到痛苦"的工作。[11] 这些声明同傅立叶
及其学派的说法的区别只有一点，即它们不想提供任何证据。

　　除了职业变换以外，傅立叶及其学派还有一项使工作有更大
吸引力的设计：竞争。倘若人们受到 un sentiment de rivalité joy-
euse ou de noble emulation（快乐的竞赛或高尚的竞争意识）的激
励，他们就能取得最大的成就。在其他任何地方被视为弊端的竞
争，这里第一次被承认是有益的。如果工人表现得效率低下，只
需将他们分为不同的小组即可：各小组之间马上就会燃起竞争的
火焰，它使个人力量倍增，大家迸发出 un acharnement passioné
au travail（持久的工作热情）。[12]

148　　竞争产生更大的成果，这一观察无疑十分正确，但却是肤浅

的。竞争本身并不是一种人类的欲望。人们在竞争中付出努力，并非为了竞争本身，而是为了竞争的结果。拳击手不是为了拳击本身，而是为了向胜利者招手的奖金。但是在社会主义社会里，有什么奖赏激励工人竞争呢？经验表明，称号和荣誉值不了几个钱。由于分配原则与个人业绩无关，而且单个工人加倍努力所产生的人均增长十分不起眼，以至于可以忽略不计，因此，不能把用于满足需求的实物当作奖赏发放。从履行职责中获得的简单满足是不够的，正是因为这种激励因素不可靠，才使我们另寻出路。但是，就算这种激励是可靠的，劳动依然是辛苦的，它本身不会因此而变得引人入胜。

正如我们所知，傅立叶学派把劳动辛苦变成劳动享受视为他们的社会问题解决方案的要点。[13] 很可惜，它为此提供的手段是行不通的。倘若傅立叶果真能够展示使劳动引人入胜的办法，他将无愧于他的信徒赠予他的神圣荣誉。[14] 可是，他那些备受赞誉的教义，却仅仅是一个对现实世界找不着感觉的人的幻想。

即使在社会主义社会里，劳动也只能是辛苦而不是享受。[15]

三　"劳动的乐趣"

认识到这一点，社会主义思想大厦的一根主要支柱就坍塌了。如此，我们也十分容易理解，社会主义者为何会顽固地坚持说，人们有一种拼命劳动的内在冲动；劳动本身给人快乐；只是资本主义社会恶劣的工作条件限制了劳动的快乐本质，使之变成了一件辛苦事。[16]

为了替这些说辞辩解，他们不辞辛劳地搜集现代工厂工人有关劳动可以变成快乐的陈述。他们向工人提出诱导性的问题，一听到符合自己心意的回答就格外高兴。但是，先入之见使得他们忽视了一个问题：那些被反复询问的工人的行为与答复之间存在着一个需要解决的矛盾：如果工作本身是快乐的，为什么还要向工人支付报酬呢？雇主给了他工作使他快乐，不是应该他向雇主支付报酬吗？没有哪个地方给人以快乐还要为此付钱，对快乐进行奖赏这种怪事，至少应该让人头脑开窍了。根据共识，劳动不可能直接带来满足。我们把不能产生任何直接快感的活动定义为劳动，人们从事这种劳动，只是因为它的结果产生的间接快感足以抵消先前的痛苦感。[17]

150　　用来论证劳动唤起快感而不是痛苦的观点，即所谓"劳动的乐趣"，可归因于三种完全不同的感觉。

第一种乐趣来自职业的扭曲。当政府官员以形式上无可指责的方式滥用职权时，例如他要满足权力欲，要放纵自己的虐待欲，或要发泄色欲（这里的情形不一定被法律或道德所不容），由此得到的乐趣显然不是工作的乐趣，而是从相关环境中得到的快感。对其他一些类型的职业也可以这样说。心理分析文献已反复指出，这类事情是多么广泛地影响着职业选择。如果这类乐趣可以抵消工作的烦恼，它们也会在工资水平中得到反映：提供这种扭曲机会的职业，劳动力的供应较为充足，这会导致工资水平的下降。较之其他工作中可能得到的报酬，劳动者在这里的报酬是低收入加"乐趣"。

"劳动的乐趣"也指完成某项任务的满足感。但是，这种快感不是工作中的快感，而是从工作中解脱出来的快感。这是一种特殊的快感，它无处不在，它是从困难、厌烦和痛苦中脱身后的快感，是一种"终于干完了"的快感。社会主义的浪漫派或浪漫派的社会主义者赞美中世纪，把它说成一个劳动的乐趣不受限制的时代。事实上，从中世纪的工匠、农民和帮工那儿，我们没有看到有关"劳动的乐趣"的可靠资料，但我们可以假设，他们的乐趣来自完成了某项工作之后，他们可以开始休闲和娱乐。在中世纪静穆的修道院里誊抄手稿的僧侣，给我们留下了一些比今天的浪漫派的说法更真实、更可信的说法。在许多精美手稿的结尾处，我们可以读到 "Laus tibi sit Christe, quoniam liberexplic-it iste"（为该卷册的完成，赞美您，我主基督）。[18] 这不是劳动本身带来的欢乐。

但是，我们决不能忘记劳动乐趣的第三种，也是最重要的一种来源——劳动者因为自己的工作做得很好、他能够以此养活自己和家人而产生的满足。这种劳动的乐趣显然是植根于我们所说的间接的劳动享受。这个劳动者满心欢喜，是因为他从自己的工作能力和技巧中看到了自己的生存和社会地位的基础；他满心欢喜，是因为他获得了优于别人的地位；他满心欢喜，是因为他从自己的工作能力中看到了未来经济成功的保障。他充满自豪，因为他能把事情做得"很出色"，就是说，他的工作为社会所看重，从而在劳动市场上给他支付报酬。没有什么比这种感觉更能激起自尊的了，它甚至经常被夸大到荒谬的地步，以为离了他地球就不转了。对于健全的人来说，这使他有力量坦然面对一个无法改变的事实，即他只能以自己的艰辛痛苦来满足自己的需求。如同人们常说的，他得把苦差事做得尽善尽美。

在上述所谓的"劳动的乐趣"的三种来源中，第一种，即从偏离工作的真正目标的扭曲中产生的快感，肯定存在于社会主义社会。而在资本主义社会里，它自然会被限制在极小的范围内。劳动的乐趣的另外两个源泉在社会主义社会大概会完全干涸。在社会主义社会里，劳动产出与劳动者收入之间的联系必然会被切断，堆在人们手头的工作也相应地会变得"太多"，对他形成一种压力。他对工作会产生一种极度的、神经质的厌烦，今天我们在所有的政府部门和公营企业中实际上都能看到这种情形。在报酬取决于严格的工作日程的企业里，人人都会认为自己负担过重，就是说，认为只有自己被分派了太多的事情，而且全是些不胜其烦的事情——他的成绩没有得到适当的评价和报答。

151

从这种情绪中会滋生出对工作的怨恨，这甚至能窒息工作完成后的快感。

在社会主义社会里，别指望会有什么"劳动的乐趣"。

四 劳动激励

尽自己的能力和才干为共同体工作，是社会主义社会公民的职责。作为回报，他有权要求共同体从社会红利中分给他一定份额。无故不履行职责的人，国家的正常强迫手段会迫使他就范。经济管理部门对公民个人行使极大的权力，很难想象有人能够长时间进行抵制。

152　　但是，人们只是准时上班，按规定时间待在自己岗位上是不行的。他们必须在岗位上真的卖力干活才成。

在资本主义体系中，工人取得他的劳动产品的价值。静态的或正常的工资标准趋向于使工人取得其劳动产品价值的水平，也就是说，他的全部所得来自他的劳动。[19] 因而，工人自己就关心尽可能提高他的劳动生产率。这不仅适用于计件工资。计时工资的水平同样取决于特定工作的边际劳动生产率。从长远看，惯用的工资支付方式不能改变工资水平。工资水平总是具有回归静态水平的趋势，计时工资也不例外。

计时工资制的劳动使我们有机会观察，当工人感到不是为自己工作——因为他的产出没有跟报酬挂钩——时工作何以仍能继续。在计时工资制下，更熟练的工人没有动机要超出每个工人应完成的最低限额。计件工资激励产出最大化，计时工资激励产出最小化。在资本主义制度下，各工种之间的工资差别极大地削弱了计时工资制的这种社会影响。工人很想找到这样的岗位：工作要求的下限是他的能力的上限，因为要求的下限的提高意味着工资的提高。

只有脱离了按工作要求制定计时工资级别的原则，计时工资才会从相反的方向影响生产。这一点在国有和市有企业中特别明显。过去一二十年来，这种企业不仅对每个工人的最低要求在持续降低，而且提高工作质量的激励——例如，工资级别上的区别对待，把勤勉能干的人较快地提拔到收入较高的位置——也被取消了。这一政策的结果已经清楚地证实了一条原则，即只有当工人知道自己尽力做好工作能有回报时，他才会这样做。

在社会主义制度下，工作业绩与报酬之间没有通常的关联。由于不可能计算出不同生产要素的贡献大小，任何确定个人工作业绩，从而决定其报酬的企图是注定要失败的。社会主义社会大概能够根据工作的某些外在表现决定收入分配。但是任何这类差别必定带有随意性。姑且假设为每个生产部门规定了工作下限。我们假设它是以洛贝尔图斯建议的"标准工作日"为基础。在每个行业中都规定了工人以平均的力气和努力可以持续工作的时间，确定在这一时间内以他平均的技术水平和勤勉可以完成的工作量。[20] 我们姑且完全忽略做出这类决定的技术困难，即在每一个具体场合下是否能确定这个最低限度。显然，任何这类通用规定必将完全是武断的。各个行业的工人在这件事情上决不会达成一致。每个人都会坚持说分派给他的工作太多，都会尽力减少给他规定的工作量。工人的平均素质，平均技术、平均力量、平均的努力、平均的勤勉——这一切都是无法精确规定的模糊概念。很清楚，只有一部分工人——比如说一半吧——会完成按具有平均素质、技术和力量的工人计算出的最低业绩。另一些人完成的将低于这一规定。管理部门如何能够判断出完成的业绩低于最低限度是由于懒惰还是能力差呢？要么允许管理部门随意做出这种不讲章法的决定，要么就得建立普遍标准。毋庸置疑，结果将是完成的工作量的持续下降。

在资本主义制度下，每个参与经济生活的人关心的是获得全

153

部的劳动所得。雇主解雇薪有所值的工人，倒霉的是雇主自己。解雇好工人留用坏工人的领班，会损害自己负责的部门的业绩，从而间接损害自己。在这里，我们无需正式的标准去限制那些必须对已完成的工作做出判断的人的决定。在社会主义制度下，则必须建立这样的标准，否则责任人就会任意滥用授予他的权力。这样一来，工人对实际的工作成效没有更多的兴趣，他只关心尽量照章办事，以免受罚。

154 与工作成效没有直接利害关系的工人将取得怎样的劳动成果，我们从一千年前奴隶劳动的经验中可知一二。当代的国有和市有企业的官员和雇员则提供了最新的例证。有人可能会说，前一个例子没有说服力，奴隶不关心自己的劳动成果，是因为他们不参加分配；在社会主义社会，人人都会认识到是在为自己工作，这将激发他最大的积极性。然而这正是问题之所在。如果工人更加努力地工作，他会在劳动中遇到更多有待克服的困难。但他只能从增加努力取得的成果中获得微不足道的一丁点儿。只能从他增加的成果中得到千万分之一，这种前景几乎不可能激发他发挥超出需要的能力。[21]

为了避开这些棘手的问题，社会主义作家一般是要么一声不吭，要么发表几句不知所云的评论。他们只是提出几句道德口号，仅此而已。[22] 社会主义新人将从根本上摆脱利己主义；他在精神上比可怕的私有财产时代的人不知高出多少；他将基于对事物逻辑的深刻理解和高尚的责任感，为普遍福祉奉献出自己的全部力量。

如果深入考察，这些观点只能导致两种选择：或者，除了自己的良心以外，在服从道德律时不受任何制约；或者，在奖惩制度下被迫提供服务。这两者都不会有好结果。就前者说，尽管可以在各种场合大唱赞歌，在学校和教堂大肆鼓吹，还是不足以产生持续的动机以克服劳动的负效用；就后者说，它只能导致工作上的敷衍塞责，决不会使人尽心尽力。

最深入透彻地研究过这一问题的作家是约翰·斯图亚特·密尔。后来的所有讨论都源于他的论点。在有关这一问题的文献和日常政治讨论中，到处可以见到他的观点；它们甚至已经成了流行语。大家耳熟能详，但也许完全不知道它们的作者。[23] 数十年来它们一直是社会主义观点的主要支柱之一，较之社会主义煽动者那些激发仇恨、经常自相矛盾的观点，它们为社会主义的流行做出了更大贡献。

密尔说，反对社会主义思想之可行性的一种主要反对意见是，人人都在不停地躲避自己应承担的工作。但是，提出这种意见的人忘记了，同样的困难在多大的程度上也存在于规范着绝大多数社会事务的现存制度中。这一反对意见假定，只有那些亲自收获自己的工作果实的人，才会从事诚实而有效的劳动。但是，在现存制度下，只有极少一部分劳动属于这种情形。计时工资或固定薪金是流行的报酬形式。同社会主义社会的成员相比，劳动者所完成的工作任务，很少有他个人的利益在其中，因为他们不像社会主义社会的成员那样是他们企业的合作者。在大多数场合下，他们并没有受到与企业经营状况生死攸关的人的亲自监督和指挥。因为，甚至监督、管理和技术工作也是由雇员来做的。也许应该承认，在全部或大部分超额劳动成果归劳动者的制度下，劳动的效率会更高，而在现存制度下，缺的恰恰就是这种激励因素。共产主义的劳动也许比不上自耕农或给自己干活的工匠那样有活力，但它可能比其中完全没有个人利益的雇佣劳动者更积极。

密尔犯错误的原因一望即知。作为古典经济学派的最后代表，密尔没有活着看到主观价值理论带来的经济学转型，他不知道工资水平与边际劳动生产率之间的联系。他没有看到，工人在努力中是有利可图的，因为他的收入取决于他所完成的工作的价值。没有现代经济思想的照耀，他只能看到事物的表面，而看不到本质。无疑，计时工资制下，工人工作的积极性以保住饭碗不致丢掉为限。但是，如果他能够多做，如果他的知识、能力和力量允许，他会寻找要求更高、从而收入也更高的职位。或许由于懒惰，他没有这样做，但这不是制度的错。在激励人们发挥最大的勤奋方面，这个制度做了它能做的一切，因为它保证每个人得

156 到自己的劳动成果。社会主义与资本主义的最大差别，就在于社会主义做不到这一点。

对于顽固地拒不履行工作义务的极端情形，密尔认为，社会主义社会将保留现在的社会正在行使的那种权力：它将把这些工人交给强制机构加以管束。解雇是目前唯一的办法，但如果没有更好的工人来代替被解雇者，这种办法也于事无补。解雇权只能使雇主从雇工那里得到例行劳动量；但是，例行劳动量可能是任何一种程度上的无效率。

这一论断的荒谬是显而易见的。密尔没有认识到，工资率是根据这种例行劳动量进行调整的，工人要想多得，他就必须多做。也许可以直截了当地承认，在通行计时工资制的地方，工人不得不到别处寻找例行劳动量更大的工作，因为他要是继续留在原处，他就没有机会通过更多的工作增加收入。在这种环境下他必须改做计件工作，从事别的职业，甚至远走他乡。所以才有成百万人从例行劳动量较低的欧洲国家移民到西欧或美国，他们在那里必须多干活，但是挣钱也多。素质较差的工人继续留在原处，满足于较少的工作和较低的工资。

如果记住这一点，监督和管理由雇员承担的情形也很容易理解。他们也是以其服务的价值获得薪酬的。要使自己的收入最大化，他们也必须尽心尽力。能够而且必须授权他们以企业家的名义雇用或解聘员工，无需担心他们会滥用职权。他们履行着自己所承担的社会责任，即保证工人获得的工资与他们的劳动价值相

符，而不必考虑其他。[24] 经济核算体系提供了充分的手段检验他们的工作效率。这使得他们的工作有别于社会主义制度下可能实施的监管。如果他们出于报复性动机使工人得到不应有的对待（当然，这里的"应有"没有任何伦理含义），受到伤害的是他们自己。社会主义者认为，雇主拥有并授予下属的解雇工人和规定工资的权力被掌握在私人手里是危险的。但是社会主义者忽略了一个事实：雇主行使这种权力的能力是有限的。他不能任意解雇和虐待员工，因为这样做的后果对他不利。在尽可能廉价地购买劳动的努力中，雇主是在履行他的一项最重要的社会职责。

157

密尔承认，在目前的社会状态下，无知的劳动阶级在自己的岗位上玩忽职守是一种广为人知的恶劣现象。他认为，这是教育水平太低所致。在社会主义下，随着教育的普及，全体公民肯定会像多数上等阶级和领薪的中产阶级成员那样，热情地履行社会责任。密尔的想法显然是在重复同一个错误。他没有看到，在这种情形下同样存在着报酬与业绩的相关性。最后他不得不承认，毫无疑问，固定薪酬在任何雇员阶层中都不会带来最高的工作热情。在这个意义上，密尔说，关于社会主义劳动组织的反对意见是有道理的。可是密尔又认为，这种弊端并不像那些离开自己熟知的事物就没有任何想象力的人所设想的那样，在社会主义社会仍将继续存在。普遍的公益精神，对公共福利的无私奉献取代自私的考虑，这在社会主义制度下不是不可能的。密尔在这里坠入了乌托邦的梦境，幻想着公共舆论将强烈激发人们的劳动热情，愿望和自我满足是有效的动机，等等。

唯一需要说明的是，很抱歉，我们没有理由假定在社会主义制度下人性会与现在有什么不同。根本就无法证明，荣誉称号、物质奖品，甚至同胞的崇敬等等奖励形式，能够激发工人超额完成分配给他的任务。就克服劳动的厌烦来说，获得全部劳动价值的机会，是没有任何东西可以完全取代的。

当然，许多社会主义作家认为，过去有过不计报酬的劳动，用它就可以驳倒上述观点。他们举出的例子有科学家和艺术家，病榻前鞠躬尽瘁的医生，为留下英名而慷慨赴死的士兵，为信念牺牲一切的政治家，等等。但是，艺术家和科学家即使不指望物质回报，他们却能从工作本身、从期望有朝一日得到承认哪怕是后人的承认中获得满足。医生、职业军人的情况与其他从事危险职业的人相同。这类职业的劳动力供给状况反映着它们缺乏吸引力，工资也有相应的体现。但是，尽管有危险，如果有人为了高报酬、其他利益和荣誉而进入这个行业，他逃避危险就会让人们对他嗤之以鼻。职业军人若是开小差，医生若是拒绝诊治传染病，会大大危及他们未来的事业，这使他们事到临头时别无选择。无可否认，有些医生，即使身边无人监督他是否尽职，他仍会竭尽全力救治病人；有些职业军人，即使躲避危险不会受到指责，他们依然毫不退缩。但是，在这些不同寻常的例子中，就像为了原则而准备献身的坚强的政治家一样，人把自己提升到人性的最高峰，实现了信念与行动的合一，而这只是极少数人才有的禀赋。他全身心地投入唯一的目标，排除其他一切愿望、想法和情感；他摆脱了自保的本能，不拿痛苦和磨难当回事；这个人已经把一切抛诸脑后，除了他为之献身的事业，其他一切都不存在。对于这类人，人们会根据对他们的目标的不同评价，或曰他们受上帝的精神所驱使，或曰他们魔鬼缠身——在常人看来，他们的动机简直不可思议。

确实，没有这些领路人，人类至今也许仍比禽兽强不了多少。但同样确定无疑的是，人类主要不是由这些人构成的。基本的社会问题在于让来自平民大众的社会成员都能各得其所。

社会主义作家对于这个无解的问题早就黔驴技穷了。考茨基只能对我们说，在未来，习惯和纪律将提供工作的激励因素："资本使现代劳动者习惯于天天工作，以至于不工作他们就难以忍受。有些人是如此习惯于工作，以至于不知道如何打发闲暇时光，不工作是一种不幸。"考茨基似乎不担心这种习惯有可能比另一些习惯——比如吃饭睡觉的习惯——更容易消失，但他不想只依靠这种激励因素，他若无其事地承认"这种激励因素是最乏力的"。于是他开始举荐纪律。自然，这不是指"军事纪律"，也不是"对上面强加的权威的盲目服从"，而是"民主的纪律——自由地服从选举产生的领导集体"。不过这使人疑窦丛生，于是他又极力消除这些疑云，说什么社会主义下的劳动是如此具有吸引力，"因此劳动是一种愉快"。但是后来他先是承认这是不够的，最终又得出结论说，除了工作的吸引力，也必须运用另一些激励因素，即"劳动工资"。[25]

159

由此可见，在做出种种限制和思考之后，考茨基也终于得出了这一结论，在工人不是所有者或雇主的情况下，只有使劳动产品、他自己的劳动产品的增加当中有他的一份，才能克服对劳动的厌恶。但是，这等于否定了社会主义劳动组织的可行性，因为，不同时取消按劳动产量付给劳动者工资的安排，就不可能取消生产资料私有制。

五　劳动生产率

旧的"分配主义"理论以这样的假设作为基础：只要对人人实行平均分配即可，使他们即使不富有，至少生活舒适。这一点似乎明如白昼，无需劳神进行论证。最初，社会主义全盘接受了这一假设，期望通过社会收入的平均分配，让人人过上舒适的生活。反对者的批评使他们注意到一个事实：对社会收入的平均分配几乎不可能从整体上改善大众的状况。这时他们才开始提出如下命题，即资本主义生产方式束缚了劳动生产率，社会主义将消除这些束缚，使生产成倍增长，为人人过上舒适的生活提供保障。自由主义学说认为，社会主义将降低劳动生产率，导致短缺和贫困的普遍化。社会主义作家们没能对此进行成功的反驳，但是他们不想为此操心，而是开始散布社会主义将提高劳动生产率的荒诞言论。

考茨基提出，在从资本主义生产方式向社会主义生产方式的过渡中，有两种增加生产的方法。一是把全部生产集中到经营最好的企业，关闭那些低效率的企业。[26] 无可否认，这是一种增加生产的手段，但这种手段在交换经济制度下才是最有效的。竞争无情地淘汰那些低效率的公司和企业。它的这种作用一直是引起当事者怨恨的原因。较弱的企业以此为由要求国家补贴，要求在政府合同方面给予特殊照顾，总之，要求用各种方式限制竞争。考茨基被迫承认，私人企业组成的托拉斯把这些手段发挥到了极致，取得了很高的生产率。事实上他坦率地把它们视为社会革命的先驱。社会主义国家是否同样感到有必要在生产上实行类似的改进，是大成问题的。它会不惜开罪于当地居民而关闭不赢利的企业吗？私营企业家可以不费力地关闭不再赢利的企业，他以这种方式迫使工人改变居住地点，甚至改变职业。无疑，这在开始时会给当事人造成困苦，但是，它符合普遍利益，因为它可以使市场得到质优价廉的供给。社会主义国家也会这样做吗？或者正相反，它会受制于避免引起当地居民反感的政治考虑吗？在多数国有铁路企业中，关闭企业将使相关地区失去多余的办事机构、车间和发电厂，所有此类改革无不因为试图避免触犯特殊的地区利益而受挫。甚至国防部出于军事原因而要从某一特定区域撤出一支驻军，也会在议会里遭到反对。

他的第二种增加生产的方法是"各个方面的节约"，用考茨基自己的说法，他在今天的托拉斯中看到了节约的效果。他特别提到了原材料、运输费用、广告和公共开支。[27] 说到原材料和交通运输，经验表明，公共服务和公共企业在节约劳动和原材料上做得最差，浪费起来是无人能比的。相反，私人企业自然会促使企业主为了自己的利益而尽可能节约。

当然，社会主义国家能省下广告费用，省下各种商务旅行和代理的成本。但是，它更可能使用更多的人手供职于分配机构。战时经验已经告诉我们，社会分配机构是多么笨拙和昂贵。面包、面粉、肉、糖及其他商品的卡片费用真的就比广告费低吗？使用那么多人运作一个配给系统，比商务旅行和代理机构省钱吗？

社会主义将取消零售商，但它必须建立一些更省钱的分配中心以取代他们。较之以现代方式组织起来的零售商店，合作商店将使用更多的人手。合作商店开支更大，如不享有免税特权，它们当中的大多数将无力与私营零售商竞争。

必须指出，一般而言不应把资本主义社会中某项特殊成本单列出来，然后推断说它们在社会主义社会将不复存在，进而说后者的生产率将高于前者。必须把两种制度的总成本和总产出进行比较。电动车不需要汽油，这一事实并不能证明它比汽车廉价。

考茨基观点的弱点非常清楚，他宣称："运用这两种方法，无产阶级政权能够大大提高生产水平，这使它可以既增加工资又减少劳动时间。"这一断言是他无论怎样也无法证明的。[28]

经常被用来证明所谓社会主义高生产率的另一些观点也好不到哪里去。例如，当人们说在社会主义社会有劳动能力的人都将劳动时，他们是在资本主义社会懒汉的数量上犯了可悲的错误。

现在可以断言，没有令人信服的理由可以设想，社会主义的生产率高于资本主义。相反，可以说，当没有制度上的动力促使工人克服劳动艰辛和付出最大努力时，劳动生产率必然会下降。但是，劳动生产率问题不能限于静态条件下的研究。与向社会主义过渡是否会提高生产率的问题相比，更重要的问题是，假定社会主义制度已经存在，它能否进一步促进生产的发展和取得经济进步。这将把我们引向动态的研究。

注释：

[1] Fourier, *Oeuvres complètes*, vol. IV, 2nd ed. (Paris, 1841), pp. 254 ff. .

[2] Godwin, *Das Eigentum, Bahrfeld's Translation of that Part of Political Justice* which Deals with the Problem of Property (Leipzig, 1904), pp. 73 ff. .

[3] Kautsky, *Die soziale Revolution*, 3rd ed. (Berlin, 1911), II, p. 48.

[4] Trotsky, *Literatur und Revolution* (Vienna, 1924), p. 179.

[5] "今天所有的企业……都是利润挂帅。……社会主义除了充足的劳动力之外，不存在其他问题，只要有劳动力，工作……就能完成。"（Bebel, *Die Frau und der Sozialismus*, p. 308. 英文版出版者注：见英译本 p. 427。）"在任何地方，造成贫困和苦难的都是社会制度以及同它们联系在一起的生产和分配方法，而不是同人口数量。"（同上书，p. 368；英译本见 p. 492。）"我们的麻烦不是缺少粮食，而是粮食过剩，就像我们的工业产品过剩一样。"（同上书，p. 368。英译本见 p. 492。另见 Engels, *Herrn Eugen Dührings Umwälzung der Wissenschaft*, p. 305。）"我们……的人口不是太多，而是太少了。"（同上书，p. 370，英译本见 p. 494。）

[6] Considerant, *Exposition abrégee du Système Phalansterien de Fourier*, 4th Impression, 3rd ed. (Paris, 1846), pp. 29 ff. .

[7] Jevons, *The Theory of Political Economy*, 3rd ed. (London, 1888), pp. 169, 172 ff. .

[8] 索福克罗斯（Sophocles，约公元前 496—约公元前 406）：古希腊三大悲剧诗人之一。——译注

[9] Engels, *Herrn Eugen Dührings Umwalzung der Wissenschaft*, p. 327. （译按：中译本见《马克思恩格斯全集》第二十卷，人民出版社 1971 年版，第 317—318 页。）

[10] Marx, *Zur Kritik des sozialdemokratischen Parteiprogramms von Gotha*, p. 27. （译按：中译本见《马克思恩格斯全集》，第十九卷，第 22—23 页。）

[11] Max Adler, *Die Staatsauffassung des Marxismus* (Vienna, 1922), p. 287.

[12] Considerant, *Exposition abrégée du Système Phalansterien de Fourier*, p. 33.

[13] Considerant, "Studien über einige Fundamentalprobleme der sozialen

Zukunft" 已收入 *Fouriers System der sozialen Reform*，translated by Kaatz（Leipzig，1906），pp. 55 ff. 傅立叶的一大特色是把童话引入了社会科学。在他的未来国家里，组织成"Petites Hordes"（小组）的儿童将做成年人不做的事情。他们将被委以养护道路之类的事情："C'est à leur amour propre que l'Harmonie sera redevable d'avoir, par toute la terre, des chemins plus somptueux que les allées de nos parterres. Ils seront entretenus d'arbres et d'arbustes, même de fleurs, et arrosés au trottoir. Les Petites Hordes courent frénétiquement au travail, qui est exécuté comme oeuvre pie, acte de charité envers la Phalange, service de Dieu et de l'Unité."（"他们使各地的道路比我们的花园小径还要漂亮，为此颁发的'和谐'奖会让他们十分自得。道路周围全是树丛灌木甚至花园，有潺潺小溪的滋润。儿童小组会发疯般地干活，这将成为一项虔诚的义务，一项奉献社会的爱心行动，一项侍奉上帝和联合体的差役。"）他们早上三点就会爬起来，清扫马厩，照料牲口，到屠宰场干活，他们的细心使任何动物都会受到善待，屠宰也是以极人道的方式进行。"Elles ont la haute police du règne animal."（"他们是动物王国的卓越治安员。"）工作完毕之后，他们洗个澡，然后穿戴整齐，志得意满地来到餐桌旁吃早餐。见 Fourier，*Oeuvres complètes*，vol. Ⅴ，2 nd Edition（Paris，1841），pp. 141，159。

[14] Fabre des Essarts，*Odes Phalanstériennes*（Montreuil-sous-Bois，1900），贝朗热和维克多·雨果也很崇敬傅立叶。前者还写过一首题献给他的诗，见 Bebel，*Charles Fourier*（Stuttgart，1890），pp. 294 ff. 。

[15] 社会主义作家一直不明白这个道理。考茨基（Kautsky，*Die soziale Revolution*，Ⅱ，pp. 16 ff.）认为，无产阶级政权的主要任务是"把今天仍是负担的劳动变成一种快乐，这样人们就会享受劳动，工人就会欢欢喜喜地上班"。他承认"这不是件很简单的事情"，并且断定"让工厂和矿山的劳动很快就变得引人入胜几乎不太可能"。不过，他当然不会让自己彻底放弃这种社会主义的基本幻想。

[16] Veblen，*The Instinct of Workmanship*（New York，1922），pp. 31 ff. ；De Man，*Zur Psychologie des Sozialismus*，pp. 45 ff. ；De Man，*Der Kampf um die Arbeitsfreude*（Jena，2927），pp. 249 ff. .

［17］我们这里不考虑前面提到的劳动之初的愉悦，它并无重要意义。

［18］Wattenbach, *Das Schriftwesen in Mittelalter*, 3rd ed. （Leipzig, 1896），p. 500. 在瓦滕巴赫引用的许多类似说法和诗句中，还有把感情表达得更为强烈的：Libro completo saltat scriptor pede laeto（卷册一完成，作者就会欢呼雀跃）。

［19］Clark, *Distribution of Wealth*（New York, 1907），pp. 257 ff.．

［20］Johann Karl Rodbertus, *Briefe und sozialpolitische Aufsätze*, ed. R. Meyer（Berlin, 1881），pp. 553 ff.．我们不会深入讨论洛贝尔图斯的另一些有关标准工作日的建议。它们完全是建立在洛贝尔图斯对价值问题的难以成立的观点上。

［21］Schäffle, *Die Quintessenz des Sozialismus*, 18th ed. （Gotha, 1919），pp. 30 ff.．

［22］Degenfeld-Schonburg, *Die Motive des volkswirtschaflichen Handelns und der deutsche Marxismus*（Tübingen, 1920），p. 80.

［23］J. S. Mill, *Principles*, pp. 226 ff.．这里无法考察密尔在多大程度上从别人那儿吸收了这些思想。但是它们的广泛传播，要归因于密尔在其读者甚众的著作中所做的出色的阐述。

［24］企业家之间的竞争并不会使工资下降到这一水平以下。

［25］Kautsky, *Die soziale Revolution*, Ⅱ, pp. 15 ff.．

［26］Kautsky, *Die soziale Revolution*, Ⅱ, pp. 21 ff.．

［27］Kautsky, *Die soziale Revolution*, Ⅱ, p. 26.

［28］在实行经济管制的岁月，我们经常听人说到冻土豆、烂水果和烂蔬菜。这种事过去没有发生过吗？当然发生过。但并未如此频繁。商人的水果烂了给他造成亏损，这会使他以后当心。如果他不当心，他就会落个破产的下场。他就无法继续领导生产，退出经济生活，不会再给它造成伤害。但是由国家管理货物就是另一回事了。这时在商品背后有个人利益在。如果是官员做买卖，他们的责任界限分明，谁都不会特别在意一些小小的不幸。

第九章

社会主义制度下个人的地位

一　选贤任能与职业选择

社会主义社会是一个发布和执行命令的巨大的专制主义联合体。这就是所谓"计划经济"和"消灭生产的无政府状态"的含义。想想军队的内部结构，即可更好地理解社会主义社会的内部结构。许多社会主义者也确实喜欢谈论"劳动大军"。就像军队一样，在社会主义制度下事事都要依靠最高权力的命令。每个人都有被指定的位置。每个人必须待在自己的位置上，直到被调到别处。因此，人成了官方手里的棋子，沉浮升迁完全任人摆布。不必费口舌描述这种状况，这是官僚国家尽人皆知的事情。

显然，在这种状态下，所有的任命应当以个人的能力为依据。每一个岗位应由最合适的人担任——至少是假定没有更重要的工作需要他去做。这是一切系统有序的权威主义组织——无论中国的衙门还是现代官僚机构概莫能外——的基本原则。

落实这一原则遇到的第一个问题是最高权威如何产生。这一问题的解决有两种方式：寡头制—君主制的方式和民主的方式，但其实只是一种——神授魅力的方式。最高统治者（无论一人还是多人）是神的恩典所选定，得到了神的特许。他们具备超凡的能力和才干，这使他们高居于芸芸众生之上。反抗他们，不仅是反抗权力本身，而且是挑战神的戒律。这是神权政治的基础，是

164 "吾主所定"的王国的僧侣贵族制的基础。但这同样也是俄国布尔什维克独裁的基础。在履行神圣使命的历史召唤下，布尔什维克以全人类的代表自封，以必然性的工具自诩，以一项伟大计划的完成者自居。反抗他们是弥天大罪。但是，他们在对付自己的敌人时可以不择手段。这是旧时贵族—神权政治的一种新形态。

民主是解决这一问题的另一条出路。民主把一切事情交由多数人决定。为首者是由多数人选出的一位或数位统治者。但其基础与其他政体一样靠的是神授魅力。只有在这种情况下，才认为各色人等都得到了神的恩宠。人民的声音就是上帝的声音。这在托马斯·康帕内拉的《太阳城》里表现得最清楚。国民大会选出的摄政是一位牧师，人称"呼和"（Hoh），意即"玄学"。[1]在独裁主义的意识形态中，民主的价值不在于其社会功能，而只是挑选独裁者的工具。[2]

根据神授魅力说，最高权威在任命官员时，也把自己拥有的神宠传给了他们。得任官位，可使肉体凡胎高出众人之上。他们比别人金贵。端坐于庙堂理政，尤可凸显他们的尊位。官能荣人。

撇开其诡辩的价值不谈，这些理论是纯粹空洞的形式。这些任命在实际上如何操作，它们没有提供任何说明。它们不去探究相关的王朝和贵族是不是靠战争的机缘取得了政权。关于把民主领袖推上权位的政党制度的机制，它们没有提供任何概念。关于选拔官员的实际机制，它们什么也没有说。

但是，只有无所不能的统治者才无需官员的辅佐，因此必须有任命官员方面的具体安排。最高当局不能包办一切，所以至少要把任命更低一级官员的权力留给下属。为防止这种权力堕落成肆意妄为，必须用各种规章加以管束。于是，官员的选拔不是以真才实学为标准，而是遵循某些形式，如通过了什么考试，进过165 什么学校，在下级岗位当差多少年，等等。这些方法的缺陷是众所公认的。成功地履行某项职责所要求的素质，与应付考试的能力完全不是一回事——即便考试的科目针对的是岗位职责。一个人在某个下级岗位的任职时间，远不能说明他适合更高的职位。先学会服从就能学会指挥，这是一派胡言。年龄大并不表示能力强。一句话，这一制度是无效的。它唯一的合理性在于，除它之外别无选择。

近年来有人试图求助于实验生理学和心理学，许多人期待着它们能带来一些对社会主义极其重要的结果。可以肯定的是，在社会主义制度下，类似兵役体检的做法将在更大范围、以更精确的方式被利用。那些谎称身体缺陷而逃避困难和不如意的工作的人，那些试图得到自己不能胜任的工作的人，都要接受检查。但是这些方法最热心的倡导者也不敢说，这些方法除了对官场极坏的陋习给予很松散的制约外，还会有更多的用处。因为，对于所有那些不但要求四肢强壮，还要求培养出一些特殊判断力的工作来说，上述方法是派不上任何用场的。

二　艺术、文学、科学和出版业

社会主义社会是一个官僚社会。这一事实决定了这个社会里占主导地位的生活方式和思维方式。人们总是盼着被提拔，人们总是要有"长官"做靠山，人们从不知道生产与他们的消费之间的关系，因为他们拿的是固定薪水——过去十年间在欧洲各地都目睹了这种生活和思维方式的兴起。尤其是在德国，人们对此再熟悉不过。我们时代的整个心理状态都源于此。

社会主义不知职业选择的自由为何物。人人都要奉命行事，循规蹈矩。难以想象还会有另一种情形。我们将在以后、在另一种背景下讨论它对劳动生产率产生的影响。这里我们先讨论社会主义条件下艺术和科学、文学和出版业的地位。

166

在布尔什维主义统治下的俄国和匈牙利，得到相关部门认可的艺术家、科学家、作家等，被免除了从事普通劳动的义务，享受固定薪水。那些不被认可的专家们则必须从事普通劳动，不能从其他活动中取得收入。出版业是国有的。

这是对问题最简单化的解决办法，它与社会主义社会的一般结构完全一致。衙门习气深入到了精神领域。不讨好当权者的人不能作画、雕塑或指挥乐队。他们的作品不能出版或演出。即使决定不是由经济管理部门直接随意做出，而是来自某个专家委员会，事情也不会有实质性的不同。正相反，必须承认，由老迈和功成名就的人组成的专家委员会，在襄助见解独到、技巧可能比他们更高超的青年才俊的发展方面，甚至还不如外行称职。即使在全国范围内进行选择，也无助于那些刻意反抗传统技法和成见的独立精神脱颖而出。这种办法只能培养出一批亦步亦趋的蠢材。

在卡贝的"伊加利亚国"，只有给共和国唱赞歌的书［le-souvrages prefers（"得到宠幸的著作"）］被允许出版。讨论前社会主义时代的著作要接受共和国的审查。部分内容有用的书要进行修改，被判定为危险或无用的书要付之一炬。若是有人反驳说，这将导致奥马尔焚毁亚历山大图书馆那样的举动，卡贝会认为它完全不能成立。他说："nous faisons en faveur de l'humanité ce que ces oppresseurs faisaient contre elle. Nous avons fait du feu pour br? ler les méchants livres, tandis que des brigands ou des fana-tiques allu-maient les b? chers pour br? ler d'innocents hérétiques."（"我们是以人类的名义，对压迫者以其人之道还治其人之身。我们烧的是邪恶著作，而那些强盗或狂信者是在火刑柱上烧死无辜的异端。"）[3] 从这样的观点出发，宽容是谈不到的。只有机会主义者除外，因为人人都相信他的意见正确。但是，如果把这样的信念当成不宽容的理由，那么人人都有强制的权利，人人都能

迫害见解不同的人。[4] 在这种情形下，要求宽容只是弱者的特　167
权。一朝权在手，立现不宽容。在这样的情形下，人与人之间就
只有战争和敌意。和平的合作是不可能的。正是因为渴望和平，
自由主义要求容忍各种不同的意见。

在资本主义社会，艺术家和科学家有很大的选择空间。如果
他们富有，他们可以按自己的志趣行事；他们可以寻求富人赞
助；他们可以给政府干活；他们可以尽力依靠出售自己的作品为
生。这些选择都有风险，尤其是后两者。为人类提供新价值的
人，或具备这种能力的人，很可能生活在贫困潦倒之中。但对此
没有有效的办法加以避免。创造精神必然是开拓性的，它必须奋
力前行，它必须披荆斩棘。不能设想这一重负会被免除，否则它
就不成其为先驱了。进步是不能组织的。[5] 对那些成就了大业的
天才，可以确保授予他们桂冠；把他们的遗体安葬于英烈的墓
地，为他们竖起纪念碑。但是，想把他完成使命的必经之路变为
坦途是不可能的。对于进步的取得，社会爱莫能助。假如没有给
个人缚以牢不可破的锁链，假如没有给他圈以不可攀越的高墙，
所有可以想象的进步早就完成了。天才很快就会逃之夭夭。

社会主义社会必将实施的精神生活的国有化，肯定会扼杀一
切精神进步的可能性。人们可能在这一点上自欺，因为在俄国新
的艺术形式正在成为时尚。但是，在苏维埃上台时，这些创新的
作家们早就在从事他们的工作了。过去他们郁郁不得志，现在他　168
们同这个新政权站在一起，是希望得到它的承认。然而一个大问
题是，未来的革新者能否从他们现在占据的位置上取代他们。

在倍倍尔的乌托邦里，体力劳动是唯一得到社会承认的劳
动。艺术和科学属于闲暇事务。倍倍尔认为，这可以使未来社会
"拥有各类数不清的科学家和艺术家"，他们将根据自己的志趣，
在闲暇时间从事他们的研究和艺术。[6] 倍倍尔在这里被体力劳动
者的一种庸俗情绪所控制，除了引车贩粥之辈，它对所有的人一

概敌视。他把所有的精神工作都归在"社交"名下，[7] 这表明他把这些工作视为业余爱好。然而，我们必须追问，在这些条件下，精神能够创造出作为它安身立命之本的自由吗？

显然，在这种地方，所有需要时间、旅行、专业教育和大量物质耗费的艺术和科学是根本不可能的。但是，我们姑且假设，忙了一天之后，仍可以写点儿东西，摆弄摆弄音乐。我们姑且进一步假设，这些活动不会受到经济管理部门的恶意阻挠——例如把失宠的作者发配边陲。这样，也许在志同道合者的帮助下，这位作者或作曲家能够攒下一笔足够的钱付给国家印刷厂，出版一本小书。他甚至可以用这种方式出版一份独立期刊——甚至搞出一台戏剧。[8] 但是所有这一切都必须克服官方艺术的势不可当的竞争，经济管理部门也可以随时对其进行压制。我们切不能忘记，当人们无法确知出版费用时，经济管理部门可以随意决定从事出版业的交易条件。社会主义社会拥有的这种压制精神自由的权力，是任何一个书报检察官、国王和教皇都不曾拥有过的。

三　个人自由

谈到个人在社会主义社会中的处境，人们习惯于说他是不自由的，社会主义社会是个"监狱国家"。这些说法包含着科学之外的价值判断，因此不属于科学思考的范围。科学不能判断自由是善是恶，或它是否无关紧要。它只能研究自由是由什么所构成，何处是它的居所。

自由是个社会学概念。应用于社会之外的条件是毫无意义的：从无处不在的有关意志自由的著名争论的混乱中，即可清楚地看到这一点。人的生命依赖于他无力改变的自然条件。他在这些条件下生生死死。这些条件并不屈从于他的意志，他却必须服从它们。他做的一切都屈从于它们。他扔一块石头，石头将沿着自然规定的轨迹运动。他吃喝，他身体内的过程也同样是被确定了的。借助所有自然现象与可靠的、不可改变的规律一致的观念，我们试图展示事物的过程对一定的永恒的基本关系的依赖。这些规律支配着人的生命；他完全为其所限。他的意志和行为只有发生在它们的限制之内才是可以想象的。无论是违反自然，还是在自然之内，都不存在自由。

社会生活也是自然的一部分，在社会生活中，不可改变的自然规律是无上的主宰。行为及其结果为这些规律所制约。如果我们把行为起源于意志，并在社会中产生的作用同自由的概念联系在一起，这并不是因为我们以为这些行为的发生是独立于自然规律，这里的自由概念具有完全不同的意义。

我们这里所要讨论的不是内在自由的问题，而是外在自由的问题。前者是意志的来源问题，后者是行动的作用问题。每个人都对他周围人的态度有依赖。他在许多方面受到周围人的行为的影响。如果他必须忍受别人在对待他时把他当作没有个人意志的人，如果他不能阻止他们欺凌自己的意愿，他必定感到他对他们的单方面的依赖，从而会说他是不自由的。如果他是个弱者，他必须使自己适应他们的压迫。

在共同合作劳动所形成的社会关系中，这种单方面依赖变成了相互依赖。个人作为社会的一员进行活动时，他必须使自己适应周围人的意愿。这样，他对别人的依赖，并不大于别人对他的依赖。这就是我们理解的外在的自由。它是个人在社会必需的结构内的一种处境，它一方面包含着他在同他人的关系中个人自由受到的限制，另一方面包含着他人在同他的关系中自由受到的限制。

举一个例子可以说明这一点。在资本主义制度下，看上去雇主对雇员有很大的权力。是否雇用这个人，如何使用这个人，付多少报酬，是否解雇这个人——这都由他说了算。但是他的自由和与此相应的对方的不自由都是表面上的。雇主对雇员的行为是社会过程的一部分。如果他对待雇员的方式不符合评价雇员的服务的社会标准，那么，他必须承担由此产生的后果。确实，他可以不善待雇员，但他必定为他的专横行为付出代价。在一定程度上，雇员对他有依赖，但这种依赖并不比我们每个人对我们邻居的依赖性更大。因为，甚至在有法律强制的状态下，任何甘愿为自己的行为承担后果的人，都可以自由地打碎我们的窗户或伤害我们的身体。

当然，严格地讲，表面上看，没有任何社会行为完全是任意的。即使东方的暴君，表面上看他可以随意处置敌人的生命，但他也必须考虑他的行为的后果。但是，行为意愿的强弱有着程度上的差别，对代价的考虑与专横行为产生的满足程度相关。对于那些满怀仇恨不惜任何代价攻击我们的人，没有任何法律能向我们提供保护。但是，如果法律严厉到足以保证我们通常的安宁不受扰乱，我们就会觉得至少在一定程度上摆脱了周围人的恶意。在刑法中减少惩罚的具有历史意义的修订，不是因为道德的进步，也不是因为立法者的颓废，而仅仅是因为人们懂得了从后果考虑而克制自己的情绪，从而有可能缓和惩罚的严厉程度而又不失其威慑力。今天，短期处罚的威慑比以往的绞刑架更有效地阻止着针对他人的犯罪。

如果严格的货币计算使我们完全能够筹划自己的行为，就没有任性存在的余地。如果我们被指责这个锱铢必较的冷酷时代的怨言所迷惑，我们就忽视了正是行为与货币收益的考量之间的联系，是社会限制任性行为的最有效手段。正是这样的安排，使得一方面是消费者，另一方面是雇主、资本家、地主和工人——一句话，所有不是为自足而是为市场需求而生产的参与者——依赖于社会合作。只有完全不理解这种互惠关系，才会提出是借方依靠贷方还是贷方依靠借方这样的问题。事实上，人与人的依赖是相互的，买卖双方、劳资双方之间的关系也是这种相互依赖的性质。人们习惯于抱怨说，现在的交易活动中只见物不见人，金钱支配一切。但是，受到抱怨的其实是这样一种现象，在我们称为纯经济的活动领域，喜怒无常已被消除，唯有社会合作所要求的考虑才是正当的。

这就是人类外在生活的自由——他摆脱了自己同胞的专横权力。这种自由不是自然权利，它不见于原始状态。它是从社会发展的过程中产生的，它的最终完善是成熟的资本主义的任务。前资本主义时代的人臣服于他必须讨其欢心的"高贵爵爷"。资本主义不承认这种关系。它不再把社会划分为专制统治者和无权的农奴。所有的关系都是物质的和非人格的，是可计算和可替代的。自由是随着资本主义的货币计算一起，从梦想变为现实的。

当人们从纯粹的经济关系中获得了自由，他们就开始渴望其他领域的自由。随着资本主义的发展，人们开始去除政府的霸道和全部的个人依赖关系。争取公民个人权利的法律认可，把政府官员的自由裁量限制在尽可能小的范围内——这就是自由主义运动的宗旨和目标。它要求的不是神的恩宠，而是权利。它从第一天就知道，除了最严格地限制政府对个人的权力，没有任何其他方式可以实现自己的目标。在它看来，自由就是摆脱政府的压迫。 172

至于国家，即由组成政府的人所操纵的强制机器，只有当它的行为遵循公开、清晰、一贯的准则，或遵循主宰着一切赢利活动的原则时，它才不会危及自由。在前一种情况下，它是依法履行职责，因为法官受到几乎不受个人好恶影响的法律的制约。后一种情形则是指，在资本主义制度下国家与企业家是在同样的条件下履行职责，像企业家一样服从于为收益而工作的原则。它的作为超出了这一界限，既不能由法律所终止，也没有防范其专横行为的充分措施。如此，个人在政府官员的决定面前得不到保护。他不知道他所依赖的人会怎样看待自己的行为，所以他无法计算自己的行为会带来什么后果。这是对自由的否定。

人们传统上认为，外在自由的问题，是个人对社会的或多或少的依赖性问题。[9] 但是，政治自由并非自由的全部。只要不伤害他人，一个人就可以做任何事情，不会受到政府或压迫性的习惯势力的阻挠，仅仅这样他还算不上是自由的。他还必须能够在行动时不必担心不可预见的社会后果。唯有资本主义制度把全部互惠关系明确地归结为 du ut des（"与取对等"，或俗话所说的"公平交易"）这条严厉的、非人格的交换原则，才为这种自由提供了保障。

社会主义者在反驳自由的观点时往往会说，在资本主义制度下，只有所有者的自由。无产阶级是不自由的，因为他必须为糊口而操劳。很难想象还有比这更粗野的自由观。人必须工作，因为他的消费欲望比禽兽大得多，这是事物的本性的一部分。不工作也能活着的人不必遵守这一法则，这是从社会存在中得到的利益，它没有损害任何人——甚至没有损害无产者。无产者从社会存在中获得了他们自己的利益，在合作中提高了劳动生产率。社会主义也只能通过提高这种生产率，才能缓解个人对自然条件的依赖。如果它做不到这一点，如果它反而降低了劳动生产率，它也将减少自由。

注释：

[1] Georg Adler, *Geschichte des Sozialismus und Kommunismus* (Leipzig, 1899), pp. 185 ff. .

[2] 关于民主的社会动力学功能，见本书第 60 页。

[3] Cabet, *Voyage en Icarie* (Paris, 1848), p. 127.

[4] 路德促请支持他的君主不要容忍修道院制度和弥撒仪式。在路德看来，既然查理皇帝相信教皇的教义是正确的，他就会按自己的观点采取公

正的行动把路德宗作为异端加以消灭，所以解释这个问题是没有意义的。因为我们知道，"他也拿不准这事，或者他无法确定这件事，因为我们知道他错了，他在跟福音书作对。相信他是否拿得准不是我们的义务，因为他的行动没有遵守神的旨意，而我们的行动是遵守了神的旨意的；倒不如说，他有责任承认神的旨意，像我们一样用自己的力量把它加以落实"。*Dr. Martin Luther's Briefe, Sendschreiben und Bedenken*, ed. de Wette, Part Ⅳ（Berlin，1827），pp. 93 ff.；Paulus，*Protestantismus und Toleranz im 16. Jahrhundert*（Freiburg，1911），p. 23.

[5] "对进步加以组织这种说法是错误的。真正具有生产力的活动，是无法被套入预先设计好的形式的；它只有在不受限制的自由中才能培养出来。追随者然后也许能够成立自己的组织，这被人称为'形成一个学派'。" Spranger, *Begabung und Studium*（Leipzig，1917），p. 8. 另参见 Mill, *On Liberty*, 3rd ed.（London，1864），pp. 114 ff.。

[6] Bebel, *Die Frau und der Sozialismus*, p. 284. 英文版出版者注：见英译本第 395 页。

[7] 倍倍尔为自己描绘了怎样一幅社会主义社会的生活画面，可从下面这段话略知一二："她（指妇女）将在和男人一样的条件下活动。此时是在工厂里干活的工人，一小时后又成了教育家、教师或护士；她用一天中的第三段时间从事艺术或科学；用第四段时间履行某些管理职能。她从研究中获得享受，她像男人一样，总有快乐和消遣相伴，她想干啥，机会就给她提供啥。在爱情方面她也像男人一样无拘无束。她可以求爱，也可以接受别人的求爱，等等。" Bebel, op. cit.，p. 342. 英文版出版者注：见英译本第 446—447 页。

[8] 这符合贝拉米的想法。见 Bellamy, *Ein Rückblick*, translated by Hoops in Meyers Volksbücher, pp. 230 ff.。英文版出版者注：英译本见 *Looking-Backward: If Socialism Comes, 2000—1887*（Boston，1889）；chapter 15；and（W. Foulsham，London），pp. 92–99。

[9] 密尔也有类似的表述，见 J. S. Mill, *On Liberty*, p. 7。

第十章

动态条件下的社会主义

一 动态因素的性质

静态的概念只是为了方便理论思考。在现实世界中是不存在静态的，经济活动的条件处在非人力所能控制的不断变化之中。

让经济体系保持不断变化的影响因素，可分为六大类。第一类是外部自然条件的变化。必须说明的是，这里指的不仅是气候和非人力影响所导致的自然条件的变化，还包括人在这些条件内的活动所引起的变化，诸如土壤肥力枯竭、建筑材料或矿藏的消耗等等。第二类是人口的数量和质量的变化。第三类是资本品的数量和质量的变化。第四类是生产技术的变化。第五类是劳动组织的变化。第六类是需求的变化。[1]

所有这些引起变化的因素中，第一类是最重要的。为了进行讨论，我们不妨设想，社会主义社会能够控制人口和产品需求的增长，故而可以避免这些因素对经济均衡的威胁。若能做到这一点，则其他变化因素的影响也可以避免。但是，社会主义永远不可能控制经济活动的自然条件。自然不听从人的调遣，人却必须服从自然。社会主义社会也必须认真对待外部自然的变化；它必须考虑自然力干扰的后果；它必须认识到它所掌握的自然力和资源不是取之不尽的。外部干扰会影响它的平稳运转。它不比资本主义更有能力维持静止状态。

174

二　人口变化

在天真的社会主义者看来，这个世界足以使每个人幸福和满足。产品的短缺只是不合理的社会秩序造成的，它一方面限制了生产力的扩大，另一方面通过不平等的分配使"富者愈富，穷者愈穷"。[2]

马尔萨斯的人口规律和收益递减规律粉碎了这一幻想。在其他条件不变的情况下，人口增长超过一定限度之后，便不会再伴有财富的相应增长；超过这个限度，人均产量就会下降。生产在特定时间是否达到了这个限度，是一个事实认定的问题，不能把它与普遍原则的问题相混淆。

对于这种知识，各派社会主义者采取了不同的立场。一些人干脆拒绝它。整个 19 世纪，很少有作者像马尔萨斯那样受到过如此猛烈的抨击。马克思、恩格斯和杜林的著述中充满了对"牧师"马尔萨斯的批判。[3] 但是他们并没有驳倒他。今天，可以认为关于人口规律的讨论已经结束。收益递减规律今天已经没有争议，因此这里没必要再去理会那些拒绝或忽视这一规律的作者。

另一些社会主义者设想，生产资料社会化将使得生产力空前增长，这有可能驳倒马尔萨斯们。这里没有必要讨论这种增长是否真会发生；即使假定它真会发生，有一个事实也是不可改变的，即在某一特定的时期，人口规模有一个最佳值，超过这个值，人口增长必然使人均产量下降。如果社会主义想要消除人口规律和收益递减规律的效用，它就必须证明：超过这一最佳值之后，每个新生儿诞生的同时，生产率也提高到不因他的降生而使人均产量下降的水平。

第三类作者满足于这样一种答复：随着文明和理性生活的普及，随着财富的增长和对生活水平的更大向往，人口的增长会放

175

缓。但是，这是对如下事实视而不见：除了"道德约束"，生育率不会因为生活水平的提高而降低；建立家庭而又没有经济上的负担，因为社会将承担起抚养孩子的责任，个人节制生育的动机立刻就会消失。正是这个根本性的错误，使噶德文陷入了泥潭。他认为存在着一个"人类社会的法则"，它使人口规模永远控制在生存条件所确定的限度内。马尔萨斯向我们展示了这一神秘"法则"的真面目。[4]

没有强制性的人口控制政策，社会主义社会是不可想象的。社会主义社会必须能够防止人口规模不致超过或低于某个特定的界限。它必须努力保持人口数量的最佳值以保证人均产量的最大化。和任何其他社会一样，它也必须承认人口规模过小或过大都是有害的。在生产资料私有制的社会里，控制人口的动机使得人口数量与生存手段的限制相协调。在社会主义社会里这一动机将不复存在，它将不得不规范生育行为本身。它如何做到这一点，这里无须讨论。就我们的目的而言，这里也无须讨论它的措施是否符合优生学或人种学概念。但有一点是确定的，就算社会主义社会实行"自由做爱"，它也决不会实行自由生育。所谓每个出生的人都有生存权，只有在不受欢迎的生育可以被禁止时才会存在。社会主义社会同其他社会一样存在着这样的人，对他们来说，"大自然的盛宴桌旁没有他们的位置"，必须命令他们尽快退出。马尔萨斯的这些话所激起的全部义愤，都不足以改变这个事实。

三　需求的变化

176

从社会主义社会的消费品分配必然遵循的原则中得出的一个结论是，它不可能对需求变化放任不管。如果能够进行经济核算，从而能大致确定生产成本，那么在分配给每人的消费品总量的限度内，可以允许个人求其所好；个人便可以挑选自己喜欢的消费品。确实有可能因为一部分生产管理者的不良意图而使某些商品的定价高于它们应有的水平。这或是因为它们在被制造时在总成本中分摊的比重过高，或是因为生产方式的浪费而使它们十分昂贵；而除了政治暴动，受害的市民在政府面前完全没有能力自卫。只要他们还处于少数，他们既不能调整资金流向，也不能改进生产方法。但是，无论如何，至少大多数相关因素能得以被评估，从而全部问题也能相对清楚地提出来，这对他们的意见会形成一定的支持。

在社会主义制度下，由于不可能进行核算，所有此类供需问题只能留给政府。整个来说，市民在这方面的影响与他们对政府其他行为的影响不会有什么不同。只有诉诸普遍意志，个人才能在这方面发挥影响。少数人的意志必须服从多数人的意志。比例代表制不会给他们提供保护，这一制度就其本质而言只适用于选举，决不能用于决定具体事宜。

普遍意志，亦即恰好正在掌权的那些人的意志，将发挥自由经济制度下的需求所发挥的功能。不是由个人，而是由政府决定什么最急需，什么首先必须予以满足。

因此，需求将非常整齐划一，没有资本主义条件下那样多变。资本主义制度下不断带来需求变化的力量，在社会主义条件下是不存在的。偏离传统成见的新观念能得到承认吗？创新者如何能让保守的大众打破常规？大众会为了自己不熟悉的好事而放弃前辈的那些让他们感到亲切的习惯吗？在资本主义社会，在自己的支付能力限度内，由个人做出消费决定，个人或一部分人在满足方式上以新代旧的要求会得到充分认可。其他人将逐渐仿效。收入的不平均特别有力地推动着新的满足方式被有效采纳。富人接纳新产品，对它们的效用习以为常，这造成了他人追逐的新时尚。某种生活方式一旦被富裕阶层采纳，便激励着生产者改

177

进制造方法，有可能很快使低收入阶层步其后尘。奢侈推动进步。创新"在成为大众的需求之前，是精英的想入非非。今天的奢侈品是明天的必需品"。[5] 奢侈是进步的开路先锋；它激发潜在需求，使公众产生不满足感。至于那些谴责奢侈的道学家，如果他们的思想始终如一，他们应推荐相对寡欲的蛮荒生活，把在森林中游荡视为文明生活的终极理想。

四　资本量的变化

生产中使用的资本品早晚会被耗尽。不但构成流动资本的资本品如此，固定资本也是如此，它们迟早也会在生产中被消耗。为使资本的比例保持不变，甚至有所增长，生产的管理者必须不断付出努力。必须保证在生产中消耗的资本得到补充；超出的数量就是新创造的资本。资本不会自我繁殖。

在完全静止的经济体系中，此类管理不需要特殊眼光。那里一切都是一成不变的，很容易确定什么东西将要耗尽，什么东西178 必须更新。在变化的条件下，情形则完全不同。这里，生产方向和各种不同的过程处于不断的变化之中。以相同质量和数量的半成品去补充损耗的设备和半成品在这里是远远不够的；必须代之以更优良至少是更适合新的需求状况的资本品；或者，某些生产部门的资本品的更新必须受到限制，以便扩大或新建另一些生产部门。为了完成这一复杂的作业，必须进行核算。没有经济核算，就不可能有资本计算。因此，面对经济活动的这一最基本的问题，社会主义社会——它没有核算手段——必然一筹莫展。它徒有世界上最良好的愿望，却没有能力采取必要的措施以保持生产和消费的均衡——至少维持资本的价值，只消费增殖的部分。

除了它自身不可克服的困难外，社会主义社会在推行合理的经济政策时，还会遇到其他困难。

资本的保持和积累要付出代价。为了将来更大的满足，要舍弃眼前的满足。在资本主义制度下，这种舍弃是由生产资料的所有者以及通过俭省消费而即将成为所有者的人做出的。他们将来的收益当然不是悉数归他们所有。他们必须与通过工作取得收入的人分享利益，因为，在其他条件不变的情况下，资本积累提高了劳动生产率，从而也提高了工资。但是，大体上说，通过生活不超支（即不把资本用于消费）和节俭（即增加资本）而获得的收益对他们来说确实是值得的，这足以激励他们保持和扩大资本。这种激励愈强烈，对资本的迫切需求就愈能得到更充分的满足。至于那些因投资于长远而得不到满足的当前需求，它们的迫切性越小，就越容易被舍弃。在资本主义制度下，维持和积累资本是不平等的财产和收入分配的功能之一。

在社会主义制度下，资本的保持和积累是组织起来的共同体——国家的任务。在这里，合理政策的效用与资本主义制度下的情况是一样的。收益对共同体的全体成员一视同仁，成本亦是如此。事关资本政策的大事，要由共同体做出决定——直接的决策者是经济管理部门，但说到底还是全体居民。他们必须决定是生产更多的生产性物品还是生产更多的消费品——是采用周期短而产出低的生产方式，还是采用周期长而产出大的生产方式。谁也说不清楚这种多数人的决定如何能做得出来。不必在此做毫无意义的猜测。在这里，不得不做的决定所赖以做出的那些条件，与资本主义社会的相关条件是不同的。在资本主义制度下，是否节约的决定关系到繁荣和富裕。在社会主义制度下，这类决定关系到每一个人，懒汉与挥霍者概莫能外。不仅如此。必须记住，在这里，通过节俭而提高生活水平的动机是不存在的。这就为政治煽动家打开了方便之门。节俭的反对者们随时准备证明，能够安排更多的物品用于当下的满足；而政府不会不愿意大把花钱以换取在台上多待些时日。政府的一句古老格言是：Après nous le

179

déluge（我们死后，管它洪水滔天）。

公共部门的资本政策提供的经验，不会使人对未来社会主义政府的节俭抱多大希望。一般来说，只有通过一定额度的贷款才能形成新资本——它是居民私人的储蓄。通过税收和特殊的公共收入而积累的资本是极其有限的。另一方面，大量证据表明，公共部门所拥有的生产资料已经贬值，原因是，为了尽可能减少当前的成本，对资本的保持没有给予充分的关注。

诚然，现存的社会主义政府和半社会主义社会也很在意为了开支——这一般被视为投资和新资本的形成——而限制消费。俄国的苏维埃政府和德国纳粹政府正在投巨资建立军工企业和工厂，其目的是使国家摆脱对进口的依赖。用于这些项目的部分资本来自外国的贷款；但资本的更大来源是通过限制国内消费、限制人民生活日用品方面的生产投资而获得的。我们是否会把这样的政策视为节约和形成新资本的政策，取决于我们对以扩大军备和摆脱进口依赖为目的的政策做怎样的判断。单凭为了建立各种大工厂而限制消费这一事实，不足以证明已经形成了新资本。这些工厂还需要证明，它将来是否能为国家经济发展所需要的产品的供应作出贡献。

五 社会主义经济的变化因素

从我们以上所言可以清楚地知道，同任何其他制度一样，社会主义制度也不存在完全静止的状态。生产的自然条件的不断变化就能使这种静止成为不可能，更何况还有其他不断变动的因素，如人口规模、产品需求、资本品的数量等的变化在发挥着作用。不能设想这些因素会从经济体系中消失。因此，无须探究这些变化是否会引起劳动组织和生产技术过程的变化。因为，一旦经济体系失去完全均衡，实际的创新是否被思考和付诸实施，已不重要。一旦一切处于变动状态，所发生的一切都是创新。甚至对旧事物的重复，也是一种创新，因为在新的条件下它会有不同的作用，它会造成创新的结果。

但是，这绝不是说社会主义制度是一个不断进步的制度。经济变化与经济进步决不是一回事。经济活动赖以发生的条件的变化必然导致经济的变化。经济系统不是处在静止状态，并不能证明它在不断进步。经济变化是必然的，因为经济活动的条件在发生变化。条件一变，经济系统也肯定会变。然而，经济进步仅仅是指它朝着一个十分明确的方向、朝着全部经济活动的目标即富裕最大化的方向所发生的变化（这种进步观完全摆脱了主观判断的含义）。当更多的或同样数量的人们得到了更好的供给，该经济系统就是进步的。至于价值计算的困难使得对进步的测量不可能做到精确，以及经济进步并不意味着它使人们"更加幸福"，并不是我们这里所要讨论的话题。

可以通过各种方式取得进步。可以改进组织，可以使生产技 181
术更有效，可以增加资本存量。一句话，有许多道路通向这一目标。[6] 社会主义社会能够做到这些吗？

我们可以设想，它可以委托最合适的人去管理生产。但是，不管他们有多大能耐，如果不能评估，不能核算，他们如何可能合理地行动呢？这一个难题大概就足以让社会主义失败了。

六　投机

在任何不断变化的经济体系中，一切经济活动都面临着未知的前景，从而它总是面临着风险。经济活动的本质就是投机。

绝大多数人不知道如何进行成功的投机，而各派社会主义作家对投机从来没说过一句好话。对生意场很隔膜的学者和官员，一想到那些幸运的投机家和成功的企业家，就有一肚子妒忌与愤恨。他们有如此心情，我们得感谢一些在经济事务上舞文弄墨的人，他们在投机与"合法经营"和"创造价值的生产"之类的活动之间找出了微妙差别。[7] 在现实生活中，静止状态之外的全部经济活动都是投机。小工匠承诺一周内按约定的价格交付一双鞋子，投资者根据对多年后产品的支配权而投资煤矿，这两者之间只是投机程度的差别。甚至那些投资于利率固定的优质证券的买卖也是投机——且不说债务人无力还债的风险。他们买入货币是为了他日卖出，正如投机者在棉花买卖中的投机行为一样。经济活动依据的是未来的不确定性，因此必然带有投机的性质。投机是一条纽带，它把孤立的经济行为同作为整体的社会经济活动联结了起来。

人们习惯于把公营企业声名狼藉的低效率归咎于员工对劳动业绩不够关心。一旦大家都认识到自己的努力与社会收入——其中的部分归他所有——之间的联系，一旦他的品格的力量足以坚定地对抗偷懒的诱惑，公营企业的效率不会比私营企业差。这里，社会化问题似乎成了道德问题。要使社会主义成为可能，只需把人们从可怕的资本主义时代的冷漠和不道德的堕落状态中彻底解脱出来即可。在这一阶段到来之前，必须使用奖金等手段激励人们更加勤奋。

我们已经说过，社会主义制度缺乏足够的激励因素以克服人们对劳动的厌恶，必然导致低效率。甚至在静止的状态下也会发生这一困难。在动态条件下又出现了一个困难，即投机的困难。

在以生产资料私有制为基础的经济制度中，投机者极为关心投机的结果。投机成功，首先是他获益；投机失败，首先是他损失。投机者为社会而工作，但是，他对自己的行为成败的感受是社会无法体会的。他的损益对社会资源总量是沧海一粟，对他自己却有天地之别。他的投机越成功，他支配的生产资料就越多，他对社会经济的影响也就越大。他投机成功的程度越低，他支配的生产资料就越少，他的影响也就越小。如果输得精光，他就从人称经济事务当家人的行列中消失了。

在社会主义制度下，情形完全不同。经济领导者对盈亏并无切身利害，他只是作为千百万市民中的一分子参加到事业之中。他的行为乃万民祸福所系。他可以引导国家走向富裕。他也可以带领人们奔向贫困。他的天才能给民族以繁荣；他的弱智或冷漠可以造成毁灭与衰退。上帝的手就是他的手，兴衰尽在他的掌握之中。他必须像上帝一样去完成自己的使命。举凡影响社会之事物，他必须悉数洞察。他的判断不许失误。他对形势的正确把握必须及于万里之外和百代之后。

不用说，如果全知全能的上帝亲自降临人间掌管人类事务，则社会主义就是可行的。但是，只要对这种好事没有确切的把握，那就别指望有人能担当起这份职责。一切改革者必须切记，全部社会生活中的一个基本事实是，人有自己的思想，有自己的愿望。不能设想突然有那么一天，他们会自愿让自己永远成为他们当中某个人的玩偶——哪怕这人是他们当中最杰出的。

但是，只要排除了某个人永远掌控社会事务的可能性，就只能转而依靠委员会、民众大会以及最终诉诸全体选民的多数决定。但是，随之而来是所有的集体主义事业必然遭遇的威胁——创造精神和责任感的严重削弱。不会有人倡导革新，因为管理机构的大多数没有理由赞成它们。

某个人的决定靠不住，某个委员会也靠不住，那就建立无数有决定权的附属委员会吧，但这也不会使事情有任何改观。全部的附属委员会只能是最高权威的代表，最高权威是社会主义本质的体现，因为经济体制是按照统一的计划运行的。

我们都领教过社会主义管理机构那一副长相：数不清的官员，人人尽力自保，不让任何人染指于自己的地盘，同时又拼命

183

推诿责任。

这种官僚机构尽管爱管闲事，但还是提供了一个人类好逸恶
184 劳的绝佳样板。没有外来刺激时，完全是死水一潭。在生产资料
私有制大环境下的国有企业里，进步的动力完全来自那些希望通
过半成品和机器设备的交易而牟利的订货商。国有企业的领导人
很少——如果不是从来没有的话——有创新之举。他们满足于跟
在同类私营企业的屁股后面。除非全部企业都实行了社会化，否
则改革和进步一律免谈。

七 股份公司和社会主义经济

在社会主义目前的全部谬论中有这样一个观点：股份公司是
社会主义企业的预备阶段。他们争辩说，股份公司的管理者不是
生产资料的所有者，而在他们的管理之下企业也很兴旺。如果由
社会取代股东承担起所有者的职能，事情不会有所改变。管理者
为社会工作，会像为股东工作一样尽职。

在股份公司里，企业家职能就是股东的职能，公司的所有机
构只是作为股东的雇员而工作——这种观点也渗透进了法学理
论，并且有人试图把它作为公司法的基础。它也要对以下事实负
责：作为股份公司设立基础的商业观被误解了，而且人们至今未
能给股份公司找到一个法定形式，使之能够顺畅地运行，公司制
度到处都为严重的弊端所苦。

事实上，任何时候、任何地方都不曾出现过与国家社会主义
法理学家的理想观点相符的成功的股份公司，只有当公司经理的
个人利益与公司的繁荣利害攸关时，公司才能取得成功。股份公
司的关键力量和效能存在于公司的实际管理者——他有权支配部
分股份资本，如果不是大部分的话——与其他股东之间的伙伴关
系之中。只有当这些经理与其他所有者对企业的生意兴隆有着相

同的利益，只有当他们的利益与股东的利益一致时，经营活动才
能按照公司的利益进行。哪里发生了经理利益有别于一部分、大
部分或全体股东利益的情形，经营活动就会违背公司的利益。因 185
为，在所有未被官僚习气所窒息的股份公司中，掌握实际权力的
人总是按照自己的利益进行经营活动，不管他的利益与股东的利
益一致还是相左。公司兴旺的一个必备前提是：掌握实权者应当
获得企业相当大一块利润，而首先受到企业衰败影响的也是他
们。在所有生意兴隆的股份公司中，这类人的法律身份如何并不
重要，他们发挥着决定性的影响。使股份公司取得成功的人，与
思维方式类似于政府官员的公司总经理并不是同一种类型，后者
自己常常就是前公务员，其最主要的资质是同掌权者有良好的人
脉关系。关心自己那一份的经理、发起人和创建者，是这些人担
当公司的兴旺之责。

　　当然，社会主义和国家社会主义的理论是不承认这一点的。
它竭力要把股份公司塞进必定使其萎缩的法定形式。它拒绝承认
以非官僚方式管理公司的人有可取之处。因为国家社会主义者把
整个世界想象成一个官僚的家园；它与有组织的雇员和工人联
手，满腔怒气地对付高薪经理；它相信利润是自动产生的，因为
付给了那些当家人而减少了。最后，它还把矛头对准了股东。德
国流行的新教义"根据公平竞争观的进化"，不想让股东的私利
决定一切，而是要由"企业本身的利益和福利，亦即与一时的股
东多数无关的经济、法律和社会的价值"说了算。它要求赋予企
业管理部门一种权力地位，使他们不受多数出资人意志的
约束。[8]

　　"利他动机"在股份公司的成功管理中起着决定作用的说法
是个谎言。按照国家社会主义政治家的幻觉塑造德国公司法的尝
试，并没有给股份公司带来半点幻想中的"功能性经济"；它们
已对股份公司形式的企业造成了损害。

注释：

[1] Clark, *Essentials of Economic Theory* (New York, 1907), pp. 131 ff..

[2] Bebel, *Die Frau und der Sozialismus*, p. 340. 倍倍尔在这里引用了这句海涅的著名诗句。英文版出版者注：英译本见 p. 463。

[3] Heinrich Soetbeer, *Die Stellung der Sozialisten zur Malthusschen Beviölkerungslehre* (Berlin, 1886), pp. 33 ff., 52 ff., 85 ff..

[4] Malthus, *An Essay on the Principle of Population*, 5th ed. (London, 1817), vol. II, pp. 245 ff..

[5] Tarde, *Die Sozialen Gesetze*, German translation by Hammer (Leipzig, 1908), p. 99. 其他大量事例见 Roscher, *Ansichten der Volkswirtschaft vom geschichtlichen Standpunkt*, 3rd ed. (Leipzig, 1878), vol. I, pp. 112 ff.。英文版出版者注：前一本著作的英译本是 Tarde, *Social Laws*, translated by Howard C. Warren (New York: Macmillan, 1899)。

[6] 关于社会主义必然给创造发明，甚至给技术改进造成的困难，见 Diètzel, *Technischer Fortschritt und Freiheit der Wirtschaft* (Bonn and Leipzig, 1922), pp. 47 ff.。

[7] 对这些努力——它们是意图虽好但缺少严格科学思考的实例——的十分中肯的批评，见 Michaelis, *Volkswirtschaftliche Schriften* (Berlin, 1873), vol. II, pp. 3 ff., 以及 Petritsch, *Zur Lehre von der Überwälzung der Steuern mir besonderer Beziehung auf den Börsenverkehr* (Graz, 1903), pp. 28 ff.。后者在谈到瓦格纳时说，"虽然他喜欢把经济生活称为'有机体'，也希望别人这样看待它，虽然他总是强调共同体利益，反对个人利益，但是在具体的经济问题上，他并未超越个人及其或多或少的道德目标，他固执地忽略这些目标与其他经济现象的有机联系。因此严格地说，他所达到的位置，是应当作为一切经济研究的起点而不是终点的地方"（p. 59）。对所有那些痛骂投机的人，都可以这样说。

[8] 对这些理论的批评及改进，见 Passow, *Der Strukturwandel der Aktiengesellschaft im Lichte der Wirtschafisenquete* (Jena, 1930), pp. 1 ff.。

第十一章

社会主义的不可行

一　变动条件下的社会主义经济的根本问题

以上研究揭示了建设社会主义社会制度面对的困难。社会主义社会没有经济核算的可能，所以它无法确定经济经营的成本和成果，或用核算的结果去检验经营。仅仅这一点就足以使社会主义无法实行。但是，除此之外，它的道路上还有另一些无法克服的障碍。它不可能找到这样一种组织形式，使个人的经济活动脱离跟其他公民的合作但又不使其面对完全成为赌博的风险。不解决这两个问题，实现社会主义看来就是不可能的，除非经济完全处于静止状态。

过去很少有人关注这些根本性的问题。前一个问题几乎受到普遍忽视，其原因是人们一直无法摆脱劳动时间可以提供一个有效的价值尺度的想法。但是，甚至很多认识到劳动价值论站不住脚的人，仍然相信价值是可以计算的。经常有人试图找到一种价值标准即可证明这一点。为了理解经济核算的问题，必须先搞清楚反映在市场价格中的交换关系的真实性质。

只有现代主观价值论的方法能够阐明这个重要问题。在实践中，虽然大趋势是在向社会主义方向发展，但这个问题尚未紧迫到引起人们的普遍关注。

第二个问题就大不相同了。公有企业越多，国有化和市有化 187

企业的经营恶果就越是引人注目。对麻烦的原因视而不见是不可能的：连小孩子都能看出它有某种缺陷。所以不能说没有人致力于解决这个问题，只是采用的办法太离谱了。它与社会主义企业的性质有着有机的关联，却被简单地视为只是一个选贤任能的问题。人们没有认识到，就算是出类拔萃的天才，也无法解决社会主义控制产业引起的问题。

二　解决的尝试

就大多数社会主义者而言，不仅是他们顽固地信奉劳动价值论，还有他们对经济活动的整体认识，都妨碍着他们认识这些问题。他们没有认识到产业肯定会不断变化，他们所设想的社会主义社会永远是静态的。只要一批判资本主义制度，他们就没完没了地谈论经济进步的现象，并以浓墨重彩描绘经济变化引起的冲突。可是他们似乎不但把变化引起的冲突，而且把所有的变化，都视为资本主义特有的属性。在未来的幸福王国里，一切都会在毫无变化或冲突中发展。

只要想一想社会主义者普遍描绘的风险投资家形象，就能最清楚地理解这一点。在这幅画面中，风险投资家的唯一特点是他获取收入的特殊方式。显然，对资本主义制度的任何分析，都要把风险投资家而不是资本或资本家作为要点。但是社会主义，包括马克思一派的社会主义在内，却把风险投资家视为一个外在于生产过程的人，他的全部工作就是占有剩余价值。为了实现社会主义，只要剥夺这些寄生虫就够了。解放农民、消灭奴隶制的记忆一直萦绕于马克思的脑际，其他许多社会主义者更是如此。可是他们都没有认识到，封建领主的地位完全不同于风险投资家的地位。封建领主对生产没有任何影响，他处于生产过程之外：在这个过程完成时他才会出面宣布自己对收获享有的份额。但是，如果庄园主和奴隶主同时也是生产者的领导，那么即使废除了农奴和奴隶制，他们仍会保持自己这种地位。他们今后必须为工人的劳动价值付费，这个事实并没有改变他们的经济功能。风险投资家所从事的工作，甚至在社会主义社会也必须有人做。这就是社会主义者没有认识或至少拒绝认识的事情。

只要一提到投机家这个字眼，社会主义对风险投资家的误解就会变得十分怪诞。在这些问题上，甚至马克思也忘记了给他带来活力的出色判断力，完全从"小资产阶级"角度看问题，他的学生们更是有过之而无不及。所有的社会主义者都无视一个事实，即使在社会主义社会里，经济活动也只能以不确定的未来作为基础，即使它在技术上是成功的，它的经济后果依然是不确定的。他们从这种引起投机的不确定性中只看到了无政府生产状态的后果，但它实际上是经济状况不断变化的必然结果。

广大民众没有能力理解，在经济生活中，除了变化之外没有任何东西是永恒的。他们认为现状永不会改变，既然过去一直如此，今后也会如此。但是，倘若他们以为一切都很简单（πάντα ῥεῖ），那么有待解决的问题是会让他们不知所措的。未雨绸缪，提前行动，采用新方式，永远只能是少数人，即领导者的事情。社会主义是远远看不透经济活动之本质的群众或庶民的经济政策。社会主义理论是他们对经济事务的看法的产物，炮制和支持这种理论的是那些远离经济生活、根本不理解这种生活的人。

在社会主义者中间，只有圣西门在一定程度上认识到了企业家在资本主义经济中的地位。所以他经常拒绝社会主义者这个称号。其他人则完全没有认识到，企业家在资本主义制度中所发挥的功能，在社会主义社会也必须有人做。这最清楚地反映在列宁的著作中。在他看来，资本主义制度中由他拒绝称为"劳动者"的人所从事的工作，可以被简化为"生产和分配的簿记工作"和"劳动与生产的记录工作"。武装工人、"武装的全体人民"

很容易做这些事情。[1] 列宁十分正确地把"资本家和办事员"的
189 职能同有技术训练的高级人员的工作做了区分,然而他也不失时
机地讥讽那些有科学训练的人,表达他对一切高度技能化的工作
的轻蔑,这也是马克思主义的无产阶级假充内行的特点。他说,
"对这些事情的计算和监督已被资本主义简化到了极点,而成为
非常简单、任何一个识字的人都能胜任的手续——进行监察和登
记,算算加减乘除和发发有关的字据"。[2] 因此,完全有可能使
社会的全体成员为自己做这些事情。[3] 这就是列宁在这个问题上
所能说的一切;社会主义者再也没有多说一句话。他们对经济生
活的本质的认识,比一个认为企业家的工作就是在纸上记一些字
母和数字的小听差强不了多少。

　　执是之故,列宁根本不可能认识到他的政策失败的根源。在
他的一生和他的阅读中,他一直远离经济生活的现实,对于资产
阶级的工作,他就像一个霍屯督部落人对从事地理勘测的探险家
的工作一样隔膜。当他看到自己的事业无法按原来的路线推行下
去时,他决定不再只提"武装工人",以便迫使"资产阶级"专
家们进行合作:他们在"一个短暂的过渡期"可以得到"高额
报酬",这样他们就可以使社会主义制度运转起来,使他们自身
成为多余。他甚至认为此事有可能在一年内完成。[4]

　　有些社会主义者不认为社会主义社会是个强有力的集权组
织,而他们的头脑更清楚的同党却是这样想的,并且也只有这样
想才合乎逻辑。他们相信,工业管理所面对的难题,可以通过企
业内部的民主制度加以解决;他们相信,可以让每个产业部门在
一定的独立范围内从事经营,这不会危害产业的统一性和相互协
调。只要把每个企业置于工人委员会的控制之下,就不会有任何
问题了。这种观点充满了空想,谬误百出。我们这里所讨论的经
济管理问题,跟每个产业的运行关系不大,而是关系到每个企业
190 的运行与整个经济系统的协调。它涉及解散、扩大、转移和限制

现有企业以及建立新企业的问题——这些事情根本不能由一个企业的工人来决定。企业经营的问题远远超出个别企业的范围。

国家和市政府推行的社会主义已经提供了足够的负面经验，这迫使人们对经济管理给予密切的关注。但是，国家社会主义者对这个问题的处理并不比布尔什维克的俄国更得法。舆论大体上似乎认为，公有企业的主要弊病应归因于它们没有按照"商业"方式经营。准确地理解这个字眼，可以使我们对问题有正确的认识。公有企业当然缺少商业人士的精神，社会主义的难题就在于创造某种东西去取代它。然而，社会主义者根本不是这样来理解这个字眼的。它是一种官僚头脑的产物，也就是说，它来自那些认为人类的一切活动都是在执行形式化的官方职业任务的人。官僚衙门对工作的分类，是根据通过考试和一定供职时间内获得的从事某项工作的能力。"训练有素"和"供职时间"是官员赋予"职业"的唯一内容。如果一个官僚团队的工作不能令人满意，那只能有一种解释：这些官员没有受到正确的培训，今后的任命必须有所改变。于是它会建议改变对未来的官员候选人的培训方式。假如公有企业的官员受过"商业"培训，企业就能"更像商业"了。但是，对于不知资本主义企业精神为何物的官员来说，这仅仅是指商业技能的某些表象：对命令做出更快捷的反应；采用某些尚未充分运用于各部门的办公技术手段，如打字员和复制设备等；减少不必要的重复以及诸如此类的事情。这样就能使"商业精神"渗透到公有企业的办公室里了。当这些如此训练出来的人也归于失败，甚至比至少在正规教育上更优秀的恶劣公务员失败得更惨时，他们会更加大惑不解。

不难揭示这些观点中的空想成分。商人的禀性同风险投资家在资本主义制度中的地位是分不开的。"商业经营"本身并不是一个人所固有的品质；只有商人必不可少的头脑和性格才是天生的。它更不是一种能够通过学习获得的技能，虽然商人所需要的

191 知识和技能可以通过教育学会。经过数年的商业培训或在商学院里待上几年，学会了记账、打字和速记，并不能使一个人成为商人。这些本领是职员所需要的，但职员不是商人，虽然在日常用语中可以把他称为一个"训练有素的工商业人士"。

当这些显而易见的事实终于变得十分清楚时，人们尝试让那些有多年成功经验的风险投资家担任公有企业的经理。结果令人悲哀。他们并没有比其他人干得更好；而且他们缺少终身制官员所特有的照章办事的意识。原因不言自明。风险投资家如果失去了他在经济生活中的特有角色，他就不再是一个商人了。无论他为自己的新工作带来多少经验和常规，他在这种企业里只能是一个官员。

试图通过报酬手段解决这个问题也是徒劳的。有人以为，只要为公有企业的经理提供更好的酬劳，就会导致对这些职位的竞争，这样就可以选出更优秀的人。不少人甚至走得更远，认为通过让经理分享一块利润就能解决这些难题。重要的是，这些建议很难被付诸实践，虽然只要公有企业与私有企业并存，只要能够通过在纯粹的社会主义中做不到的经济核算去衡量公有企业的成果，它们看起来还是很可行的。但是，问题的症结与其说是让经理分享利润，不如说是让他分担自己的经营造成的亏损。且不说单纯的道德意识如何，在公有企业里没有产权的经理只能对相对很小的亏损额承担责任。让一个人只想获利却不关心亏损，这无异于鼓励他轻举妄动。不但公有企业，而且包括私有企业在内，允许相对贫穷的管理层雇员分享一定比例的利润的做法，已经提供了这样的教训。

社会主义者希望，在他们的目标实现之后，人类的道德就会变得纯洁，意志本身会使一切变得完美。抱有这种愿望是在回避问题。社会主义能否产生这种预期的道德效果，这里姑且存而不论，但是我们这里讨论的问题不是来自人类的道德缺陷，它们是时时处处都会发生的意志和行动的逻辑问题。

三 资本主义是唯一出路

不过，我们暂且不讨论迄今为止所有社会主义的努力都受到这些问题困扰，先来回顾一下寻找解决办法的方式吧。只有这样做，我们才能搞清楚这些办法在社会主义社会的制度框架内能否奏效的问题。

必不可少的第一步是在社会主义社会建立一些部门，把各个经济分支的管理权委托给它们。只要社会主义社会的企业是由支配一切并承担一切责任的单一权力部门管理，就不可能想出解决问题的办法，因为其他所有的劳动者都不过是活工具而已，他们没有界限清楚的独立工作范围，所以也不承担任何具体责任。我们必须达到的目标，不仅是有可能监督和控制整个过程，而且有可能对狭小范围内发生的次级过程分别进行考评。

至少在这个方面，我们的办法同以往解决问题的所有尝试是一样的。人人都知道，只有自下而上地确定责任，才能达到这个预定目标。所以我们必须以一个产业或一个产业的分支作为起点。我们作为起点的单位是大是小无关紧要，因为我们用于划分的原则同样适用于必须把单位划分得过大的情况。较之如何划分以及在哪儿划分的问题更重要的是，在把产业划分为各部分的同时，如何才能维持合作的统一性，因为没有这种合作，社会经济将成为不可能。

然后我们可以设想，社会主义的经济秩序被划分为若干部分，每一个部分交给一个具体的经理去经营。每个部门的经理对自己的经营承担全部责任。这意味着他可以从利润或相当一部分利润中获益；另一方面，亏损也要由他来承担，他因为措施不得法而挥霍掉的生产资料，不会由社会加以弥补。如果他把由他掌管的全部生产资料败坏一空，他就不再是部门经理，而是沦为群众的一员。

假如这种部门经理个人责任制不仅是装装样子，那就必须在
193 他的经营跟其他经理的经营之间划出清晰的界限。他从另一些经理那儿得到的、在他的部门用来加工或作为工具使用的一切原料或半成品，以及他自己的部门生产出的产品，在他的账目上记为借入项；他发送给其他部门或用于消费的产品记为贷出项。并且要给他自由选择权，由他来决定自己的部门使用什么机器、原料、半成品、劳动力以及生产什么。假如不给他这种自由，就不能让他承担任何责任。因为，如果他是遵照最高控制当局的命令生产了一些在现有条件下没有相应需求的东西，或他的部门因为收到其他部门不适当的原材料或其费用太高而陷入困境，这都不是他的过错。如果是前者，他的部门的失败应当归因于最高当局的处置失当；如果是后者，则要归因于原料供应部门的失败。不过，另一方面，社会也必须自由地主张它授予部门经理的同样权利。这意味着社会得到经理只根据社会的需求生产的产品，只有当社会能够以最低的费用获得它们，并且把按最高价格为他提供的劳动力交给他使用时，社会才能有所收益：也就是说，社会把劳动力提供给了出价最高的竞标者。

这样一来，作为一个生产共同体的社会就划分为三个群体。最高的指挥部门是一个群体。它的功能仅仅是从整体上监督生产过程的有序进行，而这一过程的执行完全交给部门经理。第三个群体是既不供职于最高行政当局，也不是部门管理者的公民。处在这两群体之间的部门经理是一个特殊群体：在这种政体建立之初，他们便一次性地从社会获得了生产资料的一定份额，不必为此支付任何东西；他们还从社会那儿不断获得来自第三群体成员的劳动力，这些人被派给他们中间出价最高的竞标者。中央管理部门必须把从部门经理那儿得到的一切，作为劳动报酬记入第三

群体的每个成员的名下，或者，在中央管理部门直接雇用第三群体成员时，它把从部门经理那里应当得到的一切记入雇员名下，然后中央管理部门将向三个群体的公民中出价最高的竞标者分配消费品。收入归属发出这些产品的部门经理。

通过这样一种社会安排，可以使部门经理完全对自己的行为 194 负责。他的责任范围跟另一些人的责任范围有清晰的界限。这样我们就不会再面对这个整体性产业共同体的经济活动的全部结果，无法对一个人的贡献和其他人的贡献加以区分。对每个部门经理的"生产贡献"可以分别进行评估，而且对三个群体中的每一个公民的贡献也可能进行这种评估。

显然，必须允许部门经理根据消费品市场反映出的公民的当前需求去改变、扩大或缩小他的部门。因此他们必须能够出售属于自己的部门但另一些部门更迫切需要的生产资料，而且他们也应当要求得到在现有条件下能够得到的生产资料。……

但是，我们不需要再作进一步的分析了。我们所面对的，不过是一种资本主义社会制度——唯一能够完全实行让每个公民负责这一原则的经济形态。资本主义是能够使社会主义制度的上述缺陷得到克服的社会经济形态。资本主义是能够满足社会对任何经济组织提出的要求的唯一可以想象的社会经济形态。

注释：

[1] Lenin, *Staat und Revolution*, p. 94. （译按：中译本见《列宁选集》第三卷，人民出版社 1972 年版，第 202 页。）

[2] Ibid., p. 95.

[3] Ibid., p. 96.

[4] Lenin, *Die nächsten Aufgaben der Sowjetmacht* (Berlin, 1918), pp. 16 ff.. （译按：中译本见《列宁选集》第三卷，第 482—485 页。）

第二部分

社会主义社会的对外关系

第十二章

民族社会主义和世界社会主义

一 社会主义社会的空间范围

早期社会主义的特点是，它希望恢复原始时代更简单的生产方式。它的理想是自给自足的乡村，至多是自给自足的狭小地区——有若干村庄环绕的一个小城镇。它的创始人厌恶一切贸易和商业，认为对外贸易是必须予以消灭的十足的罪恶。对外贸易把可有可无的商品引入乡村。既然过去没有这些东西也能过，它们显然是没有必要的；正是因为极易得到它们，才会把钱毫无必要地花在这上面。对外贸易危及道德观念，带来外国的思想和风俗。禁欲主义自我节制的理想在这个乌托邦中变成了经济自给自足的理想。普鲁塔克发现，按他那个时代浪漫派的看法，利库尔戈斯[1]的斯巴达从未有商船驶入它的港口，是一件值得庆贺的事情。[2]

这些信奉经济自给自足理想的乌托邦主义者完全不理解贸易和商业的性质，这使他们忽略了理想国的领土限制问题。他们从未想过这个仙境的面积是大是小。在一个小村庄里有足够的空间实现他们的理想。就此而言，可以认为在一些蕞尔之地有可能暂时实现乌托邦。欧文在印第安纳建了一个新和谐公社。卡贝在得克萨斯创立了一个小小的伊加利亚。孔西德朗也在这里组织了一个模范的法伦斯泰尔。《共产党宣言》把它们讥为"微型的新耶路撒冷"。

　　社会主义者十分缓慢地认识到，一小块地方的自给自足，是无法为社会主义提供依据的。欧文的一个门徒汤普森说，在一个公社的成员中间实现平等，远不能说明在不同公社的成员之间也能实现平等。在这种发现的影响下，他转向了集权制的社会主义。[3] 圣西门及其学派是彻头彻尾的集权派。贝魁尔[4] 的改革方案自称适用于全国和全世界。[5]

　　由此产生了一个社会主义特有的问题。社会主义能够生存于一个狭小的地区吗？是否必须让全世界形成一个统一的社会主义共同体？

二　马克思主义者对这个问题的看法

　　在马克思主义看来，这个问题只有一个答案——一个普世性的解决方案。

　　其实，马克思主义的出发点是这样一个假设：由于一种内在的必然性，资本主义已给整个世界打上了自己的印记。现在资本主义已经不限于一个国家或少数国家；今天它甚至变成了一种国际性的普遍现象。"过去那种地方的和民族的自给自足和闭关自守状态，被各民族在各方面的互相往来和各方面的互相依赖所代替了。"价格低廉的商品是资产阶级的"重炮"。资产阶级借助于它，强迫所有的民族接受资产阶级的生产方式。"它迫使它们在自己那里推行所谓的文明，即变成资产者。一句话，它按照自己的面貌为自己创造出一个世界。"不但物质生产如此，精神生产也是如此。"一个民族的精神产品成了所有民族的公共财产。民族的片面性和局限性日益成为不可能，于是由许多种民族的和地方的文学形成了一种世界的文学。"[6]

　　可见，根据这种唯物史观的逻辑，社会主义不可能是民族

199

的，它只能是一种国际现象。它不只是某个民族的历史的一个阶段，而且是全人类历史的一个阶段。按马克思主义的逻辑，甚至不能提出这个或那个民族是否"成熟"到能够实现社会主义的问题。资本主义不是使某个民族或某个产业，而是让整个世界成熟到可以实现社会主义。根本无法想象，把没收财产作为迈向社会主义最后步骤的没收者会放过那些在全世界到处投资的大资本家。因此，在马克思主义者看来，"空想家"的社会主义试验，就像俾斯麦在普鲁士国家的一个波兰裔地区强制推行的社会主义试验一样，是没有意义的。[7] 社会主义是一个不能在烧瓶里试验或在沙盘上预演的历史过程。因此马克思主义者认为，甚至根本不能提出一个社会主义国家的自给自足这种问题。他所能设想的唯一的社会主义社会，是指全人类和全世界。对他而言，必须对全世界的经济进行统一的管理。

不错，马克思主义者后来认识到，必须预见到至少在一定的时期内并存着许多独立的社会主义社会。[8] 然而，一旦做出这种让步，就必须进一步考虑另一种可能性：一个或若干个社会主义社会存在于大多数地区仍是资本主义的世界上。

200

三　自由主义和国界问题

当马克思和后来的社会主义权威作家们认为社会主义只有在一个世界性国家中才能实现时，他们忽略了抵制经济统一的强大因素。

正如我们将看到的，他们在处理这些问题上的肤浅表现，也许可以不无道理地归因于他们完全盲目地接受了一种在马克思主义形成时占上风的有关未来世界政治组织的态度。当时的自由主义者认为，一切区域或民族划分都可以被视为政治上的返祖现象。自由主义有关自由贸易和保护主义的学说已经得到阐明——是任何时候都驳不倒的。它证明了任何贸易限制对所有各方都不利：它根据这种论证成功地把国家的职能限制在提供安全上。自由主义不会提出国界问题。假如国家的职能只是保护生命和财产，对抗杀人和偷盗，那就没有必要考虑这块或那块土地属于何人。在取消了关税壁垒、各国的法律和行政制度已融合为一个共同模式的时代，国家的领土是大是小，似乎是无关紧要的。19世纪中期乐观的自由派或许认为，国际联盟，即一个真正的世界国家的设想，在不太遥远的将来就有可能付诸实施。

自由主义者没有充分考虑到发展全面自由贸易的最大障碍——种族和民族问题。但是，社会主义者也完全忽略了发展社会主义社会面对的这一极为巨大的障碍。他们在所有的经济问题上都没有能力超越李嘉图，他们完全不理解民族主义的全部问题，这使他们甚至无法想象这个问题。

注释：

[1] 利库尔戈斯（Lycurgus）：传说中公元前 9 世纪为斯巴达立法的英雄。——译注

[2] Poehlmann, *Geschichte der sozialen Frage und des Sozialismus in der antiken Welt*, vol. I , pp. 110 ff. , 123 ff. .

[3] Tugan – Baranowsky, *Der moderne Sozialismus in seiner geschichtlichen Entwicklung* (Dresden, 1908), p. 136.

[4] 贝魁尔（Constantin Pecqueur, 1801—1887）：法国经济学家，空想社会主义者。——译注

[5] Pecqueur, *Théorie nouvelle d'Économie sociale et politique*, p. 699.

[6] Marx – Engels, *Das Kommunistische Manifest*, p. 26.（译按：中译本见《马克思恩格斯全集》第四卷，人民出版社 1958 年版，第 470 页。）

[7] 1878 年 2 月 19 日俾斯麦在德国议会的演说，见 *Fürst Bismarcks Reden*, edited by Stein, vol. VII, p. 34。

[8] Bauer, *Die Nationalitatenfrage und die Sozialdemokratie* (Vienna, 1907), p. 519.

第十三章

社会主义制度下的移民问题

一 移民与各国条件的差异

假如贸易完全是自由的，生产就只会在最适当的条件下进行。原材料会在经过仔细核算后的产量最大的地方生产。制造业会被安排在运输费用——包括把商品送到最终消费者手里的必要费用——最低的地方。劳动力会向生产中心聚集，从而人口的地理分布肯定会适应生产的自然状况。

然而，只有在静态的经济体系中，各种自然条件才不会发生变化。各种变化的力量在不断使它们发生改变。在不断变化的经济中，人们不停地从生产条件不利的地方迁往有利的地方。在资本主义制度下，竞争的压力使劳动力和资本转向最适当的地方。而在封闭的社会主义社会里，只能用行政命令做到这一点。这两种情况下的原则是一样的：人们肯定会向生活条件最有利的地方迁移。[1]

这种人口迁移对不同国家的状况有着最直接的影响。它使自然条件不利的国家的公民迁往条件更好的国家。假如引起移民现象的条件使得移民被他们的新环境所同化，他们的迁出国的人口就会相应的减少。假如条件使移民在新家园保留自己的国籍，更不用说他们把原来的居民同化，接收他们的民族就会发现移民是对其民族地位的威胁。

作为一个民族小国的成员，在政治上有诸多不利之处。[2] 政府的功能越宽泛，这种不利带来的困扰就越严重。在纯粹以自由主义原则为基础的国家，这种困扰最少；在以社会主义为基础的国家，这种困扰最大。对这种困扰的感受越强烈，各国就越想使其成员避免属于一个民族小国的命运。于是，增加人口、成为富饶而广大的领土上的民族大国，就变成了十分可取的政治目标。然而，这仅仅是一种帝国主义而已。[3] 在 19 世纪最后二十几年以及 20 世纪的头二十几年里，帝国主义惯用的武器是商业手段——保护性关税、禁止进口、奖励出口、运费歧视等。另一种强大的帝国主义手段——限制移民的进出，却很少受到关注。目前这种现象已经变得十分明显。不过，帝国主义的最终目的是战争，除了战争之外，它有可能采用的其他一切武器，仅仅是不能成大事的辅助手段而已。

没有任何证据能够使我们假定，在社会主义制度下，属于民族小国的成员的不利处境将会消失。相反，个人越是依赖国家，即政治决定对个人的生活越重要，民族小国就越会感到自身无法摆脱的政治上的无权无势。

但是在讨论社会主义移民时，我们无须特别关注各民族之间发生的冲突。因为在社会主义制度下，即使在一个民族的成员内部，也会发生那些使世界划分为不同国家的分歧——此事与自由主义无关，却是个至关重要的问题。

二　社会主义制度下的分离趋势

在资本主义制度下，资本和劳动力不停地流动，直到各地的边际效用被拉平为止。当全部资本和劳动的边际生产力一样时，即达到了均衡状态。

我们姑且先不谈资本的流动，只讲劳动力的流动。迁移的工人无论到了哪里，都会使当地劳动的边际生产率下降。工资——他们的收入——的下降，直接损害新工人到来之前已经在移民中心就业的工人。他们认为"外来移民"是高工资的敌人。对这种特殊利益会采取禁止"外来移民"的方式加以保护。这是不允许新工人进入的所有特殊工人团体的排外政策的关键。

自由主义的任务就是向世人说明谁在为这种政策的成本埋单。首当其冲受到伤害的，是在条件不利的生产中心就业的工人，这些中心的劳动边际生产率较低，所以他们只能满足于较低的工资。同时，位置更为有利的生产资料的所有人，也会因为无法达到假如他们能雇到更多工人所能获得的产量而蒙受损失。但这还不是问题的终点。保护特殊团体眼前利益的制度，对生产力构成普遍限制，最终会损害所有的人——甚至那些最初的受益人。保护性的政策最终如何影响到个人，取决于对他和别人施加的保护程度。在受保护的情况下，总产量会低于自由贸易条件下的产量，因此平均收入肯定较低，但某些个人仍然有可能比在自由贸易的条件下过得更好。对特殊利益提供的保护越大，对整个社会的伤害就越大，如此说来，保护越小，个人获益的可能将大于受损的可能。

只要能够以这种方式促进私人利益和获得特权，利益相关者之间就会发生争取优势地位的斗争。每个人都想获得优于别人的地位。每个人都想得到更多的特权，以便获得更多的私人利益。完全平等地保护所有人的观点，不过是思维有问题的理论空想。假如所有的特殊利益都平等地受到保护，那么任何人204都得不到任何好处：唯一的结果是所有的人都同等地感到生产力下降的不利。较之受保护较小的人，使自己得到一定程度的保护会带来更多好处，只有这样的前景才对个人有吸引力。要求得到这种保护的，永远是那些有能力为自己获得和维持特权的人。

自由主义揭露了保护的作用，也就打败了特殊利益的攻势。显而易见，只有少数人能从保护和特权中真正获益，大多数人难免蒙受损失。这样的证明使此类制度失去了群众的支持。特权的失败是因为它失了民心。

要想恢复保护，就必须消灭自由主义。攻击来自两个方面：一种攻击来自民族主义观点，另一种来自受到资本主义威胁的中产阶级和工人阶级的特殊利益的观点。一种观点培养了领土排外运动，另一种观点则扩大了不堪竞争压力的雇主和工人的特权。但是，一旦把自由主义彻底打败，使其不再威胁保护主义体制，就再也没有对抗特权扩张的势力了。人们很久以前就认为，领土保护仅限于国家的区域，重新实行国内关税、限制国内的迁徙等等已是不可想象的事情。只要对自由主义仍抱有一点儿尊重，那就确实仍可以这样说。但是在大战期间，德国和奥地利甚至把这一点儿尊重也抛到脑后，一夜之间就冒出来各种各样的地区壁垒。为了保障自己的人口有较低的生活成本，各地生产了更多的农产品，这使它们切断了同那些只能靠进口食品来维持其人民生活的地区的联系。城市和工业区为抑制食品价格和房租的上升而限制人口迁入。地区封闭政策破坏了经济区的统一性，而新的重商主义的所有计划却是以这种统一性为基础的。

即使同意社会主义是完全可行的，发展统一的世界社会主义也会面对严重的困难。特定地区、有特定利益或在特定工厂就业的工人，完全有可能认为他们身边的生产工具是他们自己的财产，外人没有资格利用它们获利。在这种情况下，世界社会主义将分裂成无数个相互独立的社会主义社会——假如它没有完全变成工团主义社会的话。因为工团主义跟这种始终如一贯彻下去的分离原则是一路货色。

注释:

[1] 参见我的 *Nation, Staat und Wirtschaft*（Vienna, 1919）, pp. 45 ff.. 和 *Liberalismus*（Jena, 1927）, pp. 93 ff.. 英文版出版者注: *Nation, Staatund Wirtschaft* 没有英译本。*Liberalismus* 的英译本是 *The Free and Prosperous Commonwealth: An Exposition of the Ideas of Classical Liberalism*, translated by Ralph Raico, edited by Arthur Goddard（Princeton, N. J. : D. Van Nostrand, 1962）. 该书 1978 年出版的英译本书名改为 *Liberalism: A Socio-Economic Exposition*。（译按: 中译本为《自由与繁荣的国度》, 韩光明等译, 中国社会科学出版社 1994 年版。）

[2] *Nation, Staat und Wirtschaft*, pp. 37 ff..

[3] Ibid. , pp. 63 ff. ; *Liberalismus*, pp. 107 ff.. 英文版出版者注: 英译本见 pp. 121 ff. 。

第十四章

社会主义和对外交易

一 自给自足与社会主义

假如社会主义社会不是由全人类组成，它就没有理由把自己同世界其他地方隔绝开来。不错，这个国家的统治者有可能对外国观念跟外国产品一起进入国境感到不安。倘若他们的国民能把自身的处境跟不是社会主义社会公民的外国人的处境加以比较，他们也许会为自己制度的长治久安而担心。不过这属于政治上的考虑，如果另一些国家也是社会主义，这种担心就是没必要的。再说，如果政治家相信社会主义的好处，他肯定希望跟外国的交往可以使它们也变成社会主义国家：他不会害怕交往，除非他担心这会动摇自己国家的社会主义。

自由贸易理论阐明了社会主义社会对外国商品关闭边界会给它的居民带来怎样的伤害。资本和劳动力只能在相对不利的条件下得到利用，获得的产量也会比不这样做的情况更低。一个极端的例子可以说明这一点。社会主义的德国可以投入巨量的资本和劳动在温室里种植咖啡豆。但是，用在德国更为有利的生产条件下生产出来的产品去交换巴西的咖啡，显然更为有利。[1]

二 社会主义制度下的外贸

以上所说指出了社会主义社会在制定它的商业政策时必须遵循的原则。只要它希望纯粹以经济上的考虑来指导自己的行动，它就必须让经济力量不受限制地发挥作用，以取得在完全自由贸易的条件下所能取得的成果。社会主义社会只会利用它比外国相对有利的条件从事生产，只有在这种相对优势得到证实时它才会利用它的每一条生产线。它会通过交换从国外获得所有其他商品。

这条基本原则是十分正确的，无论对外贸易是否借助于普遍的交换媒介，即货币。对外贸易和国内贸易一样（它们确实没有差别），没有货币核算和生产资料价格的形成，就不可能从事理性的生产。在这一点上我们对已经说过的话没有进一步的补充。但是这里我打算讨论一个在非社会主义世界中生存的社会主义社会。这个社会可以采用与生产资料私有制基础上的社会的国有铁路或城市供水系统完全一样的方式，利用货币进行价值评估和核算。

三 外国投资

谁都不会认为自己的邻居所做的事情跟他完全无关。每个人都关心在既有条件下通过尽可能扩大劳动分工以提高生产力。假如别人坚持经济上的自给自足，那么我也会受到伤害：因为他们若是改变闭关自守的状态，分工可以变得更加普遍。如果生产资料是掌握在效率较低的人手里，由此所造成的伤害是普遍的。

在资本主义制度下，每个企业家追求利润的行为使个人利益与全社会的利益和谐一致。一方面，企业家总是寻找新的市场，通过出售价廉物美的商品，排挤那些用不合理的生产组织方式生产出来的价高质次的产品。另一方面，他总是寻找更便宜、更有利于生产的原材料，开发更具优势的生产场所。这就是资本主义扩张趋势的真正本质，新马克思主义的宣传完全错误地把它称为"Verwertungsstreben des Kapitals"（资本追逐利润），并且令人诧异地用它来解释现代帝国主义。

欧洲过去的殖民政策有着重商主义、军国主义和帝国主义的性质。随着重商主义被自由主义思想击败，殖民政策的性质也发生了彻底改变。西班牙、葡萄牙和法国这些老牌殖民强国失去了它们的大部分领地。成为最大殖民强国的英国则遵循自由贸易学说的原理去管理它的领地。英国的自由商人没有大言不惭地说，他们的使命是把落后民族提升到文明状态。英国是用行动来表明，它把自己在印度及各个英属殖民地和保护国的地位，视为欧洲文明的普遍托管人。当英国的自由主义者说，英国在殖民地的统治既对英国有利，同样也有益于当地居民和世界其他地区，这并不是伪善的借口。仅以英国在印度维持着自由贸易这个事实，即可说明它的殖民政策十分不同于 19 世纪最后 20 年那些实行或重新实行殖民政策的国家——法国、德国、美国、日本、比利时和意大利。英国在自由主义时代为扩张其殖民帝国、为使拒绝对外贸易的地区打开国门而发动的战争，为现代世界经济奠定了基础。[2] 为了评估这些战争的真正意义，只要想象一下假如印度和中国及其邻国仍对世界商业关闭大门会是怎样一种状况就够了。不但每个中国人和印度人，而且每个欧洲人和美国人的生活状况都会更差。如果英国失去印度，如果这块自然资源十分丰富的大陆陷入无政府状态，它就不可能再给国际贸易提供市场，或不再能提供一个如此巨大的市场，这将是最严重的经济灾难。

207

208

自由主义要打开一切对贸易关闭的大门。但是它根本不想强迫人们做生意。它的敌意只针对那些实行禁令和其他各种贸易限制、不允许其臣民通过参与世界贸易获利、从而给全人类的生活水平造成伤害的政府。自由主义的政策与帝国主义毫无共同之处。相反，它的目的是打败帝国主义，把它赶出国际贸易的领域。

社会主义社会也会做同样的事情。它也不能允许自然资源丰富的地区永远对国际贸易关闭大门，或是所有的国家都不进行交换。但是，社会主义在这里会遇到一个只有资本主义制度才能解决的问题——海外资本的所有权问题。

在资本主义制度下，就像自由商人所理解的那样，国界是不重要的。贸易在各国之间应当畅通无阻。它们既不会阻止最合适的生产者流向无法迁移的生产资料，也不会阻止可流动的生产资料投向最适当的地区。生产资料的所有权与公民权无关。对外投资应该像在国内投资一样方便。

在社会主义制度下情况就有所不同了。社会主义社会不可能拥有境外的生产资料。它不可能进行对外投资，即使它在那儿能够生产出更多的产品。社会主义的欧洲只能孤立无助，社会主义的印度也只能低效率地利用自己的资源，因此提供给世界市场的货物也会更少。新的资本供给只能在条件不利的欧洲得到利用，而在缺少资本的印度，具有优势的生产条件也得不到开发。因此，相互独立的社会主义社会之间如果只交换商品，将会造成一种僵硬呆板的状态。姑不论其他，仅仅它们相互隔绝这个事实，就必然导致生产力的下降。

只要相互隔绝的社会主义社会同时存在，这些困难就无法得到克服。要想克服它们，只能把相互分离的社会合并成一个全球性的统一的社会主义国家。

注释：

［1］ 对于"塔特"派文人以极大热情加以论证的自给自足计划［参见 Fried，
Das Ende des Kapitalismus（Jena，1931）］，实在没有反驳的必要。自
给自足给德国人的生活水平可能造成的伤害，即使把战争赔偿的负担
再增加 100 倍，也无法与之相比。

［2］ 在评价英国要求中国开放门户的政策时，人们不断提及战争爆发的直
接导火索是鸦片贸易。但是英法两国在 1839 年和 1860 年发动对华战
争的目的是贸易的全面自由，而不仅是鸦片贸易的自由。从自由贸易
的角度看，甚至对毒品贸易也不应设置障碍，每个人应当自己戒除对
身体有害的嗜好，这并不像仇视英国的社会主义作家所描述的那样恶
劣和低俗。罗莎·卢森堡谴责英国人和法国人说，他们用欧洲的武器
打败了手里只有过时武器的中国人，这算不上英雄主义的举动。［Lux-
emburg，*Die Akkumulation des Kapitals*（Berlin，1913），pp. 363 ff..］法
国人和英国人是不是也该拿着古代的土枪长矛上阵呢？

第三部分

社会主义和准社会主义的具体形式

第十五章

社会主义的具体形式

一　社会主义的本质

　　社会主义的本质是：全部生产资料完全处在组织起来的社会的控制之下。这就是社会主义，也只有它是社会主义。所有其他定义都是错误的。

　　或许可以认为，社会主义只有在十分严格的政治和文化条件下才能实现。然而这种看法是没有道理的，它把这个术语只限定于某种具体形式的社会主义，把实现社会主义理想的所有其他可以想象的方式都排除在外。马克思一派的社会主义者热衷于宣称，他们自己这个牌号的社会主义才是唯一正宗的社会主义；他们坚信，另一些社会主义理想和实现社会主义的方式都与真正的社会主义不相干。社会主义者的这种态度从政治上说十分乖巧。倘若他们承认，自己的理想跟其他党派的领袖所提倡的理想有任何共同之处，这会给他们的运动带来很大困难。倘若他们公开承认，自己的目标跟普鲁士国家的统治阶级的目标没有本质的不同，他们根本不可能使数百万不满的德国人团结在他们的旗帜之下。在 1917 年之前，如果你问一位马克思主义者，他的社会主义跟另一些运动，尤其是保守主义运动的社会主义有何不同，他大概会回答说，在马克思主义的社会主义制度下，民主和社会主义是不可分割的统一体；此外，马克思主义的社会主义是没有国家的社会主义，因为它要消灭国家。

我们已经知道这些说法有多大价值，因为自布尔什维克获胜以后，它们便迅速从马克思主义的套话中消失了。无论如何，今天的马克思主义者所坚持的有关民主和无国家的观点，大大不同于他们过去的观点。

不过，马克思主义者也可以换一种方式回答这个问题。他们可以说，他们的社会主义是革命的社会主义，与另一些反动的和保守的社会主义是对立的。这种回答更接近于承认马克思主义的社会民主主义和另一些社会主义运动的分歧。对于马克思主义者来说，革命不但意味着以暴力改变现状，而且很符合他所特有的幻想，它是一个使人类更接近于完成其使命的过程。[1] 对于他来说，即将到来的实现社会主义的社会革命，是永恒救赎的最后步骤。革命者是被历史选定实现其计划的工具。革命精神是传递到他的手里、使他能够完成这项伟大事业的圣火。马克思主义的社会主义者正是从这个意义上认为，他的政党最显著的特点就在于它是一个革命党。他从这个意义上认为，其他所有的政党统统属于一个反动集团，因为它们都反对他的建立最终天堂的手段。

显然，这些观点与社会主义社会的社会学概念完全无关。有一群人声称，他们是唯一被选定使我们得救的选民，这确实很有特色。但是，除了其他很多人也相信的东西外，他们并不知道还有别的救赎之路，声称只有他们被授予这项使命，并不足以使他们的目标与另一些人的目标有根本的不同。

二　国家社会主义

213

要想理解"国家社会主义"这个概念，只从词源学上解释它是不够的。这个词的历史只反映着这样一个事实：国家社会主义是普鲁士和另一些德语国家的政府所信奉的社会主义。它们认同国家，认同这种国家所采取的形式，并且普遍认同国家的观念，这意味着它们所采纳的社会主义可以称为国家社会主义。马克思主义有关国家之阶级性和国家消亡的教诲越是使国家的概念晦涩难解，就越是易于利用这个概念。

马克思主义的社会主义认为，生产资料的国有化和社会化之间存在着至关重要的差别。假如社会民主党的口号是把生产资料国有化作为社会主义变革的最终目标，它们是不会受到民众欢迎的。最普遍地接受马克思主义的人们所了解的国家，并没有因为它对经济活动的干涉而让人产生很多向往。德国、奥地利和俄国的马克思主义门徒与他们视为代表国家的权力一向势不两立。此外，他们也有机会权衡国有化和市有化的后果；并且他们有着天底下最良好的意愿，因此不能无视国有和市有企业的重大缺陷。对国有化方案产生热情是不可能的。反对党的第一要务就是抨击可恨的权威主义国家；它只能以这种方式争取不满的群众。从这种煽动的政治需要中产生了马克思主义的国家消亡学说。自由主义者要求限制国家权力，把政府交给人民的代表；他们要求自由的国家。马克思和恩格斯为了抢他们的风头，便试图不择手段地采用消灭一切国家权力这种无政府主义信条，却无视社会主义并非意味着消灭国家，而是国家权力的无限扩张。

和社会主义条件下国家的消亡这种信条同样站不住脚、同样荒谬的，是与它密切相关的对国有化和社会化的学究式区分。马克思主义者很清楚自己的论证方式的弱点，所以他们一般避免讨论这个问题，只谈生产资料的社会化，但不再进一步深入探讨这种观点，这使人们觉得社会化似乎是一种不同于人们所熟悉的国有化的东西。当他们无法回避这个棘手的问题时，便被迫承认企业的国有化是"社会本身占有全部生产力的初级阶段"[2]，或是"走向社会主义社会的过程中的一个天然跳板"[3]。

214　　　因此，恩格斯最终只限于发出警告说，不能不分青红皂白地把"任何一种"形式的国有化都作为社会主义加以接受。首先，他不会把为了国家的财政目的而实行的国有化称为"走向社会主义的步骤"，它可能"主要是为了取得一种不依赖于议会决定的收入来源"而采取的措施。然而，出于同样的原因，在马克思主义的语言中，国有化也可以指在一个生产分支消除被资本家侵吞的剩余价值。出于政治或军事原因而实行的国有化同样如此，恩格斯也拒绝承认它们有着社会主义的性质。他认为，社会主义国有化的标准是，生产和交通手段"真正发展到不适于由股份公司来管理，因而国有化在经济上已成为不可避免的情形"。这种必然性首先是发生在"大规模的交通机构，即邮政、电报和铁路方面"。[4] 然而，恰恰是世界上最大的铁路系统——北美铁路——和最重要的电报线路——海底电缆，并没有实行国有化，而在国家社会主义的国家，一些微不足道的小线路却早就被国有化了。邮政的国有化主要是出于政治原因，铁路的国有化是出于军事原因。能够说这些国有化"在经济上已经成为不可避免的"吗？"经济上不可避免"到底是什么意思？

考茨基也拒绝这样的观点："对经济功能或经济企业的一切国有化措施，都是迈向社会主义的步骤；不必从根本上改变国家的性质，通过整个经济机器的普遍国有化就能实现社会主义。"[5] 但是从未有人否认，如果全部经济机构的国有化使国家变成了一个社会主义共同体，国家的根本性质也会发生重大变化。因此考茨基也只能说，"只要占有的阶级是统治阶级"，全面的国有化就是不可能的。只有当"工人成为国家的统治阶级"时才能做到这一点。只有当无产阶级夺取了政权，它才能够"把社会转变为一个从根本上自给自足的经济社会"。[6] 至于主要问题，即唯一需要回答的问题：由社会主义者之外的另一个政党来实行全面的国有化，是否也能建成社会主义，考茨基谨慎地避而不答。

当然，由政府经营或共同经营个别企业，而社会仍然奉行生产资料私有制的原则，这种国有化或市有化，同不允许生产资料私人所有制与社会主义社会并存的社会化之间，有着极其重要的根本差别。如果仅有少数企业由国家经营，生产资料的价格由市场形成，国有企业就仍然有可能进行核算。至于这些企业的行为在多大程度上是以这种核算为基础，属于另一个问题。但是，对经营后果能在一定程度上量化地加以确定，这可以给这些企业的经营管理提供一个纯粹社会主义社会的管理所无法利用的衡量尺度。对于国有企业的运行方式，有理由把它称为恶劣的经营，但它仍然是经营。然而正如我们所知，在社会主义社会里，从"经济"一词的严格意义上说，经济是无法存生的。[7]

全部生产资料的国有化意味着全面的社会主义。部分生产资料的国有化是走向全面社会主义的步骤。无论我们是满足于第一步还是希望继续前进，都不会改变它的基本性质。同样，假如我们希望把所有企业的所有权转移给有组织的社会，我们就只能对每一个企业都实行国有化，不管是同时进行，还是相继进行。

马克思主义给社会化这个概念造成的混乱，在 1918 年 11 月社会民主党掌权时的德国和奥地利有最鲜明的表现。一句过去闻所未闻的新口号在一夜之间就变得家喻户晓：出路在于"社会化"（Sozialisierung）。这仅仅是把"Vergesellschaftung"（国有化）这个德语词意译成了一个好听的外来词。没有人意识到"社会化"其实就是国有化或市有化，信奉社会化的人对此干脆一无所知，因为据信这两者之间有天壤之别。社会民主党上台后很快就成立的"社会化委员会"，在解决"社会化"的定义问题时采用的方式，使它至少从表面上看与前政权的国有化和市有化是有区别的。

德国的委员会发布的第一份报告讨论了煤炭工业的社会化，它拒绝了通过煤矿和煤炭贸易的国有化实现这个目标的设想，特别强调了国有化的煤炭产业的缺点。但是它没有对社会化和国有化有何实质不同做出任何说明。这份报告提出的意见是，"在其他生产分支继续存在资本主义企业时，单独对煤炭产业实行国有化不能被视为社会化：这仅仅意味着用一个雇主代替另一个雇主"。但是它没有回答这样一个问题：在相同的条件下，"单独"的社会化是否还能意味着别的东西。[8] 假如这个委员会接下来说，为了取得社会主义社会制度的幸福结果，只把一个生产分支国有化是不够的，它建议由国家同时接管全部企业，就像俄国和匈牙利的布尔什维克已经做过、德国的斯巴达克派希望做的一样，那也很容易理解。但它没有这样做。相反，它详细阐述了在不同生产分支分别进行社会化、以煤炭生产和分配作为起点的社会化方案。该委员会避免使用国有化的字眼，这并没有使事情有所不同。该委员会建议，社会化以后的德国煤炭工业的所有者不应是德意志国家，而应是一个"德意志公共煤炭托拉斯"，它接着又宣布，"这种所有制只能从形式法学的角度加以理解"，但禁止这个公共托拉斯拥有"私人雇主的地位及其剥削工人和消费者的可能性"，[9] 该委员会使用了一些最空洞无物的套话，只涉及一些法理学上的鸡毛蒜皮的问题。其实，整份报告不过是民众有关资本主义制度的罪恶的幻觉汇总。根据多数建议对煤炭产业实行的社会化，唯一不同于其他公共部门的方面，是它的董事会的构成。煤矿的首脑不是官员，而是一个按一定方式组成的委员会。Parturiunt montes, nascetur ridiculus mus!（虎头蛇尾的 217 表演！）

可见，国家社会主义的特点不在于国家是共同组织的轴心，因为不然的话也就难以理解社会主义了。要想搞清楚它的本质，千万不可以只看这个概念本身。这会使我们只是通过考察这个概念的构成成分的含义去把握这个形而上学概念。我们必须问一下，那些普遍被视为国家社会主义运动的追随者，即彻头彻尾的国家主义者，给这个说法注入了什么样的观念。

国家社会主义在两个方面不同于另一些社会主义制度。与期待着在个人中间尽可能对社会收入实行平等分配措施的社会主义运动相反，国家社会主义把个人的功德和等级作为分配的基础。指出它对功德的判断纯粹是主观的，无法用人类关系的科学观点加以检验，是没有意义的。国家社会主义对社会每一个阶层的伦理价值持有十分明确的看法。它十分敬重君主、贵族、大地主、僧侣和职业军人，尤其是官僚阶层和官员。虽然有所保留，它也给予大学者和大艺术家以特权地位。农民和小商人属于一个特殊阶层，在他们之下是体力劳动者。最下层是不可依靠的因素，他们对国家社会主义计划为他们安排的活动范围和收入心怀不满，要努力改善自己的物质地位。国家社会主义者很聪明，他们为构成其未来国家的成员安排了一种等级制。高贵者较之低贱者更加有权有势，收入也更高。至于何为高贵何为低贱，首先是由传统决定的。对于国家社会主义者来说，资本主义制度最恶劣的特点就在于它不是根据他对功德的评价去分配收入。牛奶商或裤扣制造商的收入高于贵族后裔、枢密院顾问或郡长，这在他看来是不可容忍的事情。为纠正这种状态，必须用国家社会主义代替资本主义制度。

国家社会主义者这种维护传统社会等级秩序和对不同阶层的伦理评价的努力，并不意味着要把全部生产资料的产权转为国家所有。对于这种国家社会主义观点来说，这样做等于彻底颠覆一切历史悠久的权利。只对大企业实行国有化，在这方面甚至还会规定一些针对大规模农业，尤其是继承的家族财产的例外。在农业和中小企业的领域，私有制至少在名义上继续存在。同样，会给自由职业留出空间，虽然要做出某些限制。但是，所有的企业必须从本质上成为国家的企业。经营农业的人可以保留所有者的称呼和身份，但是禁止他"仅仅出于私利追求商业利润"，他有

218

"实现国家目标的义务"。[10] 因为按国家社会主义者的看法，农业是一个公共部门。"从事农业的人是国家官员，必须为了国家的需要，运用自己最出色的知识和良知或根据国家的命令从事种植。他若是只想自己的利益，他就会满足于用他有资格主张权利的一切来维护自己。"[11] 技工和商人也是如此。能够随意控制生产资料的独立的企业家，就像在任何社会主义中一样，在国家社会主义中也是没有立足之地的。政府控制着价格，决定生产什么，生产多少以及用什么方式生产。甭想获得什么"超额"利润。官员会对此加以监督，除了"公平的收入"，也就是说，除了与每个人所属等级的生活标准相适应的收入，谁也得不到更多的东西。任何超额部分都会"作为税金征走"。

马克思主义的作家也认为，建设社会主义不一定要把小企业也直接转为公有制。其实，他们认为根本就做不到这一点。对这些小企业实行社会化的唯一方式是，让它们从形式上继续归所有者拥有，只需他们服从国家的全面监督。考茨基本人就说过，"任何值得严肃对待的社会主义者，都不曾要求对农民也进行剥夺，更不用说没收他们的财产了"。[12] 考茨基也没有建议通过剥夺小生产者的财产使其社会化。[13] 要让农民和工匠适应社会主义社会这架大机器，他们的生产和他们的产品定价要由经济行政部门加以管理，但财产名义上仍归他们所有。自由市场的消灭将 219 使他们从独立的所有者和企业家变成社会主义社会的职员，他们仅仅在获得报酬的形式上有别于其他公民。[14] 因此，仍有一些生产资料私有财产在形式上以这种方式继续存在，不能被视为国家社会主义的特点。它的唯一特点是这种安排社会生产条件的方式的适用范围。前面说过，国家社会主义大体上同样打算让大地主——大概把大庄园的所有者排除在外——在形式上继续拥有他们的财产。更重要的是，它这样做是基于一个假设：大多数人要到农业和小企业中找工作，相对而言只有少数人是作为大企业的雇员直接服务于国家。国家社会主义不但反对考茨基所阐述的正统马克思主义,认为小农业的生产力不亚于大农业,而且认为工业也是如此,与大企业并存的小企业有很大的经营空间。这是使国家社会主义有别于其他社会主义,尤其是社会民主主义体制的另一个特点。

大概没有必要详细阐述国家社会主义者所描绘的理想国家。在欧洲的大多数地区,过去 20 多年来,它一直是千百万人心目中的理想,人人都知道它,尽管不曾有人清楚地给它下过定义。这是平和而忠诚的公务员、地主、农民、小生产者以及不计其数的工人和雇员的社会主义。这是教授、著名的"讲坛社会主义者"(Kathedersozialismus)的社会主义。这是在一个表现出所有衰败迹象的艺术史时代的艺术家、诗人和作家的社会主义。这是得到形形色色的宗教派别支持的社会主义。这是专制主义和帝国主义的社会主义,是所谓"社会君主制"的理想。大多数欧洲国家,特别是德语国家的政策,都把它作为人类努力争取的长远目标。它是为世界大战铺平道路,并将同后者一起灭亡的社会理想。

按功德和等级把社会红利分给个人的社会主义,只有在国家社会主义的形式中才可以想象。作为分配基础的等级制,是人们 220 普遍熟悉的、不会引起普遍反抗的唯一制度。同其他许多可以推荐的制度相比,它更经不住理性的批评,但是它得到了时代的认可。国家社会主义试图使这种等级制永久化,阻止社会关系标准的变化。就此而言,"保守的社会主义"这个常见的描述是正确的。[15] 事实上,它比其他任何社会主义形式都更加渗透着这样一种观念:它相信经济条件的彻底凝固和无变化是可能的,它的追随者把所有的经济变革一概视为多余甚至有害。国家社会主义实现其目标的方式也跟这种态度相一致。马克思主义的社会主义是那些一心想用流血革命迅速推翻现有秩序的人的社会理想,而国家社会主义则是那些遇到最微不足道的麻烦也要叫警察的人的理想。马克思主义依靠的是充满革命精神的无产阶级永远不会出错的判断，而国家社会主义依靠的是政府权威的永无谬误。它们共同信奉不承认有犯错误之可能的政治专制主义。

与国家社会主义相比，市政社会主义并不是一种特殊形式的社会主义理想。企业的市有化没有被当作重新安排经济生活的一般原则；它只会影响到那些市场有一定空间限制的企业。在严格的国家社会主义制度下，市有企业要服从上级经济管理部门，它不会比名义上仍保留在私人手里的农业和工业企业有更多的发展自由。

三 军事社会主义

军事社会主义是指国家的一切制度皆为战争而制定的社会主义。它是这样一种国家社会主义：决定社会地位和公民收入的价值尺度，完全或主要是以人们在军队中的地位作为依据。军衔越高，社会价值和分享国民红利的权利就越大。

军事国家，即一切事情服从于战争目的的军人国家，不可能允许生产资料私有制。如果战争之外的目的影响到个人生活，那么随时参战是不可能的。通过授予领主权或奖赏土地，或是通过建立在不自由的劳动力基础上的产业来维持的武士等级，会逐渐失去好战的本性。封建领主逐渐参与经济活动，于是便有了在发动战争获取军事荣誉之外的利益。在全世界，封建制度都使武士失去了好战的特点。骑士的后代变成了容克。所有权把军人变成了经济人。只有消除私有财产，才能维持国家的军事性质。只有除了备战之外别无他事的武士，才会随时准备打仗。忙于俗务的人也许会奋起自卫，但不会渴望征服的战争。

军事国家是土匪的国家。它更喜欢靠掠夺和勒索度日。与这种收入来源相比，经济活动的产出只起次要作用；常见的是，根本就没有这种经济活动。如果掠夺和勒索的物品是来自国外，它们显然无法直接归个人所有，只能先入公家的库房，并且只能按照军事等级进行分配。唯一能为这种收入来源提供保障的军队，不会容许其他任何分配方式。这意味着同样的分配原则也会被用于家庭生产的产品，公民得到它们，就像得到贡品和奴隶的收获一样。

古希腊的利帕拉海盗和其他所有强盗国家的共产主义，都可以从这个角度加以解释。[16] 这是"劫匪和海盗的共产主义"，[17]它来自把军事思想运用于一切社会关系。恺撒在谈到苏比人——他称为"gens longe bellicosissima Germanorum omnium"（日耳曼部落中最好战的人）——时说，他们每年都把军人派往境外从事掠夺，留在境内的人则为战场上的人从事经济活动；来年他们互换角色。没有完全归个人所有的土地。[18] 这种军人国家只有通过对为了共同目的、针对共同危险而从事的军事和经济活动的收获的每一次分配，才能使每个公民都是士兵，每个士兵都是公民。一旦它允许有些人始终当兵，另一些人始终当平民，并能利用自己的财产从事劳作，这两种职业很快就会发生冲突。要么是222 军人压倒平民，在这种情况下，他们是否还能撇下受到镇压的民众不管而自己外出掠夺，便令人怀疑了；要么是平民占了上风，在这种情况下军人就会退化为雇佣兵，他们被禁止外出掠夺，因为民众始终存有戒心，不敢让他们变得过于强大。在这两种情况下，国家肯定都会失去其纯粹的军事品格。因此，"共产主义"制度的弱化必然涉及国家的军事性质的弱化，这个军人社会将缓慢地变为经营者的社会。[19]

在目前这场世界大战中，可以清楚地观察到使军事国家走向社会主义的力量。战争拖得越久，欧洲各国越是变成军营，在战场上浴血奋战的军人与在国内发战争财的人之间的差别，在政治上就变得越不合理。这样的负担分配太不公平了。如果允许这种差别继续存在，并且战争继续打下去，国家肯定会分裂成两大派，军队最终会调转枪口对准自己的同胞。戎马倥偬的社会主义，要求在家里干活的社会主义给予补偿。

没有共产主义组织，军人国家就无法维持其军事特征，但这个事实并没有使交战中的它变得更强大。对于这种国家来说，共产主义是一种它们必须接受的罪恶；它会造成最终使它们覆灭的弱势。德国在战争的第一年就踏上了社会主义道路，因为军事国家社会主义的精神——它要对导致战争的政策负责——在驱使它走向国家社会主义。在临近战争结束时，推行社会化的努力变得越来越强大，因为必须把国内条件变得同战场上的条件大体一样。然而，国家社会主义并没有缓和德国的局势，反而使其恶化了；它不是激励生产，而是限制生产；它没有改善军队和国内的供应，反而使其更糟了。[20] 不必多说，在战争的巨大灾难和随后的革命中，德国人民中间没有出现一位强有力的人物，这是国家社会主义精神铸成的大错。

当共产主义的军人国家同承认私有财产原则、更富裕、装备和供应更好的国家发生冲突时，共产主义的经济活动方式的效率低下对它是很不利的。社会主义难免会毁灭个人的首创精神，这使它在战争的关键时刻失去能够指明胜利之路的领袖和能够执行命令的下属。印加人的军事共产主义大国轻易就被一小撮西班牙人推翻了。[21]

如果军人国家必须与之作战的敌人是在国内，我们便可以说它是一种领主的共产主义。"饮宴共产主义"（casino communism）是马克斯·韦伯给多利安人在斯巴达建立的社会所起的名称，因为他们有一起吃饭的习惯。[22] 假如掌握统治权的等级不采用共产主义制度，而是把土地和当地居民分配给个人所有，那么它迟早会由被征服的种族所同化，它成了拥有土地的贵族，甚至会让被征服者加入军队。这样一来它就会失去好战的性格。在伦巴第人、西哥特人和法兰克人的王国，以及在所有被诺曼人征服的地区，都出现了这种发展。

四 基督教社会主义

神权国家需要自给自足的家庭经济或社会主义的工业组织。它与允许个人自由发挥能力的经济秩序是不相容的。纯洁的信仰无法跟经济理性主义共存。让牧师去统治企业家是匪夷所思的事情。

过去几十年来，在基督教会的无数追随者中间深得人心的基督教社会主义，不过是国家社会主义的一个变种。国家社会主义和基督教社会主义是相互缠绕在一起的，在它们之间难以划出清晰的界限，也难以说清楚一个社会主义者是属于前者还是后者。基督教社会主义甚至有更多国家社会主义的特色，它的主导思想是，假如没有那些只为满足物质利益而努力的人的追求利润和个人收益的行为干扰经济系统的平静过程，它就应当完全是静态的。它承认生产方式的不断改进带来的好处，但对其施加了各种限制。基督教社会主义没有明确地认识到，正是这些改进干扰着经济系统的宁静。维持现状要比任何未来的进步更为可取。农业和手工业，大概还有小店铺，是唯一可以允许的行业。贸易和投机不仅多余，而且是有害和邪恶的。工厂和大工业是"犹太精神"的邪恶发明；它们只生产一些恶劣的物品，通过对顾客有害的大商店和另一些现代贸易的怪物欺骗顾客。立法的任务就是压制这些多余的商业精神，恢复被大资本消灭的手工业的地位。[23]无法消灭的大运输企业要收归国有。

在其代表人物的教诲中贯彻始终的基督教社会主义的基本思想是纯粹静态的。在他们所设想的经济体系中没有企业家，没有投机，没有"捉摸不定的"利润。必要的价格和工钱都是"公正的"。人人都对自己的命运很满意，因为不满意就意味着对神法和人类法的反叛。对那些没有工作能力的人，会给他们提供基督教的慈善关怀。据说这种理想在中世纪就已经实现了。只是信仰的丧失把人类逐出了这个天堂。为了使它得到恢复，人类首先必须找到返回教会的路。启蒙运动和自由主义思想导致了折磨着当今世界的全部罪恶。

　　基督教社会改革的倡导者，通常都不认为他们理想中的基督教社会主义与社会主义有任何瓜葛。然而这完全是自欺欺人。基督教社会主义看起来是保守的，因为它要维持现有的财产秩序；或更准确地说，它看起来是反动的，因为它希望恢复并维持一种 225 存在于过去的财产制度。不错，它也极力反抗那些持不同信仰的社会主义者消灭私有财产的激进计划，并且针锋相对地指出自己的目标不是社会主义，而是社会改革。但是，只有社会主义才能使他们的保守主义得到落实。在生产资料的私有财产不仅在名义上，而且在事实上也存在的地方，收入不可能按照历史上决定的或永远不变的制度进行分配。存在私有财产的地方，只有市场价格能够决定收入。如果基督教社会改革家认识到这一点，他就会逐步走向社会主义，对于他来说这只能是国家社会主义。他肯定知道，如果不是这样，就不可能完全符合他的理想所要求的传统状态。他肯定知道，固定的价格和工资是维持不下去的，除非偏离行为将会受到至高无上的权力的惩罚。他肯定也知道，工资和价格不能根据某个世俗改革家的随便什么想法来制定，因为对市场价格的每一次偏离都会打破经济生活的平衡。因此，他肯定会从价格管制的要求逐渐转向自上而下控制生产和分配的要求。国家社会主义走的也是同一条道路。两者最后的结局都是僵硬死板的社会主义，它只在名义上保留私有财产，事实上却把生产资料的全部支配权转移给了国家。

在基督教社会主义运动中，只有一部分人公开赞成这种激进纲领。另一些人避免做出公开宣言。他们极力回避从自己的承诺中得出逻辑结论。他们想让人们明白，他们只反对资本主义秩序中的多余之物及其弊病。他们辩解说，他们丝毫不想消灭私有财产；他们不断强调自己反对马克思主义的社会主义。可是他们对这种反对有着独到的理解，即这主要是因为在达到最佳社会状态的途径上有不同的看法。他们不是革命者，只寄望于人们逐渐认识到改革的必要性。除此之外，他们不断宣称他们不想攻击私有财产，然而他们打算保留的只是私有财产的名称而已。假如把私有财产的控制权转移给国家，财产的所有者只是个官员，只是个经济管理机构的代理人，那该有多好啊！

226 一眼就可以看出，当今的基督教社会主义与中世纪经院学派的经济理想是多么一致。两者有着共同的起点，要求"公正的"工资和价格，即在历史中形成的收入分配。现代的基督教改革运动认识到，如果经济体系保留生产资料私人所有，这就是不可能的，这才迫使它走向社会主义。为了实现他们的要求，他们只能拥护导致彻底社会化的措施，即使他们仍然从形式上保留私有财产。

后面我还会谈到，这种现代基督教社会主义同早期基督徒的共产主义完全无关。对于教会来说，社会主义是个新事物。这并没有因为如下事实而发生变化：基督教社会学说最近的发展，使教会[24]承认了生产资料私有制有着根本的正当性，而早期教会的教导遵循的是谴责一切经济活动的信条，甚至干脆拒绝接受私有财产这个名称。我们必须清楚，教会承认私有财产的正当性，仅仅是为了对抗社会主义以暴力推翻现存秩序的努力。实际上，教会不过是想建立一种特殊色彩的国家社会主义罢了。

社会主义生产方式的本质与实现社会主义采用的具体手段无关。无论采用什么手段，建立社会主义的一切努力都会因纯粹社会主义经济的不可行而失败。正是由于这一点，而不是因为人类的道德缺陷，社会主义必然失败。

也许可以同意，教会最适合培养社会主义社会的成员所需要的道德品质。在社会主义社会里肯定会盛行的精神，最接近于宗教社会的精神。但是，要想克服社会主义社会道路上的困难，就得改变人性或我们必须服从的自然规律，而这是信仰无法做到的。

五　计划经济

所谓的"计划经济"（Planwirtschaft），是社会主义的一个更为晚近的变种。

实现社会主义的所有努力，很快就会遇到无法克服的困难。这就是普鲁士的国家社会主义所遇到的事情。国有化的失败是如此明显，人们不可能视而不见。政府企业的状况并不鼓励人们继续沿着这条国家和市政府控制的道路走下去。官员们为此受到了谴责。排斥"商人"是错误的。必须以某种方式让企业家的能力服务于社会主义。于是便出现了"混合型"企业的安排。不再实行完全的国有化或市有化，而是让私有企业中有国家或市政府的利益在里边。这种做法一方面照顾了某些人的要求，他们认为国家和市政府没有理由不从它们严格支配的企业中得到一块收益（当然，国家可以通过征税更有效地得到它的份额，这不会使公共财政蒙受可能的丧失）。另一方面，人们认为利用这种体制可以使企业家的全部活力为共同事业效力——这是个严重的谬论。只要有政府的代表参与管理，所有那些阻碍政府官员主动精神的因素就会发挥作用。"混合型"企业可以使雇员和工人不必受适用于政府官员的规章制度的约束，从而可以稍稍减轻官僚习气给企业的赢利能力造成的伤害。混合型企业从整体上肯定比单

227

纯的政府企业更优秀，但是就像个别的公有企业偶尔也会成绩斐然一样，这并不说明社会主义是可行的。在某些有利的条件下，可以在以生产资料私有制为基础的经济社会中，把一家公有企业经营得相当成功，但这不能证明完全的社会化是可行的。

228　　在大战期间，德国和奥地利政府试图在战时社会主义的体制下把国有化的企业交给企业家去管理。在非常艰难的战时条件下采取的社会主义措施的仓促轻率，以及对新政策的基本含义最初谁都没有清醒的认识，也不知道它要执行多长时间，这使得人们别无选择。每个生产分支的支配权被交给了具有强制力的雇主协会，而他们又受到政府的监督。一方面是价格管制，另一方面是对利润课以重税，使雇主与分享收益的雇员无异。[25] 这种制度表现得很差，可是又不得不坚持实行，因为谁也不知道用什么东西来取代它，除非彻底放弃一切社会主义的尝试。由维赛尔和莫伦道夫起草的德国经济部备忘录（1919 年 5 月 7 日）明确宣布，一个社会主义政府所做的唯一事情，就是维持战时著名的"战时经济"体制。"一个社会主义政府，"它说，"不能无视这个事实，由于有少数弊端，民意会被反对系统的计划经济的批评所毒化；它可以改进计划体制；它可以改组原来的官僚制度；它甚至可以采用自治的形式，把责任交给关心经营的人；但是它必须公开申明自己支持强制性的计划经济；也就是说，它是最不得人心的责任与强制观念的支持者。"[26]

　　计划经济是社会主义社会试图以一种特殊方式解决经营机构的责任这个无法解决的问题的方案。不但作为这种尝试之基础的思想是有缺陷的，而且解决方案本身也不过是一种骗局，这种方案的制造者和拥护者有意忽略这一点，乃是官僚主义精神态度的特点。授予生产的个别领域或个别分支的自治权，只对次要的事务有意义，因为经济活动的核心是生产的各个领域和各个分支之间的协调。这种调整只能步调一致地进行；假如没有这一条，整个计划就只能被视为工团主义。事实上，维赛尔和莫伦道夫也设计了一个"国家经济委员会"，它"同国家的最高权力部门合作，对德国经济体系掌握着最高控制权"。[27] 因此从本质上说，整个建议不过是把经济管理的责任交给部长们和一个次级权力部门来分担。

计划经济的社会主义与霍亨索伦家族统治下的普鲁士国家社会主义的差别主要在于这样一个事实：后者把经济控制和收入分配的特权授予容克地主和官僚，而前者把它授予以前的企业家。这是一项由政治变化引起的创新，而这种变化是因为使皇权、贵族、官僚和官僚阶层倒台的大灾难所造成的；除此之外，它对社会主义问题没有任何重要意义。

过去几年出现了一个用来表示"计划经济"含义的新词：229 "国家资本主义"，将来无疑还会出现更多拯救社会主义的建议。我们将会领略许多旧事物的新名称。然而重要的是事物，而不是它的名称。诸如此类的任何方案都不能改变社会主义的本质。

六　基尔特社会主义

在战后的最初几年里，英国和欧洲大陆的人曾把基尔特社会主义视为一剂良药。它早就被人遗忘了。但是我们在讨论各种社会主义设计时不能对它只字不提，因为它是盎格鲁—撒克逊人，即在经济领域最先进的民族，为现代社会主义方案做出的贡献。基尔特社会主义是克服社会主义工业管理无法解决的问题的另一种尝试。让英国人民睁开双眼，并不需要国家社会主义的失败，历史悠久的自由思想使他们不可能像现代德国人那样过高地评价国家。英国人不相信政府能够最好地管理全部人类事务，社会主义无法消除他们这种态度。对于1914年以前欧洲人很难理解的重大问题，英国人一向十分清楚。

必须从基尔特社会主义中区分出三种成分。它肯定了用社会主义制度代替资本主义制度的必要性；这是一种不值得我们进一步探讨的彻头彻尾的折中主义理论。它也提供了一种可以用来实现社会主义的方式；在我们看来它的重要性仅仅在于它很容易导致工团主义而不是社会主义。最后，它拟定了一个有关未来社会主义社会制度的纲领。这是我们所关注的题目。

230

基尔特社会主义的目标是生产资料社会化，所以我们有理由把它称为社会主义。它的独一无二的特点在于它为未来的社会主义国家的行政组织安排的特殊结构。生产的控制权属于每个生产分支的工人。它们选举工头、经理和另一些企业领导，他们直接或间接地管理劳动条件，规定生产方式和生产指标。[28] 基尔特作为各个产业分支的生产者的组织，面对作为消费者组织的国家，国家有权对基尔特征税，因此能够调控它们的价格，从而也能调控工资政策。[29]

基尔特社会主义如果相信这样就可以建立一种社会主义社会秩序，它不会威胁到个人自由，能够避免英国人所讨厌的"普鲁士主义"的集权制社会主义的一切罪恶，[30] 它就太自欺欺人了。即使在基尔特社会主义制度下，生产的全部控制权也属于国家。只有国家在规定生产目标，决定为达到这些目标必须做些什么。国家通过税收政策，直接或间接地决定着劳动条件，把资本和劳动从产业的一个分支转移到另一个分支，作为中介力量在各个基尔特之间以及在生产者和消费者之间进行协调并采取行动。交给国家的这些任务是唯一重要的任务，它们构成了经济控制权的本质。[31] 留给各个基尔特组织及其内部的地方工会和各个企业所做的事情，仅仅是执行国家为它们指定的工作。这整个体系要把英国国家的宪政体制转移到经济领域；它要效仿地方政府与中央政府的关系。基尔特社会主义明确地自称为经济联邦主义。在自由国家的宪政体制中，不难给予地方政府一定的独立性。为了保

231

障整体各部分之间的必要协调，只要规定各辖区依法管理它的事务就够了。但是在生产领域这是远远不够的。社会不能把生产交给每个生产分支的工人，由他们去决定劳动力的数量和素质以及如何运用物质生产资料。[32] 假如一个基尔特组织的工人干活不卖力，或大手大脚地使用生产资料，这不但会影响到他们自己，也会影响到整个社会。因此，得到授权管理生产的国家不可能不插手干预基尔特的内部事务。即使不允许它通过任命经理和厂长进行直接控制，它肯定也会采用其他方式——例如通过它所掌握的征税权，或是它对消费品分配的影响力——把基尔特的独立性降低到微不足道的水平。工人最痛恨的人，是每日每时同工人接触或领导和监督其劳动的工头。十分幼稚地看待工人感情的社会 232 改革家也许相信，可以用工人自己选出的值得信任的人去替换这些部门。这尚未达到无政府主义者的荒谬程度——他们认为每个人无须强制就会遵守共同生活不可缺少的规则，但也好不到哪里去。社会生产是个统一体，每个部分要准确地履行它在整体架构内的职责。不能把它交给各个部分去任意决定整体计划。假如自由选举出来的工头在其监督工作中没有付出跟不是工人选举的工头同样的热忱和精力，劳动生产力就会下降。

可见，基尔特社会主义并没有克服建立社会主义社会秩序的道路上的任何困难。它用"工业自治"的口号取代了让英国人听着刺耳的"国有化"，使其更容易被英国精神所接受。但从本质上说，它同欧洲大陆的社会主义者目前提倡的东西，即把生产的主导权交给从事生产的工人和雇员委员会以及消费者委员会，没有任何不同之处。我们早就知道，这不会使我们更接近于解决社会主义的问题。

基尔特社会主义能够赢得民心，要大大归功于它的很多拥护者相信可以从工团主义中找到的要素。按照其真正的代表人物的理解，基尔特社会主义当然不是工团主义。但是它用来达到目标的方式却很容易导致工团主义。假如它首先在各生产分支建立起全国性的基尔特组织，它们必须在一个资本主义的体系内运行，这将意味着每一个工业分支的工团主义化。在这里，就像在任何地方一样，看似通往社会主义的道路，其实很容易被证明是一条通向工团主义的道路。

注释：

[1] 关于革命一词对马克思主义者的另一些含义，见本书英文版第 69 页。

[2] Engels, *Herrm Eugen Dührings Umwälzung der Wissenschaft*, p. 299. （译按：中译本见《马克思恩格斯全集》第二十卷，人民出版社 1971 年版，第 302 页。）

[3] Kautsky, *Das Erfurter Programm*, 12th ed. (Stuttgart, 1914), p. 129.

[4] Engels, *Herrn Eugen Dührings Umwälzung der Wissenschaft*, pp. 298 ff.. （译按：中译本见《马克思恩格斯全集》第二十卷，人民出版社 1971 年版，第 302—303 页。）

[5] Kautsky, *Das Erfurter Programm*, p. 129.

[6] Ibid, p. 130.

[7] 参见本书第 102 页以后。

[8] *Bericht der Sozialisierungskommission über die Frage der Sozialisierung des Kohlenbergbaues vom 31 Juli 1920*, 及其附录 *Vorläufiger Bericht vom 15 Februar 1919*, 2nd ed. (Berlin, 1920), pp. 32 ff. 。

[9] *Bericht der Sozialisierungskommission über die Frage der Sozialisierung des Kohlenbergbaues vom 31 Juli, 1920*, 及其附录 *Vorläufiger Bericht vom 15 Februar 1919*, 2nd ed. (Berlin, 1920), pp. 37, 216, 245。

[10] Philipp v. Arnim, *Ideen zu einer vollständigen landwirtschaftlichen Buchhaltung*, 1805, p. vi（转引自 Waltz, *Vom Reinertrag in der Landwirtschaft*, p. 20）.

[11] Philipp v. Arnim, *Ideen zu einer vollständigen landwirtschaftlichen Buchhaltung*, 1805, p. 2（转引自 Waltz, op. cit., p. 21）. 另见 Lenz, *Agrarlehre und Agrarpolitik der deutschen Romantik* (Berlin, 1912) p. 84. 奥地

利的基督教社会党领袖阿洛伊·李希滕斯坦（Alois Liechtenstein）也有类似的言论，见 *Le Socialisme Catholique*（Paris，1894），pp. 370 ff.。

[12] Kautsky，*Die Soziale Revolution*，II，p. 33.

[13] 同上书，p. 35。

[14] Bourguin，*Die sozialistischen Systeme*，pp. 62 ff.．

[15] Andler，*Les Origines du Socialisme d'Etat en Allemagne*，2nd ed.（Paris，1911），p. 2 尤其强调了国家社会主义的这个特点。

[16] 关于利帕拉海盗，见 Poehlmann，*Geschichte der sozialen Frage und des Sozialismus in der antiken welt*，vol. I，pp. 44 ff.。

[17] Max Weber，"Der Streit um den Charakter der altgermanischen Sozialverfassung in der deutschen Literatur des letzten Jahrzehnts"，*Jahrbücher für Nationalökonomie und Statistik*，vol. XXVIII，1904，p. 445.

[18] Caesar，*De bello Gallico*，iv，1.

[19] Herbert Spencer，*The Principles of Sociology*（New York：Appleton，1897），vol. II，Part V，pp. 610 ff.．

[20] 参见我的 *Nation*，*Staat und Wirtschaft*，pp. 115 ff.；143 ff.。

[21] Wiener，*Essai sur les Institutions Politiques*，*Religieuses*，*Économiques et Sociales de l'Empire des Incas*（Paris，1874），pp. 64，90 ff.．他把皮扎罗轻易征服秘鲁归因于共产主义使那里的人民丧失了意志。

[22] Max Weber，"Der Streit um der Charakter der altgermanischen Sozialverfassung in der deutschen Literatur des letzten Jahrzehnts"，*Jahrbücher für Nationalökonomie und Statistik*，vol. XXVIII，1904，p. 445.

[23] 见迈耶尔对奥地利基督教社会党的经济政策的批评：Sigmund Mayer，*Die Aufhebung des Befähigungsnachweises in Österreich*（Leipzig，1894），尤其参见 pp. 124 ff.。

[24] 在上文中我们只讲一般教会，不考虑不同教派之间的差别。这是可以允许的，因为所有的教派都在向社会主义演化。天主教教皇利奥十三世 1891 年发布的通谕《新事物》（*Rerum Novarum*）承认了私有财产的自然法起源，但教会同时又制定了一系列有关分配收入的基本道德原则，它们只有在国家社会主义制度下才能付诸实施。庇护十一世在 1931 年发布的通谕也是以此为基础。在德国的新教徒中，基督教社

会主义的思想也同国家社会主义关系密切，以至于很难把两者加以区分。

[25] 关于战时社会主义及其后果，参见我的 *Nation，Staat und Wirtschaft*，pp. 140 ff.。

[26] *Denkschrift des Reichswirtschaftsministeriums*，reprinted in Wissell，p. 106.

[27] Ibid.，p. 116.

[28] "基尔特成员反对工业的私有制，强烈赞成公有制。当然，这不意味着他们希望由国家部门用官僚主义的方式管理工业。他们希望由全体工业人员组成的全国性基尔特来控制工业。但是他们不想让受雇于任何企业的工人拥有这些企业。他们的目标是把管理权交到工人手里，由此建立起工业民主，同时通过把所有权交给公众消灭利润。因此，基尔特中的工人不是为利润而工作：他们的产品价格，从而——至少是间接地——他们的报酬水平，在很大程度上服从于公众的控制。基尔特制度是公众与工人之间的一种工业伙伴关系，因此它同被描述为'工团主义'的设想大不相同。……全国性基尔特的主导观念是工业自治和民主。基尔特成员认为，就像民主原则适用于政治一样，它也完全适用于工业。"Cole，*Chaos and Order in Industry*（London，1920），pp. 58 ff.。

[29] Cole，*Self-Government in Industry*，5th ed.（London，1920），pp. 235 ff.；另见 Schuster，"Zum englischen Gildensozialismus"，*Jahrbücher für Nationalökonomie und Statistik*，vol. CXV，pp. 487 ff.。

[30] Cole，*Self-Government in Industry*，p. 255.

[31] "稍加思考即可证明，铺设下水道是一回事，决定在哪儿铺设下水道是另一回事；烤面包是一回事，决定烤多少面包是另一回事；盖房子是一回事，决定在哪儿盖房子是另一回事。这种对比可以无限多地列举，不管有多大的民主热情都无法消除它们。面对这些事实，基尔特社会主义者会说，地方和中央政府还是有必要存在的，它们的任务是监督生活中那些生产以外的重要事务。建筑者可能认为，不停地盖房子是件好事，但是这同一个人也住在某个地方，他有权说出这种纯粹着眼于工业的观点是否应当绝对自由地表达出来。事实上，每个人不但是生产者，也是公民。"见 G. D. H. Cole and W. Mellor，*The Meaning*

of Industrial Freedom（London，1918），p. 30。

[32] Tawney, *The Acquisitive Society*（London，1921），p. 122. 这位作者认为，基尔特社会主义对于工人的好处是，它结束了"一种可恶而又恶劣的制度，在这种制度下只要工人的服务不再有人需要，他们就会像无用之物一样被弃之一旁"。但正是这一点，暴露了他所提倡的制度的最严重的缺陷。假如已有的房屋已经足够，不再需要盖房子，但是为了让不愿意转向劳动力相对缺少的其他行业的建筑业工人有活干而必须盖房子，这种情况就是不经济的和浪费的。从最大福利的角度看，资本主义的优点正在于它强迫人们改变职业，虽然这对小团体的利益可能有直接不利的效果。

第十六章

准社会主义的理论体系

一 社会连带主义

过去 20 多年来，社会主义对资本主义社会制度进行了成功的批判，对这一批判竭力加以抵制的人已经所剩无几了。甚至不想屈服于社会主义的人，也试图在很多方面遵行它对生产资料私有制的批判。因此他们提出了一些理论上折中、政策上软弱无力的理论体系，想对各种矛盾加以调和。他们很快就被人遗忘了。只有一种这样的体系得到了传播，即所谓的社会连带主义（Solidarism）。它在法国最受欢迎，被人不无道理地称为第三共和国的官方社会哲学。"社会连带主义"在法国之外不太知名，但是构成社会连带主义的理论，却是有宗教或保守倾向但没加入基督教或国家社会主义的人的社会和政治信条。社会连带主义的特色既不在于它的理论的深刻性，也不在于它的信徒的数量。它具有一定的重要性，是因为它对我们这个时代许多最优秀、最纯真的男男女女的影响。

社会连带主义一开始说，全体社会成员的利益是和谐的。生产资料私有制是一种符合全体人民而不仅是所有者利益的社会制度；如果它被有害于社会劳动生产力的公有制所取代，人人都会蒙受损失。到此为止，社会连带主义与自由主义并行不悖。然而此后它们便分道扬镳了。社会连带主义理论认为，落实社会连带主义的原则，仅有建立在生产资料私有制基础上的社会秩序是不够的。它否认只要在保障自由和产权的法律制度内根据个人的财产利益采取行动，就能使个人经济活动的交往符合社会合作的目的，但它并没有提出更严密的论证，也没有阐述社会主义者，尤其是非马克思主义者过去未曾提出的观点。人只有在社会合作中才能生存，由这种合作的性质所定，社会中的人与他的同胞的幸福是休戚相关的。他们的利益具有"连带性"，因此他们应当"连带地"行动。但是，单纯的生产资料私有制并不能使实行分工的社会形成连带关系。要做到这一点，必须做出特殊的规定。社会连带主义中的国家社会主义倾向更突出的一派，希望通过国家的行动促成"连带"行动；法律应当让有产者承担有利于穷人和公众福利的义务。宗教情怀更重的一派则要诉诸良知做到这一点；不是用国家的法律，而是用道德律令：基督教的爱将使个人履行其社会责任。

234

社会连带主义的代表人物在其皇皇巨著中阐述了他们的社会哲学观，充分地展现着璀璨夺目的法兰西精神。他们以华丽的辞藻，无与伦比地描绘了人们在社会中的休戚与共。其中以庶利·普吕多姆[1] 最为出色。他在著名的十四行诗中，描述了诗人从噩梦中惊醒，他梦见分工停止了，没有人为他工作，他发现自己"seul, abandonné de tout le genre humain"（孤身一人，被天下人所弃），这使他认识到

> ... qu'au siècle où nous sommes
> Nul ne peut se vanter de se passer des hommes;
> Et depuis ce jour-là, je les ai tous aimés.
> （在我们这个时代，谁也无法取代别人。
> 从那一天起我便爱上了所有的人。）

他们也很懂得如何运用神学[2] 或法理学[3] 的论证，使自己的观点听上去言之凿凿。但我们千万不要受其蒙蔽，看不到这种理论的内在弱点。社会连带理论是一种语焉不详的折中主义。它不需要专门的讨论。我们在这里对它感兴趣，更多的是由于它的社会理想，它宣称"要对个人主义和社会主义扬其所长，避其所短"。[4]

235 社会连带主义要保留生产资料私有制。但是它把一个权威，无论这是指法律及其创设者，还是指良知及其大总管教会，置于有产者之上，由它来监督有产者正确运用自己的财产。这个权威要阻止他"无拘无束地"利用他在经济过程中的地位；对财产权要做出某些限制。于是，国家或教会，法律或良知，成了社会的决定性因素。财产要受这些规范的管束，它不再是社会秩序的基本或终极性的要素。它只能在法律或伦理允许的范围内继续存在，也就是说，所有权被废除了，因为有产者必须遵守他的财产利益之外的原则。所有者在任何情况下必须遵守法律和伦理规定，任何法律制度都不会承认超出这些规范所划定的界限的所有权，这样说根本就不解决问题。因为假如这些规范仅仅针对自由的所有权，只要所有者没有根据他签订的契约把财产转移给别人，就要保护他维护自己财产的权利不受侵害，那么这些规范仅仅是对生产资料私有制的承认。然而社会连带主义并不认为仅靠这些规范就足以把社会成员的劳动富有成效地结合在一起。社会连带主义要把另一些规范置于它们之上。因此这些规范就成了社会的根本大法。不是私有产权，而是某种特殊类型的法律和道德规定，才是社会的根本大法。社会连带主义用一种"高级法"取代了所有权，换言之，它废除了所有权。

当然了，社会连带主义者其实不想走得那么远。他们说，他们只想限制财产权，但从原则上还是要维护它。可是，如果给财产设定超出其性质本身带来的局限性之外的限制，这就等于是废除了财产权。假如所有者只能用自己的财产做规定的事情，那么主宰国民经济活动的便不是财产权，而是做出规定的权力。

例如，社会连带主义要对竞争加以管制，不允许它导致"中产阶级的没落"或"对弱者的压迫"。[5] 这仅仅意味着维持既定的社会生产状态，即使它在私有制条件下本应消失。所有者被告知他应当生产什么，如何生产，生产多少，在什么条件下生产，236应当把产品卖给谁。因此他已经不再是所有者了，他成了计划经济中的特权人物，成了获得特殊收入的官员。

在每一个具体的场合，由谁来决定法律或伦理应当在多大程度上限制所有者的权利？只能是法律或道德观本身。

假如社会连带主义本身明白它那些主张的后果，那就只能把它称为社会主义的一个变种。但它远远没有明白这一点。它自以为跟国家社会主义有着根本的不同。[6] 社会连带主义的多数拥护者如果认识到自己的理想的真面目，他们是会感到后怕的。因此它的社会理想也许只能算是一种准社会主义。但是必须清楚的是，它距社会主义只有一步之遥。只是由于法国总体上有比较有利于自由主义和资本主义的气氛，使法国的社会连带主义者和耶稣会会士毕雪[7]——一个受法国影响的经济学家——没有彻底混淆社会连带主义和社会主义之间的界限。但是，不少仍然自称社会连带主义者的人，是必须被算作国家社会主义者的。比如查理·纪德[8] 就是其中的一位。

二　各种没收方案

前资本主义的财产改革运动，一般是把财富平等作为最高目标。人人有平等的财富：谁也不能拥有多于或少于别人的财富。应当通过重新分配土地取得这种平等，并通过禁止买卖或典当土地加以维持。这显然不是社会主义，虽然有时它被称为农业社会主义。

　　社会主义根本不打算分配生产资料，也不想仅仅限于没收；它要在生产资料公有制的基础上从事生产。因此，凡是仅以没收生产资料为宗旨的方案，都不能视为社会主义，它们只是给社会主义铺路的方案。

237　　比方说，假如它们打算设定一个人所能拥有的私有财产的最高限量，那么只有当它们要把国家由此得到的财富作为社会主义生产的基础时，才能把它们视为社会主义。这时呈现在我们面前的是一种社会化方案。不难看出这种方案是不合宜的。能够被社会化的生产资料的数量是多是少，取决于允许拥有的私人财富的数量。如果定得太低，它同直接的社会化就没有多少差别；假如定得很高，对抗私有财产的行动就不足以促进生产资料社会化。但是不管怎么说，肯定会出现一系列出人意料的后果。最能干、最有活力的企业家将被事先排挤出经济活动，财富数量接近于限量的富人将情不自禁地采取铺张浪费的生活方式。可以预期，对个人财富的限制会延缓资本的形成。

　　同样的观点也适用于废除继承权的方案。废除继承权，以及废除采用捐赠方式避开禁令的权利，不会导致完全的社会主义，但它能在一代人之间把全部生产资料中的相当一部分转移给社会。它会延缓新资本的形成，并使一部分现有的资本也被消耗掉。

三　利润分享

　　一些用心良好的作家和企业家主张与工资劳动者分享利润。利润不再完全归企业家所有，而是在企业家和工人之间分配。一部分利润将被用来补充工人的工资。恩格尔预期这"能够让双方都满意，从而平息激烈的对抗，从而也能解决社会问题"[9]。利润分享制度的大多数倡导者也都赋予它同样重要的作用。

把企业家的一部分利润转移给工人的方案来自这样一种观 238
点：在资本主义制度下，企业家从工人那儿取走了后者确实能够
主张权利的一部分东西。这种观点的根据是一种有关"全部"
劳动产品之不可让渡的权利的糊涂观念，它大体上是对剥削理论
的一种很流行但也很幼稚的形式的公开表达。它的拥护者认为，
社会问题就是夺取企业家利润的战斗。社会主义者要把利润还给
工人，而企业家自称对它享有权利，有人便出来调停，建议通过
妥协结束战斗：让双方都享有一部分权利。这样双方都能过得不
错：企业家是如此，因为他们的权利主张显然是不公正的；工人
也是如此，因为他们不必战斗收入就有了可观的增加。这种思路
极其错误，根本无须深入讨论，它把劳动的社会组织问题当作权
利问题，试图用弥合差距来解决一个由来已久的问题，仿佛它是
两个生意人之间的纠纷。生产资料私有制是人类社会必不可少的
制度，不然它就什么都不是。如果不是这样，就能够或必须废除
它，没有必要出于对企业家个人利益的尊重而半途中止。假如私
有财产必不可少，那就不需要更多的辩解，没有理由要部分地废
除它而削弱其社会功效。

赞成分享利润的人认为，这样做可以使工人不再对企业的收
益无所用心，他会更加热情地履行自己的职责。在这一点上他们
也错了。只要劳动效率没有因为社会主义的破坏性怠工而下降，
只要辞退工人没有多少困难，并且能够把他的工资跟他的工作成
果挂钩，那就无须其他激励方式使他变得更勤奋。在这种情况
下，工人干活时十分清楚他的工资取决于他干得如何。然而，在
不存在这些要素的地方，从工作中得到一点净利润的前景并不会
诱使他付出超出必要的精力。虽然重要程度有所不同，但这里的
问题与我们评估社会主义社会克服劳动无效率的诱导因素时谈到
的困难是一样的。从只能由工人来承担的超额劳动的产出中得到
的一点份额，并不会多到足以奖励他额外付出的努力。

假如工人分享利润是分别进行的，让每个工人分享他恰好为其工作的企业的利润，这会造成没有任何明确理由的收入差距，这种看上去极不公平的差距没有任何经济功能，而且大家都会觉239 得它不公平。"这个工厂的车工挣 20 马克外加 10 马克利润，另一个管理较差、经营不好的工厂的车工只能拿到 20 马克，这是不可接受的。"这或是意味着出现了"租金"，并且同这种"租金"联系在一起的职业可以被出售，或是意味着工人会对他的企业主说："我不管你从哪儿出这 30 马克；既然另一家竞争企业中我的同行拿这么多，我也要求这么多。"[10] 分别分享利润的做法必然直接导致工团主义，虽然它是一种企业家仍保留部分利润的工团主义。

不过也可以尝试另一种办法。不是由每个工人，而是由全体公民分享利润；把全部企业的一部分利润无差别地分配给所有的人。这已经通过税收得到实现了。在大战之前，奥地利的股份公司早就向国家及另一些征税部门缴纳其净利润的 20%—40%。战后和平的最初几年又增加到 60%—90% 甚至更多。"混合型"公有企业就是试图找到共同分享方式的一种尝试，它让全社会分享企业的管理权，作为回报，它也必须分担资本的供应。在这种做法中，如果社会能够彻底废除私有制而又不会危害劳动生产率，为何要止步于只废除一半私有制，这又有何道理呢？反之，如果废除私有制是有害的，那么废除一半也是有害的。事实上，这种半途止步的措施的破坏作用也许不亚于彻底废除。拥护者常说，"混合型"企业为创业者留出了空间。可是正如我们说的，国家或市政府的活动会妨碍企业家的决策自由。必须与公务员协调一致的企业，是无法按照创造利润的要求去利用生产资料的。[11]

四 工团主义

作为一种政治策略，工团主义是组织起来的劳动者为达到他们的政治目的而采取的一种特殊进攻方式。它的目的也可以是建立真正的社会主义，即生产资料的社会化。不过，"工团主义"240一词还有另一层含义，它是指一种特殊类型的社会和政治宗旨。在这个意义上，工团主义被理解为以实现一个使工人成为生产资料所有者的社会为宗旨的运动。我们这里只谈作为一种宗旨的工团主义，无须讨论作为一场运动、一种政治策略的工团主义。

作为一种宗旨的工团主义和作为一种政治策略的工团主义并非总是携手同行。很多以工团主义的"直接行动"作为行动基础的团体，是在为实现真正的社会主义社会而奋斗。另一方面，实现工团主义宗旨的努力也可以采取不同于索雷尔所提倡的暴力手段。

在很多自称为社会主义者或共产主义者的工人心目中，工团主义至少是像社会主义一样鲜明的伟大革命的目标。马克思认为，应当予以克服的"小资产阶级"思想是非常普遍的，甚至在马克思主义的社会主义者中间也是如此。广大群众想要的不是真正的社会主义，即集权的社会主义，而是工团主义。工人希望成为雇用他的企业的生产资料的主人。每天在我们身边发生的社会运动清楚地显示，工人想要的就是这，而不是别的东西。跟书房里研究出来的社会主义相反，工团主义的理想直接来自普通人的想法，他们总是仇视别人得到的"不劳而获的"收入。工团主义和社会主义一样，也要消除工人与生产资料相分离的状况，但采用的方式不同。不是全体工人成为全部生产资料的所有者；具体产业或企业中的人，或一个生产分支中的工人，将获得该企业所利用的生产资料，铁路属于铁路工人，矿业属于矿工，工厂属于工人——这就是它的口号。

作为考察的起点，我们不必逐一察看那些实施工团主义理想的古怪方案，而要把它的主要原则始终如一地适用于整个经济体系。这样做并不困难。从企业家、资本家和地主手里接管全部生产资料，但是不把它转移给经济领域的全体公民，为此采取的每一项措施都可以视为工团主义。在这种情况下，这个社会有没有组成各种社团是无关紧要的。生产的全部分支是组织成分立的机构还是一个单一企业，就像它们历史上恰好形成的状况一样，也是不重要的。对社会的分割无论是横向的还是纵向的，从本质上说都不会影响到这种方案。唯一的要点是，这个社会的公民是某些生产资料的所有者，不是另一些生产资料的所有者，并且当他在某些情况下失去工作能力时，他不拥有任何财产。工人的收入是否有可观的增长也不重要。大多数工人对于他们在工团主义制度下的财富增长都抱有非常不切实际的幻想。他们以为，仅仅瓜分地主、资本家和企业家在资本主义工业中得到的份额，就会使他们每个人的收入大为增加。除此之外，他们还预期工业产品的大幅增长，因为他们认为自己是务实的专家，可以亲自经营企业，而且每个工人都会设身处地地关心企业的繁荣。工人不再为陌生人，而是为自己劳动。自由主义者对此有十分不同的看法。他指出，在工人中间分配租金和利润而给他们带来的收入增长是微不足道的。他尤其认为，假如企业不再由按照自己的一本账进行经营的企业家的自利心所支配，而是受到不适合于这项任务的劳工领袖的左右，企业的收益就会减少，工人非但不能挣到比自由经济条件下更多的钱，反而会挣得更少。

假如工团主义的改革仅把生产资料的所有权交给工人，维持资本主义制度的产权系统不变，其结果只能是一种原始的财富再分配。普通人只要一想到改善社会状况，在他的想法背后总是存在着一种以恢复财产和财富平等为目的的物品再分配，这是所有

241

广受欢迎的社会化方案的基础。对于农业工人而言这不难理解，他的全部抱负就是得到能够养活自己和家人的一处宅子和一块土地。在村子里很容易想到，解决社会问题的好办法就是再分配。而在工业、矿业、交通运输业、贸易和金融业，生产资料的实物再分配却是难以想象的，于是我们便生出另一种愿望，即分割产权但保留产业或企业的统一性。以这种简单的方式进行分割，充其量只是一种暂时消除收入和财产不平等的办法。用不了多久，有些人就会把他们的份额挥霍掉，而另一些人则会通过获取经济效用不高的份额而变富。结果是必须不断地进行再分配，而这只会鼓励轻浮和浪费——总之，鼓励一切不经济的行为方式。如果勤奋节俭的人必须把自己勤奋节俭的成果交给懒散放浪之辈，经济活动是不可能得到任何剩余的。 242

但是，甚至这种结果——暂时的收入和财产平等——也无法以工团主义来实现，因为工团主义不会对全体工人一视同仁。不同生产部门的生产资料的价值并不是同受雇工人的数量相对应。没有必要深入探讨一个事实：有些产品包含较多的劳动力生产要素、较少的自然生产要素。即使在全部人类生产开始进行之前分配生产资料，也会导致不平等；假如是在资本积累高度发达的阶段实行工团主义，即分配的不仅是生产的自然要素，而且还有已经生产出来的生产资料，那就更会如此。每个工人在这种再分配中得到的份额的价值是非常不同的：有人得到的多，有人得到的少，因此一些人会从财产中得到比别人更多的收入——不劳而获的收入。工团主义根本不是一种达到收入平等的手段。它消除了现有的收入和财产的不平等，但仅仅是用另一种不平等代替了它。这种工团主义的不平等要比资本主义秩序中的不平等也许更公正——然而无法对此做出科学的评判。

如果工团主义的改革超出了生产性物品的再分配，下一步，它将不会允许资本主义在生产资料方面的财产安排继续存在。它必须从市场上撤回生产性物品。每个公民不能处置分配给他们的那一份生产资料；因为在工团主义制度下，它们是以一种比自由社会更紧密的方式跟所有者个人绑在一起的。在不同的情况下如何把它们同个人分开，可以用不同的方式加以规定。

工团主义的拥护者的逻辑十分幼稚，他们假定社会处于静止状态，他们根本没有注意到一个问题：这种制度如何使自身适应经济条件的变化。如果我们假设，生产方式、供需关系、技术或人口不发生任何变化，那么一切似乎都能井井有条。每个工人只有一个孩子，他在他的接班人或唯一的继承者恰好有了工作能力时离开这个世界；儿子及时占据了他的岗位。我们大概可以假

243 设，允许人们通过自愿交换岗位和自己那一份生产资料而改变职业，从一个生产分支转向另一个分支，或从一个独立企业转到另一个独立企业。至于其他方面，这种工团主义的社会状态必须实行一种严格的等级制度，彻底终止工业的从而生活中的一切变化。哪怕仅仅是无子女的公民的死亡也会对这种制度造成干扰，引起按它的逻辑根本无法解决的问题。

在这个工团主义社会里，公民的收入是由他那一份财产的收益和劳动工资组成。假如生产资料的财产份额可以随便继承，那么用不了多久，即使在世的人未发生任何变化，财产占有的差距也会拉大。即使在工团主义时代开始时消除了工人与生产资料相分离的状况，每个公民在自己的企业里既是企业主也是工人，但不属于某个特定企业的工人后来还是有可能继承它的份额。这很快又会导致这个工团主义社会里的劳动和财产的分离，却不会因此而得到资本主义社会制度的好处。[12]

每一种经济变化都会立刻引起必然使工团主义垮台的问题。假如需求方向和规模的变化或生产技术的变化引起工业组织的变化，需要工人从一个生产部门转移到另一个生产部门，问题立刻就来了，这些工人在生产资料中所占的份额怎么办？是让工人及

其子女保留他们在实行工团主义时恰好所属的企业中的份额，进入另一个企业成为单纯的工资劳动者，不允许他们得到财产收入，还是让他们在离开一个企业时失去自己的份额，然后从已经在新产业中就业的工人所拥有的财产中得到一份人均份额？无论采用哪种办法，都会直接违反工团主义的原则。此外，假如允许人们处置自己的份额，事情就会逐渐回到改革以前的状态。但是，假如工人在离开一个企业时失去自己的份额，进入另一个产业时又获得一份，则那些抵制变化带来的损失的工人就会极力反对生产的任何变化。如果采用取代或可能取代工人的提高生产力的工艺，这种工艺也会受到抵制。另外，一个企业或产业分支中的工人，倘若为了发展企业而雇用新工人有可能使他们的财产收入减少，他们就会反对这样做。总之，工团主义将使任何生产变革成为不可能。哪里有它，哪里就没有经济进步。 244

作为一种宗旨的工团主义是如此荒唐，一般而言它没有任何敢于公开而明确地撰文支持它的拥护者。以合伙人的名义跟它有瓜葛的人从未想清楚它的问题。工团主义除了是掠夺性部落的理想外，从来就不是任何别的东西。

五　局部的社会主义

生产资料的自然所有权是可以分割的。在资本主义社会里它也是普遍被分割开的。[13] 但是，属于生产领导者的、我们仅仅把它称为所有权的处置权，却是不可分割和不可限制的。它可以属于合伙的若干人，但是不能分割，也就是说，不能把这种处置权本身分割成相互分离的命令权。对生产中的一件商品的处置权只能是统一的；无法想象可以用任何方式把它分割成不同的要素。自然意义上的所有权是不受限制的；只要一说到限制，它要么意味着对一种过于宽泛地做出的司法定义的简化，要么是承认了一个事实：自然意义上的所有权具体属于法律承认其为所有者的法人之外的某个人。

因此，试图以折中的方式消除公有财产和生产资料私有制之间的对立的任何做法都是错误的。只有在存在着处置权的地方才会有所有权。[14] 因此，试图在名义上和法律上保留私有财产，而让处置权服从国家的命令、使财产社会化的国家社会主义和计划经济，也是地地道道的社会主义制度。只有在个人能够以自己认为最有利的方式处置其私人拥有的生产资料的地方，才会存在私有财产。他这样做是为了服务于社会的其他成员，因为在以分工为基础的社会里每个人都是全体人的仆人，全体人是每一个人的主人，但这并没有改变一个事实：是他本人在寻找这种服务的最佳方式。

一部分生产资料由社会支配，其余部分留给个人，这种折中办法是不可能的。这两种制度仅仅是互不相干地并存着，在它们各自的领域内运行。任何人都会认为这种社会组织原则的混合毫无意义。没有人会相信，不应当把自己视为正确的原则贯彻到底。谁都不可能宣称这种或那种制度只对某些生产资料更为有益。如果有人似乎提出了这种主张，他们其实是在宣称：我们必须要求至少一部分生产资料，或尽量在一部分人中间实行一种制度。在这两条原则之间的战斗中做出妥协，永远只能是暂时的休战，而不是通过合乎逻辑地思考问题所得出的结论。站在双方的立场上看，折中政策只是通向完全胜利的道路上的歇息。

最有名、最受人尊重的折中体系确实相信，它可以把折中政策作为一种永久性的制度加以提倡。土地改革者要把生产的自然要素社会化，对其他要素则维持生产资料私有制。他们的起点是一个不证自明的假设，生产资料公有制能够比私有制获得更高的产量。他们认为土地是最重要的生产资料，所以希望把它交给社会。随着公有制能够取得比私有制更好的成果这种观点的破产，土地改革的理想也烟消云散。凡是把土地当作最重要的生产资料的人，假如他认为私有制是一种更高级的经济形态，他肯定会拥护土地私有制。

注释:

[1] 苏利·普吕多姆（Sully Prudhomme, 1839—1907）：法国诗人，著有诗集《孤独》《徒劳的柔情》《诗的遗言》等。1881 年当选法兰西学院院士，1901 年获第一届诺贝尔文学奖。——译注

[2] 这里必须首先提到的著作是 Jesuit Pesch, *Lehrbuch der Nationalikonomie*, vol. I, 2nd ed. (Freiburg, 1914), pp. 392-438。在法国也存在着天主教徒同有自由思想的社会连带主义者之间的冲突——它涉及教会同国家以及同社会的关系，而不是社会理论和社会政策的真正原则，这使教会各个派别对"社会连带主义"这个概念有所怀疑。见 Haussonville, "Assistance publique et bienfaisance privée", *Revue des Deux Mondes*, vol. CLXII, 1900, pp. 773 - 808）；Bouglé, *Le Solidarisme* (Paris, 2907), pp. 8 ff.。

[3] Bourgeois, *Solidarité*, 6th ed. (Paris, 1907), pp. 115 ff.；Waha, *Die Nationalökonomie in Frankreich* (Stuttgart, 1910), pp. 432 ff..

[4] Pesch, op. cit., vol. I, p. 420.

[5] Ibid., p. 422.

[6] Ibid., p. 420.

[7] 毕雪（Heinrich Pesch, 1854—1926）：德国现代基督教社会主义运动的代表人物之一。——译注

[8] 纪德（Charles Gide, 1847—1932）：法国经济学家，法国合作运动的重要倡导人，著有《政治经济学原理》《消费合作社》等。——译注

[9] Engel, "Der Arbeitsvertrag und die Arbeitsgesellschaft", in *Arbeiterfreund*, 5 Year, 1867, pp. 129-154). 有关利润分享的德文文献综述，见 *Untersuchungen und Vorschläge zur Beteiligung der Arbeiter an dem Erträge wirtschafilicher Unternehmungen*, 作为 *Reichs-Arbeitsblatt* (March 3, 1920) 的附录发表。

［10］见 *Schriften des Vereins für Sozialpolitik*, vol. CLIX, pp. 132 ff. 。

［11］Ibid. , pp. 226-227.

［12］因此，把工团主义称为"工人的"资本主义是有误导性的，虽然我在 *Nation, Staat und Wirtschaft*（p. 164）也曾这样说过。

［13］参见本书第 29 页以后。

［14］关于干涉主义，见我的 *Kritik des Interventionismus*, pp. 1 ff. 。英文版出版者注：见 *A Critique of Interventionism*, trans. Hans F. Sennholz（New York：Arlington House, 1977）, pp. 15 ff. 。

第三卷

所谓社会主义的必然性

第一部分

社会的进化

第十七章

社会主义的千禧年说

一 千禧年说的起源

　　社会主义的威力有两个不同的来源。其一，它是一种道德、政治和经济制度的挑战。达到了更高道德要求的社会主义的社会秩序，将代替"不道德的"资本主义经济；少数对多数的"经济统治"，将让位于唯一能使真正的民主成为可能的相互合作的经济秩序；遵照统一的原则运行的唯一理性的制度，即计划经济，将消灭非理性的私有经济秩序和追逐利润的生产无政府状态。可见，社会主义在道德和理性上都是值得追求的，所以它正是我们应当为之奋斗的目标。因此，怀有善良意愿的人们的任务，就是克服因为误解和偏见而对它的抵制。这是马克思及其学派称之为空想的社会主义的基本思想。

　　其二，社会主义也被描绘成历史演进的必然目标和最终结果。有一种我们无可逃避的隐蔽力量，在引领人类一步步走向更高的社会和道德境界。历史是一个不断进步的净化过程，它最终的完美形式便是社会主义。这种思路没有与空想社会主义的观念背道而驰，而是吸收了这些观念，因为它断定，社会主义社会比非社会主义社会更好、更崇高、更美妙，这显然是不言而喻的事情。更有甚者，它认为向社会主义的转变——在它的展望中这是一种进步，一种向高级阶段的演进——独立于人类的意志。社会主义有着自然的必然性，是决定着社会生活的基本力量的必然结果。这就是自然进化论的社会主义的基本观点，它在马克思主义的形式中获得了"科学"社会主义这个高傲的称号。

近年来很多学者一直在努力证明，唯物史观或经济史观的主要观点是由前马克思主义的作家提出的，这些作家中的一些人被马克思及其支持者轻蔑地称为空想家。这些研究及相关的对唯物史观的批判，倾向于用十分狭隘的眼光看问题，他们专注于马克思主义进化理论的特殊性、它特有的经济学性质以及它对阶级战争的强调。但是他们忘记了它还是一种关于完美性的学说，一种关于进步和进化的理论。

唯物史观包含着三个要素，它们不但组成一个严密的体系，而且对马克思主义学说分别具有特殊意义。首先，它有一种特殊的历史和社会研究方法。它试图用这种方法解释某个时期的经济结构同全部生活之间的关系。其次，它是一种社会学理论，它提出了一种阶级和阶级战争的明确观念，把它们作为社会学的基本要素。最后，它是一种有关进步的理论，一种关于人类命运、人类生活的意义和规律、意图和目的的学说。唯物史观的这个方面较之其他两个方面受到的关注不多，然而只有这个方面与社会主义本身有关。如果唯物史观仅仅是一种研究方法，一种启发人们认识社会演进的原则，它显然不能谈论社会主义社会秩序的必然性。我们将朝向社会主义演进这个结论，未必来自对经济史的研究。阶级斗争理论也是如此。一旦接受以往的社会历史都是阶级斗争的历史这种观点，人们将难以理解阶级斗争为何会突然消失。不是也可以设想，这种历史的内容将继续存在，直到永远吗？唯物史观只有作为一种进步的理论，才可以和历史进化的最终目标联系在一起，才可以断言资本主义的衰落和社会主义的胜利是同样不可避免的。为社会主义思想的传播提供最大帮助的，莫过于这种社会主义不可避免的信念。甚至社会主义的大多数反对者也受到它的迷惑，它使他们为自己的反对而良心不安。有教养的人假如不表现出一副被"社会主义"精神所打动的样子，会担心自己显得落伍，因为据说社会主义时代，即"第四等级"[1] 的历史时刻，已经晨光乍现，凡是仍抱着自由主义不放的人必定落个反动派的下场。使我们日益接近社会主义生产方式的社会主义思想的每一次胜利，一概被视为进步；保护私有财产的每一项措施，通通被视为倒退。时代在变，私有财产的时代既已成为过去，一方怀着哀伤甚至眷恋的心情在观望，另一方则投之以欣喜若狂的眼神，但是大家都坚信，历史已经判定了它难逃覆灭的厄运。

　　然而，唯物史观的这种进步理论既超出了经验本身，也超出了能够经验的一切，所以它不是科学，而是形而上学。有关进化和历史的一切形而上学，从本质上说都是关于起点和终点、关于事物的起源和目的的教义。它要么是以无比宏阔的眼光构想出来，涵盖整个宇宙，要么是以人类为中心，只考虑人类。它既可以是宗教，也可以是哲学。人类中心论的形而上学进化理论，便是人所共知的历史哲学。带有宗教色彩的进化理论必定要以人类为中心，因为宗教赋予人类的极其重要的意义，只能用人类中心论为其正名。这些学说通常是建立在有关原初的极乐世界和黄金时代的假设上，人们脱离这种时代越走越远，但最终还是会回归一个同样美好，甚至可能更美好的完美时代。它一般包含着"救赎"的观念。黄金时代的回归将使人们摆脱邪恶时代留在他们身上的罪恶。因此整个教义是一种有关现世救赎的启示。切不可把它混同于另一些教义阐发的那些无比精妙的宗教救赎观，那种教义已经把救赎从人的现世生活转移到更美好的来世。根据那些教义，个人的今生今世绝不是最终目的，它仅仅是为另一种更美好的、毫无痛苦的生存作准备，只有在一种非存在的状态中，在万物的消失或毁灭中才能找到。

犹太先知的救赎启示对我们的文明有着特殊的重要性。犹太先知所许诺的救赎，不是一个更美好的来世，他们宣示了一个人间的上帝之国。"耶和华说，日子将到，耕种的必接续收割的，252 踹葡萄的必接续撒种的。大山要滴下甜酒，小山都必流奶。"[2] "豺狼必与绵羊羔同居，豹子与山羊羔同卧。少壮狮子，与牛犊，并肥畜同群。小孩子要牵引他们。牛必与熊同食。牛犊必与小熊同卧。狮子必吃草与牛一样。吃奶的孩子必玩耍在虺蛇的洞口，断奶的婴儿必按手在毒蛇的穴上。在我圣山的遍处，这一切都不伤人，不害物。因为认识耶和华的知识要充满遍地，好像水充满洋海一般。"[3] 只有允诺这种救赎的启示在不久的将来就能实现，人们才会愉快地接受它。实际上以赛亚说，人和应许的时刻的距离"不是只有一点点时候吗?"[4] 但是，信众等待的时间越长，他们就会变得越不耐烦。一个他们不能活着享受的赎罪天国有什么好! 所以，必须把救赎的允诺扩展成一种有关死而复生的教义，这种复活把每个人带到神的面前，接受善与恶的审判。

犹太教中充满了这类有关耶稣在某个时刻将作为弥赛亚现身于人民之中的观点。他的到来不仅是为了宣示救赎的临近，而且是作为上帝之国的给予者。[5] 他在人民中间游走布道，但世界依然如故。他在十字架上殉难，可是一切毫无改观。最初，这深刻动摇了信众的信念。他们陷入四分五裂，最早的一小群犹太人也自此星散。只有对钉在十字架上的基督复活的信念鼓舞着他们，使他们有了新的热情，赋予了他们为自己的救赎教义争取新信徒的力量。[6] 他们宣扬的救赎启示与基督传布的一样：主已临近，他与伟大的审判日同在，届时人间将焕然一新，上帝之国将在尘世的王国里建成。但是，随着对基督就要降临的期待消失，越来越多的犹太人开始安下心来做更漫长的等待，救赎的信念也发生了变化。有持久力的现世宗教，是不能建立在上帝之国就要降临 253 这种信念上的。日子一天天过去，预言却不应验，这有损于教会的威望。上帝之国近在眼前这种原始基督教的基本思想，必须被改造成对基督的崇拜：坚信他们复活的主住在天国，挂念着犹太信众；坚信他将救赎这个罪恶的世界。只有这样才能建起基督教的信仰共同体。从这种转变发生的那一刻起，基督教教义便不再期待人间的上帝之国了。救赎的观念升华为信徒可以通过受洗成为基督肉身一部分的教义。"在使徒时代，上帝之国就已被融入教会，仅仅给来世的天国保留了教会的赞美、肉体的消散和从必死的躯壳中挣脱出来的精华。至善的天国也被讲述天堂、地狱和炼狱以及不朽与来世的末世学（eschatoligy）所取代——这不同于意义至高无上的福音书。但是，甚至这个目标也被缩水，以至于千禧年最终仅仅意味着教会。"[7]

不过，对于允诺的兑现被延后、与人们当初的期待不符所引起的麻烦，还有另一种对策。信众可以到过去支撑着先知的信念中寻找安慰。按这种教义，延续一千年的人间救赎之国将会建成。这种基督再次现身的学说虽然被教会指为异端，却不仅作为一种宗教和政治信仰，而且作为一种社会和经济进化观而不断地重现。

从过去千百年来不断更新力量的基督教千禧年说，只需再迈出一步，便有了哲学千禧年说，即 18 世纪对基督教的理性主义解释；然后经由圣西门、黑格尔和魏特林，便有了马克思和列宁。[8] 相当奇怪的是，这种从神秘观念——它们的起源在历史的漫漫长夜中邈不可及———路演化而来的特殊的社会主义，自称科学社会主义，而把从哲学家的理性思考中产生的社会主义贬斥为"乌托邦"。

这种哲学人类中心主义的进化论形而上学，在所有本质的方面都类似于宗教。从它的救赎预言中，同样可以看到极度痴迷的幻想与毫无新意的常识和粗鄙的唯物主义的奇怪混合物。与试图解释神启的基督教文献一样，它也试图通过解释具体的历史事件，证明自己适用于人生。它的这种努力常常把自己搞得滑稽可笑，每遇重大时刻，它都要推出一种学说，既符合时局，又涵盖宇宙史。

二　千禧年说和社会理论

必须把这种形而上的历史哲学与理性哲学明确加以区分。后者只以经验为基础，寻求有着逻辑和经验主义根据的结论。只要一超出这个范围，理性的哲学便尝试做出假设，但它决不会忘记经验止于何处，假设起于何时。只要有利用经验的可能，它就避免采用概念的虚构；它绝不会排挤经验科学。它的唯一目标是统一我们对社会事件和历史演化进程的看法。唯其如此，它才能够确定支配社会条件变化的法则。它通过指出或尽力指出决定着社会发展的要素，揭示决定着社会演化的原理。这种原理被假定为有着客观的有效性，也就是说，只要有社会在，它便发挥作用。但是还要为它补充上另一条原理，并且必须证明在什么条件下前一条原理起支配作用，在什么条件下由后一条原理主宰。但是这仅仅意味着支配着两条原理互动的法则是社会生活的终极法则。

定义社会成长和社会条件发生变化所遵循的原理，与定义社会进化的过程不是一回事。这种过程必然是有限的，它有始有终。而法则的支配作用必然是无限的，它没有起点和终点。它是连续性的，不是一种偶发现象。如果这种法则只决定着社会进化的一部分，在某个时刻之后使我们陷入迷途，它就是不完美的。在这种情况下它就不再是法则了。社会进化的终结只能意味着社会本身的终结。

目的论的观点描述进化过程中的全部迂回过程和偏离现象。因此它通常是一种阶段论。它向我们展示文明相继发生的各个阶段，直至达到一个必然的最后阶段，此后再无其他阶段。这时就不可能知道历史如何继续演进了。[9]

255 千禧年说的历史哲学采取了"超出人类全部智慧的天命观";它致力于预见,就像唯一的"上帝之眼"那样预见。不管我们把它称为教诲人的诗篇、预言、信念、希望,还是别的什么,它绝对不可能是两样东西:科学或知识。也不可把它称为假设,就像不能把占星术士或算命先生的话当作假设一样。在一个人们只信赖科学、拒绝形而上学(虽然可以说,他们只是不加批判地屈从于毕希纳[10]和蒙莱肖特[11]的幼稚的形而上学)的时代,这种做法肯定能够奏效。

社会进化法则能够告诉我们的事情,要比进化论的形而上学少得多。它事先便对自身做了限制,承认有一些它没有给予解释的因素的存在,有可能挫败它的解释力。但是它不限制自身的适用性。它要求永恒的有效性,它没有起点和终点。不过它不会祈灵于某种深不可测的命运,使我们成为这种命运的"丧失意志和软弱无能的承受者"。它仅仅揭示我们自己的意志的内在动力,揭示它如何遵循着自然法则以及它的存在为何是必然的。这不是对人类命运,而是对人类行为的洞察。

既然"科学"社会主义是形而上学,是一种千禧年式的救赎承诺,从科学上反驳它就是多此一举。运用理性向神秘的教义开战是没有任何用处的。世上没有教育迷狂者的办法,他们只能在墙上撞得头破血流。然而,马克思主义不仅是一种千禧年说,它还受到 19 世纪科学精神的很大影响,并努力以理性的方式为自己的学说辩护。我们以下各章所要探讨的,便是它的这些尝试,而且仅限于这些尝试。

注释:

[1] "第四等级"(the Fourth Estate)一词起源于法国大革命的制宪会议时期,激进的空想社会主义者弗朗索瓦·诺埃尔·巴贝夫是这一用语的

较早使用者，意指第三等级中没有选举权和被选举权的下层贫民和无产阶级。这一用语后来常被用作无产阶级的别称。——译注

[2]《旧约·阿摩司书》9：13。

[3]《旧约·以赛亚书》11：6—9。

[4]《旧约·以赛亚书》29：17。

[5] 我们这里不必讨论耶稣是否把自己当作弥赛亚。对于我们来说唯一重要的事情是，他宣布了天国很快就会降临，最早的犹太信众把他视为弥赛亚。

[6] Pfleiderer, *Das Urchristentum*, 2nd ed.（Berlin, 1902）, vol. Ⅰ, pp. 7 ff., 252-285.

[7] Troeltsch, "Die Soziallehren der christlichen Kitchen und Gruppen", in *Gesammelte Schriften*（Tübingen, 1912）, vol. Ⅰ, p. 110.

[8] Gerlich, *Der Kommunismus als Lehre vom tausendjthrigen Reich*（Munich, 1920）, pp. 27 ff..

[9] Wundt, *Ethik*, 4th ed.（Stuttgart, 1912）, vol. Ⅱ, p. 246. 从恩格斯对战争史的研究中可以发现，这场运动的一个代表人物多么希望看到一切进化终止的典型事例。恩格斯在这里——写于 1878 年——研究德法战争时认为，"武器已经如此完善，以致不能再取得具有任何变革作用的新的进步了。既然有火炮可以在目力所及的范围内射击一营人，步枪又能在同样的范围内射击单个的人这样的目标，而装弹所花的时间又比瞄准少，那么，往后的一切改进，对于野战来说都多少是无关紧要的了。因此，在这个方面发展的时代实质上已经结束了"。见 *Herrn Eugen Dührings Umwälzung der Wissenschaft*, p. 176. （译按：中译本见《马克思恩格斯全集》第二十卷，人民出版社 1971 年版，第 185 页。）马克思在评判别人的观点时，很清楚如何找出阶段论的弱点。马克思说，按照它们的教导，"以前是有历史的，现在再也没有历史了"。见 *Das Elend der Philosophie*, German translation by Bernstein and Kautsky, 8th ed.（Stuttgart, 1920）, p. 104. （译按：中译本见《马克思恩格斯全集》第四卷，第 154 页。）他唯独没有注意到，这种批评也适用于他本人有关生产方式社会化之后的时期的教导。

[10] 毕希纳（Büchner, 1824—1899），德国医生，庸俗唯物主义的代表人

物之一。——译注

[11] 蒙莱肖特（Moleschott，1822—1893），荷兰生理学家，曾在德国海德
堡大学和罗马大学等任教。以能量守恒定律和无机物生成有机物为依
据，对生命现象进行机械论的化学解释。——译注

第十八章

社　会

一　社会的性质

有关社会存在的一切较为古老的观点，都受到人类命运观的主宰。社会在向着一个由神祇事先指定的目标前进。凡是以这种方式进行思考的人，假如在谈论进步与退步、革命与反革命、进取与反动时，他借助的是已被众多史学家和政治家采纳的概念，他便有着逻辑上的正确性。对历史的判断，是根据它使人类离那个目标更近还是更远。

然而，社会科学是以摆脱这种习惯，甚至摆脱一切价值评估作为起点的。每一种关于意志的因果研究都必定是目的论的，从这个意义上说，社会科学确实是目的论的。但是它的目的概念完全包含在因果解释之中。对社会科学来说，因果关系仍然是基本的认知原则，对这一点的坚持甚至绝不可受到目的论的损害。[1]它不对目的做出价值评估，所以它不能谈论比如说黑格尔和马克思那种意义上的向更高水平的进化，因为无法证明所有的演进都是向上的，或每一个后来的阶段都是更高级的阶段。当然，它也不同意悲观主义历史哲学家的观点，他们从历史过程中看到的是一种衰落、一种向糟糕终点的逐渐接近。对历史进化的动力的探索，就是对社会的性质、社会状况变迁的起源和原因是什么。社会是什么？它是如何起源、如何变迁的？——这是科学社会学唯一能够给自己提出的问题。

257   人的社会生活类似于生物过程，这是一种从观察古代素材得到的知识。它是由李维传给我们的门内尼乌斯·阿格里帕的著名传说的基础。当大量著作在 19 世纪生物学的胜利的鼓舞下，将这种类比发展到荒谬的地步时，社会科学并没有给自己带来什么好处。把人类活动的产物称为"社会细胞之间的物质"[2] 有什么用处？学者们就社会机体的哪一个器官与中枢神经系统相对应争论不休，这能启发任何人吗？对这种社会生物学研究最精当的评论，出自一位经济学家之口，它的大意是，任何把货币比作血液、把货币流通比作血液循环的人对经济学作出的贡献，就像把血液比作货币、把血液循环比作货币流通的人对生物学的贡献一样多。现代生物学的一些最重要的概念，都是从社会科学借用来的，如进化的概念、分工概念和生存竞争概念。但它并没有满足于通过类比得来的比喻性词语和结论，而是把它的收获进一步发扬光大。而生物—社会学只是用它重新借回来的概念做了一场徒劳的文字游戏。浪漫主义运动的国家"有机体"理论，在厘清我们对社会关系的知识方面甚至更无所作为。它故意对当时社会科学取得的最重要成果——古典政治经济学体系——视而不见，所以它无法利用分工学说，而古典政治经济学体系的这一部分内容，必须被当作一切社会学的出发点，就像它是现代生物学的出发点一样。[3]

    与生物有机体的对比本应教给社会学一件事情，即有机体只
258 能被想象为一个器官系统。但这仅仅意味着有机体的本质在于分工。只有分工才使各部分成为有机体的一元；正是从各个成员的协作中，我们认识到了系统即有机体的统一性。[4] 对动植物的生命和社会生活都可以这样说。就分工原理而言，社会机体可以比作生物体。分工乃是这个古老比喻的 tertium comparationis（比较的基础）。

分工是所有生命形式的一条基本原理。[5] 当政治经济学家强调分工在社会经济中的意义时，它第一次在社会生活领域被发现。然后，在米尔纳—爱德华兹于 1827 年的首次激励下，生物学接受了这一原理。但是，我们把分工当作一种普遍规律这一事实，绝不能阻碍我们认识动植物有机体的分工与人类社会生活的分工之间的根本差异。不管我们认为生理分工的起源、进化和意义是什么，这显然无法阐明社会学分工的性质。区分和整合同质细胞的过程，完全不同于自给自足的个体成长为人类社会的过程。在后一过程中，理性和意志在融合中发挥着作用，使过去独立的单位形成一个更大的单位并成为整体的一部分，而在前一个过程中，这两种因素的介入是难以想象的。

甚至在蚂蚁和蜜蜂这类生物聚集为"动物共同体"的地方，所有的运动变化也都是本能地、无意识地发生的。在社会形成的起点和最初阶段，本能也完全有可能发挥着作用。当人作为一种会思考、有意志的动物而出现时，他已经是社会机体的一员了，因为无法想象会思考的人会是一个孤独的个体。"人只有在人群中才能变成人。"（费希特）人类理性的发展和人类社会的发展乃是同一个过程。社会关系的所有进一步发展完全是意志的产物。社会是思想和意志的产物。它不是存在于思想和意志之外。它存在于人类之中，而不是存在于外部世界。它是由内向外投射出来的。

社会是合作，它是行动中的共同体。

说社会是一个有机体，意味着社会就是分工。[6] 为了正确地对待这种观点，我们必须考虑到人为自己确定的所有目标以及为 259 实现这些目标所采取的手段。它包括会思考、有意志的人的每一种相互关系。现代人是一种社会存在，不仅他的物质需要不能被孤立地满足，而且他的理性和理解力的发展只有在社会中才有可能获得。人作为一种孤立的存在是不可想象的，因为人类只能作为一种社会现象而存在，人类超越了动物的阶段，只能是因为合作促成了个体之间的社会关系。通过并且只有通过社会合作，从作为动物的人向真正的人类的进化才成为可能并得以实现。这便是对亚里士多德的"人是政治动物"（πολιτιχόν）这句格言的解释。

二 作为社会发展原则的分工

我们还远远没有理解生命最终级、最深刻的奥秘，即有机体起源的原理。谁知道我们究竟能否发现这一原理？如今我们知道，当有机体形成时，从个体中创造出了某种过去不存在的东西。动植物的有机体不仅是单个细胞的堆积，社会也不仅是组成它的个体的总和。我们至今尚未把握这一事实的全部意义。我们的思维仍然受到机械的能量和物质守恒理论的局限，这种理论永远不能告诉我们一如何能够变成二。这再次说明，如果我们想扩展我们关于生命本质的知识，对社会组织的理解就必须先于对生物组织的理解。

历史上的分工发祥于自然界的两个事实：人类能力的不平等和地球上人类生活的外部条件的多样性。这两个事实其实只是一个，即自然的多样性，它不会重复自身，却创造着具有无限多样性的宇宙万物。但是，我们旨在获得社会学知识的探索所具有的特殊性质，使我们有理由把这两个事实区别对待。

显然，一旦人类的行为变成有意识的、合乎逻辑的行为，它260 就一定受到这两个条件的影响。其实，它们几乎是将分工强加于人类。[7] 老人和年轻人、男人和女人通过适当运用他们不同的能力而合作。这里也有地理分工的萌芽；男人去狩猎，女人去泉边打水。如果所有个体的力量和能力都一样，生产条件也没有地域之别，那么分工的观念就永远不会出现。人类本身绝不会生出通过分工进行合作、使生存竞争变得更容易这种念头。在地理条件一样的世界里，自然能力平等的人中间不会产生任何社会生活。[8] 人们也许会结合在一起，以便完成个体力不能及的工作，但是这样的联合形不成社会。他们所造成的关系是暂时的，只存在于使他们结合在一起的时刻。这种结合对于社会生活起源的唯一重要性，是它们在人们之间建立了一种友好关系，使人们相互认识到个体的自然能力的差异，从而导致分工。

分工一旦发生，这种分工本身会发挥区分的作用。劳动有了分工这一事实，使个人专长的培养成为可能，从而使合作的生产力变得越来越高。通过合作，人能够做到个体过去做不到的事情，即便个人能够单独做到的工作，生产力也变得更高。但是，只有用精确的分析搞清楚使合作制度下的生产力提高的条件，才有可能充分理解这一切。

国际分工理论是古典政治经济学最重要的贡献之一。它表明，只要资本和劳动在不同国家间的流动——无论出于什么原因——受到妨碍，制约地理分工的就是比较成本，而不是绝对成本。[9] 把同一原理运用于个人分工也会发现，个人不仅在同某种能力高于自己的人的合作中得到好处，也能在同各个相关方面都不如自己的人的合作中获益。在 A 优于 B 的条件下，如果 A 需要 3 小时，而 B 需要 5 小时来生产商品 P；A 需要 2 小时，B 需要 4 小时生产商品 Q，那么如果 A 只生产 Q，让 B 只生产 P，A 就会从中得到好处。如果各用 60 个小时生产 P 和 Q，那么 A 的劳动成果是 20P+30Q，B 的劳动成果是 12P+15Q，两者相加是 32P+45Q。但是，如果 A 只生产 Q，他会在 120 小时里生产 60 件，如果 B 只生产 P，他会在同样时间里生产 24 件。这样，活动结果就是 24P+60Q，由于对 A 来说 P 有 3∶2Q 的替代值，对 B 来说有 5∶4Q 的替代值，这意味着产量大于 32P+45Q。所以显而易见，个人分工的每一次扩大，都会给所有参加分工者带来好处。同才干、能力和勤奋度较差的个体进行协作者得到的好处，与同才干、能力、勤奋度较高的个体进行协作者得到的好处是一样的。分工的好处是相互的，这并不局限于个体无法单独完成的工作。

分工给劳动带来的更大的生产力，发挥着凝聚社会的影响。它使人们在争取福利的共同奋斗中成为同志，而不是生存竞争中的竞争对手。它化敌为友，化干戈为玉帛，使个人结合为社会。[10]

三　有机体与组织

就像生命不同于机器、自然花朵不同于人造花朵一样，有机体与组织也互不相同。在自然植物中，每个细胞既有自己的生命，同时又和其他细胞相互发挥功能。我们所说的有生命的东西，正是这种自我存在和自我维持的现象。在人造植物中，只有当组装植物者的意志得到落实，相互分离的部分才成为整体的一员。只有当这种意志得到落实，各个部分才会在组织中相互联系起来。每个部分只占据为它安排的位置，并且可以说是只能根据命令离开那个位置。在这个构架中，只能从创造者把它们置入他的创造物、使之具有生命这个意义上说，各部分才是有生命的，也就是说为它自己而存在。被车夫套在马车上的马是作为马而活着。在这个组织，即"马和车的组合"中，马有别于马车，就像发动机有别于它所驱动的汽车一样。部分可以用其生命反抗组织，比如马拉着马车跑掉，或者制造人造花朵的薄绢在化学作用下裂碎。人类的组织也没有什么不同。它和社会一样是意志的结果。但是在这种情况下，意志不能生产一个活的社会有机体，就像造花者不能生产一朵活的玫瑰一样。只有在创造的意志被实施时，组织才能保持为一个整体，否则就不能存在。只有在创造者的意志能够施加于各部分，能够把它们的生命固定在组织之中，

262

构成组织的各部分才融入整体。列队行进的军队只有一个意志，那就是指挥官的意志。在这个组织中发挥功能的其他一切东西都是没有生命的机械。军事操练的本质就是要摧毁意志，或者说摧毁那些无助于军队整体目标的成分。军人被训练执行队列命令，协调作战，军队团体必须只能是一个组织。在这个群体内部是没有生命的。不论个体过什么样的生活，都是在军队团体旁边或者之外——也许会同军队团体相对立，但决不会是在军队内部。以散兵的个人行为为基础的现代战争不得不利用个体士兵，利用他的思想和意志。所以军队不再只是操练士兵，它还试图教育士兵。

组织是建立在权威基础上的团体，有机体就是相互关联。原始的思考者总是认为事物是从外部组织起来的，从不认为它是自己有机地成长起来的。他看到自己雕刻的箭，他知道它是怎么出现、怎么发射的。所以他对自己看到的东西都要问一句，它是由谁制造，由谁发射。他探求每种生命形式的创造，每种自然变化的始作俑者，他发现了一种万物有灵论的解释。于是就诞生了神。人看到组织起来的共同体有统治者和被统治者之分，所以他试图把生命理解为一个组织而不是有机体。因此便有了头主宰着身体这种古老的观念，并用"头"这个词表示组织的首领。

263

科学认识到了有机体的性质，彻底消除了组织这个概念的排他性，从而取得了重大进展。对早期思想家应当给予充分的尊重，可以说，在社会科学领域，这种进步主要是在 18 世纪取得的，古典政治经济学及其直接先驱在其中发挥了主要作用。生物学做出了出色的贡献，抛弃了所有的万物有灵论和活力论信仰。对现代生物学来说，头脑不再是王冠，不再是身体的统治者。在活的机体中，不再有领导者和追随者，不再有君主和臣民、手段和目的之别，而是只有机体的组成部分，即器官。

企图组织社会，就像把活的植物弄成碎片，再用这些死去的碎片制造一株新植物一样狂妄。只有把活的社会有机体杀死，才能够设想对人类进行组织。所以集体主义运动注定失败。创造一种包含全部人类的组织或许是可能的，但它永远只能是一个组织，社会生活还会在其中继续下去。这个组织可能被社会生活的力量所改变和毁灭，如果它试图反抗这些力量，它肯定立刻毁灭。要想使集体主义成为事实，首先必须消灭一切社会生活，然后建立起集体主义国家。这样说来，布尔什维克党希望切断全部传统的社会纽带，摧毁历经无数世纪建立起来的社会大厦，在废墟上建立新的社会结构，这是非常符合逻辑的。但是他们忽略了一个事实，相互之间不存在任何社会关系的孤立的个体，不可能再形成一个有机体。

组织只有在不对抗有机体或不给它造成任何伤害时，才是可能的。强迫人类的生命意志为他们不想要的某种东西服务的任何尝试，是肯定要失败的。一个组织除非以被组织起来的人的意志为基础，并且服务于他们的目的，否则是不会繁荣兴旺的。

四　个人与社会

社会不仅意味着相互影响。动物中间也有相互影响，比如狼吃羊或公狼与母狼交配的关系。但是我们不谈论动物社会或者狼的社会。狼和羊、公狼和母狼的确是一个有机体——大自然这个有机体——的成员。但是这个有机体缺少社会有机体的明确特征，它处在意志和行动的范围之外。同理，两性关系本身也不是社会关系。一男一女结合一起时，他们遵循的是为他们指定了自然位置的法则。就此而言，他们受着本能的统治。只有在意志成为合意（co-willing）、行动成为合作（co-action）的地方，才存在社会。共同努力去实现仅靠个体根本不能实现或不能达到同等效果的目标——这就是社会。[11]

　　所以，社会不是目的，而是手段，是每个成员用来实现自身目的的手段。社会之所以可能，完全是由于这样一个事实：一个人的意愿与另一个人的意愿在某种共同的努力中联系在了一起。事业的共同体来自意愿的共同体。只有当我的同胞得到他想要的东西时，我才能得到我想要的东西，所以他的意愿和行动就成了我借以实现我自己的目的的手段。由于我的意愿必然包含着他的意愿，所以我的愿望不能让他的意愿落空。一切社会生活都是建立在这一基本事实之上。[12]

　　分工原理揭示了社会生长的本质。一旦把握了分工的重要 265性，社会知识便以一种超常速度得到发展，只要把康德和后来的人做一比较即可明白这一点。康德写作的时候，18 世纪经济学家提出的分工学说尚未得到充分的阐发，它仍然有待于李嘉图的国际贸易理论使之精确化。但是，利益协调学说已经预示着它将被广泛应用于社会科学。康德没有受到这些观念的影响。所以他对社会的唯一解释是：人类既有组成社会的冲动，也有试图分裂社会的另一种冲动。大自然利用这两种相互对立的倾向，引导人们去实现它希望引导他们实现的最终目标。[13] 康德试图用两种冲动——"社会化"的冲动和"孤立"的冲动——的相互作用来解释社会，难以想象还会有比这更陈腐的观点了。显然，这是试图仅仅用 virtus dormitiva，cuius est natura sensus assupire（本质在于麻木感官的诱导睡眠的属性）去解释鸦片的作用。

　　一旦认识到分工乃是社会的本质，个体与社会对立的命题也就不复存在了，个体原则与社会原则之间的矛盾也就消失了。

五　分工的发展

　　个人在有完全自觉的思维和意愿之前，就在盲目本能的影响下成了一种社会存在，从这个意义上说，社会的形成不能成为社

会学探索的主题。但这并不是说社会学必须把解释社会起源的任
266 务交给另一门科学，把人类的社会网络当作既成事实。如果我们
判定——这是将社会等同于分工的直接后果——在会思考、有意
志的人类出现时，社会结构是不完整的，其建设过程始终在历史
中不断进行着，那么我们就必须寻求一个使我们能够理解这种进
化的原理。分工的经济学理论给我们提供了这一原理。人们已经
指出：使文明的诞生成为可能的幸运事件是以下事实：有分工的
劳动比没有分工的劳动有更高的生产力。分工之所以得到扩大，
是因为越来越多的人认识到，劳动的分工程度越高，生产力就越
高。从这个意义上说，分工的扩大是经济进步的同义词：它使生
产更接近于自身的目标——最大可能地满足需要；这种进步也是
社会的进步，因为它包含着社会关系的强化。

只有从这个意义上说，并且只有排除了一切目的论或伦理学
的评价，才有正当的理由在历史探索中使用社会学意义上的"进
步"一词。我们相信自己能够从社会条件的变迁中观察到一种确
定的趋势，我们分别考察每一种变迁，以便看看这种假设是否以
及在多大程度上与它吻合。我们也许会做出各种这样的假设，它
们在相同的程度上都与经验相符。接下来提出的问题是这些假设
之间的关系，即它们是相互独立的还是相互关联的。然后我们应
该更进一步，对这种关联的性质做出界定。但是，所有这些事情
只能是一种以假设为基础的对相继发生的变化过程的研究，它与
价值判断无关。

假如不考虑那些天真地以价值判断为基础的进化理论，我
们在大多数自称能解释社会进化的理论中，都可以看到两个令
人不满的显著缺陷。第一个缺陷是，它们的进化原理没有同社
会本身联系在一起。不论是孔德的人类精神三阶段定律，还是
兰普勒希特[14] 的社会心理发展五阶段理论，都没有提供有关
精神进化与社会进化之间的内在必然联系的任何线索。他们为

我们说明了当社会进入一个新阶段时是如何表现的，但是我们希望知道得更多，即社会是遵循什么样的法则起源并改变自身的。这种理论把我们视为社会变迁的那些变化当作从外部作用于社会的事实；但是我们需要把它们作为某种不变法则的产物来理解。第二个缺陷是，所有这些理论都是"阶段"论。对于阶段论来说，实际上无进化可言，也就是说，不存在能使我们看到一种明确趋势的连续性变化。这些理论中的陈述不过是确立 267 了一个明确的事件序列；它们没有证明构成这一序列的各阶段之间的因果关系。它们充其量只是确立了不同国家的事件序列之间的并列关系。但是，把人的一生划分为童年、青年、成年和老年是一回事，揭示制约有机体的生长和衰落的规律是另一回事。每一种阶段理论都带有一定的随意性。各阶段之间的界限总是变动不居。

现代德国的经济史学把分工作为它的进化学说的基础，这无疑是正确的。但是，它没有办法摆脱阶段发展图式的老传统。它的理论仍然是一种阶段论。因此，毕切区分出了封闭的家庭经济阶段（只为个人自己使用而生产，无交换经济）、城镇经济阶段（为顾客而生产的直接交换阶段）和国民经济阶段（为市场而生产的商品流通阶段）。[15] 施姆勒区分了乡村经济时期、城镇经济时期、地方经济时期和国家经济时期。[16] 菲利波维奇则对封闭的家庭经济和贸易经济做了区分，并且从贸易经济中又发现了地方性的有限贸易时期、由国家控制并局限于国内的贸易时期和自由贸易时期（发达的民族贸易，资本主义）。[17] 对于这些把进化强行纳入某种普遍图式的尝试，人们已经提出了许多严肃的批评。我们不需要讨论这些分类对于揭示明确界定的各历史时期的特点有什么价值，以及在多大程度上可以承认它们有助于描述。无论如何，在使用它们时应该非常慎重。有关古代各民族经济生活的无益争论表明，这种分类是多么容易使我们把学究们咬文嚼字的编造错当成历史现实的实质。阶段论对于社会学研究毫无用处。[18] 它们在最重要的历史问题之一，即判定历史进化在多大程度上具有连续性这个问题上，使我们误入歧途。解决这一问题
通常采取的方式是，要么假设社会进化——应该记住，就是分工
268 的发展——是沿着一条不曾间断的直线进行的，要么假设国家都是在同样基础上一步步前进的。这两种假设都不得要领。既然历史上的衰退时期，即分工发生倒退的时期历历在目，还声称进化不曾间断，肯定是荒谬可笑的。另一方面，个别国家通过达到高级阶段的分工而取得的进步也绝没有完全消失，而是传播到了其他国家并加速了它们的进化。古代世界的衰落，无疑使得经济进化倒退了数个世纪，但最近的历史研究表明，把古代与中世纪的经济文明联结在一起的纽带，要比人们过去通常认为的结实得多。交换经济在大迁徙的风暴中当然历经磨难，但却生存了下来。它所依赖的城镇并没有全部变为废墟，通过实物交易，很快在残余的城镇生活与新的交通发展之间建立起了联系。[19] 古代社会成就的残片在城镇文明中得以保留，并被带入了中世纪的生活。

分工的进步，完全依赖于它的优势即更高的生产力的实现。通过重农主义者和18世纪古典政治经济学的自由贸易学说，这一真理第一次变得昭然若揭。但是它的基本原则存在于一切支持和平的观点中，无论是对和平的赞美，还是对战争的谴责。历史是两条原则之间的斗争。一条是和平原则，它提倡发展贸易；另一条是军事—帝国主义原则，它不是把人类社会视为友好的分工，而是视为某些社会成员对其他成员的暴力压迫。帝国主义原则一再占得上风，而自由原则无法与它抗衡，直到民众与生俱来的对和平劳动的爱好充分认识到它作为一条社会进化原则的重要性。无论在哪里，只要帝国主义原则盛行，和平就只能是限于一隅的短暂现象：它存续的时间不会比使它得到形成的事实更长

久。帝国主义造成的思想气氛，非常不适合在国家疆域内促进分工的发展，它实际上禁止分工扩大到把国家隔开的政治—军事壁垒之外。分工需要自由与和平。直到 18 世纪的现代自由思想提供了一种关于和平与社会合作的哲学，才为那个时代——被最近的帝国主义和社会主义学说打上了粗糙唯物论、利己主义和资本主义烙印的时代——的经济文明的惊人发展奠定了基础。 269

唯物史观从这种联系中得出的结论是最离谱的，它把社会意识形态的发展说成取决于技术进步所达到的阶段。马克思有一句名言："手推磨产生的是封建主的社会，蒸汽磨产生的是工业资本家的社会。"[20] 这甚至从形式上都是错误的。试图通过技术革新来解释社会进化只能是转移问题，而决不是解决问题，因为根据这种观念，我们如何来解释技术进步本身呢？

弗格森指出，技术的发展取决于社会条件，每个时代的技术进步，只能达到它的社会分工已达到的阶段所能允许的程度。[21] 只有在分工已经为技术的应用开辟了道路的地方，技术进步才成为可能。鞋子的大量制造预示着这样一个社会：成千上万或者数以百万计的人所需要的鞋子的生产，可以在少数几家企业中完成。在一个由自给自足的农民构成的社会中，是没有可能使用蒸汽磨的，只有分工能够激发人们产生出把机械动力用于制造的想法。[22]

在分工的发展中追溯所有同社会有关的事物的起源，与技术的或其他各种唯物主义历史理论的粗糙而天真的唯物主义没有任何共同之处。它也绝不是像唯心主义哲学的信徒们倾向于主张的那样，硬说社会关系的概念有着不可接受的局限性。它不把社会局限于特定的物质方面。处于经济范围之外的那一部分社会生活确实是终极目标，而达到这一目标的手段却受着全部理性行动的 270 法则的制约；只要这些手段一成为问题，就会引起经济活动。

六 个人在社会中的变化

分工最重要的作用是，它把独立的个人变成了有依赖性的社会人。在分工条件下社会人的变化，与使自身适应作为有机体之一部分的细胞是一样的。他让自己适应新的生活方式，使某些能力和器官萎缩，形成另一些能力和器官。他变得片面了。整个浪漫派群落，即那些顽固的 laudatores temporis acti（过去时光的赞美者），对此深感痛惜。在他们看来，往昔那种"和谐地"形成自身能力的人，才是理想所在：唉，这是一个不再激励我们这个堕落时代的理想。他们建议让分工倒退，所以他们赞美农耕，而他们这种说法所指的永远是几乎自给自足的农民。[23]

现代社会主义者在这方面再次胜人一筹。马克思许诺：在共产主义社会的高级阶段，"迫使人们奴隶般地服从分工的情形、从而脑力劳动和体力劳动的对立也随之消失"。[24] "人类"对变271 化的需要"将受到尊重"。脑力和体力劳动的交替"将保障人的和谐发展"。[25]

我们已经讨论过这种幻想。[26] 假如只从事这样一些劳动——它们不会引起任何不舒服，又能消除无所事事带来的不愉快——就能实现人的所有目标，劳动就不是一种经济活动了。用来满足需要的将不是劳动，而是游戏。但这是不可能的。即使是自给自足的劳动者，一般也必须劳动到远远超出令人愉快的程度。可以假设，与那些总是从事固定劳动的劳动者相比，劳动对他而言不那么令人厌烦，他一开始从事某项劳动时，会体验到这种活动本身带来的新鲜的愉快感。然而，假如人类日益接受了分工，是因为他认识到，分工导致的专业化劳动的更高生产力，足以补偿他失去快乐而有余。降低分工程度而不导致劳动生产力的下降是不可能的，所有各种劳动概莫能外。以为既可以保持生产力又能减少分工，纯粹是天方夜谭。

消灭分工治不好专业化劳动给个人带来的身体和心灵创伤，除非我们打算让社会发展的车轮倒转。成为一个全面的人，是针对个人而言的。所以救治之道是改善消费，而不是"改造"劳动。游戏和体育，享受艺术和阅读，显然都是解脱的途径。

从经济进化的开端处寻找和谐发展的人是徒劳的。我们从偏远乡村那些闭塞的农夫身上看到，几乎自给自足的经济主体根本就没有浪漫派作家赋予他的那种体魄、精神和感觉方面高贵而和谐的发展。文明是分工使之成为可能的闲暇和精神平和的产物。以为人在历史上一出现就具有独立个性，他在导致大社会（the Great Society）形成的进化中才丧失了这种个性以及肉体自由和精神独立，实在是大错特错。有关原始人的全部历史、证据和观察，都与这种观点截然相反。原始人不具备我们所说的一切个性。两个南太平洋的岛民，要比两个20世纪的伦敦人彼此更为相像。个性不是天生就有的，而是在社会演进过程中获得的。[27]　272

七　社会的退化

从分工演进的意义上说，社会进化是一种意志的现象：它完全取决于人的意志。我们不考虑是否有正当理由把分工的每一次进步，从而把社会关系的每一次强化，都看作上升到更高级的阶段；我们必须问的是，这种发展是不是一种必然现象。历史的内容就是社会不断向前发展吗？社会有可能静止不动或倒退吗？

我们必须先验地抵制任何这样的假设：大自然的"意图"或"隐蔽的计划"为历史的演进提供了某种目标，康德就是这样想象的，黑格尔和马克思也有此想法。但是我们不禁要问，是否可以找到一条原理，证明连续不断的社会发展是不可避免的。引起我们关注的第一条原理是自然选择原理。较发达的社会与不太发达的社会相比，拥有更多的物质财富；所以它们更有可能使其成员免遭不幸和贫困。它们也有更好的装备保护自己不受敌人侵害。千万不要受这种观察的误导：较为富有和文明的民族，常常在战争中被较不富有和文明的民族击溃。处在社会演进高级阶段的社会，总是至少有能力抵抗较不发达民族的优势。只有正在衰败的民族，正在从内部解体的文明，才会被正在崛起的民族击败。如果组织得较好的社会向较不发达民族的进攻认输，胜利者最终也会在文化上甘拜下风，接受被征服民族的经济和社会秩序，甚至接受其语言和信仰。

273　　组织良好的社会的优势，不仅在于它的物质福利，还在于从数量上说它的成员更多，从性质上说它的内部结构更牢固。这正是向更高级社会发展的关键所在：社会范围更大，更多的人被纳入分工，人人更强烈地依赖于分工。较发达社会与较不发达社会的不同之处，就在于它的成员组成了一个更紧密的联合体，这排除了用暴力解决内部冲突的可能，并且对外形成了对抗敌人的严密防线。在较不发达社会里，社会纽带依然不牢固，每个成员之间存在着出于战争需要的联盟，而不是以共同劳动和经济合作为基础的真正团结。与高度发达的社会相比，这种社会发生分歧更容易，也更迅速，因为军事联盟对其成员没有牢固而持久的控制力，从其本质上说，它仅仅是出于对短暂优势的期望而维持在一起的临时结合，一旦击败了敌人，开始争夺战利品，这种联盟就会土崩瓦解。在对抗较不发达社会时，较发达社会总会发现，它们的最大优势在于敌方的不团结。处于低级组织状态的民族只是暂时合作以图军事大业，内部不团结总是会很快使其目标分散。蒙古人在 13 世纪对中欧文明的袭击，或土耳其人为渗入西方做出的努力便是例证。用斯宾塞的话说，工业型社会对军事型社会的优势，很大程度上在于这样一个事实：仅仅为军事目的而形成的联合，总是因为内部不团结而分崩离析。[28]

但是，还有另外一种条件推动着社会的发展。社会范围的扩大符合全体社会成员的利益，这早就得到了证明。对一个高度发达的社会有机体来说，其范围之外的民族是否继续在低级社会演进水平上保持一种自给自足式的存在，绝不是一件无所谓的事情。对较发达的有机体来说，即使较不发达的有机体继续保持低水平在政治和军事上是无害的，即使占领其自然生产条件可能欠佳的领土没有什么直接好处，将较不发达的有机体纳入其经济和社会共同体也符合它的利益。我们已经看到，在一个实行分工的社会里，扩大劳动者的范围永远是一种优势，因此一个效率较高的民族，也可以通过同一个效率较低的民族合作而得益。正是这一点，经常驱使社会高度发达的民族通过吞并那些迄今难以接近的领土，来扩大其经济活动的范围。位于非洲和亚洲的近东和远东落后地区的开放，为一个世界性的经济共同体的建立开辟了道路，所以，在世界大战爆发前不久，我们就看到一个全球社会的梦想正在实现。战争只是暂时打断了还是彻底摧毁了这一发展进程？可不可以设想这一发展进程可以停止，社会甚至可以倒退？

除非同另一个问题即民族的消亡问题联系起来，否则这一问题无法获得解答。人们习惯于谈论正在衰老和消亡的民族、年轻的和古老的共同体。和所有的比较一样，这种比较是不全面的，而且我们一再得到忠告，在讨论这种问题时要抛弃比喻性的用语。这里所呈现出来的问题的核心是什么？

显然，我们切不可把它同另一个同样有难度的问题，即民族素质的变化问题混为一谈。1000 年或 1500 年以前，日耳曼人说的是一种不同于今天的语言，但是我们不应据此认为，日耳曼的中世纪文化已经"消亡"。相反，我们在日耳曼文化中看到了一条不曾中断的进化链条，从《救世主》（*Heliand*）[29] 和奥特弗里德的《福音书》（姑且不提那些散佚的文学遗作）一直延续到今天。我们确实知道，在数百年时间里已被日耳曼殖民主义者同化的波美拉尼亚人和普鲁士人已经灭绝了，但是我们很难认为他们作为民族变"老了"。若是把这种比喻贯彻到底，就不得不谈到，那些夭折的民族。我们不想讨论民族的转变，我们的问题与此有别。国家的衰落也不是我们关心的问题，因为这种现象有时随民族的衰老而发生，有时则与它无关。波兰古代国家的覆灭同波兰文明或波兰民族的衰落没有任何关系，它没有阻挡住波兰社会的发展。

275 人口减少、福利缩减、城镇衰落，这实际上是发生在所有文化衰老事例中的事实。只要我们把民族的衰老设想为社会分工及社会的倒退，所有这些现象的历史意义就昭然若揭。例如古代世界的衰落就是一种社会倒退。罗马帝国的衰落，只是古代社会在达到一个高级分工阶段，然后又退回到一种几乎无货币经济的结果。城镇人口的流失以及农村人口的减少，短缺和贫困现象的出现，完全是因为这种处于社会分工低级水平的经济秩序的较低生产力。技术渐渐丧失，工艺才能衰退，科学思想缓慢绝迹。用来描述这一过程最恰当的概念便是解体。古典文化的消亡，是因为古典社会发生了倒退。[30]

民族的消亡是社会关系的倒退，是劳动分工的倒退。不管每个事例的原因是什么，实际招致衰落的一向是社会合作制度的终止。这对我们来说可能一度是个难解之谜，但是我们现在惊恐地看到，这个过程就发生在我们自己的经历之中，我们对它的理解更清楚了，虽然我们仍然无法认识到这种变化最深层、最终极的原因。

使社会得以形成、发展和维持的是社会精神，即社会合作的精神。一旦失去了这种精神，社会便会再次四分五裂。民族的消亡是社会的倒退，即从劳动分工向自给自足的倒退。社会有机体分解为它由以开始的细胞。人依然存在，但社会消亡了。[31]

没有证据表明社会演进肯定沿着一条直线稳步前进，社会停滞和社会倒退乃是不可忽视的历史事实。世界史是已消亡的文明的墓场，在印度和东亚，我们都看到了处于停滞状态的文明的大型实例。

我们有一些文学和艺术小集团，对自己微不足道的作品夸大其词，同真正伟大艺术家的谦虚和自我批评形成了鲜明对比。他们说，只要内心的文化得到强化，经济的进化是否继续无关紧要。但是，所有的内心的文化都要有实现它们的外在手段，而这些外在手段只有通过经济上的努力才能获得。当劳动生产力因社会合作的倒退而衰落时，内心的文化也会随之衰落。

276

所有古老的文明，都是在没有完全意识到文化进化的基本规律以及劳动分工与合作的重要性的情况下产生和发展起来的。它们在发展过程中常常要抵抗那些对文明抱有敌意的倾向和运动。它们会经常取得胜利，但是先后衰落了。它们受到解体的幽灵的摆布。通过自由主义的社会哲学，人们第一次知道了社会进化的规律，第一次清楚地认识到文明和文化进步的基础。那是对未来充满希望的岁月，从未想象过的前景似乎正在打开大门。但事实上并非如此。自由主义必须面对倾向于导致社会解体的军国主义—民族主义的对抗，尤其是社会主义—共产主义学说的对抗。民族主义理论自称有机论，社会主义学说自称社会理论，其实二者却发挥着反有机体和反社会的作用。

在对自由贸易和私有财产制度的所有指责中，最愚蠢的说法是，它是一种反社会的、个人主义的制度，它将社会机体原子化了。贸易并不像对地球上少数经济自给自足地区欣喜不已的浪漫派所断言的那样，起着解体的作用，而是起着团结的作用。最先形成社会联系的是劳动分工：它是纯粹而简单的社会要素。无论是谁，只要提倡民族和国家在经济上自给自足，就是企图使全球性社会解体；无论是谁，只要企图通过阶级战争摧毁民族内部的社会劳动分工，就是反社会的。

在逐渐形成的自由主义思想的影响下，全球社会在过去200年中一直在慢慢形成。它的衰落将是迄今为止绝对举世无双的世界性灾难，各民族无一能够幸免。那么，由谁来重建这个四分五裂的世界呢？

八 私有财产与社会进化

个人分化为所有者和非所有者，是劳动分工的结果。

古典政治经济学和18世纪的"个人主义"社会理论的另一项伟大的社会学成就，是认识到了私有财产的社会功能。在旧的观点看来，财产永远或多或少是少数人的特权，是对公共财富的劫掠，是道德上被视为罪恶的制度，尽管有时人们认为它不可避免。自由主义最先认识到，生产资料私有制的社会功能，在于把物品交到最懂得如何使用它们的人手里，也就是说，交到最内行的经营者手里。所以，保护特殊财产和特殊生产者的特权，最不符合财产的本质。任何类型的限制，例如生产者的独占权和其他特权，都会阻碍财产发挥它的社会功能。自由主义强烈反对这类制度，就像它反对限制劳动者自由的任何尝试一样。

所有者没有从别人那里拿走任何东西。谁都不能说自己短缺是因为别人充裕。为民众进行计算，说如果平均分配财产，穷人可以多支配多少财产，这是在向他们的嫉妒本能谄媚。一个被人忽略的事实是，生产和社会收入的总量不是固定不变的，它从本质上取决于财产的分配。干涉这种分配，就有可能让财产落入不太胜任保持财产、不太有远见、不太能使财产具有生产力的人手中；这必然导致生产量下降。[32] 分配上的共产主义是一种返祖观念，它让人想起社会关系尚不存在或尚未达到目前的发展阶段因而生产力十分低下的年代。在以无交换的生产为基础的经济秩序中，没有土地的人把重新分配土地作为自己的志向，是合乎逻

277

辑的。但是现代无产者追求类似的重新分配，却是误解了社会生产的本质。

自由主义在反对把生产资料转移给组织起来的社会这种社会主义理论时，提出了社会主义生产将导致产量下降的论证。黑格尔学派的社会主义针对这种论证，试图证明历史演进将不可避免地导致生产资料私有制的废除。

拉萨尔的观点是，"一般说来，全部法制史的过程，是由对 278 个人财产的限制不断扩大、把越来越多的物品置于私有制之外所构成的"。从历史进化中解读出的财产自由的扩大趋势，仅仅是一种表面现象。"私有财产领域在日益迅速缩小的想法，作为一种法律的文化和历史发展中的原则"，不管"人们认为它多么荒谬"，根据拉萨尔的观点，它是经得起最细致的检验的。不幸的是，拉萨尔并没有对这一想法进行任何细致的检验。用他自己的话说，他"只是非常肤浅地扫了几眼，便对它（这一想法）示以崇敬"。[33] 自拉萨尔时代以后，也不曾有任何人提出什么证据。但是，即便有人做出这样的尝试，它也绝没有证明这种发展的必然性，充满黑格尔精神的法理学的抽象建构，至多只能展示以往的历史进化趋势。认为如此揭示出来的进化趋势必定会继续发展，乃是一种完全主观武断的假设。只有当能够证明演进背后的动力仍然起着作用，才可以援引这种必要的假设性证据。黑格尔派的拉萨尔对此无所作为。对他来说，认识到"私有财产领域的逐渐缩小，只不过是建立在人类自由的积极发展的基础上"，[34] 问题也就解决了。在把自己的进化规律塞进伟大的黑格尔派历史进化图式以后，他便完成了他的学派所能要求的一切。

马克思看到了黑格尔主义进化图式的缺陷。他也主张，从私有财产向公有财产前进的历史进程，是一个无可争辩的事实。但是，与黑格尔和拉萨尔不同，他没有讨论财产观念和法律上的财产概念。私有财产"在其政治—经济趋势上"正趋向于瓦解，

"但只是通过一种无意识的、违反它的意愿并且以问题的性质为
条件的发展；只是通过使无产者成为无产者，使苦难成为意识到
其精神和肉体苦难的苦难，使非人化成为意识到其非人化的非人
化（才能完成这种分解）"。[35] 于是他引入了阶级斗争是历史进
化动力的学说。

注释：

[1] Cohen, *Logik der reinen Erkenntnis*, 2nd ed. (Berlin, 1914), p. 359.

[2] 见 Lilienfeld, *La pathologie sociale* (Paris, 1896), p. 95，当某个政府从
罗斯柴尔德家族银行（House of Rothschild）得到一笔贷款时，有机论
社会学是这样理解这个过程的："在这样的场合，罗斯柴尔德家族银
行的运作恰似一组人体细胞的行为，这些细胞合作生产滋养大脑所
必需的血液，希望通过它们用以激活和积累新能量的灰质细胞的反
应来得到补偿。"（Ibid., p. 104.）这种方法声称站在"坚实的基
础"上，"由简单到复杂一步步地探讨现象的生成"。见 Lilienfeld,
Zur Verteidigung der organischen Methode in der Soziologie (Berlin, 1898),
p. 75。

[3] 典型的情况是，只有浪漫派过度强调社会的有机特性，而自由主义社
会理论从不这样。这非常可以理解。真正有机的社会理论不需要过分
强调其体系的这种特性。

[4] Cohen, *Logik der reinen Erkenntnis*, p. 349.

[5] Hertwig, *Allgemeine Biologie*, 4th ed. (Jena, 1912), pp. 500 ff.; Hertwig,
Zur Abwehr des ethischen, des sozialen und des politischen Darwinismus (Je-
na, 1918), pp. 69 ff. .

[6] Izoulet, *La citémoderne* (Paris, 1894), pp. 35 ff. .

[7] Durkheim, *De la division du travail social* (Paris, 1893), pp. 294 ff. . 作
者这里竭力想证明（赞成孔德而反对斯宾塞），分工之所以盛行，不
是因为它像经济学家认为的那样提高产量，而是生存竞争的结果。社
会成员越是密集，生存竞争就越激烈。这迫使个人术有所长，否则便
无法自立。但涂尔干忽略了分工之所以使这种现象成为可能，仅仅是

由于它使劳动更具有生产力这个事实。涂尔干通过对功利主义基本观念和需求饱和定律的错误理解，拒绝接受分工具有更大生产力的重要学说（op. cit. , 218 ff. , 257 ff. ）。他关于文明产生于社会的容量和密度变化的观点是站不住脚的。人口之所以增长，是因为劳动变得更具有生产力，能够养活更多的人，而不是相反。

[8] 关于生产条件的地方多样性在分工的起源中起到的重要作用，见 von den Steinen, *Unter den Naturoölkern Zentralbrasiliens*, 2nd ed. （Berlin, 1897）, pp. 196 ff. 。

[9] Ricardo, *Principles of Political Economy and Taxation*, pp. 76 ff. ; Mill, *Principles of Political Economy*, pp. 348 ff. ; Bastable, *The Theory of International Trade*, 3rd ed. （London, 1900）, pp. 16 ff. .

[10] "贸易使原来只具有种属统一性的人类，变成了一个真正统一的社会。"见 *Steinthal, Allgemeine Ethik* （Berlin, 1885）, p. 208，然而，贸易不过是分工的一种技术援助。关于托马斯·阿奎那的社会学中谈到的分工，见 Schreiber, *Die volkswirtschaftlichen Anschauungen der Scholastik seit Thomas von Aquin* （Jena, 1913）, pp. 19 ff. 。

[11] 所以也必须拒绝居友的观点，他从两性现象中直接得出了社会联系。见 Guyau, *Sittlichkeit ohne Pflicht*, translated by Schwarz （Leipzig, 1909）, p. 113 ff. 。

[12] 富耶反对把社会称为"moyen universal"（通用手段）[贝洛（Belot）的说法]的功利主义社会理论，他认为："每种手段都只有临时价值，它对我无用之日，便是对我有害之时，我就把它丢在一边。如果社会只是一种手段，在某种特别环境下，当我发现它有悖于我的目的，就会立即摆脱它的社会法则和社会手段的束缚……如果尚未向个人证明社会为了这样的目的而存在：它们首先最重要的是个人自己的真正目的，并且不仅仅是为了快乐或自身利益的目的，因为自身利益只是推迟到将来期望实现的快乐，这个时候，没有什么社会考虑可以阻止个人造反……虽然自身利益在某些情况下一致，会产生合作，但使人们产生分裂的正是自身利益。"见 Fouillée, *Humanitaires et libertaires au point de vue Sociologique et moral* （Paris, 1914）, pp: 146 ff. ; 另见 Guyau, *Die englische Ethik der Gegenwart*, translated by Peusner

(Leipzig, 1914), pp. 372 ff. 。富耶没有看到, 只要大自然给予的人类生活条件保持不变, 只要人还承认合作的好处, 社会作为一种手段获得的临时价值就会存在。社会的"永恒"——不仅仅是临时——存在来自它由以立足的条件的永恒性。掌权者可以要求社会理论通过阻止个人反抗社会来为他们服务, 但这决不是科学的要求。除此之外, 任何社会理论都无法像功利主义那样轻而易举地诱导个人自愿形成社会团结。然而, 当个人表明他是社会的敌人时, 社会除了使他变得无害之外别无选择。

[13] Kant, "Idee zu einer allgemeinen Geschichte in weltbürgerlicher Absicht", *Collected Works*, vol. I, pp. 227 ff. 。英文版出版者注: 见 pp. 17 ff. , in *On History*, ed. Lewis White Beck。

[14] 兰普勒希特 (Karl Lamprecht, 1856—1915): 德国著名史学家, 著有 12 卷本《德意志史》, 以运用心理规律解释历史发展而著称。——译注

[15] Bücher, *Die Entstehung der Volkswirtschaft*, First collection, 10th ed. (Tübingen, 1917), p. 91.

[16] Schmoller, *Grundriss der allgemeinen Volkswirtschaftslehre* (Munich, 1920), vol. II, pp. 760 ff. .

[17] Philippovich, *Grundriss der politischen Ökonomie*, vol. I, 11th ed. (Tübingen, 1916), pp. 11 ff. .

[18] 关于阶段理论, 也见我的 *Grundprobleme der Nationalökonomie* (Jena, 1933), pp. 106 ff. 。英文版出版者注: 见英文版 *Epistemological Problems of Economics*, trans. George Reisman (Princeton. N. J. : D. Van Nostrand, 1960)。德文版脚注中的 pp. 106 ff. , 见英译本 "Sociology and History" 一文 (pp. 68-129), 尤其是从 108 页开始的那一部分。

[19] Dopsch, *Wirtschaftliche und soziale Grundlagen der europäischen Kulturentwicklung* (Vienna, 1918), vol. I, pp. 91 ff. .

[20] Marx, *Das Elend der Philosophie*, p. 92. (译按: 中译本见《马克思恩格斯选集》第一卷, 人民出版社 1995 年版, 第 142 页。) 马克思在后来对他的历史观的系统阐述中, 避免了最初的这种僵硬说法。在像"生产力"和"生产条件"这样的说法背后, 隐藏着马克思当时可能

已经感觉到的重大疑虑。这种晦涩难懂导致了大量不同的理解，但并不能使本来站不住脚的理论站得住脚。

[21] Ferguson, *Abhandlung über die Geschichte der bürgerlichen Gesellschaft*, trans. Dom（Jena, 1904）, pp. 237 ff.；另见 Barth, *Die Philosophie der Geschichte als Soziologie*, 2nd ed.（Leipzig, 1915）, Part Ⅰ, pp. 21578 ff.。

[22] 唯物史观似乎能提出十分宽泛的主张，但它最后仅仅剩下了这样一项发现：物品短缺和劳动的无效用对全部人类社会行为有着决定性的影响。但是，马克思主义者恰恰是最不能承认这一点，因为在他们关于未来社会主义社会秩序的所有言论中都没有注意到这两个经济条件。

[23] 关于"在全部私有产业部门以及政府事务中都实行分工的邪恶趋势"，亚当·缪勒说：人需要"一种全面的、我可以说是包括所有领域的活动范围"。要是"大城市或工业和采矿业地区的分工把人、把完全自由的人切成轮子、滚筒、轮辐和车轴之类的碎片，在已经片面的、只供应某种单一需要的领域中，再迫使他限于一个彻底片面的范围，又怎么能要求这个碎片同全部完整生活、同它的法律或法制一致呢，菱形、三角形和各种各样的图形怎么会分别符合范围广大的政治生活及其法律呢？"见 Adam Müller, *Ausgewähite Abhandlungen*, ed. Baxa（Jena, 1921）, p. 46。

[24] Marx, *Zur Kritik des sozialdemokratischen Parteiprogramms von Gotha*, p. 17.（译按：中译本见《马克思恩格斯全集》第十九卷，人民出版社 1963 年版，第 22 页。）在马克思的著作中，有数不胜数的段落说明他是如何误解了工业劳动的性质。因此，他也认为"自动工厂中分工"的特点，在于"已完全丧失专业的性质……自动工厂消除着专业和职业的痴呆"。他指责蒲鲁东"连自动工厂的这唯一革命的一面也不懂得"。Marx, *Das Elend der Philosophie*, p. 129.（中译本见《马克思恩格斯选集》第一卷，人民出版社 1995 年版，第 169 页。）

[25] Bebel, *Die Frau und der Sozialismus*, pp. 283 ff. .

[26] 见本书第 144 页以后。

[27] Durkheim, *De la division du travail social*, pp. 452 ff. .

[28] 关于民族的军事优越性的浪漫主义—军国主义观念，在资本主义社会几乎没有任何长进，并且被世界大战再次证伪。这种观念最初来自在战斗中起作用的仅仅是人的体力这种看法。然而，这是完全不正确的，即使在荷马时代也不正确。决定战斗胜负的不是体力，而是智力。军人的战术和武装方式都依赖于这些智力。尽管一个人在其他许多方面可能比敌人弱，但在关键时刻发挥优势的是战争技艺的基本常识。备战的基本常识可使军队的力量发挥至极致，以最佳方式为他们提供战争物资。必须对此加以强调，因为人们试图对战争胜败的军事原因和经济—政治原因做出区分，从而再次模糊这些因素之间的相关性。无论过去还是将来，事实只能是，胜败是由军队在交战之前他们所处的全部社会状况决定的。

[29] 公元 9 世纪以古撒克逊语写成，讲述基督生平的史诗。——译注

[30] 关于古希腊文明的衰落，见 Pareto, *Les Systèmes Socialistes*（Paris, 1902), vol. I, pp. 155 ff.。

[31] Izoulet, *La Citémoderne*, pp. 488 ff.。

[32] "法律在创造财产的同时也创造了财富，至于贫困，它不是法律的产物——那是人类的原始状况。得过且过的人，是真正自然状态下的人……法律在创造财产的同时，也是那些依然保持原始贫困者的恩人，他们或多或少地分享了文明社会的快乐、好处和资源。" Bentham, *Principles of the Civil Code*, ed. Bowring（Edinburgh, 1843), vol. I, p. 309.

[33] Lassalle, *Das System der erworbenen Rechte*, 2nd ed.（Leipzig, 1880), vol. I, pp. 217 ff.。

[34] Lassalle, op. cit., vol. I, pp. 222 ff.。

[35] Marx, *Die heilige Familie. Aus dem literarischen Nachlass yon Karl Marx, Friedrich Engels und Ferdinand Lassalle*, ed. Mehring, vol. II（Stuttgart, 1902), p. 132. 英文版出版者注：英文版见 *The Holy Family*（Moscow: Foreign Language Publishing House, 1956)。

第十九章

作为社会进化因素的冲突

一　社会进化的原因

描绘社会进化最简单的方式，是说明就像内涵与外延那样相互联系在一起的两种进化趋势之间的不同。社会的发展兼有主观和客观两个方面，主观方面是指成员数量的扩大，客观方面是指活动目标的增多。劳动分工最初只限于十分狭小的人群，限于最近的邻居，后来逐渐变得更加普遍，直到最终把整个人类包括在内。这一过程远未完成，并且在历史的任何时候从未完成过，但它是有终点的。当地球上所有的人形成统一的分工体系时，它就将达到自己的目的。与社会关系的这种扩展同时进行的是一个强化过程。社会行动包含越来越多的目标，个人自给自足的领域变得愈益狭小。我们不必在这个阶段停顿下来，对这一过程是否最终导致所有生产活动的专业化产生怀疑。

社会发展一向是以联合行动为目的的合作，社会关系永远意味着和平而不是战争。导致死亡的行动和战争是反社会的，[1] 凡是把人类的进步视为人类群体冲突的结果的理论，都忽略了这一真理。

二 达尔文主义

　　个人的命运无疑是由其存在决定的。任何已然的事物必定来自他的适应，任何未然的事物必定来自他的已然。任何特定时刻的状况都是历史的完成，[2] 对它了然于心的人将能够预见整个未来。长期以来，由于未能把握"价值估算"——全部理性行为所特有的思维过程——的特殊意义，将人类意志和行动排除于事件的决定因素之外一直被认为是必要的。人们相信，因果解释与价值估算是不相容的。现在不再是这样了，经济学、法哲学和伦理学对价值估算的澄清足以消除以往的误解。

　　倘若为了简化研究起见，我们把我们称为个体的统一体分解为某些复合体，我们必须清楚地理解，我们这样做，只是由于这种划分的启发价值。根据外部特征把实质上相似的东西分离开来的尝试，是绝对经不住最终检验的。只有承认这一点，我们才能继续对个人生活的决定因素进行分类。

　　我们把人与生俱来的东西即先天性称为种族遗传，或简称种族。[3] 人的先天性是他所有祖先的历史，即他们的命运和全部经历的沉淀。个人的生活和命运不是从出生才开始，而是要回溯到无限的、无法想象的过去。子孙是对祖先的继承，这一事实不属于关于习得特性的遗传问题的争论范围。

　　人出生后，便开始了直接的经验，开始受到环境的影响，这种影响同人与生俱来的东西一起，共同造就了他在每一生命瞬间的存在。环境是自然的，表现为土壤、气候、食物、动物群、植物群的形式，一句话，即外部自然环境。环境又是社会的，表现为社会形态。作用于个人的社会力量是语言、他在工作和交换过程中的地位、意识形态和强制力，即不受约束的和制度化的强制。其中，我们把制度化的强制组织称为国家。

自达尔文以来，我们倾向于把人类生活对自然环境的依赖视 281
为与敌对力量的斗争。只要不把这种比喻转移到不适当的、注定
要引起严重错误的领域，这种说法就不会有任何异议。当人们把
生物学借用于社会科学的达尔文主义公式又反过来应用于社会科
学时，却忘记了这些观念的最初含义，由此出现了最终竟然美化
战争和屠杀的社会达尔文主义这个怪胎，它对于自由主义思想的
黯然失色和导致今天的世界大战与社会斗争的思想氛围的形成，
负有特别的责任。

众所周知，达尔文受到了马尔萨斯的《人口原理》的影响。
但是，马尔萨斯决不相信斗争是一种必要的社会制度。即便是达
尔文，在谈到生存竞争时，也不总是指生物的破坏性争斗，即为
争夺食物区和雌性而进行的生死之争。他经常用比喻的手法说明
生物的相互依赖和对环境的依赖。[4] 完全照字面含义理解措辞是
一种误解，因为那只是一种比喻。当人们把生存竞争等同于人类
之间的灭绝性战争，继而根据斗争的必要性来构建社会理论时，
这种混淆变得更加恶劣。

马尔萨斯的人口理论仅仅是——这也正是它那些不懂社会学
的批评者们总是忽略的地方——自由主义社会学理论的一部分。
只有在这个框架内才能理解它。自由主义社会理论的核心是劳动
分工学说，只有牢牢记住这一点，才能用人口规律去解释社会状
况。社会是人类为了更好地开发利用自然生存条件而结成的联合
体；它的根本意义在于消除人类之间的斗争，代之以互助，这是
结合为一个有机体的所有成员的根本动机。在社会的范围内没有
斗争，只有和平。每一种斗争实际上都会使社会共同体中止。作
为整体、作为有机体的社会，确实要为了生存而同有害于它的力
量作斗争。但是在其内部，只要社会已经完全吸纳了个人，就只
有合作，因为社会只不过是合作。在现代社会中，即使战争也不
能打破所有的社会关系。在战争中，那些承认国际法约束力的国

家之间仍然保留着一些这样的关系,尽管有所松弛。因此,甚至
战时也残存着一些和平。

282　　　生产资料私有制是一个调节原则,在社会内部,它使社会支
配的有限的生存资料同消费者不那么有限的增加生存资料的能力
达到平衡。使每个社会成员得到的社会产品份额,取决于在经济
上应该归属于他的即他的劳动和财产的产量,这样一来,像动植
物王国中流行的现象那样,通过生存竞争消灭多余人口的做法,
就被出生率的降低所取代,这是社会力量的结果。"道德约束",
即社会处境对子孙后代的限制,取代了生存竞争。

　　社会中没有生存竞争。认为根据逻辑建立起来的自由主义社
会理论能够导致任何其他结论,乃是一个严重错误。马尔萨斯的
著述中那些可以做其他理解的只言片语,很容易由下述事实来加
以说明:他是在尚未完全吸收古典政治经济学的精髓之前,写出
了其第一部名著的不完整的初稿。为了证明他的著作不允许有别
的理解,我们可以指出:在斯宾塞和达尔文之前,并没有人想到
把生存竞争(按照这个词的现代含义)视为在人类社会中起作
用的原理。达尔文主义最先提出了把个体、种族、民族和阶级的
斗争视为基本社会要素的学说;现在,正是从源于自由主义社会
理论知识界的达尔文主义中,人们找到了反对他们所憎恶的自由
主义的武器。马克思主义[5]、种族神秘主义[6] 和民族主义都相
信,它们在长期被视为无可辩驳的达尔文的假设中,为自己的教
义找到了牢不可破的基础。现代帝国主义尤其把通俗科学用达尔
文主义杜撰出来的种种套话作为靠山。

　　达尔文主义的——或者更准确地说,伪达尔文主义的——社
会学说,从来就没有认识到将它们的生存竞争口号用于社会关系
时遇到的主要难题。在自然界中为生存而奋斗的是个体。在自然
界中能看到一些可以被理解为动物群体之间的斗争的例外现象。
当然,也有蚁群之间的搏斗——尽管对这种现象我们有朝一日或

许必须采纳另一种解释，它与迄今为止得到公认的解释迥然不 283
同。[7] 以达尔文主义为基础的社会学说，要么干脆宣布所有人反
对所有人的战争乃是人类交往的自然的、必要的形式，从而否认
任何社会关系的可能性，要么不得不一边说明为什么和平在某些
群体中确实而且必须占上风，一边又要证明导致这种协作形成的
和平联盟原则在群体圈子之外是无效的，所以这些群体之间必须
进行斗争。这正是所有非自由主义社会学说立足的基石。即使有
人找到了一个使所有日耳曼人、长头形人或无产者联合起来，个
人形成了特别的民族、种族或阶级的原理，他也无法证明这种原
理仅仅在群体内部有效。反自由主义的社会学说绕开了这个问
题，它们只限于假设群体内部的利益一致是不言而喻的，无须进
一步的讨论即可接受；它们只想竭力证明群体之间存在着利益冲
突和这种冲突作为历史发展的唯一动力的必要性。但是，如果战
争是万物之父，是导致历史进步的来源，那就很难明白，为何应
当把它的有效作用局限于国家、民族、种族和阶级之间。如果自
然界需要战争，那为什么不是所有人反对所有人的战争，而仅仅
是所有群体反对所有群体的战争？自由主义的社会劳动分工学
说，是唯一能解释个人之间的和平为何可能，以及个人为何会形
成社会的学说。但是，如果接受这一学说，就不可能相信集体之
间的敌意是必要的。如果勃兰登堡人和汉诺威人在一个社会中和
谐相处，为什么德国人和法国人就不能这样做呢？

　　社会达尔文主义无法解释社会的兴起这种现象。它不是一种
社会学说，而是一种"离群索居的学说"。[8]

　　一个清楚地暴露出近几十年来社会学思想衰落的事实是，人
们现在开始援用生物学不久前才在动植物王国发现的互助（共生
现象）的例子，来对抗社会达尔文主义。克鲁泡特金这位自由主
义社会理论的无畏对手，从来就不知道自己拒绝和反对的到底是
什么，他从动物中发现了社会纽带的萌芽，并把这种纽带与冲突

相对立，使互助互利原则与你死我活的有害搏斗的原则形成对
284 照。[9] 卡姆勒这位受马克思主义的社会主义思想奴役的生物学家
证明，除了冲突以外，互助原则也支配着自然界的生活。[10] 在
这一点上，生物学又回到了它的起点社会学。它把社会学给予它
的劳动分工原则又物归原主。它没有给社会学任何新东西，没有
给它任何不被遭到它蔑视的古典政治经济学定义的劳动分工学说
收入囊中的实质性内容。

三　冲突与竞争

以自然法为基础的社会理论以人人平等的教条为起点。既然
人人平等，所以他们拥有应当被作为享有全权的社会成员加以对
待的天赋权利，并且，既然人人拥有自然的生存权，试图夺去其
生命就是对权利的侵犯。这样就阐明了关于社会的全面包容性、
社会内部的平等及和平的基本原理。自由主义理论则是从效用推
导出这些原理。对自由主义来说，人的概念和社会人的概念是一
回事。社会对所有能看到和平与劳动中的社会合作的好处的人都
举手欢迎。把每个人作为具有同等权利的公民来对待，这对他们
个人有利。至于那些无视和平合作的好处，喜欢战斗并拒绝适应
社会秩序的人，必须像对待危险动物那样与之战斗。对于反社会
的罪犯和野蛮人的部落，只能采取这种态度。自由主义只能赞成
仅仅作为防御手段的战争，至于其他战争，它从中看到的是消灭
社会合作的反社会原则。

反自由主义的社会学说企图混淆战斗与竞争的根本区别，从
而使自由主义的和平原则名誉扫地。按其本来的含义，"战斗"
是指人和动物为了相互消灭对方而发生的冲突。人的社会生活开
285 始于克服那些驱使他进行殊死搏斗的本能和考虑。历史向我们表
明，作为一种人类关系形式的冲突在持续地减少。战斗逐渐变得

不那么残酷和频繁，失败的对手不再被消灭；如果社会能找到接纳他的方式，他即可保住性命。战斗本身也受到规则的约束，使其在某种程度得到缓和。然而战争和革命仍是破坏和消灭的工具。正是基于这一理由，自由主义从未停止强调它们是反社会的这一事实。

把竞争称为竞争性的战争或简称战争，仅仅是一种比喻。战斗的功能是破坏，而竞争的功能是建设，经济竞争使生产以最合理的方式进行。它在这里和其他任何地方一样，是让最优者脱颖而出。它是社会合作的基本原理，难以设想它会从画面中消失。即便是社会主义共同体，也不能离开某种形式的竞争而存在，尽管它可能必须打着某种幌子出现，例如考试。社会主义生活秩序的效率，取决于它使竞争足够残酷和尖锐，以便具有正确的择优能力。

三方面的比较可以用来解释用"战斗"一词来比喻竞争的习惯。第一个比较点是在一场战斗中，对手之间显然也像竞争者之间一样存在着利益的敌对和冲突。小店主对他的直接竞争者的仇恨程度，可能不亚于穆斯林对门的内哥罗人的仇恨。但是，招致人们行动的感情并不影响这些行动的社会功能。只要社会秩序形成的种种限制约束着个人的行动，他有什么感觉是无关紧要的。

第二个比较点是战斗和竞争的选择功能。战斗在多大程度上能够做出最佳选择尚待讨论；下面我们还会指出，许多人认为战争和革命具有逆选择的作用。[11] 但是，由于它们都履行着选择功能，所以一定不要忘记战斗与竞争之间有着本质的区别。

第三个比较点是失败给被征服者带来的后果。人们说被征服就是被毁灭，并没有想过他们在某种情况下只是比喻性地使用破坏一词。战败就意味着死亡；在现代战争中，虽然幸存的被征服者得到宽恕，也是血流成河的。人们说竞争性的斗争破坏经济生活，但这仅仅是指甘拜下风的人要被迫在社会劳动分工结构中找一个他们不想占有的位置。这决不意味着他们会被活活饿死。在 286 资本主义社会，人人都有容身之地，都有饭吃。它的扩张能力为每个劳动者提供了生计，永久性失业不是自由资本主义的特征。

战斗一词真正的原意是反社会的。它使作为社会关系基本要素的合作在交战者之间成为不可能，在合作已经存在的地方破坏合作。竞争是社会合作的要素，是社会机体中的主导原则。从社会学的观点看，战斗和竞争是截然对立的。

这种认识提供了一条标准，来评判所有那些把社会进化当作相互冲突的群体之间的战斗的理论。阶级斗争、种族冲突和民族战争不可能成为建设性的原则，在破坏和消灭的基础上永远建不起任何大厦。

四 民族战争

语言是社会合作最重要的媒介，它为个人之间的沟通架起了桥梁，只有借助于它，一个人才能至少把自己的感觉传达给别人。在这一点上，我们讨论语言在同思想和意愿的关系中更广泛的意义：它如何制约思想和意愿，以及没有它，如何不能有思想而只有本能，没有意愿而只有冲动。[12] 思想也是一种社会现象，它不是某个孤立的头脑的产物，而是争取达到同一目标的人们相互刺激的产物。孤独的思想家在偏僻幽静的地方对没有多少人愿意思考的问题苦思冥想，他这种活动也是一种对话，是同几代人的脑力劳动以日常概念和书面传统的形式沉淀在语言中的思想遗产进行的对话。思与言息息相关，思想者的概念大厦是建立在语言要素基础上的。

人的思想只在语言中运行；正是借助于文字，它才第一次打287 破了朦胧模糊的不确定性和本能的含混不清，使自身达到它总是能够希望达到的清晰程度。思考以及思考的对象都不能脱离它们所由以起源的语言。有朝一日我们可能拥有一种通用语言，但当然绝不是通过沃拉普克语、世界语或任何其他类似的人造语言的发明者所使用的那种方法。设计出统一的音节组合作为日常生活用语，供那些不太用脑子的人使用，并不能解决通用语言和人们在相互理解中遇到的困难。思想中不可翻译的因素、在表达它们的文字中飘忽不定的因素，使得各种语言相互分离，就像单词的发音五花八门一样，虽然后者是可以原封不动加以挪用的。就算天下人都用同样的文字表示"侍者"和"门口"，我们还是无法克服语言之间和民族之间的鸿沟。但是，假定某种语言所表达的一切，能够被完整无损地翻译成另一种语言，那么即使我们没有找到统一的发音，我们也能取得语言的统一。不同的语言将只是发音不同，我们没有能力翻译一个单词，将不再妨碍各民族之间的思想传播。

在那一天到来之前——可能永远也不会到来——操着各种语言生活在一起的不同民族的成员之间，就注定会产生可能导致严重政治对抗的政治摩擦。[13] 这些纷争对民族间的现代"仇恨"负有直接或间接的责任，帝国主义就是建立在这种仇恨基础之上的。

当帝国主义理论只限于证明民族之间存在冲突时，它把自己的任务想得太简单了。它要想坚持自己的论证，还得证明民族内部存在着共同利益。民族主义—帝国主义学说是作为对自由贸易学说的普遍社会团结理论的一种反动而出现的。它刚一出现时，人们的头脑还受到世界公民和民族友爱的世界主义思想的支配。所以，只要证明不同民族之间有着相互冲突的利益，似乎也就够了。人们完全忽略了这样的事实，即它用来证明民族利益的不相容性的所有论据，能够被同样合理地用来证明地区利益，最后甚至个人利益的不相容性。如果说德国人因消费英国布料和俄国玉

米而蒙受损害，那么柏林的居民大概也一定因消费巴伐利亚啤酒
和莱茵红酒而蒙受损害。如果说不宜让劳动分工跨越国界，那么
最终回到封闭的家庭经济的自给自足状态无疑是最好的办法。如 288
果我们全盘接受"驱逐洋货！"这句口号的含义，它将使我们彻
底废除分工，因为使国际劳动分工显得有利的原理，也正是使劳
动分工在任何环境中都受到欢迎的原理。

在所有民族中，德意志人民最缺少民族凝聚感，在欧洲的所
有民族中，它是最后一个懂得国家应当包含民族全部成员这种政
治统一的思想，这绝非偶然。民族统一的思想是自由主义、自由
贸易和自由放任主义的产物。德意志民族的重要组成部分都是作
为少数民族生活在语言不同的定居地，它是最早认识到民族主义
压迫的种种不利的民族之一。这种经历导致了它对自由主义的否
定态度。然而，没有自由主义，它就缺少战胜不同群体的地区排
他主义的必要思想武器。和其他民族相比，民族凝聚感在自由主
义的传统家园——盎格鲁—撒克逊人那里得到了最有力的发展，
这也绝非偶然。

帝国主义者认为抵制普世主义可以增强民族成员的凝聚力，
他们这是在不可救药地自欺欺人。他们忽略了一个事实，如果把
他们的学说从逻辑上贯彻到底，它的本质上反社会的因素必定使
每一个共同体四分五裂。

五　种族战争

关于人的先天特性的科学知识才刚刚起步，对于个人的遗传
特性，我们确实只能说，有些人一生下来就比其他人更有天赋。
至于好与坏的区别在哪里，我们无话可说。我们知道，人在生理
和心理特性方面是不同的。我们知道，某些家庭、族系和族系群
显示出相似的性状。我们还知道，区分出不同的种族、讨论个人

的不同种族特性是有道理的。但是迄今为止，探寻种族关系的身体特征的种种尝试并未取得成果。人们一度认为，已经从人的颅骨指数中发现了种族特征，但是现在已经清楚，在颅骨指数与个人的心理和精神特性之间的这些关系，即拉普日的人类学社会学派赖以建立其学说的基础，是不存在的。最近的测量表明，长头人并非总是金发、优良、高尚和开化的，短头人也并非总是黑发、邪恶、粗俗和不开化的。澳大利亚土著居民、因纽特人和卡菲尔人都属于头形最长的种族，而许多最伟大的天才都是圆头的，比如康德的颅骨指数就只有 88。[14] 我们已经知道，颅骨指数的变化很可能在没有种族混合的情况下发生——它是生活方式和地理环境的结果。[15]

对这些"种族专家"的研究方法，是再怎么指责也不为过的。他们以完全不加批判的精神制定了种族标准。他们更感兴趣的是杜撰口号，而不是增进知识，所以他们藐视科学思想需要的一切标准。但是，对于这种浅薄的研究，批评者们却重视不够，而仅仅注意到个别作者给予其理论的具体形式，以及他们关于特定种族的陈述内容即这些种族的身体特征和心理特性。虽然哥宾诺和张伯伦那些主观武断和自相矛盾的假设完全没有根据，被人轻蔑地斥之为空洞的幻想，但其中仍然不乏与高贵和卑鄙种族之间的特定区别无关的种族理论的萌芽。

在哥宾诺的理论中，种族是一个起点；它源于特殊的创造行为，具备特殊的品质。[16] 他对环境影响的评价不高：种族混合产生了杂种，在他们身上来自高贵种族的遗传特性发生了退化或者丧失。但是，要对种族理论的社会学的重要性提出疑问，仅仅证明这种观点站不住脚，或证明种族是在极其多样化的影响下发生的进化的结果，那是不够的。这种反对意见可能被下列主张驳倒：某些长期发生作用的影响已经赋予一个或若干个种族以特别优越的特性，这些种族的成员借助这些优越性获得了长期的领先优势，以至于其他种族的成员无法在有限的时间内赶上他们。事实上，种族理论在其最现代的变种中确实提出了这类论证。有必要对这种形式的种族理论进行研究，看看它同这里阐述的社会合作理论有着怎样的关系。

290　　我们立刻看到，它不包含任何直接有害于劳动分工学说的东西，两者是非常协调的。可以这样假设：不同的种族确实在智力和意志力方面有区别，既然如此，他们在形成社会的能力方面就是非常不相等的，较优秀的种族正是因为在强化社会合作方面的特殊才干，才使自己与众不同。这一假设有助于说明用其他方式不易于理解的社会演进的各个方面。它使我们能够解释社会劳动分工的进退和文明的兴衰。至于这一假设本身以及以它为基础的假设是否站得住脚，我们暂不讨论。眼下它不是我们关注的问题。我们只想说明，种族理论与我们的社会合作理论很容易相互协调。

当种族理论抨击自然法的平等假说和人人权利平等时，它并没有危及自由主义学派的自由贸易观点。自由主义拥护劳动者的自由，并不是因为自然法，而是因为它认为，不自由的劳动——没有用在经济上应归属于他的全部劳动产品来报答劳动者，他的收入与他的劳动生产率脱节——的生产力低于自由的劳动。种族理论无力反驳强调社会劳动分工的作用的自由贸易理论。或许可以承认，不同种族在才能和特性方面存在差异，并且永远无望看到这些差异被消除。但是自由贸易理论指出，即便是较有能力的种族，也会获益于同能力较差的种族的交往，社会合作会在整个劳动过程中带来更高的生产力。[17]

当种族理论开始鼓吹种族斗争时，它同自由主义社会理论发生了冲突。不过在这一点上，它并没有提出比其他武力至上主义的社会理论更好的论据。赫拉克利特的"战争是万物之父"的格言，依然是个没有得到证明的信条。它也没有证明社会结构怎么能够来自破坏和毁灭。而且，如果种族理论家打算不偏不倚地做出判断，而不是一味放纵他们对武力至上主义意识形态和冲突的同情，那么他们也不得不承认，正是从选择的观点来看，战争一定要受到谴责。拉普日指出，只有在原始民族中，战争才会导致更强壮、更有天赋的人不被淘汰，而在文明民族中，战争通过逆淘汰导致种族退化。[18] 适者比不适者更容易被杀死，因为后

291 者即便不是完全不上前线，也是离开前线的时间更长。战争幸存者生育健康子女的能力，因战斗中受到的各种损伤而减弱。

　　对种族的科学研究的成果，根本无法驳倒自由主义的社会发展学说，反而证实了这一学说。哥宾诺等很多人的种族理论，都是源于在同资产阶级民主和资本主义经济的斗争中溃不成军的军事和贵族特权阶层的怨恨。它们为了适应现代帝国主义的日常政治，采取了一种使古老的暴力和战争理论重新复活的形式。但是，它们的苛责只适用于古老的自然法哲学的老套话，与自由主义不相干。种族理论甚至不能动摇文明乃是和平合作的产物这种主张。

注释：

［1］ "La guerre est une dissociation", see Novicow, *La Critique du Darwinisme Social* (Paris, 1910), p. 124. 另见霍尔斯蒂对贡普洛维茨、拉赞霍费和奥本海默的批判。[Holsti, *The Relation of war to the Origin of the State* (Helsingfors, 1913), pp. 276 ff.]

［2］ Taine, *Histoire de la littérature anglaise* (Paris, 1863), vol. I, p. xxv.

［3］ Ibid., p. xxiii: "Ce qu'on appelle la race, ce sont ces dispositions innées et héréditaires que l'homme apporte avec lui à la lumière."

［4］ Hertwig, Zur *Abwehr des ethischen, des sozialen und des politischen Darwinismus*, pp. 10 ff..

［5］ Ferri, *Sozialismus und moderne Wissenschaft*, trans. Kurella (Leipzig, 1895), pp. 65 ff..

［6］ Gumplowicz, *Der Rassenkampf* (Innsbruck, 1883), p. 176. 关于 Gumplowicz 对达尔文主义的依赖，见 Barth, *Die Philosophie der Geschichte als Soziologie*, p. 253. "自由主义的"达尔文主义是在一个不再能把握自由主义社会哲学意义的时代，被错误地想出来的一种产物。

［7］ Novicow, *La Critique du Darwinisme Social*, p. 45.

［8］ Barth, *Die Philosophie der Geschichte als Soziologie*, p. 243.

［9］ Kropotkin, *Gegenseitige Hilfe in der Tier und Menschenwelt*, *German edition by Landauer* (Leipzig, 1908), pp. 69 ff. .

［10］ Kammerer, *Genossenschaften von Lebewesen auf Grund gegenseitiger Vorteile* (Stuttgart, 1913); Kammerer, *Allgemeine Biologie* (Stuttgart, 1915), p. 306; Kammerer, *Einzeltod, Völkertod, biologische Unsterblichkeit* (Vienna, 1918), pp. 29 ff. .

［11］ 见本书第 290 页。

［12］ Cohen, *Ethik des reinen Willens* (Berlin, 1904), pp. 183 ff. .

［13］ 见我的 *Nation, Staat und Wirtschaft*, pp. 31 ff. 。

［14］ Oppenheimer, "Die rassentheoretische Geschichtsphilosophie", in *Verhandlungen des Zweiten deutschen Soziologentages* (Tübingen, 1913), p. 106. 另见 Hertz, *Rasse und Kultur*, 3rd ed. (Leipzig, 1925), p. 37; Weidenreich, *Rasse und Körperbau* (Berlin, 1927), pp. 133 ff. 。

［15］ Nystrom, "Über die Formenveränderungen des menschlichen Schädels unddderen Ursachen", *Archiv für Anthropologie*, vol. XXVII, pp. 321ff. , 630 ff. ,642.

［16］ Oppenheimer, "Die rassentheoretische Geschichtsphilosophie", pp. 110 ff. .

［17］ 见本书第 260 页。

［18］ "Chez les peuples modernes, la guerre et le militarisme sont de véritables fléaux dont le résultat définitif est de déprimer la race. " Lapouge, *Les sélections sociales* (Paris, 1896), p. 230.

第二十章

阶级冲突和阶级战争

一 阶级和阶级冲突的概念

在任何特定时刻，个人在社会经济中的地位决定着他同所有其他社会成员的关系。他通过交换与他们联系在一起，他是供方或需方、卖方或买方。他在社会中的地位不一定把他束缚于一种活动。张三可以同时是地主、工薪族和资本家，李四可以同时是企业家、雇员和地主；王五则可以同时是企业家、资本家和地主，如此等等。一个人可以生产奶酪和篮子，并偶尔出去打短工。但是，即便地位大致相等的人，他们的处境也会因他们在市场上所处的具体环境而有所不同。即便是作为购买东西的消费者，也因其特殊需要而处于不同的境况。市场上永远只有单个的人。在自由经济中，市场允许出现个体差异：就像人们有时候不无遗憾地说的那样，它把个人"原子化"了。甚至马克思也不得不强调解释说："由于购买和销售只是在单独的个人之间进行，因此试图从他们身上去寻找整个社会阶级之间的关系是不允许的。"[1]

如果我们用阶级一词表示所有那些处于大致平等的社会地位 293 的人，那么记住这一点是很重要的：阶级在社会生活中是否具有特殊重要性的问题并未因此得到解决。图式化和分类本身没有任何认知价值，一个概念的科学意义来自它在所属理论中的功能；

在这些理论的范围以外，它不过是一种智力游戏。阶级学说指出，人有不同的社会地位，所以社会阶级的存在是不可否认的。但这并没有证明它有多大用处。重要的不是个人的社会地位，而是这种地位在社会生活中的重要意义。人们早就承认，和所有的经济差异一样，贫富差异在政治中发挥着巨大作用。同样众所周知的是等级和身份制度，即法律地位的差别或者说法律面前的不平等的重要历史意义。古典政治经济学并没有反驳这一点，但它指出了这些差异都是产生于错误的政治制度。如果理解正确的话，根据古典政治经济学的观点，个人之间的利益从来不是不可协调的。有关利益冲突的信念过去十分重要，但它实际上是出于对社会生活的自然规律的无知。一旦有了正确的理解，认识到人们的所有利益都是一致的，这些问题就不会影响到政治讨论。

然而，主张利益一致的古典政治经济学本身也为新的阶级冲突理论奠定了基础。重商主义者把商品置于经济学的核心，认为经济学是关于客观财富的理论。古典学派在这方面的伟大成就是，除了商品以外，他们还确立了经济人的地位。这样他们就为将人及其主观评价置于理论核心的现代经济学开辟了道路。可以说，把人和商品放在同等地位的理论体系，难免会分成两部分，一部分讨论财富的生产，另一部分讨论财富的分配。经济学越是成为一门严密的科学，成为一种交换经济学（catallactics），这种认识就越是退缩。但是分配观在一段时间内仍然存在，这反过来产生了把生产过程与分配过程相分离的思想。商品是先生产，后分配。然而十分清楚的是，在资本主义经济中生产和"分配"不可分离地相互联系在一起，这种不幸的认识倾向于使问题更加混乱。[2]

294   一旦采用了"分配"这个概念，并把价值估算问题理解为分配问题，这种误解便是不可避免的。因为这样的价值估算理论，或者用一个更加符合这一问题的古典定位的词，这样的收入理论，必须对各种生产要素做出区分，尽管事实上关于价值形成的同一基本原理适用于所有这些要素。"劳动"同"资本"及"土地"分离了。在这种背景下，就像李嘉图最先在《原理》一书的前言中所做的那样，把劳动者、资本家和地主看作独立的阶级，便是再容易不过的事情。古典经济学家没有分解出"利润"的组成部分，这个事实只会强化这种倾向，并给我们提供了一幅划分为三大阶级的社会画面。

但是李嘉图没有就此止步。他揭示了"在不同的社会阶段"[3]分配给这三大阶级的总产品份额的不同，从而将阶级冲突扩展为一种动态过程。他的后继者在这一点上亦步亦趋。而且正是在这个问题上，马克思带着自己在《资本论》中提出的经济学理论出场了。马克思在早期著作，尤其是《共产党宣言》的入门性说明中，仍然从法律地位和财富数量的对比这种古老意义上理解阶级和阶级冲突。把现代工业关系视为资本家对工人的统治的观点，提供了这两种观念之间的联系。但是，即使在《资本论》中，阶级概念虽然对其理论有着根本性的重要意义，马克思并没有对它做出准确定义。他没有界定什么是阶级，而是只限于列举现代资本主义社会划分为"大的阶级"。[4]他在这里接受了李嘉图的划分，却忽视了一个事实，即对李嘉图来说，阶级的划分只对交换经济学有重要意义。

马克思主义的阶级和阶级冲突理论大获成功。今天，几乎整个世界都接受了马克思主义对社会阶级的区分以及关于这些阶级之间不可调和的冲突的理论。甚至渴望阶级和平并为之而努力的人，通常也不反对存在着阶级对立和阶级斗争的观点。但是，阶级概念依然是不确定的。和马克思本人一样，对马克思的追随者们来说，这一概念依然五光十色、难以捉摸。

根据《资本论》的体系，如果这一概念是以生产要素的古典划分为基础，一种只为交换理论而发明并且只在交换理论中言

295 之成理的分类却被转化为普通社会学知识的基础。它忽略了一个事实，即把生产要素归结为两个、三个或四个大类仅仅是一种经济学理论的安排，它仅仅在这个理论背景下才是有效的。生产要素的分类不是对人或人群的分类，而是功能的分类；这种划分的合理性，仅仅存在于它为之服务的交换经济学理论的目的之中。例如，划分出"土地"就是因为它在古典地租理论中的特殊地位。根据这一理论，土地是一种在某些前提之下能够产生租金的生产要素。同样，作为利润来源的资本的地位，以及作为工资来源的劳动的地位，都与古典学说的特定说明有关。后来对分配问题的解决办法是，把古典学派的"利润"分为企业家的利润和资本利息，根据这种办法，对生产要素便有完全不同的分类。比较而言，在现代价值计算理论中，根据古典理论图式对生产要素做的分类不再有任何重要意义。过去所说的分配问题，现在成了上游商品的价格形成问题。只有科学分类方面的保守主义还企图保留旧术语。与价值计算理论的精神更为一致的分类，必须根据完全不同的基础——如对收入的动态和静态成分的划分——来进行。

但是，在任何体系中，生产要素的分类基础都不是由其自然特征决定的，这一点至关重要。没有认识到这一点，是经济学阶级理论最严重的错误。这种理论从一开始就天真地假设，在基于分析的理由而划分出的要素之间，存在一种（由自然经济条件产生的）内在联系。它虚构出一种可以用于所有类型的农业的抽象土地和一种能从事任何工作的抽象劳动。它做出了一定的让步，这是为了适应现实，即区分出了农业用地、矿业用地和城市用地，区分出了熟练劳动和非熟练劳动。然而这种让步并没有使事情得到改进。熟练劳动的抽象性丝毫不亚于纯粹"劳动"，农业用地的抽象性也丝毫不亚于纯粹"土地"。更为重要的是，这些抽象概念舍弃了对于社会学研究不可缺少的特征。在讨论价格形成的细节时，在一定的条件下我们可以对土地、资本和劳动这三类东西进行对比，然而，这根本不证明我们在讨论完全不同的问题时也可以做出这种分类。

二　等级与阶级

296

阶级战争理论经常把等级（"身份"）与阶级混为一谈。[5]等级是法律制度，而不是由经济决定的事实。每个人都出生于某一个等级，并且一般会留在这个等级内至死不变。个人终生拥有等级成员的身份，即他是某个等级之一员的资格。一个人是主人还是农奴，是自由人还是奴隶，是地主还是被束缚于土地的农民，是贵族还是平民，不是因为他在经济生活中占有某种地位，而是因为他属于某个等级。诚然，和每一种社会制度一样，等级制说到底是来自保护社会合作的需要，从这个意义上说，它在起源上是一种经济制度。但是，作为这种制度基础的社会理论根本不同于自由主义理论，因为它把人类的合作仅仅设想为某些人的"取"和另一些人的"予"。在这种理论看来，予与取可以使各方都能从中获益是完全不可思议的事情。在后来的时代，由于从逐渐为世人所知的自由主义思想的角度看，等级制开始表现出非社会性和非正义性，为了替这种制度辩护，在较低等级的单方面义务的基础上，又为这种关系编造出一种造作的互惠因素：上层为下层提供保护、生计和土地的使用权，等等。然而，这种学说的存在本身就说明了等级意识形态已经开始衰败。在这种制度的鼎盛时期，上述思想是与它格格不入的，当时的等级关系就是赤裸裸的暴力关系，从等级制做出的最基本的区分，即自由人和非自由人的划分，即可清楚地看到这一点。奴隶把奴隶制视为自然，他听天由命，没有一息尚存就不断地反抗或逃跑，这并不是因为他相信奴隶制是对主人和奴隶同样有利的正义制度，而不过

297

是因为他不想因为反抗而丢掉性命。

有人企图通过强调奴隶制的历史作用，来反驳有关征服和等级制的朴素观点。据说，当战斗中被俘的人变成了奴隶而不是被杀死时，奴隶制标志着文明的进步。如果没有奴隶制，在所有的无主土地都得到利用之前，就不能形成一种实行劳动分工、把贸易同初级生产分离的社会，因为每个人都想成为自己土地的自由的主人，而不是加工别人生产的原料的没有土地的劳动者，更不愿意成为在别人土地上劳动的没有财产的劳动者。从这种观点来看，奴隶制度有其历史的合理性，因为如果不是劳动分工让一部分人过上悠闲的生活，无须像普通人那样为生计而烦恼，高级文明是不可想象的。[6]

只有那些用道德眼光研究历史的人，才会提出能否证明某种历史制度合理的问题。这种制度在历史中发生，这个事实表明它是由一些活跃的力量导致的。唯一能够科学地提出的问题是，这种制度是否履行了赋予它的功能。就此而言，答案是明确否定的，奴隶制没有为劳动分工开辟道路，恰恰相反，它阻塞了这条道路。在废除奴隶制度之前，有着高度发达的劳动分工的现代工业社会是不可能成长的。一直就存在着可供定居的闲置的无主土地，这并没有阻止专业贸易或雇佣劳动者阶级的兴起。无主土地首先要使其适于耕种，在有收获之前需要投入和改良，其肥沃程度往往不如已经用于耕种的土地，其地理位置则几乎总是更不如后者。[7] 生产资料私有制是劳动分工得以广泛发展的唯一必要的条件，对劳动者的奴役并非产生劳动分工所必需。

在等级关系中有两个典型特征。一是封建领主与耕种者的关系。封建领主远离生产过程，只在庄稼收获、生产过程结束时才会露面，取走他的份额。要理解这种关系的性质，我们不必知道它是源于对原自由民的征服还是人们来到地主的土地上定居。一个相关的事实是，这种关系处在生产之外，所以不能通过某种经济过程而解除，例如用耕种者的租金和什一税加以抵消。一旦能用租金抵消，它就不再是一种依附关系，而是变成了一种产权关系。第二种典型的关系是主人和奴隶的关系。在这种关系中，主人支配的是劳动而不是物品，并且他在得到自己需要的东西时不必为奴隶提供任何补偿。因为提供衣食和住所不是一种补偿，而是一种必要的开销，除非他想失去奴隶的劳动。在严格发展起来的奴隶制度下，只有当奴隶的劳动能带来超出其生存成本的剩余时，主人才会为他提供食物。

把这两种关系同自由经济中企业家与工人的关系进行比较，是最没道理的做法。从历史上看，自由雇佣劳动在一定程度上是从奴隶和农奴劳动中成长起来的，又过了很长时间，它才摆脱了其源头的所有痕迹，成为它在资本主义经济中的样子。然而，把经济上自由的雇佣劳动等同于不自由的人的劳动，是对资本主义经济的彻头彻尾的误解。可以对这两种制度做社会学的比较，因为两者都包含劳动分工和社会合作，并且在这方面显示出共同的特征。但是，社会学研究切不可忽视一个事实，即两种制度的经济特征是非常不同的。利用研究奴隶劳动得出的论据去分析自由劳动的经济特点，注定是毫无价值的。自由劳动者得到的工资，是根据对其劳动的经济计算。奴隶主通过为奴隶提供生计和付给奴隶贩子奴隶的价格而支出的数量，相当于这些数量的现值，而自由劳动的工资是高于或将会高于奴隶的生存成本的。这样，劳动工资超出劳动者生存成本的那一部分剩余，就落入了将自由人变为奴隶的人——猎取奴隶的人——手里，而不是到了奴隶贩子或奴隶主的手里。后两种人从奴隶经济中得不到任何特别的收入。所以很清楚，试图通过引证奴隶经济条件来支持剥削理论的人，完全误解了这一问题。[8]

在划分等级的社会中，所有在法律面前缺少完整权利的等级 299成员同其他成员有一种共同利益：他们都努力提高其等级的法律地位。所有被束缚于土地的人都努力减轻地租负担；所有奴隶都努力争取自由，即能为自己劳动的条件。一个等级的全体成员的利益共同体越强大，个人就越是没有能力将自己提高到该等级的法律范围之上。在某些情况下，有些人，尤其是有天赋的个人，能够有幸升入较高的等级，对这里的讨论没有多少意义。任何群众运动都不是源于孤立的个人没有满足的愿望和希望。特权等级为有才能者扫除障碍，并不是希望借以平息社会的不满，而是希望借以强化自身。只有当那些升迁受阻的有天赋的个人发出暴力行动的呼吁，并且得到了心怀不满的广大阶层的响应时，他们才会变得具有危险性。

三　阶级战争

只要用等级划分社会的思想还存在，就算解决了等级之间的具体冲突，也不能消除等级差别。即使被压迫者摆脱了枷锁，身份地位的差别也不会全部消除。只有自由主义能够克服这种根本性的等级冲突。它做到了这一点，是因为它废除了奴隶制——理由是自由劳动比不自由的劳动具有更高的生产力；还因为它宣布迁徙和择业的自由是理性政策的根本需要。反自由主义企图将这项成就说成特殊群体的"利益"的产物，这再清楚不过地暴露了它根本无力把握自由主义在历史上的重要意义。

在等级之间的斗争中，一个等级的全体成员因为有着共同的目标而站在一起。不论他们在其他方面的利益如何千差万别，他们都站在这同一个基础之上，都想改善其等级的法律地位。经济优势通常是与这种地位联系在一起，因为等级之间的法律差别之所以得到保留，正是因为它们赋予某些等级以经济优势，给其他等级造成经济伤害。

但是，阶级战争理论中的"阶级"完全是另一回事。主张阶级冲突不可调和的理论，把社会划分为三个或四个大的阶级之后便没了下文，这是不合逻辑的。这种理论若是把它的逻辑贯彻到底，本应继续将社会分解为利益群体，一直分解到其成员履行完全相同的功能的群体为止。只把所有者分为地主和资本家是不够的，必须继续进行划分，直到划分出这样一些群体，如生产同样数量纱线的棉纺厂厂主、黑山羊皮的生产者或清淡啤酒制造商。这种群体确实有着与其他群众相反的共同利益：他们对顺利销售自己的产品极感兴趣。但是，这种共同利益的范围是很有限的。在自由经济中，单个生产部门从长远看不能获得平均利润以上的利润，同时也不能亏本生产。所以，某一行业成员的共同利益在有限的时间内不能超越市场趋势。至于其他人，在他们之间存在的则是竞争，而不是直接的利益一致，只有当经济自由在某个方面受到限制，竞争才会因特殊利益而中断。但是，要想对阶级利益一致论进行有效批评，就必须提出证据，证明这种竞争是在自由经济的条件下中断的。阶级斗争理论指出在关税政策上地主的共同利益与城市人口有冲突，或地主与城市居民在政治统治问题上有冲突，这并不能证明它就是正确的。自由主义理论不否认国家对贸易的干预会产生特殊利益，也不否认这意味着个别群体能借此为自己攫取特权。它只是说，如果这种特殊优惠表现为一些小群体的特权，就会导致激烈的政治冲突，导致没有特权的多数对有特权的少数的反抗，这种反抗和平的不断干扰会阻碍社会的发展。它进一步解释说，如果这些特权成了普遍规则，就会伤害到每一个人，因为它们是把从这边取来的东西给了那边，其结果永远只能是劳动生产力的普遍下降。

　　长远来看，一个群体成员的利益共同体，以及他们的利益跟其他群体的利益之间的差异，永远是来自对所有权、贸易自由和职业选择的限制。只有从短期来看，它们能够来自市场条件本身。然而，如果在经济地位相同的成员所组成的群体中间，不存在使他们与所有其他群体对立的利益共同体，那么在没有相同而只是相似地位的成员所组成的更大群体中间，就更没有这种共同体了。如果在棉纺厂厂主之间不存在特殊利益的共同体，在棉花产业内部或棉纺厂厂主和机器制造商之间就更没有这种共同体。在棉纺厂与棉织厂、机器制造商与机器使用者之间有着显著的直接利益差异。只有在排除了竞争的地方，例如在有着一定特性或处在一定位置的土地的所有者之间，才存在利益共同体。

认为整个人口划分为三个或四个大的群体，每个群体都具有某种共同利益的理论，错就错在它把土地所有者看成一个利益一致的阶级。并不存在什么特殊的共同利益把可耕地、林地、葡萄园、矿山或城市不动产的所有者团结在一起，除非指他们都保护私有土地财产权这种利益。但那不是所有者的特殊利益。无论是谁，只要他认识到生产资料私有制的重要性，那么不管他是否拥有财产，肯定会既为了自己也为了所有者的利益而拥护这一原则。只有在获得财产和进行贸易的自由受到限制时，土地所有者才有真正的特殊利益。

在劳动者之间也不存在共同利益。根本就不存在同质性的劳动，就像不存在抽象的工人一样。纺纱工的劳动不同于矿工和医生的劳动。听听那些拥护社会主义和阶级冲突不可调和论的理论家们的言论，好像存在着某种人人都有资格从事的抽象劳动、技能劳动很难成为问题。在现实中并不存在这种"抽象"劳动，也不存在同质的非技能劳动。清道夫不同于行李搬运工。此外，从纯粹数量的角度看，不需要技能的劳动的作用要比正统阶级理论所认为的小得多。

在推导价值计算理论的定律时，我们有理由只讨论"土地"302 和"劳动"。因为从这个角度看，所有的上游物品只有作为经济目标才是有意义的。把无限多样化的上游物品简化为少数几个大类，是为了建立针对明确目标的理论的方便。人们经常抱怨经济学理论是在摆弄一些抽象概念，但恰恰是这些发出抱怨的人自己，忘记了"劳动"和"工人"、"资本"和"资本家"等都是抽象概念，并且毫不迟疑地把理论经济学的"劳动者"移植进了所谓的实际社会生活的画面。

一个阶级的成员都是竞争者。如果劳动者的数量减少，如果劳动的边际生产力有了相应的提高，工资就会上升，劳动者的收入和生活标准也会随之提高。工会无法改变这一点。它们本来是为了同企业家进行斗争而产生的，当它们像行会那样限定成员数量时，它们就默认了这一事实。

当劳动者为了较高的地位和职位的提升而你争我斗时，他们中间就存在竞争。至于那些从下层进入上层的相对少数人，只要他们是最有才华的，其他阶级的成员就可以一直持无所谓的态度。但是对劳动者自身来说，这却是一件很重要的事情。每个人都在同其他人竞争。当然，人人都希望看到每个新出现的工头岗位将由最适当的、最有能力的人担任。但是人人也都希望他所能够企及的岗位会落到自己手里，即使他不是这个岗位最适当的人选；这给他带来的好处要大于他最终也有可能遇到的某些一般坏处。

主张社会全体成员的利益具有社会一致性的理论，是唯一能够说明社会如何可能的理论；没有这种利益的一致，社会不仅会分裂为阶级，而且会分裂为作为对手相互对抗的个体。个人利益之间的冲突，是通过社会而不是通过阶级被克服的。社会只知道个人，不知道还有其他成分。根本不存在因某种特殊的共同利益而团结在一起的阶级；它是一种没有得到完整表述的理论的发明。社会越复杂，其内部的分化程度越高，在社会有机体中处于相似地位的人组成的群体数量就越多；而随着群体数量的增多，每个群体的成员数量必然减少。每个群体的成员都有某种直接的共同利益，但这个事实本身并不造成他们之间利益的普遍平等。

地位的平等使他们成为竞争对手，而不是成为有着共同抱负的人。
303 联合起来的群体的地位之间只要不是完全相同，它们就不可能形
成绝对的利益共同体。只要它们的地位相似，它们之间就会存在
竞争。

全体棉纺厂厂主在某些方面可能有着相同的利益，但即使如
此，他们也会相互竞争。只有那些生产同样数量纱线的棉纺厂厂
主，才会处在完全相同的地位上。就此而言他们相互之间也是竞
争者。但是在其他方面，在更广泛的领域有着相似的共同利益；
它们可以涵盖棉纺行业的全体劳动者，包括种植者和工人在内的
全体棉花生产者，甚至可以进一步涵盖任何行业的所有工业家，
等等，其分类根据追求的目标和利益而不断变化。但是，完全相
似是很罕见的，并且就算确实存在这种相似，它所导致的也不仅
是与第三方相对的共同利益，它还会导致群体内部各方之间的
竞争。

若是一种理论认为所有的社会发展都来自阶级斗争，它就必
须证明每个人在社会有机体中的地位都无可争议地是由其阶级地
位决定的，也就是说，是由他的阶级成员身份以及这个阶级同其
他阶级的关系决定的。在所有的政治斗争中都有某些社会群体相
互冲突，但这个事实并不是这一理论的证据。它要想使自己正
确，还必须能够证明分类肯定沿着一定的方向进行，独立于阶级
地位的意识形态对它不能产生影响；较小的群体联合成较大群
体，较大群体又形成将整个社会划分开的阶级，其方式不同于为
了暂时的合作而达成的妥协和联盟，而是来自社会的必然因素所
造成的事实，来自一种明确的利益共同体。

比如，让我们看看构成农业党派的不同要素。在奥地利，葡
萄酒生产者、谷物种植者以及畜牧业生产者，联合起来形成了一
个共同的党派。但是当然不能断言是利益的相似使他们走到了一
起，因为这三个群体各自都有不同的利益。为获得某些保护性政

策而达成的联合，是相互冲突的利益之间的妥协。然而，只有在超越阶级利益的意识形态基础上，才有可能形成这种妥协。这三个群体中每一个群体的阶级利益是同另外两个群体的阶级利益对立的。它们只有把某些特殊利益全部或部分地放在一边，才能走到一起，尽管它们这样做的目的是更加有效地争取另一些特殊利益。

　　同生产资料所有者形成对照的劳动者的情况也是这样。不同的劳动者群体也没有统一的特殊利益，它们因成员的知识和技能 304 而有着非常不同的利益。可以肯定地说，无产阶级并不因为其阶级地位，就成了社会主义政党所想象的那种同质的阶级。仅仅是因为这个阶级信奉迫使每个人和每个群体放弃自己的特殊利益的社会主义意识形态，它才成了这样一个阶级。工会的日常工作就是要让这些利益冲突达成妥协。[9]

　　群体利益之间除了现有的结合和联盟之外，永远有可能形成新的结合和联盟。实际存在的结合与联盟依靠的不是群体的阶级地位，而是意识形态。决定群体一致性的不是利益的同一，而是政治目标。特殊利益共同体总是局限于狭小的范围，并且总是被其他特殊利益的冲突所抹杀或抵消，多亏了一种意识形态，才使利益共同体看上去比利益冲突更强大。

　　阶级利益共同体并不是独立于阶级意识而存在，阶级意识也不仅仅是附属于一个特殊利益共同体，而是创造了这个共同体。无产者不是现代社会框架中的一个阶级地位决定着其态度的特殊群体。个人是被社会主义意识形态聚集到一起，以便采取共同的政治行动；无产阶级的团结不是来自阶级地位，而是来自阶级战争的意识形态。作为一个阶级，无产阶级在社会主义之前并不存在：社会主义思想首先把某些个人联合起来去实现一定的政治目的，从而造就了无产阶级。社会主义并不具有使它特别适合促进无产阶级真正利益的成分。

从原则上说，阶级意识形态与民族意识形态并无不同。事实上，在特定的民族和种族的利益之间不存在差异。是民族意识形态首先造就了对特殊利益的信仰，并把民族变成了相互斗争的特殊群体。民族主义意识形态对社会进行纵向划分，社会主义意识形态则对社会进行横向划分。从这个意义上说，两者是相互排斥的，有时这一方占上风，有时另一方占上风。在德国，民族主义意识形态在 1914 年把社会主义意识形态挤到了后台——并且突
305 然出现了一个民族主义统一战线。1918 年，社会主义者又战胜了民族主义者。

在自由社会里，不存在被不可妥协的利益分隔开的阶级。社会就是利益的和谐一致，而特殊群体的联合总是以破坏这种凝聚力为目标的，它的目标是反社会的。特殊的无产阶级利益共同体的扩张仅仅是为了追求一个目标——撕裂社会。对于那种自称为了整个民族而存在的特殊利益共同体来说，情况也是如此。

由于阶级理论没有比较严密地界定阶级概念，人们一直能够用它来表达各种各样的思想。他们把决定性的冲突定义为所有者与非所有者之间的冲突、城市利益与农民利益之间的冲突或是资产阶级与农民工人之间的冲突；他们谈论"军火资本""酒精资本"和"金融资本"，[10] 他们一会儿说"光荣国际"，转眼之间又说帝国主义是由资本的冲突引起，人们从中可以轻易看出，这些口号，不具有任何实际的社会学意义。[11]

四　阶级战争的形式

国民总产值分为工资、租金、利息和利润。所有的经济学理论都认为，这是一个已经明确解决了的问题，即这种划分不是根据每个阶级的非经济能力，而是根据市场赋予每一种生产要素的

重要性。古典政治经济学和现代边际价值理论都同意这一点，甚至马克思主义学说也同意这一点，因为它的分配理论是从古典理论那里借用来的。它根据这种理论推导出了决定劳动价值的规律，由此也建立起一种只有经济因素起决定作用的分配理论。在我们看来，马克思主义的分配理论充满了矛盾。尽管如此，它却是一种为生产要素价格的形成方式寻找纯粹经济学解释的尝试。后来，当马克思出于政治原因认识到工会运动的优势时，他的确在这一点上做出了某些轻微的让步。但是他仍然抱着自己的经济学体系不放，这个事实表明，那不过是一些不触及他的基本观点的让步。 306

市场上的全体当事人都在争取得到可以拿到的最优价格，如果我们把这称为"斗争"，我们便可以说经济生活中始终存在着相互反对的经久不变的战争，但这决不意味着存在阶级战争。战斗不是发生在阶级和阶级之间，而是发生在个人之间。当竞争者群体走到一起采取共同行动时，不是阶级反对阶级，而是群体反对群体。个别工人群体为自己争取到的东西，并非对全体工人都有益；不同生产部门的工人的利益，就像企业家与工人的利益一样是相互冲突的。社会主义理论在谈论阶级战争时，它所想到的不可能是市场上这种买方与卖方的对立。[12] 它所谓的阶级战争尽管是源于经济动机，却是发生在经济生活之外。当它认为阶级战争类似于等级之间的战争时，它只能是指发生在市场之外的政治斗争。毕竟，这是主人与奴隶、地主与农奴之间唯一可能的冲突；他们根本就不在市场上打交道。

但是马克思主义走得更远。它认为不言而喻的是，只有所有者才对维护生产资料私有制感兴趣，无产者有着完全相反的利益。两者都知道自己的利益并据此而行动。我们已经看到，只有当我们打算囫囵吞枣地接受马克思主义时，这一观点才是可以接受的。生产资料私有制对所有者和非所有者的利益同样有益。根据马克思主义理论，社会分裂为两大阶级，其成员在阶级斗争中自然而然地会意识到其利益。马克思主义者必须做出艰苦努力以唤醒工人们的阶级意识，也就是说，使工人支持马克思主义的财产社会化计划。正是阶级冲突不可调和的理论，使工人们联合起来参加反对资产阶级的合作行动。阶级冲突的意识形态所产生的阶级意识，才是这场斗争的实质，而不是相反。是观念产生了阶级，不是阶级产生了观念。

307　　阶级斗争的武器也不比其起源具有更多的经济色彩。罢工、破坏行为、暴力行动和各种各样的恐怖主义都不是经济手段，而是旨在打断经济生活运动的破坏手段，是必然导致社会破坏的斗争武器。

五　作为社会进化要素的阶级战争

马克思主义者从阶级战争理论出发，认为社会主义的社会秩序是人类的必然未来。马克思主义说，在以私有财产为基础的社会里，不同阶级的利益之间必然存在着不可调和的冲突，即剥削者与被剥削者的对抗。它认为，这种利益差别决定着阶级的历史地位，规定着各个阶级必须实行的政策。这样，历史就变成了一个阶级斗争的链条，直到最终出现一个阶级，即现代无产阶级，它只有通过消灭一切阶级冲突和一般剥削，才能把自己从阶级统治下解放出来。

马克思主义的阶级战争理论的影响已经远远超出了社会主义阵营。主张社会全体成员的最终利益一致的自由主义理论被抛到后台，当然不仅是由于马克思主义的阶级战争理论，也是由于帝国主义和贸易保护主义思想的复活。但是，由于自由主义思想失去了魅力，肯定会有更多的人受到马克思主义的影响，因为它和自由主义理论有一个其他反自由主义理论所不具备的共同之处：它肯定社会生活的可能性，而所有其他否认利益一致的理论都含蓄地否认社会生活本身。无论是谁，只要他根据民族主义、种族教条主义甚至贸易保护主义的观点，主张各民族和各种族之间的利益冲突是不可调和的，都会否认民族之间和平合作的可能性，从而否认国际组织的可能性。那些坚决拥护农民或小资产阶级的利益，把坚定追求阶级利益视为政治本质的人，只有彻底否认社会合作的好处，才能在逻辑上自圆其说。这些理论必然导致对未来社会抱有非常悲观的看法，与其相比，马克思主义似乎是一种乐观主义学说，至少就它所向往的社会秩序而言，它主张社会所有成员的利益是一致的。很多人对于一种没有全盘否认社会合作优越性的哲学的渴望是如此热切，他们本来有可能对社会主义唯恐避之不及，却也被拉进了社会主义的怀抱，社会主义是他们在反自由主义理论的沙漠中发现的唯一绿洲。 308

但是，当这些人准备欣然接受马克思主义理论时，他们却忽略了一个事实，马克思主义有关没有阶级的未来社会的允诺，完全是根据一个它认为无可辩驳的主张，即按照社会主义方式组织起来的劳动的生产力将会更高，并且是无限的高。它有一个著名的论断："通过社会生产，不仅可能保证一切社会成员有富足的和一天比一天充裕的物质生活，而且还可能保证他们的体力和智力获得充分自由的发展和运用——这种可能性是第一次存在，但是它的确存在了。"[13] 生产资料私有制是阻碍我们到达这片普遍幸福乐土的红海，它从"生产力的进步形式"变成了生产力的"桎梏"。[14] 生产力从资本主义的桎梏下解放出来，"是生产力不断加速发展的唯一先决条件，因而也是生产本身实际上无限增长的唯一先决条件"。[15] "在国家为了自身利益经济地指导生产的条件下，现代技术的发展使所有人的需要都有可能获得充分甚至充裕的满足，所以阶级冲突现在第一次不再表现为社会发展的条件，而是表现为对这一发展进行自觉的、有计划的组织的障碍。按照这种理解，被压迫的无产者的阶级利益就在于消灭一切阶级利益并建立一个无阶级的社会。过去看似永恒的阶级斗争规律之所以成为必要，实际上是根据它自身的逻辑，是最后的和人数最多的阶级——无产阶级——的利益，即消灭一切阶级利益，建立一个利益统一、合乎人道的团结一致的社会。"[16] 所以，马克思主义最终所证明的是：社会主义一定会到来，因为社会主义生产方式比资本主义生产方式更合理。但是在所有这些言论中，所谓

309 社会主义生产的优越性只是被认为理当如此。除了一些偶尔的评论，没有做出任何证明的尝试。[17]

如果有人认为，社会主义制度下的生产将会比任何其他制度下的生产更高级，他为何又给这种主张加了限制条件，指出只有在一定历史条件下才会这样，而非总是这样呢？为什么社会主义一定要等待时机成熟呢？如果马克思主义者能够说明为何在 19世纪以前人们没有发现这一美好思想，或者为什么即使早就想到了它，也不能够得到实现的话，上述问题就会迎刃而解。但是，即使一个社会已经了解了社会主义思想，它为了实现社会主义仍然必须经历全部进化阶段，这是为什么呢？人们可以理解，"只要一个民族的大多数群众反对社会主义，不想同社会主义有任何关联，这个民族实现社会主义的时机就不成熟"。但是却难以理解，为什么"当无产阶级构成了民族的大多数，民族中的大多数人都表现出对社会主义的向往时"，"人们还是不能确切地说明"时机成熟了。[18] 认为世界大战[19] 使我们的进化发生了倒退，从而阻碍了社会主义适当时机的到来，难道这种主张不是很不合乎逻辑吗？"只有靠资本主义所带来的生产力的大规模发展，只有靠资本主义所创造并且集中在资本家阶级手里的巨大财富，社会主义，即现代文明中的普遍幸福，才会成为可能。通过毫无意义的政策，例如失败的战争，浪费这一财富的国家，不能为普遍

幸福在所有阶级中的最快速传播提供任何有利机会。"[20] 但是，相信社会主义将会使生产力成倍增长的人，想必会从战争使我们致贫这个事实中看到加速其到来的又一个理由。

马克思对这个问题的回答是："无论哪一个社会形态，在它所能容纳的全部生产力发挥出来以前，是决不会灭亡的；而新的更高的生产关系，在它的物质存在条件在旧社会的胎胞里成熟以前，是决不会出现的。"[21] 但是，这一答案把需要证明的东西当成了已被证明的东西：社会主义生产将会更具有生产力，社会主义生产是"更高级的"生产，也就是说，它处在社会发展的更高阶段。

六　阶级战争理论与对历史的解释

310

历史在迈向社会主义的观点，今天几乎已是尽人皆知。从封建主义、资本主义到社会主义，从贵族统治、资产阶级统治到无产阶级民主，人们大约就是这样来设想不可避免的演进的。对于社会主义是我们不可逃避的命运的观点，许多人愉快地给予称赞，其他人遗憾地加以接受，只有极少数无畏的人表示怀疑。这种演进图式在马克思之前就已闻名于世，但是马克思发展了它，并使它广为流行。最重要的是，马克思设法把它纳入了一个哲学体系。

在德国唯心主义哲学的各种宏大体系中，只有谢林和黑格尔的体系对每一门学科的形成产生了直接而持久的影响。从谢林的自然哲学中成长出了一个思辨学派，这一学派的成就一度大受推崇，但如今早已被忘得一干二净。黑格尔的历史哲学曾经迷住了整整一代德国历史学家，人们按照黑格尔的图式撰写世界史、哲学史、宗教史、法律史、艺术史和文学史。这些专断并且常常十分怪诞的进化假设，也都无影无踪了。黑格尔和谢林学派让哲学蒙受的不敬，使自然科学拒绝实验室的实验和分析以外的任何东西，也使道德科学除了收集和过滤原始资料之外拒绝做任何事情。科学把自己局限于纯粹的事实，把一切综合都作为不科学的东西加以排斥。给科学再次注入哲学精神的冲动只能来自别的地方——来自生物学和社会学。

在黑格尔学派的全部发明中，只有一件东西注定更长寿，这就是马克思主义的社会理论。但是它的地位处在学术之外。马克思主义思想作为历史研究的指南，已经被证明是彻底无用的，根据马克思主义图式书写历史的尝试，都已可悲地失败了。像考茨基和梅林这样的正统马克思主义者的著作，在原创性的深入研究方面根本没有取得任何进步，他们只是在别人研究的基础上提出了一些阐释，其唯一新颖之处在于努力透过马克思主义的眼镜看待一切。然而，马克思主义思想的影响远远超出了其正统信奉者的范围，许多在政治上决不会被列为马克思主义社会主义者的历史学家，其历史哲学的观点却与他们十分相近。在他们的著作中，马克思主义的影响是一种干扰因素。诸如"剥削""资本追求剩余价值的努力"和"无产阶级"之类含义不清的措辞的使用，模糊了人们在公正仔细地研究材料时必须保持的清醒视野，311 全部历史不过是社会主义社会的一种准备，这种思想驱使历史学家在解释原始资料时大肆曲解原意。

无产阶级统治必定取代资产阶级统治的思想，在很大程度上是以等级和阶级的划分为基础的，这种等级划分自法国大革命以来变得非常普遍。人们把法国大革命及其在欧美各国引起的运动称为第三等级的解放，并认为现在到了第四等级一定要解放的时候了。在这里，我们可以忽略一个事实，即那种把自由主义思想的胜利视为资产阶级的阶级胜利、把自由贸易时期视为资产阶级统治时代的观点，预先便假定社会主义社会理论的所有要素都已得到证明。但是我们马上又会遇到另一个问题：必须在无产阶级中间寻找这个被认为现在应该获得解放的第四等级吗？在农民阶级中间寻找这个阶级，不是同样或更加公正吗？当然，马克思无疑能够对付这个问题。根据他的观点，在农业方面大型康采恩将取代小型企业，农民将给大农场主的没有土地的劳动者让路，这已经成为定论。如今，关于中小型农业企业没有竞争能力的理论早已被埋葬，这就带来了一个马克思主义无法回答的问题。我们眼前正在发生的变化将允许我们假设，统治权已经落入农民之手，而不是无产者之手。[22]

然而，在这里，我们的回答也必须建立在我们对资本主义和社会主义这两种社会秩序的效率的判断上。如果资本主义不是社会主义讽刺画所显示的那种罪恶图式，如果社会主义不是社会主义者所宣称的那种理想秩序，那么它的整个学说也就土崩瓦解了。讨论总是要回到同一个要点上——社会主义的社会秩序能否带来比资本主义更高的生产力，这是基本问题之所在。

七　小结

种族、民族、公民权、等级权利，这些事情直接影响到行动。是否有某种党派意识形态把属于同一种族或民族、同一国家或等级的人团结在一起，这无关紧要。甚至在没有什么意识形态来引导某一群体的成员朝一定方向行动时，种族、民族、国家或等级的存在这一事实也会决定人的行动。一名德国人的思想和行动受到他作为德语共同体的一员而获得的那种精神的影响，他是否受到民族主义党派意识形态的影响，在此并不重要。作为一名德国人，他的思维和行为方式不同于罗马尼亚人，后者的思想是由罗马尼亚人的历史而不是由德国人的历史决定的。

民族主义党派意识形态是一种与任何既定民族成员的身份没有多大关系的因素。各种相互矛盾的民族主义党派意识形态可以并存，为赢得人心而战；另一方面，也可能根本不存在民族主义党派意识形态。党派意识形态一向是从外部被特别引入某个社会群体的既有成员之中，然后才成为他们的具体行动的一个根源。仅仅是生活在一个社会里，不会使人的头脑产生党派意识形态，党派态度总是来自有关什么有利和什么不利的理论。在一定环境下，社会生活可能使人事先产生接受某种意识形态的倾向，有时党派学说是为了吸引某个特定社会群体的成员而形成的。但是，意识形态必定一直同实际的社会和自然状态保持分离状态。

从社会是人类意志的产物这个意义上说，社会存在本身就是意识形态的，人的思想也是如此。唯物史观把社会生活看作独立于思想而存在，这是犯了一个大错误。

如果认为个人在合作性的社会生活有机体中的地位就是他的阶级地位，那么，我们以上所言也适用于阶级。但是，在这里也必须把阶级地位对个人的影响同影响他的政治意识形态区分开来。一名银行职员在社会中占有自己特定的地位这一事实，对他的生活有所影响，而他由此而得出是该拥护资本主义政策还是拥护社会主义政策，则取决于支配他的思想观念。

然而，如果从马克思主义的意义上理解"阶级"，即社会分为资本家、地主和工人这三大阶级，那么它就毫无确定性可言了。它完全变成了一种旨在证明某种具体的党派政治意识形态的虚构。因此，资产阶级、工人阶级和无产阶级这些概念都是虚构，其认知价值取决于它们所服务的理论，即关于阶级冲突不可调和的马克思主义学说。如果我们认为这一理论不可接受，那就不存在马克思主义意义上的阶级差别和阶级冲突。如果我们证明，得到正确理解的社会全体成员的利益并非相互冲突，我们就不但证明了马克思主义的利益冲突论站不住脚，而且我们把社会主义理论所描绘的阶级概念也作为废物抛掉了。因为只有在这一理论框架内，把社会分为资本家、地主和工人的尝试才是有意义

313

的。在这一理论之外，上述划分就像——举例来说——硬要把所有金发人或所有黑发人归为一个整体那样毫无意义，除非我们确实打算像某些种族理论家那样，赋予头发颜色以特别重要的意义，不管是作为一种外部特征还是作为一种构成要素。

个人在劳动分工中的地位影响到他的整个生活方式、他的思想以及他对世界的态度。个人在社会生产中的处境的差异在某些方面也是如此。企业家和工人的思考方式是不同的，因为他们的日常工作习惯使他们有不同的观点。企业家心里想的总是大事和全局，而工人们只想身边的小事。[23] 前者学着在更大范围内思考和行动，后者总是囿于小事不能自拔。这些事实当然对了解社会状况有重要意义，但这并不意味着采用社会主义理论意义上的阶级概念，会对任何有益的目的有所帮助，因为这些差异不仅来自生产过程中地位的差异。小企业家的思维方式比大企业家更接近于工人的思维方式；大企业的工薪经理同企业家的关系，要比他们同工人的关系更紧密。穷人和富人的差别，在许多方面比工人和企业家的差别更有助于我们对社会状况的了解。决定一个人生活标准的是收入水平，不是他同生产要素的关系。只有当他作为生产者的地位影响到他的收入水平时，他这种地位才具有重要意义。

注释：

[1] Marx, *Das Kapital*, vol. I, p. 550. （译按：中译本见《马克思恩格斯全集》第二十三卷，人民出版社 1972 年版，第 643 页。）上述引文不见于 1867 年第 1 版。马克思在 1873 年的德文版中第一次插入了这一段话，恩格斯后来又把它插入德文第 4 版。Masaryk 在 *Die philosophischen und soziologischen Grundlagen des Marxismus*（Vienna，1899）第 299 页公正地评论说：这一改动大概和马克思在《资本论》第三卷中对其理论的改变有关。它可以被看作对马克思主义阶级理论的放弃。具有重要意义的是，第三卷中题为"阶级"的一章，只说了寥寥几段话就

戛然而止。马克思在讨论阶级问题时只是提出了一个缺少证据的教条，仅此而已。

[2] 关于"分配"这个概念的历史，见 Cannan，*A History of the Theories of Production and Distribution*，pp. 183 ff. 。

[3] Ricardo，*Principles of Political Economy and Taxation*，p. 5.

[4] Marx，*Das Kapital*，vol. Ⅲ，Part 2，3rd ed. ，p. 421. （译按：中译本见《马克思恩格斯全集》第二十五卷，人民出版社 1974 年版，第 1001 页。）

[5] Cunow，*Die Marxssche Geschichts，Gesellschafts und Staatstheorie*，vol. Ⅱ（Berlin，1921），pp. 61ff. 作者在这里试图为马克思辩护，使其免于混淆阶级与等级概念的指责。但是，他自己的评论以及他引用的马克思和恩格斯的那些段落，都说明这种指责是有道理的。比如，读一下《共产党宣言》标题为"资产者与无产者"的前六段，你就会确信"等级"和阶级这些措辞是被不加区别地使用的。我们已经指出，当马克思后来在伦敦熟悉了李嘉图的体系时，他就把他的"阶级"概念与"等级"概念做了区分，并把它同李嘉图体系的生产三要素联系起来。但是他从未进一步阐述这个新的阶级概念。不论是恩格斯还是别的马克思主义者都不曾试图说明，到底是什么东西把竞争者——因为这些人的"收入和收入来源的一致"形成了一个概念单位——凝聚为一个产生于同样特殊利益的阶级。

[6] Bagehot，*Physics and Politics*（London，1872），pp. 71 ff. .

[7] 即使在今天，也有任何人都可据为己有的大量无主土地。然而，欧洲的无产者并没有移民到非洲或巴西内陆，而是依然在老家充当雇佣劳动者。

[8] 莱克塞斯在讨论 Wicksell 的 "Über Wert, Kapital, und Rente"（Lexis，see *Schmoller's Jahrbuch*，vol. ⅩⅨ，pp. 335 ff. ）时说："奴隶主的利润来源是明白无误的，并且这很可能也适用于'压榨工人的雇主'。在企业家与工人的正常关系中不存在这种剥削，而是在工人方面存在一种经济依赖，这无可否认地影响到劳动产品的分配。没有财产的工人必须无条件地为自己取得'当前产品'，否则就会死掉。他只有通过'未来产品'的协作生产，才能一般地实现他的劳动。但这并非决定

因素，因为即使他像面包师的帮工那样生产供当日消费的商品，他得到的产品份额仍然受到对他不利的环境的制约，他仍然不能独立地使用他的劳动，而是为了得到大体够用的生活资料而被迫出卖劳动，从而放弃他对劳动产品的权利。这虽然是些十分琐细的命题，但我相信，由于它们一目了然，不证自明，所以对那些没有偏见的观察者来说永远具有说服力。"人们同意庞巴维克（Böhm-Bawerk）在 *Einige strittige Fragen der Kapitalstheorie*（Vienna and Leipzig，1900，p. 112）以及恩格斯为《资本论》第三卷写的序言中的观点，即这些想法——顺便说一下，它们只是那些支配德国"通俗经济学"的观点的翻版——中包含着用谨慎的文字打扮起来的对社会主义剥削理论的认识。莱克塞斯企图为剥削理论寻找一个基础的尝试，最为清楚地暴露了剥削理论的经济学谬误。恩格斯引文中提到的第 xii 页，见英译本 vol. Ⅲ，pp. 19–21。

[9] 甚至《共产党宣言》也不得不承认："无产者组织成为阶级，从而组织成为政党这件事，不断地由于工人的自相竞争而受到破坏。"（Marx and Engels，*Das Kommunistische Manifest*，p. 30）也见于 Marx，*Das Elend der Philosophie*，8th ed.（Stuttgart，1920），p. 161。（译按：中译本见《马克思恩格斯选集》第一卷，人民出版社 1995 年版，第 281 页。）

[10] 在这一点上，人们非常不合逻辑地忽视了一个事实，即雇佣劳动者也关心他在其中劳动的生产部门和工厂的繁荣。

[11] 库诺不加批判地为马克思辩解，但他不得不承认，马克思和恩格斯在其政治学著作中不仅谈到了三个主要阶级，而且对一系列较小和次要的阶级做了区分。见 Cunow，*Die Marxsche Geschichts，Gesellschafts und Staatstheorie*，vol. Ⅱ，p. 53。

[12] 见本书第 292 页引用的马克思的话。

[13] Engels，*Herrn Eugen Dührings Umwälzung der Wissenschaft*，p. 305.（译按：中译本见《马克思恩格斯选集》第三卷，人民出版社 1995 年版，第 322 页。）

[14] Marx，*Zur Kritik der politischen Ökonomie*，ed. Kautsky（Stuttgart，1897），p. xi.

[15] Engels, *Herrn Eugen Dührings Umwälzung der Wissenschaft*, p. 304. （译按：中译本见《马克思恩格斯选集》第三卷，第 321—323 页。）

[16] Max Adler, *Marx als Denker*, 2nd ed. （Vienna, 1921）, p. 68.

[17] 关于考茨基试图提供的证据，见本书第 159 页。

[18] Kautsky, *Die Diktatur des Proletariats*, 2nd ed. （Vienna, 1918）,p. 12.

[19] 指第一次世界大战（出版者注）。

[20] Kautsky, *Die Diktatur des Proletariats*, 2nd ed. （Vienna, 1918）,p. 40.

[21] Marx, *Zur Kritik der politischen Ökonomie*, p. xii. （译按：中译本见《马克思恩格斯选集》第二卷，人民出版社 1995 年版，第 33 页。）

[22] Gerhard Hildebrand, *Die Erschütterung der Industrieherrschaft und des Industriesozialismus* （Jena, 1910）, pp. 213 ff. .

[23] Ehrenberg, *Der Gesichtskreis eines deutschen Fabrikarbeiters* （Thünen-Archiv, vol. Ⅰ）, pp. 320 ff. .

第二十一章

唯物史观

一 思想与存在

费尔巴哈曾说:"思想来自存在,而不是存在来自思想。"[1]这一评论本来只是为了表示对黑格尔唯心主义的放弃,后来就像毕希纳和蒙莱肖特所描绘的那样,它在"人就是他吃的东西"[2]这句著名格言中变成了唯物主义的口号。沃格特进一步巩固了这一唯物主义命题,他辩护说:"思想与大脑的关系,差不多就和胆汁与肝脏或尿与肾的关系一样。"[3] 马克思和恩格斯的经济史观表现着同样的朴素唯物主义,这种唯物主义置全部困难于不顾,试图仅仅通过把一切同精神有关的事物归诸物质现象,来解决基本的哲学问题。"唯物史观"这个名称很符合这种理论的性质;它以一种创立者所设想的惊人方式,突出地显示出他们的信念同当时的唯物主义在认识论上的同质性。[4]

根据唯物史观,思想依赖于社会存在。这一学说有两个相互根本矛盾的版本。一是把思想解释为人生活的经济环境和生产条件的简单、直接的发展。根据这种说法,不存在科学的历史,也不存在作为独立的演进过程的专门科学的历史,因为问题的提出 和解决不是一个渐进的认识过程,而只是反映着当时的生产条件。马克思说,笛卡儿把动物当作一架机器,因为他是"用与中世纪不同的工场手工业时期的眼光来看问题的,在中世纪,动物被看作人的助手。后来，冯·哈勒先生在他的《国家学的复兴》中也是这样看的"。[5] 显而易见，在这段话里，生产条件被当作独立于人类思想的事实。它们又同"物质生产力"的"一定发展阶段"，[6] 或是——这仅仅是换了个说法而已——同"生产和运输手段的一个明确发展阶段"[7] 相对应。生产力，即劳动手段，"导致"一定的社会秩序。[8] "工艺学揭示出人对自然的能动关系、人的生活的直接生产过程，以及人的社会生活条件和由此产生的精神观念的直接生产过程。"[9] 马克思似乎从未想到，生产力本身就是人类思想的产物，所以当他试图从生产力推导出思想时，他是在原地打转。他完全被"物质生产"这个文字偶像迷惑了。物质的、唯物的和唯物主义这些词语是他那个时代时髦的哲学口号，他也难免受到它们的影响。他感到自己作为哲学家的首要任务，是消除"排除历史过程的、抽象的自然科学唯物主义的缺点"；"每当它的代表越出自己的专业范围时"，他就能够从"他们的抽象的和唯心主义的观念中"，发现他所谓的那种缺点。这也是他为什么把自己的步骤称为"唯一唯物主义的方法，因而也是唯一科学的方法"的原因所在。[10]

316　按唯物史观的第二个版本，阶级利益决定思想。马克思在谈到洛克时说，他"代表了一切形式的新兴资产阶级，他代表工厂主反对工人阶级和贫民，代表商人反对旧式高利贷者，代表金融贵族反对作为债务人的国家，他在自己的一本著作中甚至证明资产阶级的理智就是一般人类的正常理智"。[11] 对梅林这位最多产的马克思主义历史学家来说，叔本华是"令人恐惧的腓力斯人的哲学家……他那种卑怯、自私和诽谤的手法，呈现出一幅资产阶级的精神画面，这个阶级受到武器撞击的惊吓，像白杨树一样瑟瑟发抖，靠它的积蓄聊度余生，像对待瘟疫一样诅咒它那个时代的理想"。[12] 他从尼采身上看到了"上层资产阶级的哲学家"。[13]

他的经济学判断最为清楚地呈现着这种观点。马克思是第一个把经济学分为资产阶级和无产阶级经济学的人，国家社会主义后来也做了这样的划分。赫尔德认为李嘉图的地租理论"只是听命于有钱的资本家对土地所有者的仇恨"，并认为李嘉图的整个价值理论只能被看作"披着拯救自然权利的外衣，证明资本主义的统治和利润合理的尝试"。[14] 反驳这种观点的最好方式是指出一个明显的事实，即马克思的经济学理论不过是李嘉图学派的一个产物而已。它的所有必要元素都是取自李嘉图的体系，它还从后者那里得到了把理论和政治分开并把伦理学观点排除在外的方法论原理。[15] 从政治上说，古典经济学既被用来捍卫也被用来攻击资本主义，既被用来提倡也被用来抵制社会主义。

马克思主义对现代主观主义经济学也采用了同样的方法。当然，要说明主观主义经济学不是"对资本主义的系统辩护"，指出有的社会主义者也站在主观价值理论一边就应当足够了。[16] 经济学的演进是一个独立于所谓经济学家的阶级利益的思想过程，同支持或谴责任何特定的社会制度毫不相干。每一种科学理论都会被误用于政治目的；政治家不必建构一种理论去支持他恰好要追求的目标。[17] 现代社会主义观念不是突然从无产者的脑子里冒出来的。它们是由知识分子，由资产阶级的后代而不是由雇佣劳动者的后代发明的。[18] 社会主义不仅赢得了工人阶级；即使在有产阶级中，它也有公开或秘密的支持者。

二　科学与社会主义

抽象的思想独立于打动思想家的愿望和他所追求的目标。[19] 只有这种独立性才使它有资格成为思想。愿望和目的制约着行动。说经济生活影响思想，这是颠倒事实。作为理性行为的经济

318 依赖于思想，而不是思想依赖于经济。

即使打算承认思想是由阶级利益决定的，也只能考虑被认识到的阶级利益才能做到这一点。然而，对阶级利益的认识已经是思想的一个结果。无论这种思想证明了存在特殊的阶级利益，还是说明了社会上所有阶级的利益和谐一致，思想过程本身都是先于影响思想的阶级观念而发生的。

不错，对于无产阶级思想来说，马克思主义提供了一种完全不受阶级利益限制的真理和永恒价值。尽管无产阶级本身无可否认地是一个阶级，但它必须超越阶级利益，通过消灭社会的阶级分裂来捍卫人类的利益。无产阶级思想以同样的方式消除了阶级思想的相对性，包含着纯粹科学的绝对真理的内容，它将在未来社会主义社会得到实现。换言之，只有马克思主义是科学。历史上先于马克思的东西，都可以看作科学的史前史。马克思主义给予黑格尔之前的哲学家的地位，和基督教给予先知的地位一样；给予黑格尔的地位，则相当于基督教给予同耶稣联系在一起的圣徒约翰的地位。但是，自马克思出现后，所有的真理就都属于马克思主义了，其他一切都是谎言和欺骗，都是对资本主义的辩护。

这是一种非常简单明确的哲学，并且在马克思的后继者手里变得愈发简单明确。他们认为科学和马克思主义的社会主义是一回事。科学是对马克思恩格斯的话语的注解，而证据都是来自对这些话语的引用和解释。支持者们相互谴责对领袖"手谕"的无知。由此出现了一种对无产阶级的真正崇拜。恩格斯说道："德国人的理论兴趣，只是在工人阶级中还没有衰退，继续存在着。在这里，它是根除不了的。在这里，对职位、牟利，对上司的恩典，没有任何考虑。相反，科学越是毫无顾忌和大公无私，它就越符合工人的利益和愿望。"[20] 根据滕尼斯的观点，"只有无产阶级，即只有它的代言人和领导者"，"从原则上"指明了

"非科学的观点及其后果"。[21]

二十多年前，当一些马克思主义著作家试图消除党派学说中最粗劣的错误时，便出现了大规模的清除异端活动，以保持理论 319体系的纯洁性。修正主义败给了正统学说，自由思想在马克思主义中没有立足之地。

三 社会主义的心理学预想

根据马克思主义的观点，资本主义社会的无产阶级必然按照社会主义方式思考问题。但是为何会这样呢？不难理解，在大规模的工业、交通和采矿企业存在之前，为何不可能出现社会主义思想。只要能够设想对实际的物质财富进行重新分配，谁也不会去发明另一种实现收入平等的方式。只有当劳动分工的发展已经创造出显然不可分割的大规模企业时，以社会主义方式取得平等的诉求才成为必要。然而，尽管这解释了在资本主义制度下为何不再能够有任何"分割"问题，但它并没有解释为什么无产阶级的政策必须是社会主义。

今天，我们把工人肯定按照社会主义方式思考和行动视为理所当然的事情。然而，只有假定社会主义社会秩序是最有利于无产阶级的社会生活方式，或至少无产阶级认为它这样，我们才能得出这种结论。我们刚才已经讨论过前一种选择。尽管社会主义在其他阶级中也有众多的支持者，但在工人中最为普遍，鉴于这个无可怀疑的事实，就只剩下了一个问题，为什么工人由于他所处的地位而更倾向于接受社会主义意识形态呢？

社会主义政党夸赞现代资本主义的工人卓越不凡，具备精神和性格上的所有美德。可是冷静和较少偏见的研究，也许会得出大相径庭的看法。不过，这种探究还是留给各种运动的政党仆从们去做吧。它对于了解一般社会状况，以及对于研究具体政党制度的社会学，都是毫无价值的。我们的问题只是要揭示为何工人的生产地位会使他倾向于这种观点：社会主义的生产方法不仅原则上是可能的，而且比资本主义的方法更合理。

320　　这个问题不难回答。大中型资本主义企业的工人看不到，也不知道把劳动的每个部分同整个经济体系结合起来的种种联系。作为工人和生产者，他的视野超不出自己的作业过程。他坚信只有他才是社会的生产者，而那些不像他那样在机器旁工作或搬运货物的人，不管是企业家还是工程师和工头，统统都是寄生虫。甚至连银行职员也相信，在银行业只有他才是积极的生产者，给企业挣来利润，而搞定交易的经理是多余的人，没有他们也不会有什么损失。工人从自己的立场出发，看不到事物是如何结合在一起的。他也许能够通过深思熟虑和阅读书籍但决不能通过自己工作环境的事实发现这一点。就像普通人从日常经历的事实中只能得出地球静止不动、太阳东升西落的结论一样，工人从他自己的经历中，永远不能对经济生活的性质和功能有一个正确的了解。

　　但是，当社会主义意识形态走向这个对经济一窍不通的人，向他高呼：

　　　　工人啊，醒来，醒来吧！
　　　　举起你强壮的臂膀，
　　　　使出你全部的力量，
　　　　让所有的车轮都停下。（赫尔韦格）[22]

　　如果他听从了这一召唤，沉醉于权力的梦想，这也没有什么可大惊小怪的。

　　群众倾向于社会主义，不是因为它真正符合他们的利益，而是因为他们相信它如此。

注释:

[1] Feuerbach, *Vorläufige Thesen zur Reform der Philosophie*, 1842, Collected Works, vol. Ⅱ (Stuttgart, 1904), p. 239.

[2] Feuerbach, *Die Naturwissenschaft und die Revolution*, 1850, vol. Ⅹ (Stuttgart,1911), p. 22.

[3] Vogt, *Köhlerglaube und Wissenschaft*, 2nd ed. (Giessen, 1855), p. 32.

[4] 马克斯·阿德勒（Max Adler）试图调和马克思主义与康德派新批判主义，他徒劳地想要证明马克思主义和哲学唯物主义毫无共同之处。尤见其 *Marxistische Probleme* (Stuttgart, 1913), pp. 60 if. , 216 ff. 。他在这里同其他马克思主义者发生了尖锐冲突。参见 Plekhanov, *Grundproblemedes Marxismus* (Stuttgart, 1910)。

[5] Marx, *Das Kapital*, vol. Ⅰ, p. 354. （译按：中译本见《马克思恩格斯全集》第二十三卷，人民出版社 1972 年版，第 428 页。）但是在笛卡儿和哈勒之间还有写作《人是机器》的拉美特利。不幸的是，马克思在进行发生学的解释时遗漏了此人的哲学。

[6] Marx, *Zur Kritik der politischenÖkonomie*, p. xi. （译按：中译本见《马克思恩格斯全集》第十三卷，人民出版社 1974 年版，第 8 页。）

[7] Marx and Engels, *Das Komnunistische Manifest*, p. 27.

[8] Marx, *Das Elend der Philosophie*, p. 91. 另见本书第 269 页。

[9] Marx, *Das Kapital*, vol. Ⅰ, p. 336. （译按：中译本见《马克思恩格斯全集》第二十三卷，第 409—410 页。）

[10] Ibid. （译按：中译本同上引书。）

[11] Marx, *Zur Kritik der politischen Ökonomie*, p. 62; Barth, *Die Philosophie der Geschichte als Soziologie*, vol. Ⅰ, pp. 658 ff. . （译按：中译本见《马克思恩格斯全集》第十三卷，人民出版社 1974 年版，第 68 页。）作者在这里正确地说，对贵族的天生特权和可能也是天生的观念的比较，顶多可以看作一个玩笑。但是，在马克思对洛克的这段描绘中，第一部分并不比第二部分更站得住脚。

［12］ Mehring, *Die Lessing-Legende*, 3rd ed. (Stuttgart, 1909), p. 422.

［13］ Ibid. , p. 423.

［14］ Held, *Zwei Bücher zur sozialen Geschichte Englands* (Leipzig, 1881), pp. 176, 183.

［15］ Schumpeter, "Epochen der Dogmen und Methodengeschichte", *Grundriss der Sozialökonomik*, Pt. I (Tübingen, 1914), pp. 81 ff. .

［16］ Hilferding, *Böhm-Bawerk's Marx Kritik* (Vienna, 1904), pp. 1, 61. 天主教徒的马克思主义者霍霍夫［Hohoff, *Warenwert und Kapitalprofit* (Paderborn, 1902), p. 57］认为, 庞巴维克"确实是个很有才华的普通经济学家, 他无法跳出伴随他长大的资本主义偏见"。见我的 *Grundprobleme der Nationalökonomie* (Jena, 1933), pp. 170 ff. 。

［17］ 例如参见 Bernard Shaw, *Fabian Essays* (1889), pp. 16 ff. 。在社会学和政治科学中, 自然法和契约论也以同样方式既拥护也反对绝对论。

［18］ 如果认为唯物史观强调社会关系依赖于生活和生产的自然条件, 那就必须记住, 只有在同黑格尔派的史学家和历史哲学家的不当言论相对照时, 它才显得像是一种特别的长处。自 18 世纪末以来的自由主义社会和历史哲学以及历史著作［甚至德国也是如此, 参见 Below, *Die deutsche Geschichtsschreibung von den Befreiungskriegen bis zu unseren Tagen* (Leipzig, 1916), pp. 224 ff. 。］过去都提出这种认识。

［19］ 法国和意大利工团主义的代表人物之一桑巴特说［见 Sombart, *Sozialismus und soziale Bewegung*, 7th ed. (Jena, 1919), p. 110］: "据我对他们的个人了解, 他们是一些和蔼、优雅、有学问的人。他们是有教养的人, 衣着整洁, 风度翩翩, 有漂亮的太太, 遇见他们就像遇见自己人一样高兴, 他们看上去当然不像是代表着这样一种运动, 它首先反对社会主义越来越具有资产阶级性质, 并想要帮助那些伤痕累累的人, 即真正只从事体力工作的工人获得权利。" 德曼也说（见 De Man, *Zur Psychologie des Sozialismus*, p. 16）: "要是接受易于让人误入歧途的马克思主义的说法, 把每种社会意识形态都和一定的阶级附属物联系在一起, 那就必须说, 作为一种学说的社会主义——甚至马克思主义——起源于资产阶级。"

[20] 有一种比喻说：愿望乃思想之父。其言外之意是：愿望乃信仰之父。

[21] Engels, *Ludwig Feuerbach und der Ausgang der klassischen deutschen Philosophie*, 5th ed.（Stuttgart, 1910）, p. 58.（译按：中译本见《马克思恩格斯选集》第四卷，人民出版社 1972 年版，第 254 页。）

[22] Tönnies, *Der Nietzsche-Kultus*（Leipzig, 1897）, p. 6.

第二部分

资本集中与作为社会主义
准备阶段的垄断的形成

第二十二章

问　题

一　马克思主义的资本集中学说

　　马克思通过证明资本的逐步集中，力图为迈向社会主义的演进不可避免这个命题奠定经济基础。资本主义已经成功地剥夺了工人对生产资料的私人所有权，已经使"对直接生产者的剥削"达到极点。一旦这一过程完成，"劳动的进一步社会化，土地和其他生产资料的进一步转化为社会使用的即公共的生产资料，从而对私有者的进一步剥夺，就会采取新的形式。现在要剥夺的已经不再是独立经营的劳动者，而是剥削许多工人的资本家了。这种剥夺是通过资本主义生产本身的内在规律的作用，即通过资本的集中进行的；一个资本家打倒许多资本家"。与这一过程携手并进的是生产的社会化。"资本巨头"的数量不断减少。"生产资料的集中和劳动的社会化，达到了同它们的资本主义外壳不能相容的地步。这个外壳就要炸毁了。资本主义私有制的丧钟就要响了。剥夺者就要被剥夺了。"这是通过把事实上已经以社会生产为基础的资本主义所有制转化为社会所有制，由"人民群众剥夺少数掠夺者"，这个过程在其自身的时代不像把以个人自己劳动为基础的私有制转化为资本主义所有制的过程那样"漫长、艰苦、困难"。[1]

324　　马克思以辩证法的观点这样论述，"资本主义的私有制，是对个人的、以自己劳动为基础的私有制的第一个否定。但资本主义生产由于自然过程的必然性，造成了对自身的否定。这是否定之否定。这种否定不是重新建立私有制，而是在资本主义时代的成就的基础上，也就是说，在协作和对土地及劳动本身生产的生产资料的共同占有的基础上，重新建立个人所有制"。[2] 去掉这些论述的辩证法外衣，剩下的就是这一事实：机构、企业和财富的集中是不可避免的（马克思没有对这三者进行区分，他显然认为它们是一样的）。这种集中将最终导致社会主义，因为一旦世界转化为一个巨大企业，它就会轻而易举地被社会接管；但是在达到那一阶段之前，这一结果将会通过"日益壮大的、由资本主义生产过程本身的机构所训练、联合和组织起来的工人阶级的反抗"来取得。[3]

在考茨基看来，有一点是十分清楚的，"资本主义生产倾向于把已经被资本家阶级垄断的生产资料集中到越来越少的人手里。这种演进最终使得一个民族甚至整个世界经济的全部生产资料，成为可以对其进行任意支配的单个个人或公司的私有财产。整个经济将被一起拖入一个庞大的企业，其中的一切事情都必须听命于一个主人。在资本主义社会里，生产资料私有制最终将导致除了一个人之外所有人都没有财产。因此它将导致自身的废除，导致所有人都没有财产和所有人都被奴役"。这是一种我们正在迅速接近的状态，其速度"比绝大多数人相信的都要快"。当然，他还告诉我们，事情将不会走得这样远。因为除非事先给演进一个不同的方向，"仅仅接近这种状况，必定会使社会中的苦难、冲突和矛盾增加到使人无法忍受的程度，使社会挣脱其束缚并陷入四分五裂"。[4]

根据这一观点，应该注意到，从"高级"资本主义向社会主义的转变只能通过群众自觉的行动来实现。群众相信，某些罪恶要归因于生产资料私有制，相信社会主义生产可以改善他们的 325

状况。所以说，有一种理论见解在引导着他们。然而，根据唯物史观，这种理论本身必须是一定生产组织的必然结果。我们在此又一次看到，马克思主义在试图证明其命题时，是如何在一个圈子里打转的。肯定会出现某种条件，因为进化在朝着这种条件迈进；进化之所以迈向这些条件，是因为思想需要它；而思想又是由存在决定的。但是，这种存在只能是现存的社会条件的存在。从受现存条件决定的思想中得出了另一个条件的必然性。

有两种反对意见是这整个思路无法反驳的。如果有人以同样的方式思考问题，但把思想看作原因、把社会看作结果，那么它是无法驳倒这种观点的。它同样无法回答这样的反对意见：对将来的条件的认识可能是错误的，现在看来十分可欲的东西，有可能被证明比现有的条件更令人难以忍受。但是，这会重新引起对社会类型，即对现有社会和自封的改革家们勾勒出的社会的优劣进行讨论，而这正是马克思主义很想压制的讨论。

没有人会以为，运用考查有关机构、收入和财富的统计资料这种简单方法，就可以证实马克思主义的资本集中说，因为收入和财富的统计资料同它截然相反。尽管现有的统计方法还不尽完善，尽管货币价值的波动使得资料的运用困难重重，人们仍可以明确地坚持这一点。可以同样自信地说，资本集中说的对应物，即贫困加剧说——甚至正统马克思主义者也很难继续相信它——同统计调查的结果不相符。[5] 农业财产方面的统计资料也同马克思主义的假设相矛盾。有关工业、矿业和运输业的统计数字，似乎支持这一学说，但这些只揭示有限时期的特定变化的数字并不是结论性的，这种短期发展可能同长期趋势相反。所以，我们最好把统计资料留给双方，既留给赞成方，也留给反对方。因为决不可忘记，每一种统计数字的说明背后都有理论基础。数字本身并不证明或驳倒什么。

二　反垄断政策学说

　　垄断学说比马克思主义的资本集中学说更深刻。根据后一种学说，自由竞争是维系着以生产资料私有制为基础的社会生命力的血脉，它因为垄断的稳步成长而遭到削弱。然而，不受限制的私人垄断法则给经济带来的弊端是如此巨大，这使社会别无选择，只能通过社会化将私人垄断转化为国家所有。不论社会主义是多大的罪恶，它也不会比私人垄断更有害。如果证明了生产领域的不断扩大的垄断趋势无法阻挡，那么生产资料私有制就注定要灭亡了。[6]

　　显然，对这一学说需要进行深入的研究：首先，进化是否确实朝垄断控制的方向发展；其次，这种垄断的经济作用是什么。对此必须小心行事。这一学说第一次得到阐述的时刻，一般说来不利于对这种问题的理论研究。对事物表象的情绪化判断，而不是对其本质的冷静查验，乃是当时的风尚。甚至在克拉克这样杰出的经济学家的观点中，也充满了对托拉斯的常见的仇恨。从德国社会化委员会 1919 年 2 月 15 日的报告中，可以看到现代政治家的典型言论。该报告断言，德国煤炭工业的垄断地位"构成了一种同现代国家、而不只是同社会主义国家性质不相容的独立势力"，这是"无可争议的"。根据该委员会的观点，"没有必要重新讨论这种势力是否以及在多大程度上被错误地用来伤害其余的社会成员、伤害那些被它视为原材料的人即消费者和工人的问题；它的存在足以清楚地说明必须彻底摧毁它"。[7]

注释：

[1]　Marx, *Das Kapital*, vol. I , pp. 726 ff. . （译按：中译本见《马克思恩格斯全集》第二十三卷，人民出版社 1972 年版，第 831—832 页。）

[2] Marx, *Das Kapital*, vol. I , pp. 728 ff.. （译按：中译本见《马克思恩格斯全集》第二十三卷，人民出版社 1972 年版，第 832 页。）

[3] Ibid., p. 728. （译按：中译本同上引书，第 831 页。）

[4] Kautsky, *Das Erfurter Programm*, pp. 83 ff..

[5] Wolf, *Sozialismus und kapitalistische Gesellschaftsordnung* （Stuttgart, 1892）, pp. 149 ff..

[6] Clark, *Essentials of Economic Theory*, pp. 374 ff. , 397.

[7] *Report of the Sozialisierungskommission über die Frage der Sozialisierung des Kohlenbergbaus vom* 31 Juli 1920 （Appendix: Vorläufiger Bericht vom 15 Februar 1919）, op. cit. , p. 32

第二十三章

机构的集中

一 作为劳动分工补充的机构的集中

机构的集中是随着劳动分工自动出现的。过去由一家一户从事的鞋类生产，在制鞋作坊中联合为一个机构。制鞋村、制鞋厂成了大片地区的制造中心。为大量生产鞋类而组织起来的鞋厂，代表着一个更大的机构联合体，它的内部组织原理一是劳动分工，二是相似劳动被集中到专业部门。简而言之，劳动越是分工，相似的劳动过程就越是必须集中。

不论是各国为证实生产单位集中说所进行的人口普查的结果，还是关于机构数量变化的其他统计证据，我们从中都无法获得了解这些单位和机构所需要的信息。因为在这些计算中的所谓单位，从一定意义上说都是商业单位而非生产单位。只有在某些案例中，这些调查才对在地方上联合起来但在单个机构中分别进行的劳动做分别计算。必须从不是以商业统计为基础的观点去阐明机构的概念及其演化。

劳动分工的更高生产力，首先是产生于使之成为可能的生产过程的专业化。过程重复的次数越多，就越是值得配置专业工具。劳动的分工比职业的专业化或至少比企业的专业化走得更远。在制鞋厂，鞋子是由不同部件的加工过程生产的。完全可以想象，每个部件的加工都可能发生在专业机构和专业企业之中。328

实际上，有些工厂只生产鞋子的不同部件，把它们提供给制鞋厂。尽管如此，我们通常把自己生产鞋子各部分的单个制鞋厂中被结合在一起的鞋子部件加工过程的总和，视为一个生产单位。如果皮革厂或鞋盒生产部门也加入制鞋厂中，我们可称之为若干生产部门为了共同事业进行的联合。这是一种纯粹的历史特点，无论是生产的技术环境还是企业的特性本身，都不足以对它做出解释。

当我们把被商人视为联合体的经济活动所包含的全部过程称为一个机构时，一定要记住，这种单位决不是不可区分的。每一个生产单位本身，都是由已经纵横交织地联合起来的技术过程构成的，所以，机构概念是经济概念而非技术概念，它在具体情况中的界定是由经济考虑，而不是由技术考虑决定的。

生产要素的互补性决定着生产单位的规模，其目标是这些要素的最佳组合，即能够产生最大经济回报的组合。经济发展推动工业不断扩大分工，它同时也包含着生产单位规模的扩大和范围的限制，单位的实际规模是这两种力量交互作用的结果。

二 初级生产和运输机构的最佳规模

生产要素组合中的均衡法则，最初是作为农业生产方面的报酬递减法则得到阐明的。它的一般特征曾长期被人错误地当作农业技术的法则，与对工业产生有效的报酬递增法则形成对照。这些错误后来才得到纠正。[1]

329 　　生产要素的最佳组合法则要求机构具备最有利的规模，如果规模能使所有生产要素得到充分利用，净利润会相应地提高。在一定的生产技术水平上，这是评估机构规模优劣的唯一途径。工业机构的扩大必定导致成本节约的观点是错误的，马克思及其学派就犯有这样的错误，尽管偶尔有言论表明他实际上认识到了事情的真相。因为这里也有一个界限，超出这个界限，机构的扩大就不会导致生产要素更经济的运用。原则上说，农业和矿业也是同样道理，只是具体数据有所不同。只是农业生产条件的某些特殊性，使我们把报酬递减法则当成主要影响土地的法则。

机构的集中主要是空间上的集中。随着适用于农业和林业的土地在空间上的扩展，扩大机构的每一次努力都会增加由距离产生的难度，这给农业开发单位的规模设定了上限。由于农业和林业空间上的扩大，机构的集中只能达到一定程度。没有必要提出——在对这个问题的讨论中经常提出——这样的问题：在农业方面是大型还是小型生产更经济？这同机构集中法则毫无关系。即便假定大型生产更优越，也得承认机构集中法则在农业或林业中是无效的。大规模拥有土地不等于大规模经营土地，大庄园总是由众多小农场构成的。

这一点，在矿业这个特定的初级生产部门中表现得甚至更为清楚。采矿企业被束缚于矿石的发现地，机构的大小取决于每个地点所允许的程度，它们只能集中到每个矿床的地理位置使集中有利可图的程度。总之，在初级生产中看不到生产单位的任何集中趋势。运输业的情况也同样如此。

三 制造业机构的最佳规模

330

对原材料的加工制造过程在一定程度上不受空间的限制。棉花种植园的劳动不能集中，纺织厂却可以联合起来。然而，不加深思熟虑便从大工厂一般优于小工厂这一事实中得出机构集中法则，也是过于轻率的。

因为地理位置在工业中也很重要，它在很大程度上同下述事实无关：（在其他条件相同，即在一定劳动分工水平条件下）大生产单位的经济优势只限于生产要素的最佳组合法则要求的程度，因而把机构扩大到生产工具最有效利用的范围之外不会带来任何好处。每一种类型的生产都有其自然位置，它说到底是取决于初级生产的地理分布。初级生产不能集中，这一事实必定影响后续的制造过程，其影响力的大小随原材料运输以及制成品在不同生产部门的重要程度不同而不同。

所以，机构集中法则只对劳动分工导致生产逐渐分化为新部门起作用，这种集中不过是劳动分工的反面而已。作为劳动分工的结果，许多以一致性为法则的相异机构取代了许多从事各种不同生产过程的相似机构。它导致相似工厂的数量减少，而直接或间接地为这些工厂的需要而生产的人员范围在扩大。如果原材料的生产在地理方面不固定，形成一种同劳动分工产生的过程背道而驰的环境，那么每一生产部门就会只有一家工厂。[2]

注释：

[1] Vogelstein, "Die finanzielle Organisation der kapitalistischen Industrie und die Monopolbildungen", *Grundriss der Sozialökonomik*, Pt. VI (Tübingen, 1914), pp. 203 ff.; Weiss, "Abnehmender Ertrag", *Handwörterbuch der Staatswissenschaften*, 4th ed., vol. I, pp. 11 ff..

[2] 见 Alfred Weber, "Industrielle Standortslehre", *Grundriss der Sozialökonomik*, Pt. VI (Tübingen, 1914), pp. 54 ff.。其他地方化因素可忽略不计，因为决定着它们的是当前或历史上遗留下来的初级生产分布状态。

第二十四章

企业的集中

一　企业的横向集中

把若干相似的独立机构合并为一个企业，这可以称为生产的横向集中。我们在这里大体遵循着卡特尔研究者们的说法，尽管他们的定义和我们的不尽相符。如果分散的机构不再保持完全独立，比如管理工作或某些部门被合并，就有了机构的集中。只有当独立单位除了决定性的经济决策之外，各方面都依然保持独立时，才会发生纯粹的企业集中。这方面的典型例子是卡特尔或辛迪加。一切照旧，但买与卖的决定是统一做出的，这要根据它是买方卡特尔还是卖方卡特尔，或者两者都是。

当这种联合体不仅是机构合并的初级步骤时，它的目的就是对市场的垄断支配。横向集中只来自分散的企业家为获得垄断者在一定环境下享有的优势而进行的努力。

二　企业的纵向集中

纵向集中是若干独立的企业——其中一些企业使用另一些企业的产品——联合为一个统一的企业。这一术语遵循了现代经济学文献的惯用含义。纵向集中的例子如织造、纺纱、漂白和印染厂的联合；合并了造纸厂和报社的印刷厂；由钢铁工业和采煤业构成的混合工厂等。

每个生产单位都是局部过程和设备的纵向集中。生产的统一性是由部分生产资料——一定的机器和建筑，对工厂的领导权——被合并拥有的事实造成的。这种合并拥有是企业的纵向联合体所需要的。在这里，联合体的实质在于企业家让一个企业服务于另一个企业的意愿，如果没有这种意愿，仅仅有一个人拥有两家企业的事实是不够的。如果一位巧克力制造商也拥有一家钢铁厂，这并不是纵向集中。通常认为，纵向集中的目标是为产品寻求出路，或是保障原料和半成品的来源。当问到企业家这种合并的优势时，他们就是这样回答的。许多经济学家不加怀疑地接受了这一点，因为他们显然认为，推敲"实干家"的话不属于他们的任务；在把这种说法作为定论接受以后，他们便从伦理角度对其进行查验。但是，即便他们不去想它，对事实的进一步研究也会为他们揭示真相。事实上，附属于企业联合体的工厂经理经常满腹怨言。造纸厂的经理说："要不是我不得不把我的纸供应给'我们的'印刷厂，我会把它卖个更好的价钱。"织造厂的经理说："要不是我不得不从'我们的'纺纱厂得到纱线，我可以花更低的价钱买到。"这种抱怨在今天司空见惯，不难理解为什么每种纵向集中都肯定伴随着这种牢骚话。

如果合并的单个机构本身效率就很高，使得它们不必害怕竞争，纵向联合就没有特殊意义了。最好的造纸厂从不需要争取市场，与竞争者旗鼓相当的印刷厂也不必保护纸张供应。效率高的企业尽可高价卖、低价买。因此，两家处于同一生产部门的不同生产阶段、属于同一个主人的企业，不一定非要通过纵向集中联合起来。只有当它们中的一家表现出承受竞争的能力较差时，企业家才会产生让它依靠较强的一家的念头，希望用好企业的利润来弥补差企业的亏损。除了税赋减免和其他特殊好处，如德国钢铁行业的混合工厂从卡特尔协定中得到的好处，企业联合体所得

333

到的，不过是一家企业的约计利润和另一家企业的约计亏损。

纵向集中的数量和重要性都被过分高估了。在现代资本主义经济生活中，新的企业部门不断形成，而现有的部分则不断分离为独立的部分。

现代工业的逐步专业化趋势说明，纵向集中正在停止发展，除了出于生产技术方面的考虑要求集中外，它永远是一种异常现象，一般要从生产的法律条件和其他政治条件方面去解释。但即使在这里，这种企业联合体的分裂以及独立企业的重新建立也一再发生。

第二十五章

财富的集中

一 问题

机构或企业的集中趋势决不等于财富的集中趋势。随着机构和企业变得越来越大、越来越现代，现代资本主义也在同样程度上发展出了使人能以小财富干大事业的企业形式。看看这些已经出现并变得日益重要的企业类型的数量，而独资商人已经几乎从大型工业、采矿业和运输业中消失殆尽，即可证明不存在财富集中的趋势。企业形式的历史，从单业合伙制（socictas unius acti）到现代股份公司，与马克思主观武断建立起来的资本集中学说截然相反。

如果我们想证明穷人正在变得人数更多、更穷，富人正在变得人数更少、更富，指出在远古时代，例如与我们十分隔膜的奥维德和维吉尔的黄金时代，财富的差别不像今天这样大，是没有用处的。我们必须证明有一种经济原因在强制性地导致财富集中。马克思主义者甚至没有做出这样的尝试。他们关于资本主义时代有着特殊的财富集中趋势的学说，纯粹是一种臆造，为它提供某种历史依据的尝试不仅是无望之举，而且会得出和马克思认为可以证明的东西恰好相反的证据。

二　非市场经济的财富基础

　　增加财富的欲望可以通过交换得到满足，这是在资本主义经济中唯一可能的办法：也可以像在武力至上的社会中那样通过暴力和请愿：强者通过暴力，弱者通过请愿。在封建社会，只要强者有能力自保，他们的所有权就可以存在下去；而弱者的所有权总是靠不住，因为它是通过强者的恩赐获得的，所以总是依赖于后者。弱者是在缺乏法律保护的情况下持有财产。所以，在武力至上的社会，只有权力能够阻止强者扩大财富，只要没有更强的人反对他们，他们就能够使自己越来越富有。

　　在任何地方和任何时代，对土地的大规模占有都不是通过市场经济力量的作用成为现实的，它是军事和政治努力的结果，它的基础是暴力，它是利用暴力并且只能利用暴力才得以维持。一旦把大庄园带入市场交易的领域，它们就开始崩溃，直到最后彻底消失。无论是在它们的形成还是在维护的过程中，市场原因都没有起作用。巨大的土地财富不是来自大规模所有权的经济优越性，而是来自贸易领域之外的暴力吞并。先知弥迦抱怨说："他们贪图田地就占据，贪图房屋便夺取。"[1] 那些——用以赛亚的话说——"以房接房，以地连地，以致不留余地的，只顾自己独居境内"[2] 的人，他们的财产就是这样产生的。

　　通常，创造土地财富的剥夺行为不会使生产方式发生任何改变，这一事实清楚地揭示了土地财富的非经济根源。原来的所有者的法定权利变了，但他们依然留在土地上，继续从事生产。

　　土地所有权也可以建立在赠送的基础上，教会就是以这种方式在法兰克王国时代获得了巨大的领地。最晚至 18 世纪，这些大庄园落入了贵族手中。根据比较陈旧的理论，这是"铁锤"查理[3] 及其继任者的世俗化运动的结果，但最近的研究倾向于认为，"世俗贵族的侵夺行为"应对此负责。[4]

336　　创立"托管领地"（Fideikommiss）这种管理制度和英国的"限定继承权"这类相关法律制度的努力，说明即使今天也很难在市场经济中维持大庄园。"托管领地"的目的是维护大规模土地所有权，因为舍此再无他法。遗产法改变了，使抵押和转让成为不可能，国家被指定为财产的不可分割、不可转让性的保护人，以使家族传统的名望不受损害。如果经济环境倾向于土地所有权的继续集中，这种法律就是多余的，就会制定立法来反对而不是保护庄园的形成。但是这种法律在法律史上未曾舆闻。反对"圈地运动"（Bauernlegen）、反对圈占土地等行为的规章，都是针对贸易领域之外的运动，即针对暴力的。宗教社团土地所有权（mortmain）的法律限制也与此相似。宗教社团土地——附带说一下，它们在法律上得到了和领地大致同样方式的保护——的增加，借助的不是经济发展的力量，而是虔诚的捐赠。

现在，财富集中度最高的情形存在于农业，在这个领域机构的集中是不可能的，企业的集中在经济上是毫无意义的，大宗财产在经济上还不如小宗财产，它在自由竞争中难以立足。生产资料所有权的集中度以普林尼时代为最，当时半个非洲只为六个人所拥有；或是墨洛温王朝时代，[5] 当时教会拥有全部法国土地的大半。而资本主义制度下的北美洲则是全世界大规模地产最少的地方。

三　市场经济中财富的形成

人们最初提出贫富分化不断加剧的主张时，并没有自觉地把它同某种经济理论联系在一起。支持这种主张的人认为，他们是从对社会关系的观察中得出这种看法的。但是观察者的判断受到
337 一种观念的影响：任何社会的财富总量都是一定的，如果某些人

占有的较多，其他人必定占有的较少。[6] 在任何社会里，新富人的增长和新贫困的产生都受到特别注意，而古老财富的缓慢减少和财产较少的阶级的缓慢致富，则很容易被那些无所用心的研究者所忽略，于是他们轻易得出了不成熟的结论，它集中体现在"富者愈富，贫者愈贫"这句社会主义口号上。

证据完全不能证明这种主张，这无须多费口舌去论证。认为在以劳动分工为基础的社会里，某些人的富裕意味着其他人的贫穷，这完全是一种毫无根据的假设。在做出一定假设的条件下，它适用于没有劳动分工的武力至上的社会，但不适用于资本主义社会。此外，根据对个人自己所熟悉的局部生活的因果观察得出的看法，也完全不足以成为财富集中说的证据。

在听了一番好话之后到英国访问的外国人，有机会对贵族和富人家庭及其生活方式有所了解。如果他想知道更多，或者感到有责任使自己的访问不只是一次愉快的旅行，他也可以到大企业的工厂做走马观花式的观光。这对平民百姓没有什么特别的吸引力。那种喧闹忙碌的活动首先会让访问者惊奇不已，但在参观了两三个工厂后，所见所闻会变得索然寡味。另一方面，这种在英国的短暂访问所能从事的社会关系研究，正在变得更加富有刺激性。漫步走过伦敦或任何其他大城市的贫民窟，会带来十分鲜活的印象；它对那些不从事这种研究、只是匆匆忙忙四处看景点的旅行者，其作用会加倍有力。因此，参观贫民窟已经成了欧洲大陆赴英观光中一个很流行的旅游项目。未来的政治家和经济学家以这种方式对工业给大众造成的影响有了印象，这成为他们毕生的社会观点的基础。他回到家时便已经有了工业使少数人变富、多数人变穷的成见。当他后来撰文或谈论工业状况时，决不会忘了描述自己在贫民窟看到的不幸，他会详细描述其中最不幸的细节，并且常常或多或少地有意夸大其词。他提供的画面千篇一律，不过是要告诉我们"有人富有人穷"。但是为了知道这一点，

338　我们并不需要耳闻目睹这种苦难的人的报告，在他们写作之前，我们就知道资本主义还没有消除世上的一切苦难。他必须着手证明的是：富人的数量正在减少，并且富人越来越富，穷人的数量和贫困正在稳步增加。但这需要一种经济进化理论加以证明。

用统计研究证明大众的苦难逐渐增多、人数越来越少的富人阶级的财富越来越多的做法，与这种纯粹诉诸情感的方式相比好不到哪里去。统计研究中的货币收入估算值是不能用的，因为货币的购买力变化了。仅仅这一事实就足以说明，要对若干年的收入分布进行数学上的比较，我们缺乏任何基础。只要无法对构成收入的各种物品和服务进行通约，就无法从收入和资本的已知统计中形成任何连续的历史比较。

社会学家经常注意到这样一个事实：商业和工业财富，即不是投资于土地和矿业财产的财富，很少长期保持在一个家族手中。资产阶级家庭稳定地由穷到富，有时速度非常之快，一个穷得要命的人，没过几年就能成为当时的大富豪。现代财富的历史充满了乞儿变富翁的故事，却很少有人谈到富人变穷的事情。它通常不是发生得那么快，难以给漫不经心的观察者留下深刻印象；然而，更密切的考察将会揭示这种过程从未停止。一个家庭的商业和工业财富很少会维持两三代人的时间，除非通过投资于土地，使财富性质发生变化。[7] 它成了土地财富，不再被用于积极谋利的工商业。

与普通人天真的经济哲学想象不同，投资于资本的财富并不是一种永恒的收入来源。资本产生利润，甚至仅仅保住自身，决不是因为资本的存在这一事实的天生的后果。具体构成资本的资本品在生产中发生和消失；它们产生出另一些物品，归根到底是消费品，资本总量的价值再生只能来自这些消费品的价值。只有当生产取得了成功，也就是说，当它产生的价值高于投入的价值时，这种再生才是可能的。不仅资本的利润，而且资本的再生产，

都是以成功的生产过程为先决条件的，资本的利润和维持永远是 339
成功企业的结果。如果企业倒闭，投资者损失的不仅是资本收
益，还有最初的资本金。应当仔细区分已经生产出的生产资料和
原始生产要素。在农业和林业中，即使生产失败，原始的、无法
毁灭的土地要素依然存在，错误的经营并不能耗尽它们，它们可
以因需求的改变而发生价值损失，但不可能失去内在的产出能
力。工业生产的情况则不是这样，在这里什么都可以彻底丧失。
生产必须不断补充资本。构成资本的每一种资本品的寿命都是有
限的，资本的存在只有通过所有者谨慎地再投资于生产的方式才
能得到延续。为了拥有资本，必须日复一日地重新获得资本。长
远来看，资本财富不是一种唾手可得的收入来源。

　　用"好的"资本投资的稳定收益来反驳这些论点是错误的。
关键在于这种投资必须是"好的"，而若想做到这一点，它们必
须是成功投机的结果。算术魔法师算出了假如在基督的时代用一
便士进行复利投资，到现在会增长多少。结果是如此惊人，以至
于人们完全可能会问：为什么没有人足够聪明，想到以这种方式
发财呢？然而，每一种资本投资都有丧失全部或部分本钱的风
险，人们对此完全无能为力，更不用说这个过程中的全部其他障
碍了。这不仅适用于企业家的投资，也适用于资本家借给企业家
的投资，因为他的投资自然而然地完全依赖于企业家的投资。虽
然他的风险较小，因为企业家会提供给他部分直接投资之外的财
富作为抵押，但是从性质上说两种风险是一样的，放债人也会并
且确实常常失去他的财富。[8]

　　作为安全投资的永久性资本投资是不存在的。每一种资本投
资都是投机性的，无法绝对有把握地预见它的成功。如果资本投
资的想法来自商业和资本企业，甚至不会生出"永久而安全的"
资本收益这种念头。永久和安全的念头来自从地产获得的地租和
相关的政府债券。它与某个时期的实际条件相对应，即法律所承

认的信用投资仅仅是对土地或来自土地的收入的投资，以及国家
340 或其他公共社团提供的投资。在资本主义企业中，不存在安全的
投资和财富的安全性。显然，在农林矿业之外，永久受益的投资
是无稽之谈。

如果资本总额不会自动增长，如果仅仅是维持它们，更不
用说获得收益或使其增加，就需要不断进行成功的投资，那就
根本不存在财富不断增长的趋势这个问题。财富不能增长，得
靠人使它增长。[9] 为此需要企业家的成功行动。只有持续存在
着成功、幸运的投资，资本才能进行再生产、结出硕果和保持
增长。经济环境变化越快，投资被认为是好投资的时间就越
短。新的投资，生产的重组和技术革新，都需要只有少数人具
备的才能。假如在一些例外的情况下这些才能是代代相传的，
继承者便能够保持祖先留下的财富，甚至有可能使之增加，尽
管它可能已经通过继承而分散。但是，如果像一般情况下那
样，继承人无力应付生活给企业家提出的要求，则继承来的财
富很快就会化为乌有。

当富有的企业家希望家族财富流传百世时，他们会到土地中
寻求庇护。福格尔和威尔塞尔[10] 家族的后裔至今还过着相当富
足的——如果不是奢侈的话——生活，但他们早已不是商人了，
他们把财富转化成了地产。他们成了德国贵族的一员，和德国南
部的贵族家族毫无二致。其他国家的众多工商业家族都经历了同
样的发展，即在贸易和工业中致富以后不再做商人和企业家，而
是变成了地主，不再增加他们的财富，而是维持财富，并把它们
留给自己的子孙后代，没有这样做的家族很快就成了籍籍无名的
341 穷人。有少数银行业家族的事业持续了百年甚至更长，但只要留
心看一下这少数家族就会发现，他们积极的商业活动，一般只限
于管理那些其实是投资于土地和矿产的财富。从持续增长这个意
义上说，世代昌盛的古老财富是不存在的。

四　贫困化理论

人民群众日益贫困的学说，既在马克思主义的思想中，也在较古老的社会主义学说中，占有中心地位。贫困的积累和资本的积累并驾齐驱。"资本主义生产的对抗性质"在于，"在一极的财富的积累"同时也是"在另一极的贫困、劳动折磨、受奴役、无知、粗野和道德堕落的积累"。[11] 这便是有关人民群众的绝对贫困日益增加的学说。它不过是以一种晦涩的思想体系的巧妙说辞为基础，我们根本不必拿它当回事，因为即使在正统马克思主义信徒的著作以及社会民主党的正式纲领中，它也逐渐退到了后台。甚至考茨基也在修正主义论战中被迫做出让步，认为所有的事实都表明，正是在最发达的资本主义国家，物质穷困在减少，工人阶级的生活水平比50年前更高。[12] 马克思主义者之所以仍然抱着贫困增加的学说不放，纯粹是由于它的宣传价值，这个已经垂垂老矣的政党至今仍在利用它，跟它年轻时大体一样。

但是在理论方面，由洛贝尔图斯发展起来的相对贫困增长学说取代了绝对增长学说。洛贝尔图斯说："贫困是一个社会概念，即相对的概念。现在我主张，由于工人阶级获得了较高的社会地位，他们的正当需要变得更加多样化。但是，如果因为他们获得了这样的地位，即使工资并无变化，就认为他们的物质条件没有恶化，这种想法，就像在早期阶段，他们的工资下降并且没有获得这种地位时说他们的物质条件没有恶化一样，都是错误的。"[13] 这种完全来自国家社会主义者的观点认为工人的要求的提高是"正当的"，并在社会秩序中给予他们"更高的地位"。依靠这种随心所欲的判断，不可能提出任何论证。

马克思主义者采纳了贫困相对增长说。"如果在进化的过程中，曾经同自己的帮工住在一起的熟练织工的孙子住进了富丽堂皇、装修豪华的别墅，帮工的孙子却住在虽然无疑比他爷爷当年在熟练织工家的阁楼舒适，但仍然足以加深两者社会隔阂的出租房，那么帮工的孙子会因为看到老板的舒适而越发感到自己的贫困。他自己的地位比祖先的高，生活水平也提高了，但他的处境相对而言变得更糟了。社会苦难变得更大……工人相对来说更加不幸。"[14] 就算真是这样，对资本主义制度也没有什么好控诉的。如果资本主义改善了每个人的经济地位，它没有将所有人提高到同一水平便是个次要问题。不能仅仅由于一种社会秩序帮助此人多于帮助彼人，就说它是坏的。如果我的生活变好了，那么其他人过得更好对我有什么害处呢？仅仅因为有些人变富，其中少数人变得很富，就要摧毁使大家的需要日益得到更好的满足的资本主义吗？如何能够"逻辑上无懈可击地"断言，"人民群众相对贫困的增长……终将导致一场大灾难"呢？[15]

考茨基试图提出他本人对马克思主义贫困增加论的认识，它不同于通过不带偏见地阅读《资本论》得出的认识。"贫困这个词，"他说，"可以指物质贫困，但也可以指社会贫困。在第一个意义上，它是根据人的生理需要衡量的。这些需要的确不是时时处处都一样的，但它们并没有表现出近似于社会需要那样巨大的差异，而后一种需要得不到满足就会产生社会贫困"。[16] 考茨基说，马克思想到的正是社会贫困。考虑到马克思的清晰明确的文风，这种解释乃诡辩论的杰作，因而遭到了修正主义者的拒绝。对于不把马克思的话当作圣经启示录的人而言，社会贫困增加论是包含在《资本论》第一卷里还是来自恩格斯，抑或是由新马克思主义者最先提出，的确是无所谓的事情。重要问题在于它是否站得住脚，以及从中可以得出什么结论。

考茨基认为，社会意义上的贫困的增加"被资产阶级本身所证明，他们只是给它起了个不同的名称，他们称之为'贪婪'。……决定性的事实是工资劳动者的需要与工资满足这些需要的可能性的对立，因而工资劳动与资本的对立正在变得越来越大"。[17] 然而贪婪一向就有，并不是新的现象。我们甚至可以承认，它现在比以前更普遍，普遍争取经济地位的改善乃是资本主义社会的特有标志。但是无法解释的是，人们怎么会由此得出资本主义社会秩序必定变为社会主义社会秩序的结论。

实际上，相对的社会贫困日益增长的学说，不过是想给以人民群众的不满为基础的政策提供经济理由。社会贫困的日益增长仅仅是指嫉妒心在日益增长。[18] 曼德维尔和休谟都是人类本性最伟大的观察者，他们曾经评论说，嫉妒的强度取决于嫉妒者与被嫉妒者的距离，距离太大，人就不会把自己同被嫉妒者比较，事实上也感觉不到嫉妒。但是距离越小，嫉妒就越大。[19] 因此，可以从人民群众怨恨的增长中得出收入不平等正在减小的结论。日益增长的"贪婪"不像考茨基认为的那样，是相对贫困增长的证据，相反，它表明阶级之间的经济距离正在变得越来越小。

注释：

[1]《旧约·弥迦书》Ⅱ，2.

[2]《旧约·以赛亚书》Ⅴ，8.

[3] 铁锤查理（Charles Matel，688—741）：中世纪法兰克王国的重臣。——译注

[4] Schröder, *Lehrbuch der deutschen Rechtsgeschichte*, pp, 159 ff.；Dopsch, *Wirtschaftliche und soziale Grundlagen der europäischen Kulturentwicklung*, Part 2（Vienna，1920），pp. 289，309 ff..

[5] 普林尼（Pliny，23—79）：古罗马作家，著有《自然史》等。墨洛温王朝：欧洲中世纪早期法兰克人建立的王朝。——译注

[6] Michels, *Die Verelendungstheorie*（Leipzig，1928），pp. 19 ff..

[7] Hansen, *Die drei Bevölkerungsstufen*（Munich，1889），pp. 181 ff..

[8] 这完全和货币贬值的作用无关。

[9] 孔西得朗试图用从力学借来的一个比喻证明集中理论："今天的资本

毫无阻力地遵循着自己的磁力定律。资本借助于自身的规模为自己吸引资本。社会财富越来越集中在最大的所有者手里。"转引自 *Tugan-Baranowsky*, Der moderne Sozialismus seiner geschichtlichen Entwicklung, p. 62。这不过是文字游戏。

［10］福格家族（Fugpers）和威尔塞尔家族（Welsers）都是显赫、富有的德国家族，分别继承了 18 世纪上半叶成功的纺织业主约翰·福格（Johannes Fugger）及大型银行和商业公司老板巴索罗缪·威尔寒尔（Bartholomeus Welser，1559 年去世）的财富。——英文版出版者注

［11］Marx, *Das Kapial*, vol. I, p. 611.（译按：中译本见《马克思恩格斯全集》第二十三卷，人民出版社 1972 年版，第 708 页。）

［12］Kautsky, *Bernstein und das Sozialdemokratische Programm*（Stuttgart, 1899）, p. 116.

［13］Rodbertus, "Erster sozialer Brief an v. Kirchmann", Ausgabe von Zeller, *Zur Erkenntnis unserer staatwirtschaftlichen Zustände*, 2nd ed.（Berlin, 1885）, p. 273 n.

［14］Herman Müller, *Karl Marx und die Gewerkschaften*（Berlin, 1918）, pp. 82 ff. .

［15］见 Ballod, *Der Zukunftsstaat*, 2nd ed.（Stuttgart, 1919）, p. 12.

［16］Kautsky, *Berstein und das Sozialdemokratische Programm*, p. 116.

［17］Ibid. , p. 120.

［18］比较一下魏特林的评论，见 Sombart, *Der proletarische Sozialismus*（Jena, 1924）, vol. I, p. 106。

［19］Hume, *A Treatise of Human Nature*, *Philosophical Works*, ed. Green and Grose（London, 1874）, vol. II, pp. 162 ff. ; Mandeville, *The Fable of the Bees*, ed. F. B. Kaye（Oxford University Press, 1924）, pp. 135-136；沙兹［见 Schatz, *L' Individualisme économique et social*（Paris, 1907）, p. 73 n20］把这称为"充分理解社会仇恨之深层原因的基本思想"。

第二十六章

垄断及其作用

一 垄断的性质及其对价格形成的意义

垄断理论是经济学理论中被误解最多的部分。仅仅提起垄断这个词，通常就会激起使人们无法做出清楚判断的情绪，激起国家主义和其他反资本主义文献中常见的那种道德义愤而不是经济学争论。甚至在美国，对托拉斯问题的口水大战也代替了对垄断问题的所有公正讨论。

垄断者可以随心所欲地确定价格，或用通俗的说法，他能命令价格，这种普遍观点，以及由此观点得出的结论，即他手里握有为所欲为的权力，都是错误的。只有当垄断商品由其性质所定，完全处在其他货物的范围之外，才会出现这种情况。垄断了空气或饮用水的人，无疑可以迫使所有的人盲目服从他，这种垄断不会受到任何竞争性经济因素的妨碍，垄断者能够随意处置同胞的生命财产。但是，这种垄断不属于我们的垄断理论。水和空气是自然资源丰富的物品，在它们不丰富的地方——例如山顶上的水——人们可以搬到别的地方以避开垄断的影响。像中世纪教会那样操纵着向信众施予恩典的权力，也许是取得这种垄断的捷径。逐出教会和停止教权同死于口渴和窒息一样恐怖。在社会主义共同体中，国家作为组织起来的社会将形成这样的垄断，所有经济物品都将集中在它的手中，因而它能强迫公民执行它的命令，实际上它能够让个人在服从和饿死之间选择。

345   我们在此关心的只是贸易垄断。它们只影响经济物品，不论这种货物多么重要，多么不可缺少，其本身不会对人类生活发挥决定性的力量。如果某种商品对于每个想活下去的人来说，最低限度的数量是必不可少的，那么当这种商品被垄断时，难免就会发生一般被归之于垄断的全部后果。但是我们不需要讨论这一假设，它没有什么特别重要之处，因为它处在经济学之外，因而也处在价格理论之外——除非在某些企业发生罢工的场合。在考虑垄断的作用时，有时要对生活必需品和非必需品做出区分，但是严格说来，这些被认为必要的商品实际上并非这样。由于全部论证是以严格的必要性概念为基础，我们首先必须考虑是否要在准确而完整的意义上讨论必要性这个词。我们实际上可以不要这种商品，办法是放弃它们所提供的服务，或是从某种替代商品中获得这些服务。面包当然是重要的商品，但没有它人们照样能活，可以靠土豆、玉米饼等为生。煤炭在今天是如此重要，堪称工业面包，但从这个词的严格意义上讲，它并非不可缺少，因为没有煤炭也可以生产电力和热力。事情就是如此。我们在此仅想讨论价格垄断理论中的"垄断"概念，它是唯一实质上有助于理解经济条件的概念，它不要求某种垄断商品是不可缺少、独一无二和不可替代的。它只假定在供应方面不存在完全竞争。[2]

此外，过于宽泛的垄断概念不仅不适当，而且在理论上产生误导。它们导致这样的推测：不做进一步的探讨，通过揭示某种垄断条件就能解释价格现象。一旦认定垄断者是在"命令"价格，他尽量提高价格的企图，只能利用从外部影响市场的"权力"加以制约，这些理论家便很宽泛地理解垄断概念，把所有不可增加或只能用提高成本去增加的商品都纳入垄断的概念。由于它涵盖了大多数价格现象，这使他们得以逃避通过价格本身建立一种理论的必要工作。结果是，许多人都在谈论土地的垄断占

有，并且自以为他们既已指明了存在这种垄断关系，也就解决了 346
地租问题。还有人走得更远，企图将利息、利润甚至工资统统解
释为垄断价格和垄断利润。抛开这些"解释"的其他缺点不论，
它们的作者没有认识到，在断定存在垄断时，他们对价格形成的
性质并没有做出任何说明；因而他们也没有认识到，不能用"垄
断"的俗套话去代替阐述正确的价格理论。[3]

　　决定着垄断价格的规律，同决定着其他价格的规律是一样
的，垄断者不能给自己的空想开价。他进入市场时的报价影响着
买方的态度，需求根据他的报价而扩大或缩小，他必须和任何其
他卖方一样重视这一点。垄断的唯一特征是，在一定的需求曲线
中，最大净利润来自比卖方竞争情况下更高的价格。[4] 如果我们
设定这些条件，如果垄断者不能区别对待买主，以便利用每一类
买主的购买力，那么他以高于较低的竞争价格的垄断价格出售，
即使销量会因此减少，他也能得到更高的收入。所以，这种条件
下的垄断有三种结果：和自由竞争条件下相比市场价较高、利润
较多、销量和消费量较小。

　　对最后一个结果必须给予更细致的考察。如果垄断商品不能
按垄断价格全部售出，垄断者就必须把商品的多余单位予以封存
或销毁，以便使其他单位获得需要的价格。因此，17 世纪垄断
欧洲咖啡市场的荷兰东印度公司曾销毁它的一些库存，其他垄断
者也干过类似的事情，如希腊政府为了提高价格而销毁葡萄干。
从经济角度说，对这些做法唯一可能的判决是：它们减少了用来
满足需要的财富库存，降低了福利，减少了财富。本来能够满足
需要的货物，能够消除许多人饥饿的食品居然被销毁，这是愤怒 347
的百姓和有见识的经济学家唯一能够联手给予谴责的事情。

　　然而，即便在垄断企业中，销毁经济物品也是极少见的，目
光远大的垄断者不会为焚烧炉生产货物。如果他想让较少的货物
上市，他会采取步骤减产。必须从限制生产而不是毁坏货物的角

度来考虑垄断问题。

二 独家垄断的经济作用

垄断者能否充分利用垄断地位，取决于垄断商品的需求曲线形态和在现有规模下生产边际商品单位的成本。只有在以高价出售较少的商品比以低价出售较多的商品能产生更大利润的条件下，才有可能适用垄断政策的特殊原理。[5] 但即便如此，也只有在垄断者找不到获取更高利润的方法时才会适用。如果垄断者能够根据买方的购买力将其分类，这对他最有利可图，因为那样他就能分别利用每一类买主的购买力，向他们分别收取最高价。铁路和其他运输企业就是这样做的，它们都根据运输对象划分价格等级。如果它们根据垄断者的一般方法，对运输用户一视同仁，支付能力较差者就将被排除在运输之外，而能承受更高运输费的人就会占便宜。这一点对工业的地区分布的影响显而易见，在决定每个产业地理位置的各种因素中，人们对运输因素会有一种特别的感受。

348 在评价垄断的经济作用时，我们必须把研究限定在限制商品生产的那类作用上。这种限制的结果不是使产量更少。因限制生产而闲置的资本和劳动，肯定会在其他生产中找到出路。因为长远来看，自由经济中既不存在失业的资本，也不存在失业的劳动，因此，针对垄断性商品的生产减少，必定增加其他商品的生产。它们当然不是重要的商品，如果对更多的垄断性商品的迫切需求已经能得到满足，这些不重要的商品是不会被生产和消费的。这些商品的价值同没能生产出来的垄断商品的较高价值之间的差额，便是垄断给国民经济造成的福利损失。私人利润和社会生产力在这里是相互抵触的。在这种情况下，社会主义社会将会采取不同于资本主义社会的行动。

人们有时指出，尽管能够证明垄断对消费者有害，但是也可以使其转而对他有利。垄断能使生产变得更便宜，因为它消除了一切竞争费用，适应大规模经营，享受劳动分工的全部好处，但这根本没有改变垄断使生产从较重要的产品转向较不重要的产品这一事实。托拉斯的辩护士喜欢翻来覆去地说，垄断者无法从别的方面增加利润，就会努力改善生产技术，然而难以理解的是，为什么这种欲望在他身上要比在相互竞争的生产者身上更强烈。即便同意这种说法，它也没有改变我们对竞争的社会作用的上述看法。

三　垄断形成的界限

垄断市场的可能性因商品不同而大相径庭。即使免于竞争的生产者，也未必能够用垄断价格出售并获得垄断利润。如果销量随着价格的提高而陡然下降，以至于得到的额外收入不能弥补销量的不足，垄断者就会被迫满足于竞争性销售的情况下出现的价格。[6]

我们将会发现，除非享有人为的支持，譬如获得特殊的法律特权，垄断一般说来只能靠对某些自然生产要素的专有处置权来维持自身。对可再生性的生产资料的类似权力，通常不会带来永久垄断，新企业总是可以蓬勃兴起。我们已经指出过，劳动分工的逐步发展倾向于达到这样的状态，在其最高的专业化生产阶段，每个生产者将成为一种或数种物品的唯一生产者，但这决不必然导致这些物品都形成一个垄断市场。且不说其他因素，制造者获取垄断价格的尝试将因新竞争者的出现而受到遏止。

托拉斯和卡特尔过去几十年的经历完全证实了这一点。所有历史悠久的垄断组织，都是以对自然资源或特殊地点拥有垄断权为基础的。既缺乏对这种资源的控制权，也不享有诸如关税和专利之类的特别法律支持的企业，哪怕想取得暂时的成功，也必须大耍阴谋诡计。对卡特尔和托拉斯的抱怨，以及调查委员会发表的那些卷帙浩繁的调查记录，几乎都是针对着这些在不具备垄断条件的地方人为造成垄断的诡计和做法。若不是政府通过保护主义措施创造必要的条件，大多数卡特尔和托拉斯永远也建立不起来。制造业和商业垄断的根源，并非存在于资本主义经济的内在趋势之中，而是政府为反对自由贸易和自由竞争而采取的干预主义政策。

如果没有掌握自然资源或位置有利的土地的特别权力，垄断只会发生在建立竞争性企业所必需的资本无法指望得到适当回报的地方。在交通流量太小使两条线路无利可图，所以铁路公司不会出钱再建一条铁路参与竞争的地方，铁路公司可以获得垄断权。在另一些情况下可能也会发现这种现象。然而，这仅仅是表明了这类垄断有可能发生，并没有揭示形成垄断的普遍趋势。

这种垄断——如铁路公司或发电厂——的作用是，根据个案环境，垄断者能够向邻近的产权人收取数量或多或少的地租。这一结果或许是收入和财产分配的一种变化，至少对那些直接受影响者而言，这种变化是不愉快的。

350 ## 四 初级生产中垄断的意义

在以生产资料私有制为基础的经济中，特定的初级生产是在没有国家特别保护的情况下容易出现垄断的唯一领域，垄断在某些初级生产部门是可能的，其中采矿业——从该词的最广义上讲——是它们的真正领地。今天我们看到的不是来自政府干预的垄断结构，除了一部分铁路公司和发电厂的例子，几乎全是以对某些自然资源的支配权为基础的组织。这些自然资源肯定只存在于相对稀少的地方，单凭这一点就使垄断成为可能。土豆农场主或牛奶生产者的全球性垄断是不可想象的,[7] 土豆和牛奶,或至少是它们的替代品,在地球表面的大多数地方都能生产。在有石油、汞、锌、镍和其他物质的地方,如果所有者能够联手,有时就能形成世界性的垄断,近年来的历史中不乏这样的例子。

当这种垄断形成时,较高的垄断价格就会取代竞争价格,矿主的收入提高,其产品的生产和消费下降,一部分本来会在这个生产部门活跃的资本和劳动转向其他领域。如果我们从世界经济各部门的角度考虑垄断的作用,我们看到的只是垄断者收入的提高以及所有其他部门收入的相应下降。然而,如果从世界经济和很长远的观点来考虑,垄断似乎会节省对不可替代性自然资源的消费。像在矿业中那样,当垄断价格取代竞争价格时,人们会更节约地对待这些珍贵资源,会少采掘、多加工。每一种正在开采的矿物,都是在消耗自然给予人类的不可替代的礼物,所以我们越是少动用这种库存,就越是能为后代保障更好的供应。现在我们看到,当人们在垄断中发现社会生产力与私人利润的冲突时,它究竟意味着什么。确实,社会主义共同体没有机会像资本主义那样,在垄断条件下对生产进行限制,但这只能意味着社会主义将更浪费地对待不可替代性自然资源,为了眼前而牺牲未来。

当我们发现垄断引起利润和生产力之间的冲突时,我们未必会说垄断的作用是有害的。社会主义社会的行为——其标志是生产率观念——构成了"绝对的善",这种天真的假设太武断了。在这一背景下我们并不拥有做出正确的善恶判断的标准。

因此,如果我们在思考垄断的作用时没有被讨论卡特尔和托拉斯的流行作家引入歧途,我们就找不出任何东西去证明垄断的增长使资本主义制度变得不可容忍这种主张是正确的。在没有国家干预的资本主义经济中,垄断者的活动范围要比这类作者通常设想的小得多,必须根据其他标准,而不是根据"价格命令"和"托拉斯巨头的统治"这种纯粹的口号,去评判垄断的后果。

351

注释：

[1] 见本书第 437 页。

[2] 由于这里不存在提出一种垄断价格理论的问题，所以只考察供方的垄断。

[3] Ely, *Monopolies and Trusts* (New York, 1900), pp. 11 ff. ; Vogelstein , " Die finanzielle Organisation der kapitalistischen Industrie und die Monopol-bildungen", op. cit. , p. 231, 在他之后还有德国社会化委员会 (op. cit. , pp. 31 ff.)，他们都从一种垄断概念出发，它与埃利所批评并普遍遭到现代科学价格理论抛弃的那些观点非常接近。

[4] Carl Menger, *Grundsätze der Volkswirtschaftslehre* (Vienna, 1871), p. 195. 另参见 Forchheimer, " Theoretisches zum unvollatändigen Monopole", *Schmoller's Jahrbuch* XXII pp. 3 ff. 。

[5] 对于这个重要的原则问题，可比较一下有关垄断价格的大量文献。比如 Wieser, " Theorie der gesellschaftlichen Wirtschaft", in *Grundriss für Sozialökonomik*, Part Ⅰ (Tübingen, 1914), p. 276。

[6] 根据维塞（出处同上）的观点，这"甚至可能是准则"。

[7] 或许只在相对有限的土壤上从事的农业生产与此不同，如咖啡种植。

第四卷

作为道德命令的社会主义

第二十七章

社会主义与伦理学

一 社会主义对伦理学的态度

对于纯粹的马克思主义来说，社会主义并不是一种政治纲领，它不是在要求社会转化为社会主义秩序，也不谴责自由社会秩序，它认为自己是一种科学理论，声称它在历史发展的动力学规律中发现了朝向生产资料社会化的运动。我们知道，马克思的生活，甚至他的许多著作和言论，都同他的理论观点相互矛盾，至少在实际政治中，他的支持者早已忘记他们应该把什么严格归功于他的学说，他们的言行远远超出了"助产士理论"允许的范围。[1] 然而，这对我们的研究来说是次要的，我们在此只讨论纯粹的、未被玷污的学说。

除了社会主义的实现有其不可抗拒的必然性这种纯正的马克思主义观点，还有其他两种引领共产主义信仰者的动机。他们之所以是社会主义者，要么是因为他们期望社会主义社会将提高生产率，要么是因为他们相信社会主义社会将更加公正。马克思主义无法使自己同伦理社会主义相一致，但它对经济—理性主义的社会主义的态度却相当不同：可以把唯物史观的含 义理解为，经济发展趋势自然而然地导致最具生产力的经济类型，也就是社会主义。当然，这一观点不同于大多数马克思主义者的观点。他们赞成社会主义，首先因为它无论如何注定到来，其次因为它在道德上更可取，最后因为它包含更合理的经济组织。

非马克思主义的社会主义的两种动机是相互排斥的。如果有人拥护社会主义是因为预期它能提高社会劳动生产率，他就不需要对社会主义秩序给予较高的道德评价，以此来支持自己的要求。如果他选择这样做，他就面临这样的问题：倘若发现社会主义终究不是道德完美的秩序，他是否还准备拥护它。同样清楚的是，出于道德理由拥护社会主义秩序的人，即使他确信以生产资料私有制为基础的秩序产生了更高的劳动生产率，他也不得不继续拥护社会主义。

二　幸福主义伦理学与社会主义

对于以理性主义态度看待社会现象的幸福主义来说，伦理学社会主义陈述问题的方式似乎不能令人满意。除非把伦理和"经济"当作两个互不相干的客观体系，伦理的和经济的评价与判断就不能表现为相互独立的因素。所有的伦理目的仅仅是人类目标的一部分，这意味着：一方面，就其协助争取幸福的斗争来说，伦理目标是手段；但是另一方面，它又被纳入一个价值判断过程，这个过程把全部中间目标联合为统一的价值谱系，并根据这些目标的重要程度对它们进行分级。因此，与经济价值观相对立的绝对伦理价值观是不能成立的。

当然，人们无法同伦理学先验主义者或直觉主义者讨论这一点。坚持道德乃终极事实、求助于先验的起源以排除对其要素进行科学检验的人，永远无法同意那些用科学分析玷污正义概念的人。伦理学的义务和良知观念只要求完全盲从。[2]　先验伦理学声称其规范是无条件正确的，它从外部看待一切世俗关系，企图把它们变为自己的形式，不管其后果如何。它的座右铭是

fiat iustitia, pereat mundus（实现正义，哪怕世界被毁），当它对"目的证明手段的正确"这个永远受到误解的说法勃然大怒时，它是极其真诚的。

离群索居的人根据自己的法则制定所有目标，他除了自己以外一无所见、一无所知，并据此而行动。但是在社会中，他必须根据他生活在社会中、他在行动时必须肯定社会的存在和进步这一事实来调整自己的行动。从基本社会生活法则可知，他这样做不是为了实现他本人的目的体系之外的目标。他使社会目的成为他自己的目的，并不会因此而使自己的人格和愿望服从于更高的人格，或是为了神秘宇宙的欲求而完全放弃实现自己的欲求。因为从他本人的价值评估的角度看，社会目的不是最终目的，而是在他本人的价值序列中起着中介作用。他必须接受社会，因为社会生活帮助他更全面地实现自己的愿望，如果他拒绝社会，他就无法为自己创造哪怕暂时的有利条件；从长远看，破坏社会机体对他本人有害。

因此，大多数伦理学家因为区分利己和利他的行为动机而接受的动机二元论，是不能成立的。这种把利己同利他行为对立起来的做法，来自对个人的社会独立性的误解。我没有力量就我的行为和活动是服务于自己还是服务于同胞做出选择，这也许应被视为一件幸事，因为如果给了我这种能力，人类社会将是不可能的。在以劳动分工合作为基础的社会里，全体成员的利益是一致的，从这个基本的社会生活事实可知，归根到底，有利于我的行为和有利于他人的行为并不冲突，因为个人的利益最终要走到一起。因此可以说，关于能否从行为的利己动机得出利他动机的著名的科学论战，已经得到了明确的解决。

道德义务和私利之间不存在对立。个人给予社会的东西使社会得以存在，他之所以给予，不是为了外在于他的目标，而是基

358 于他自己的利益。[3] 个人是社会的产物，不仅作为会思考、有意志、有感情的人，而且作为活着的动物，他都不能在不否定自己的情况下否定社会。

社会目的在个人目的体系中的地位，是通过个人的理性认识到的，这使他能够正确认识自己的利益。但是社会不能总是信赖个人，由着他去理解自己的真正利益之所在。如果社会允许人人充当自己的法官，它就要面对每个自私、病态、意志软弱的人的反复无常，他能任意怀疑社会的存在，从而使发展的连续性陷入危险之中。这便是导致社会强制力产生的原因，它们要求强制性的服从，所以对个人表现为外部约束。我们由此看到了国家和法律的社会意义。它们不是外在于个人的东西，要求他采取违反自己利益的行动，迫使他为异己的目的服务。它们仅仅阻止误入歧途的、反社会的个人，即对自身利益茫然无知的个人因反抗社会秩序而伤害到他的同胞。

所以，认为自由主义、功利主义和幸福主义"对国家有害"是荒谬的。它们拒绝打着国家的幌子把超出人类理解力的神秘存在当作神来崇拜的国家社会主义观念，不同意把国家看作"神的意志"的黑格尔观点，不接受用"社会"崇拜取代"国家"崇拜的黑格尔派的马克思及其学派，反对所有那些想让国家或"社会"完成除符合社会秩序——他们认为这种秩序最适合用来实现有关的目的——的任务以外的某些任务的人的观点。它们赞成生产资料私有制，所以它们要求国家强制机构应以维护私有制为目标，拒绝所有那些企图限制或废除私有财产的建议。但是，它们一刻也没有想过"废除国家"。自由主义的社会观绝没有忽视国家机构，而是为它指派了保护生命财产的任务。凡是把反对国家铁路、国家剧院或国家牛奶场的做法称为"与国家作对"的人，肯定是深深陷入了（学术意义上的）现实派（realistic）的国家观。

　　有时候，社会甚至不用强制就能胜过个人。并非每一种规范都要求立刻施行最极端的强制措施，在许多事情中，道德习俗可以在没有司法之剑帮助的情况下迫使个人承认社会目标。就其保护更广泛的社会目标而言，道德习俗远胜过国家的法律。在这方面，它们之间可能有程度上的差异，但不是原则上的势不两立。法律命令和道德律令，只有在二者来自不同的社会秩序观，即属于不同社会制度的地方，才会表现出本质的差异。因此，这种差异是动态的，而不是静态的。

　　"善"或"恶"的道德评价只能适用于行为所争取实现的目的。就像伊壁鸠鲁所说："Αδιϰία οú Χαθ ξαυτην Χαϰóυ"（没有造成有害后果的恶行不是恶行）。[4] 行动从来不是目的，而是实现目的的手段，所以我们根据行动的后果评判行动的善恶。对它的判断是根据它在因果体系中的位置，是把它作为手段加以评价。对目的的评价决定着手段的价值。伦理评价就像所有其他评价一样，是以目的评价、最终的善的评价为起点的。行动的价值就是它所服务的目的的价值。意图就其导致行动来说也有价值。

　　只有能够把全部终极价值纳入一个统一的价值序列，才存在行动的统一性。如果这是不可能的，人也许会发现自己永远处在无法行动的状态之中，也就是说，他不能作为一个意识到自身努力目标的生物而从事劳动，他不得不把问题交付给自己无法控制的力量。对价值的自觉衡量先于人类的任何行动。一个人选择获得 A，放弃 B、C、D 等，是因为他已经断定，在现有条件下获得 A 比获得其他东西对他更有价值。

　　在现代研究解决了终极之"善"的问题以前，哲学家长期以来一直对它争论不休。目前，幸福主义已经不再受到攻击了。从康德到黑格尔，哲学家为反驳它而提出的论证，从长远看都无法把道德概念与幸福概念分开。在历史上从未见过为了替一种站

359

不住脚的立场做辩护而花费这么多的智巧。我们不由自主地赞赏这些哲学家的华丽表演。我们几乎可以说，他们为证明不可能之事而付出的努力，比那些使快乐主义和功利主义成为人类智慧永恒财产的大思想家和社会学家的成就得到了更多的赞美。他们的努力当然没有白费，他们为了建立一种反幸福主义的伦理学而做的艰苦斗争，对于全面揭示这个错综复杂的问题，从而使其能够最终得到解决，还是很有必要的。

360   由于同科学方法水火不容的直觉主义伦理学的信条已经失去立足之地，凡是认识到一切伦理评价都有幸福主义特征的人，也就不再进一步讨论伦理学社会主义了。在这种人看来，道德不是处在包含着全部生活价值的价值范围之外。对他而言，道德伦理本身没有正确性可言。首先必须允许他探讨为什么对它做如此估价，他决不能仅仅因为以某种神秘直觉为基础的规范——他甚至没有资格研究这种规范的意义和目的——宣称某个公认为有益和合理的事情不道德，就拒绝它。[5] 他的原则不是 fiat iustitia, percat mundus（实现正义，哪怕世界被毁），而是 fiat iustitia, ne pereat mundus（实现正义，以免世界被毁）。

尽管如此，对伦理学社会主义的论点一一进行探讨并不显得完全多余，这不仅是因为它有众多信徒，更重要的是它提供了一个机会，可以说明在每一条先验—直觉论的伦理学思路背后，都隐藏着幸福主义思想，在这种理论体系的每一句话里，都可以找出站不住脚的经济行为观和社会合作观。每一种以义务观为基础的伦理学体系，即便表现得像康德伦理学那样严密，最终都不得不在很大程度上屈服于幸福主义，以至于无法再继续坚持它自身的原则。[6] 同样，先验—直觉论的伦理学的每一条要求，最终都会显示出幸福主义的特征。

三　对理解幸福主义的一个贡献

幸福主义把幸福称为感官欲望的满足，形式主义伦理学在解释这种幸福时，把自己同幸福主义之间的分歧理解得太肤浅了。它有意或无意地把一种主张强加给了幸福主义：人的所有努力仅仅是为了满足口腹之乐和最基本形式的感官享受。当然不能否认，有很多很多的人把思想和努力都集中在这些事情上，但这不是社会科学的过错，它不过是指出了此乃一个事实。幸福主义不是劝说人们追求幸福，它只是说明人必然朝着这个方向努力。再说了，毕竟幸福不是仅仅存在于性享受和好胃口之中。　361

活力论的道德观认为最高的善在于实现自我、在于人的能力的全面发挥，这大概是说出幸福主义者在谈到幸福时心中的想法的唯一另一种方式。强壮健康者的幸福当然不在于做梦。但是，当把这一观念同幸福主义相对照时，它就变得站不住脚了。居友说："生命不是思虑，而是行动。每一个活着的生命都有力量的储存，有能量的剩余，它努力消耗自身，不是因为与之伴随的快感，而是因为它必须消耗自身……义务来自力量，它必然激励行动。"[7] 我们如何理解他这番话呢？行动意味着目的明确地劳动，也就是说，以反思和计算为基础。居友提出一种神秘的冲动作为道德行动的指南，这时他犯了直觉主义的错误，而在别的方面他是拒绝直觉主义的。在富耶的"能力观"（idées-forces）中，直觉因素甚至表现得更为清楚。[8] 他认为，所思所想之事迫切地趋向于实现，但大概只有在行动所服务的目的看上去可欲时才会是这样。然而，对于为什么某种目的表现为善或恶的问题，富耶没有做出任何回答。

当道学家构建一种不涉及人及其生命本性的绝对伦理时，他一无所获。哲学家的雄辩不能改变一个事实，即生命要努力使自身活着，活着的生命是趋乐避苦的。人一旦认识到社会合作的基本原理，他便会毫不犹豫地承认这是人类行动的基本法则。每个人都要活着，并且希望首先为自己而活着，这并不扰乱而是促进社会生活，因为只有在社会中并且只有通过社会，个人生命才可能得到更高层次的实现。这是主张利己主义为基本社会法则的学说的真正含义。

社会对个人的最高要求是牺牲他的生命。尽管可以认为，个人不得不从社会接受下来的对其行动的其他所有限制，归根结底对他有利，但是反幸福主义的伦理学认为，用抹杀个人利益与普遍利益对立的方法，无法对此做出解释。英雄之死或许对共同体有用，但那不是对他的多大安慰。只有以义务为基础的伦理才能帮助人克服这个难题。但是我们通过进一步的思考就会看到，很容易驳倒这种反对意见。当社会的存在危在旦夕时，每个人都必须竭力避免毁灭，甚至有可能为此丧命也在所不惜。因为这时已经无法做出选择，是像过去一样继续活下去，还是为国家、为社会或为自己的信仰而牺牲自己。相反，除了斗争还能带来获胜的机会，必定是死亡、奴役或者难以忍受的贫困。pro aris et focis（为我们的祭坛和家园）而战不要求个人做出牺牲。个人投身于这种战争，不只是为了给他人带来好处，也是为了保护自己的生存。当然，这仅仅是指个人为自己的生存而战的战争，不适用于那种完全被当作致富手段的战争，如封建领主之间的拼杀或君主之间的窝里斗。可见，如果没有一种要求个人"为国家利益而牺牲"的伦理观，帝国主义——对征服的永无止境的贪婪——将一事无成。

伦理学家不同意对道德做出这种权宜性的幸福主义解释，他们为此进行了长期斗争，这和经济学家用消费品的效用之外的方法解决经济价值问题的努力极为相似。经济学家最为现成方便的观点，就是认为价值以某种方式反映着商品对人类福利的意义，但以这种认识解释价值现象的努力却被一再放弃，他们不断地寻求别的价值理论。这是因为价值量的问题所带来的种种难题。比如存在着这种明显的矛盾：宝石显然满足的是次要的需要，面包满足的是最重要的需要之一，但宝石的价值高于面包；还有空气和水，没有它们人根本无法存活，但它们通常没有价值。各类需求的重要性的尺度的观念与具体需求本身的观念是两回事，而评估有支付能力的需求的重要性的尺度同时也是具体需求本身的尺度。这一认识是效用价值论的基础。[9]

功利主义—幸福主义的道德解释所必须克服的困难，不少于经济学家在努力把经济价值回溯到效用时必须克服的困难。谁也不能找到如何能使幸福主义学说与如下明显的事实协调一致的办法：道德行动仅仅在于个人避免看起来直接对他有利的行动，而从事看起来直接对他有害的行动。自由主义社会哲学第一个发现了解决的办法，它说明，每个人通过保持和发展社会纽带满足自己的最高利益，所以在实现社会生活时做出的牺牲只是暂时的牺牲。他用较小的直接利益，换来了大得多的间接利益。因此义务和利益是并行不悖的。[10] 这就是自由主义社会理论所说的利益一致的含义。

363

注释：

[1] 社会民主党人只接受了这一马克思主义基本学说中极少的内容，只需看一下他们的文献即可明白这一点。德国社会民主党的一位领导人、前德国国民经济部部长维塞尔坦白地承认："我是社会主义者并且还将是社会主义者。因为社会主义经济使个人服从整体，我从中看到了比作为个人主义经济基础的道德原理更高级的道德原理的表达。" [Wissell, *Praktische Wirtschaftspolitik* (Berlin, 1919), p. 53.]

[2] Jodl, *Geschichte der Ethik als philosophischer Wissenschaft*, vol. Ⅱ, 2nd ed. (Stuttgart, 1921), p. 450.

[3] Izoulet, *La cité moderne*, pp. 413 ff. .

[4] Guyau, *Die englische Ethik der Gegenwart*, trans. Peusner (Leaipcig, 1914), p. 20.

[5] Bentham, *Deontology or the Science of Morality*, ed. Bowring (London, 1834), vol. I , pp. 8 ff. .

[6] Mill, *Utilitarianism* (London, 1863), p. 5 ff. ; Jodl, *Geschichte der Ethikals philosophischer Wissenschaft*, vol. II , p. 36.

[7] Guyau, *Sittlichkeit ohne "Pfliche"*, pp. 272 ff. .

[8] Fouillée, *Humanitaires et libertaires au point de vue sociologiquse et moral*, pp. 157 ff. .

[9] Böhm – Bawerk, *Kapital und Kapitalzins*, 3rd ed. , Part II (Innsbrueck, 1909), pp. 233 ff. 英文版出版者注：见英文版第 2 卷, pp. 135 ff. 。

[10] Bentham, *Deontology*, vol. I , pp. 87 ff. .

第二十八章

作为禁欲主义产物的社会主义

一 禁欲主义观点

即使从宗教观点看，通世和否定人生也不是值得为了它们本身而加以追求的目的，而是达到某种超然目的的手段。然而，虽然它们在信众的世界里表现为手段，但是对于不能超越世俗生活界限的研究来说，必须把它们视为最终目的。在以下讨论中，我们所说的禁欲主义仅仅是指在某种生活哲学或宗教动机的鼓舞下产生的现象。做出这种界定的禁欲主义才是我们的研究主题，决不能把它同那种仅仅作为实现一定世俗目的的手段的禁欲主义混为一谈。如果有人确信酒精饮料有毒副作用，他戒酒要么是为了一般地保护健康，要么是为了某种特殊事业而强健体魄。按上面界定的意义，他不是禁欲主义者。

通世和否定人生的思想在有着 2500 年历史的印度耆那教中表现得最具有逻辑的一贯性和彻底性。韦伯说："无家是耆那教的基本救赎观念，它意味着断绝一切世俗关系，因而首先对通常的感受抱超然态度，逃避一切世俗动机，不再行动，不再有希望和欲求。一个只保留了感觉和思考'我是我'的能力的人，在此意义上是无家的。他既不想生也不想死——因为它们都意味着有欲，都会唤醒'羯摩'。[1] 他既无朋友，也不对别人对他做出的行动（比如对虔诚的人为圣人而洗脚这种惯常的行为）提出

异议。他遵循的行动原则是，人不应阻止邪恶，个人生活中的慈
365 悲心必须由他承受烦恼痛苦的能力来证明。"[2] 耆那教极其严格
地禁止任何杀生。正统耆那教徒在没有月亮的黑夜决不点灯，因
为这将烧死飞蛾；决不生火，因为这将杀死昆虫；在烧水之前过
滤；戴口罩鼻罩以免吸入昆虫。甘受昆虫的折磨而不驱赶它们乃
是最高的虔诚。[3]

　　社会上只有一部分人能够实现禁欲生活的理想，因为劳动者
是当不了禁欲者的。由于苦行赎罪和自我惩戒而疲惫不堪的身
体，只能躺下来默祷，任由事情发生，或是在禁欲入定中消耗余
力，以此加速达到目的。禁欲主义者若是为了给自己挣得最低数
量的生活必需品而从事劳动和经济活动，他便放弃了自己的原
则。禁欲主义的历史，而不仅是基督教的苦修历史，揭示了这一
点。僧侣的苦行场所有时亦会变成享受精致生活的地方。

　　只有当禁欲主义不是所有人的义务时，不劳动的苦行僧才能
生存，因为他无法离开别人的劳动而存活，必须有他赖以生存的
劳动者，[4] 他需要捐献进香的俗人。他节制性欲，就得由俗人生
育后代，如果没有这种必要的补充，禁欲一族很快就会灭绝。禁
欲主义若是成了普遍的行为原则，这将意味着人类的终结。用自
己生命充当神的祭品是个人禁欲者追求的目标，尽管这一原则也
许不包括为了提前结束生命而戒除一切维持生命所必需的行动，
但它意味着压制性欲从而导致社会的毁灭。禁欲的理想就是自愿
死亡的理想。任何社会都不能建立在禁欲主义原则上，这一点显
而易见，无须多做解释，因为它是社会和生命的毁灭者。

　　这一事实被人忽视，仅仅是因为人们很少深入思考禁欲主义
理想的逻辑结论，更是很少得出这种结论。深山老林里的苦行僧
像动物一样以草木根叶为生，他是唯一遵照自己的原则而生活和
行动的人。这种严格符合逻辑的行为极为罕见，因为不管他们可
能在思想上如何蔑视文明的成果，在言论上如何辱骂它，毕竟没

有多少人准备轻松愉快地放弃这些成果，甘愿立即恢复动物生活方式的人寥寥无几。圣方济各最热诚的同伴之一圣艾伊达发现了蚂蚁的缺点，因为它们过度专心于收集食物；他只赞赏鸟，因为它们不储存食物。天上的鸟、地上的动物和水里的鱼，在有足够的营养时都很满足。他相信，当他靠自己双手的劳动和募集施舍养活自己时，遵循的是同样的理想。他在收获季节和别的穷人一起拾落穗，人们想多给他一些落穗时，他会拒绝说："我没有谷仓储存，我也不想有谷仓。"但是，这位圣人的确从他所责难的经济秩序中得到了好处。他的贫困生活只能存在于这种经济秩序之中，他靠它来养活自己，比他自以为正在效仿的鱼和鸟的生活不知好多少。他从有序的经济的储备中为自己的劳动获得了收入，如别人不曾充实仓廪，这位圣人就得挨饿。只有当每个人都以鱼为榜样，他才能知道像鱼一样活着是个什么样子。富有批判精神的同代人认识到了这一点。据英国的本尼迪克特修士马修·巴黎说，教皇英诺森三世在听了圣方济各的准则后说，与其说他像人，不如说他更像猪，于是建议他去跟猪待在一起，和它们一起在泥里打滚，把自己的准则教给它们。[5]

作为有约束力的生活原则，禁欲主义道德永远不能推而广之。言行一致的苦行僧是自愿遁世的。寻求在俗世维持自身的禁欲主义却没有把禁欲的原则贯彻到底，而是在某个地方停了下来。它企图用什么样的诡辩来对此做出解释并不重要；它这样做并且必须这样做，这就足够了。此外，它至少不得不容忍非禁欲者。它由此发展出了一种双重的道德观，一是给圣徒的，一是给俗人的，伦理学于是被它一分为二。唯一真正有道德的人是僧侣，或是通过苦行追求完美的人，不管他们叫什么名堂。禁欲主义通过这样分裂道德，放弃了统治生活的权利，它还敢于向俗人提出的唯一要求是，让他们提供少量的捐赠，好让圣徒的肉体和灵魂待在一起。

366

作为一种严格的理想，禁欲主义根本不知道满足需求为何物，所以它是一种纯粹非经济的思想。崇尚完美禁欲主义的社会中的俗人或生活在自给自足共同体中的僧侣认为，打了折扣的禁欲主义理想也许只要求进行勉强糊口的最基本的生产，但它决不反对经济活动的极端理性化，而是要求这样。由于全神贯注于世俗事务使人们远离唯一纯粹道德的生活方式，对它的容忍完全是因为把它作为实现间接的——遗憾的是，也是不可避免的——目的的手段，所以至关重要的事情就是尽可能节制这种不圣洁的活动，使其降到最低限度。在俗世生活中减少痛苦增加快感的努力中可欲的理性化也被赋予禁欲者，对他们而言，劳作和穷困引起的痛苦是有价值的惩戒，因为他的义务是，只有在绝对必要时才能参与无常的俗事。

所以，从禁欲主义观点看，除非社会主义生产更合理，否则它不会优于资本主义生产。禁欲主义会劝告它的信徒限制他们用来满足需求的活动，因为它憎恶过于舒适的生存。但是在它为满足这些需求规定的界限内，它只把理性经济所要求的事情视为是正当的。

二　禁欲主义与社会主义

社会主义思想最初鄙夷所有的禁欲主义原则。它坚决否认任何来世生活的安慰性承诺，希望给天下人建一座人间天堂。它对来世和任何其他宗教引诱都无动于衷。社会主义的目标之一是使每个人都达到可以达到的最高水平的幸福。它的准则不是自我节制，而是享受。社会主义领袖一贯明确反对那些对提高生产力漠不关心的人。他们指出，为了减少劳动的困苦，增加享乐，必须加倍提高人类劳动的生产力。落魄的富家子在赞扬贫困简朴生活时摆出的崇高姿态，对他们没有任何吸引力。

　　然而，更进一步看，我们会发觉他们的态度逐渐发生了变化。社会主义生产的不经济性变得十分明显，与此相对应，社会主义者也开始改变他们对更丰富地满足人类需要的可欲性的看法，他们中的许多人甚至开始对赞美中世纪的作者表现出某种同情，并轻蔑地看待资本主义为生存资料增添的财富。[6]

　　我们用较少的物品也能过上幸福甚至更幸福的生活，对这种 368 主张最有力的反驳是来自它自身的证明。当然，大多数人都认为自己没有足够的物质财富；与放弃福利得到闲暇相比，他们更看重多付出一些努力获得更多的福利，所以他们辛苦劳作，累得筋疲力尽。但是，即便我们承认那些准禁欲主义者——我们已经讨论过他们的观点——的主张，这也决不会让我们同意社会主义的生产方式优于资本主义。就算资本主义生产了过剩的商品，这一问题也可以通过减少劳动量轻易得到解决。这样的观点不能证明我们应当通过采纳更不具生产力的生产方式来降低劳动生产率的要求是正当的。

注释:

[1] 梵语“Karma”的音译，指业力。——译注

[2] Weber，*Cesammelte Aufsätze zur Religionssoziologie*（Tübingen，1920），vol. Ⅱ，p. 206.

[3] Ibid.，p. 211.

[4] Weber，op. cit.，vol. Ⅰ，p. 262.

[5] Glaser，*Die franziskanische Bewegung*（Stuttgart and Berlin，1903），pp. 53 ff.，59.

[6] Heichen，“Sozialismus und Ethik”，in *Die Neue Zeit*，vol. 38，vol. 1，pp. 312 ff.．基德的评论在此背景下也特别值得注意：Charles Gide，“Le Matérialisme et l′Économie Politique”，in *Le Matérialisme actuel*（Paris，1924）。

第二十九章

基督教与社会主义

一　宗教与社会伦理

宗教不仅是教会，也是一种哲学，和其他任何精神生活的救生筏一样，它是人们社会合作的产物。我们的思想绝不是一种独立于全部社会关系和传统的个体现象，而是具有社会性质，其理由在于这样一个事实：它遵循着在无数群体数千年的合作中形成的思维方法。我们能够采用这些思维方法，也是因为我们是社会成员。出于完全同样的理由，我们不能把宗教想象成一种孤立的现象。甚至在同上帝交流时达到沉醉忘我境界的神秘主义者，也不是靠自己的努力创造出他的信仰。把他带入信仰的思维形式不是他的个人创造，而是属于社会。没有外界帮助，一个豪斯[1]是不能搞出一种宗教来的。宗教和别的事情一样，是在历史中成长起来的，和每种社会现象一样，它也在不断地变化。

然而，宗教也是一种社会因素，其含义是，它从特殊的角度看待社会关系，并且据此为人的社会行为制定准则。它不能拒绝宣布它在社会伦理问题上的原则。任何宗教要想为信众提供人生问题的答案，在他们最需要安慰时给他们以安慰，它就 370 不能仅仅满足于解释人与自然的关系，解释人同生死的关系。如果它不考虑人和人的关系，就不能制定世俗行为准则，只要信众一开始思考社会状态的不当，就把他们弃之不顾。宗教必须在他疑惑为什么有贫与富、暴力与公正、战争与和平时给他一个答案，否则他就将被迫从别处寻找答案，这意味着宗教失去对信众的控制和对精神的影响力。离开社会伦理，宗教就是无生命的。

今天的犹太教就是无生命的，它们只为信众提供了一种仪式。它们知道如何规定祈祷、斋戒、一定的食品、割礼以及其他等等事宜，但仅此而已，它们没有给人的精神提供任何东西。它们完全丧失了精神意义，只教诲和宣扬一些法定的形式和外在准则。它们把信众锁进囚笼，使他们常常难以喘息，而不给他们的心灵任何启示。它们压制心灵，而不是振奋和救赎心灵。犹太教近两千年都没有新的宗教运动。今天，犹太人的宗教还是制定犹太法典时候的样子，在它们中间，看不到像西方基督教每个世纪都要产生的那样的人和运动，它们只是借助于拒绝外来的"不同"东西，借助于传统主义和保守主义，来维持自己的身份，只有它们对一切外来东西的仇恨，不时唤起它们的壮举。一切新教派，甚至从它们中间产生的新教义，都不过是对这种排外拒新、压制异端的战斗的回应。宗教对个人精神生活没有任何影响，在僵化传统的沉重压力下，确实完全能够形成这样一种局面，在缺乏僧侣影响的地方，我们最明显地看到了这一点。对僧侣的敬重纯粹是表面的。在这些宗教中，没有什么堪与僧侣在西方教会——尽管每种教会的制度不一样——发挥的深刻影响相媲美，没有什么堪与耶稣会士、天主教主教或新教牧师相媲美。古代多神教中的同样惯性在东正教中依然存在。希腊正教已经死亡了一千年，[2] 只是在 19 世纪下半叶，才又产生了一位燃烧着炽热的信仰与希望的人。但是，371
不管托尔斯泰的基督教表面上可能带有多么浓厚的东方和俄罗斯色彩，本质上还是以西方观念为基础的。和意大利商人的儿子方济各或德国矿工的儿子马丁·路德不同，这位伟大的布道者的特点在于，他不是来自人民，而是来自通过抚养和教育完全西方化了的贵族。俄罗斯正教本身至多只能产生像克龙斯塔特的约翰[3]或拉斯普金这样的人物。

这些没有生命的教会缺少任何特别的伦理。昂纳克在谈到希腊国教时说："那些道德受信仰约束的人的劳动生活的真实范围是处在信仰的直接监督之外，它要留给国家和民族来处理。"[4] 而在西方有生命的教会中却不是这样。在这里，信仰尚未绝迹，除了牧师毫无意义的仪式，外在的形式没有掩盖任何东西，一句话，它抓住了整个的人；在这里还有对社会伦理的不懈追求。它的成员一再回到福音书，用上帝和他的启示来更新自己的生命。

二　作为基督教伦理来源的福音书

《圣经》对信众来说是神的启示，是上帝对人类的训示，必须永远把它当作所有信仰和受它控制的所有行为的不可动摇的基础。这不仅适用于新教徒，他们只有在教士的教诲和《圣经》一致时才接受教诲；而且适用于天主教徒，他们是从教会引申出《圣经》的权威，同时又认为《圣经》起源于神，是借助于圣灵产生的。这种二元论通过只赋予教会对《圣经》做出最终——永无谬误的——解释的权利而得到了解决。这两种教义都假定整个宗教经典的逻辑和系统的统一性，因此，克服由这种假设引起的难题，乃是教会学说和科学的最重要任务之一。

372　科学研究把《旧约全书》和《新约全书》当作可以和其他历史文献一样进行探讨的史料。它打破了《圣经》的统一性，试图为每一部分赋予它在文献史上的地位，这种现代圣经研究和神学是不相容的。现在，天主教会已经认识到这一点，但新教却仍然企图自我蒙骗。为了在研究结果的基础上建立一种信仰和道德的学说面对历史上的耶稣这个人物进行重构是没有意义的。这种努力妨碍了科学的文献研究，因为它使其偏离真正的目标，为它指派了不引入现代价值尺度就无法完成的任务。而且它还自相矛盾。它试图对基督和基督教的起源做出历史的解释，同时又把这些历史现象看作所有教会行动准则的永恒来源，甚至在完全不同的今天也是如此。用史学家的眼光研究基督教，又从这种研究结果中寻求目前的线索，这是相互矛盾的，史学从来不能呈现"纯形式的"基督教，它只能呈现"原始形式的"基督教，混淆这两者就是对两千年的发展视而不见。[5] 许多新教理论家在此问题上所犯的错误，和部分法律史学派试图把法学史的研究结果强加给今天的立法和司法时所犯的错误是一样的。这不是真正史学家的方法，而是那种否认一切进化和一切进化可能性的史学家的方法。和这一观点的绝对论相比，备受诟病的"浅薄的"18 世纪理性主义者——他们强调的正是这种进步和进化的因素——的绝对论看上去倒是有着真正历史的眼光。

所以，决不能以新教理论家的眼光去看待基督教伦理同社会主义问题的关系，因为他们的研究对象是固定不变的基督教"本质"。如果把基督教看作一种活的、因而不断变化的现象——人们一开始会觉得，这种观点与天主教的观点可能不怎么吻合——那就必须无条件地拒绝探讨是社会主义还是私有财产同基督教观念更一致的问题。对于我们来说，最好的办法是抛开基督教的历史，只考虑它到底是否曾经表现出对这种或那种社会组织形式的偏爱。我们在这个过程中关注《旧约全书》和《新约全书》，是因为它们即使在今天依然是宗教学说的重要来源，而不是因为我们假定只有通过它们才能发现真正的基督教。

这种研究的最终目标是要弄清楚，无论现在还是将来，基督教是否必然拒绝以生产资料私有制为基础的经济。对此一问题的解决，不能仅仅通过确定如下已经熟悉的事实，即基督教从近两千年以前开始存在之日起，就找到了容忍私有财产的方式。因为也有可能发生这样的情况：基督教或"私有财产"在进化中达到了一个点，使二者的相容成为可能——假如曾经有过这种相容的话。

三　原始基督教与社会

原始基督教不是禁欲主义的。它愉快地接受生活，盛行于当今许多教派的禁欲主义理想在当时被故意置诸脑后（尽管施洗者约翰本人是禁欲主义者）。直到三四世纪，禁欲主义才传入基督教，从那时起才开始对福音教义做出禁欲主义的重新阐释和改造。耶稣基督和信众一起享受生活，在饮宴中振奋自己，和人民共享盛餐。他与禁欲主义相去甚远，他也没有遁世的愿望，就像他同放纵堕落相去甚远一样。[6] 仅以他对性关系的态度而论，就会让我们中间的禁欲主义者惊讶不已，但是我们能够解释这一点，就像我们能借助于使人们对耶稣形成了完整看法的基本观念，即弥赛亚的观念，来解释所有实践性的福音教义——除了实践性的生活准则，它们没有提供任何其他准则——一样。

"日期满了，神的国近了。你们当悔改，信福音。"在《马可福音》中，救世主就是说着这些话出场的。[7] 耶稣把自己看作天国临近的福音，根据古代预言，这一国度将消除俗世的所有不足，并以此免除所有的经济烦恼。他的信众只需准备好迎接这一天的到来。为世俗事务烦恼的日子过去了，此刻，在对天国的期待中，人们必须专心于更重要的事情。耶稣没有为俗世行为和斗争制定任何准则，他的国度不是现世的，像他给予自己信众的行为准则，只对等待大事到来时仍然需要度过的日子有效。天国将没有经济烦恼，在那里，信众将在上帝的餐桌上坐席吃喝，[8]

所以对这个国度来说，所有的经济讨论都将是多余的。耶稣的任何准备都必须被看作仅仅是权宜之计。[9]

只有这样，我们才能理解耶稣在山顶布道时为何劝告他的人民不用为吃、喝、穿忧心，劝诫他们不用去耕种、收获或归仓，不用去劳动或纺织。这也是对他和他的信众的"共产主义"的唯一解释。这个"共产主义"不是社会主义，不是用属于共同体的生产资料进行生产。它不过是消费品在共同体成员中的分配，"照各人所需用的，分给各人"。[10] 它是一种消费共产主义，不是生产资料共产主义；是消费者共同体，不是生产者共同体。最初的基督徒根本不生产、劳动或积聚任何东西。新皈依者变卖他们的财物并把收益分给兄弟姐妹。这样的生活方式长远来看是不可行的，它只能被看作一种临时性的秩序，而且当初也确实是这样设想的。基督的信众生活在对救赎的日夜期盼中。

最初的基督徒关于（天国的）实现近在眼前的观念，逐渐变为最后审判的观念，这是一切长期存在的宗教运动的基础。与这一转变同时进行的，是对基督教生活准则的彻底重建，对天国来临的期盼不再起到基础的作用。当信众为了在俗世长期生活而试图把自己组织起来时，他们不得不停止要求人们不劳动，专心祈祷迎接天国的到来。他们不仅必须容许他们的同胞参加俗世劳动，而且不得不持之以恒，因为否则的话，他们将会毁灭其宗教存在的必要条件。因此，一旦教会开始适应日渐衰落的罗马帝国的社会秩序，最初对所有社会条件完全漠不关心的基督教，便实际上将这种秩序神圣化了。

375

谈论原始基督教的社会教义是一个错误。如《新约全书》最古老的部分所描述的，历史上的基督及其教义对所有的社会关切都相当漠然。基督并非没有对现状提出尖锐批评，但他认为不值得思考如何改进它们，甚至认为根本不值得思考它们。那是上帝的事。他将建立自己辉煌灿烂、完美无瑕的王国，这个王国会很快到来。没有人知道它会是什么样子，但有一点是确定的：人们将在其中无忧无虑地生活。耶稣省略了一切细枝末节，它们是不需要的；因为他那时的犹太人不怀疑天国的生活光辉灿烂。先知们已经宣布了这一王国，他们的话一直留在人们心中，成了他们宗教思想的基本内容。

耶稣期盼着当那个时刻来临，所有的行动和思想都转移到神的国度时，上帝会亲自重组社会，这使他的教义变得极为消极。他拒绝一切不提供自我替代物的东西的存在，他甚至要解除一切现存的社会关系。他的使徒不仅不应关心自谋生计，不仅不劳动并放弃一切财产，而且仇恨"父母、妻子、儿女、弟兄、姐妹和自己的性命"。[11] 耶稣能够忍受罗马帝国的世俗法律和犹太律法中的规定，不是因为他承认它们的价值，而是因为他对它们很漠然，轻蔑地把它们视为只在一段很有限的时间内重要的事情。他有着消灭社会关系的无限热情。这种完全否定的纯粹性和力量，其背后的动力是对新世界的狂思妙想和热切希望，因此才有他对一切现存事物的猛烈攻击。任何东西都可以摧毁，因为万能的上帝将重建未来的秩序。不必细察是否有什么东西能够从旧秩序带到新秩序，因为这个新秩序将在没有人的帮助下出现。所以，它不要求信众有伦理体系，有任何朝着积极方向采取的特定行为。信仰并且只有信仰、希望、期望——这就是他需要的一切。他不必为未来的重建贡献什么，上帝自己已经把这都准备好了。原始基督教这种完全否定的态度在现代最明显的相似物是布尔什维主义。布尔什维主义者也希望摧毁现存的一切，因为他们认为它们恶劣透顶。但是他们心中有关于未来社会秩序的想法，尽管这些想法不确定并相互矛盾。他们不但要求其追随者摧毁现存的一切，而且要求他们遵循一条明确的行动路线，它通往他们所梦想的未来王国。而耶稣在这方面的教诲仅仅是否定。[12]

耶稣不是社会改革家。他的教义对世俗生活没有道德用途，他给使徒的训示只对他们眼前的目标有意义——腰里束上带，灯也点着，"他来到叩门，就立刻给他开门"。[13] 正是这一点，使得基督教能在全世界高歌猛进。它对任何社会制度都保持中立，故而能够穿越千百年的岁月，没有被其间发生的可怕的社会革命所摧毁。完全是由于这个原因，它才成了罗马皇帝、盎格鲁—撒克逊企业家、非洲黑人和欧洲条顿人、中世纪封建领主和现代工业劳动者的宗教。每个时代、每个党派都能从它那里得到它们想要的东西，因为它不含有任何把它束缚于某种明确的社会秩序的东西。

四　教会法对利息的禁止

每一时代都在福音书中找到它想在那里找到的东西，忽略它想忽略的东西，教会伦理数百年来赋予高利贷教义以压倒性的重要地位，便最好地证明了这一点。[14]《新约全书》中的福音书和其他文字对信众的要求，与否弃借出资本利息的做法大相径庭。教规对利息的禁止是中世纪的社会和贸易学说的产物，最初同基督教及其教义没有任何关系。对高利贷的谴责和对利息的禁止都先于基督教，它们来自古代作家和立法者，并随着农民与新兴商人的斗争的发展而扩大。只是在那时，人们才试图通过援引《圣经》，为这些做法提供依据。收息的行为受到反对，不是因为基督教要求这样，而是因为公众谴责它，人们试图从基督教的著作中读出谴责高利贷的含义。《新约全书》对于这种意图最初似乎派不上用场，所以才引用《旧约全书》。数个世纪里，没有人想过引用《新约全书》的字句去支持禁令。经过一段时间之后，经院派的阐释技巧才从经常被引用的路加福音中读出了他们想得到的意思，从而在福音书中找到压制高利贷的依据。[15] 这是在12世纪初以后才出现的。只是在教皇乌尔班三世的赦令之后，

377

那段引文才被作为禁令的证据。[16] 但是当时对路加的话的解释相当站不住脚。那段话肯定与收息无关。从上下文看，"Μηδεν ἀπελπίξουτες"这句话的意思可能是"对借出之物不要指望偿还"，甚至有可能是"你不仅要借给有时也能借给你的富人，还要借给将来做不到这一点的人，即穷人"。[17]

人们赋予这句话以极大的重要性，这同他们忽略《福音书》的其他训令和戒条形成了鲜明对比。中世纪教会决心把反对高利贷的训令贯彻到底，可是它却故意地无所用心，没有把它用来扑灭这种特别做法的精力拿出一点儿来用于落实《福音书》中的其他许多清楚而明确的训令。就在路加福音这一章里，对其他事情也有明确的训示或禁止。例如，教会从未做出严肃的努力，禁止被抢劫的人要回自己的东西，从未反对对抢劫者的抵抗，也从未试图把对审判劫匪称为非基督教的行为。对山上训辞的其他禁令，如淡泊吃喝，也同样从未全心全意地贯彻执行。[18]

378

五 基督教与财产

3 世纪以来，基督教总是同时既为支持社会秩序者服务，也为希望推翻社会秩序者服务。双方都采取了求助于福音书的错误步骤，从《圣经》中寻找支持自己的字句。今天的情况依然如此：基督教既支持社会主义，也反对社会主义。

然而，从基督教教义中为一般的私有财产制度，特别是生产资料私有制寻找根据的所有努力都是徒劳的，无论什么样的阐释技巧，也无法在《新约全书》中找到一句可以被解释为拥护私有财产的话。寻求《圣经》谕旨的人必须回到《旧约全书》那里，或是满足于反驳在早期基督徒中存在着共产主义的主张。[19] 谁也没有否认过犹太人的社群精通私有财产，但是这并没有为我们确定原始基督教对它的态度提供更多的帮助。耶稣是赞成还是反对犹太律法中的经济和政治观念，都同样没有证据。基督确实说过，他来到人世不是要消灭法律，而是要成全法律。[20] 但对此我们只应当尝试从这样的角度加以理解：它使耶稣的行迹能够被人理解。很难说这句话是指为天国来临之前的世俗生活制定的摩西律法，因为他的若干训示是和这一律法尖锐矛盾的。我们可以认为，提及最早一批基督徒的"共产主义"，决不能为"符合现代概念的集体共产主义"[21] 提供任何有利的证明，但是也得不出基督承认财产权的结论。[22]

　　当然，有一件事是很清楚的，再巧妙的阐释也难以掩盖。耶稣的话充满了对富人的不满，他的使徒在这方面也毫不逊色。富人因为富有而受到谴责，乞丐因为贫穷而受到赞美。耶稣没有向富人宣战，没有宣扬对他们复仇，唯一的原因是上帝说"复仇是我的事情"。在神的国度穷人将变得富有，而富人则将受穷。后来的修订者试图缓和基督反对富人的话——它们最完整、最有力的表述是在路加福音中，但保留下来的话也足以给那些煽动世界对富人的仇恨、复仇、谋杀和纵火的人提供依据。直到现代社会主义时代，在基督教世界出现的反对私有财产的运动，无一不从耶稣、使徒和基督教神父那里引经据典，更不用说像托尔斯泰那样把福音书对富人的不满作为教义的核心和灵魂的人了。这是救世主的话播下了罪恶种子的一例。这些话比迫害异端和烧死巫师引起了更多的伤害和流血，它们总是使教会在反对一切旨在毁灭人类社会的运动时无还手之力。作为一个组织，教会当然一直站在那些试图抵御共产主义攻击的人一边，但它在这场斗争中却无法取得大的战绩，因为它不断地被下面这种话解除武装，"祝福尔等穷人：因为你们的国就是神的国"。

　　所以，不断被人重复的以下主张是最站不住脚的：宗教，即对基督信仰的承认，是一道抵御有害于财产权学说的防线，它使群众不会服下社会煽动的毒药。在以私有财产为基础的社会中成长起来的每一个教会，都必须以某种方式容忍私有财产。但是，考虑到耶稣对社会生活问题的态度，任何基督教教会在这里所能做到的顶多只是一种妥协，只有在无人坚持照字面解释《圣经》的话时，这种妥协才能生效。认为启蒙运动破坏群众的宗教感情从而为社会主义扫清了道路，是一种愚蠢的想法。相反，是教会对传播自由主义观念的抵制，为现代社会主义思想的破坏性不满情绪准备了土壤。教会非但不曾为扑灭大火尽一己之力，甚至是火上浇油。在天主教和新教国家成长起了基督教社会主义，而俄罗斯国教则见证了托尔斯泰教义的诞生，后者同社会的对抗性之强烈，堪称无与伦比。不错，官方教会起初曾抵抗这些运动，但最终也只能屈服，因为它对《圣经》里的话无还手之力。

380　　福音书既不是社会主义的，也不是共产主义的。我们已经看到，它们一方面对一切社会问题毫不关心，另一方面又充满了对一切财产和所有者的不满。所以说，基督教学说一旦脱离基督宣教的背景——对即将到来的天国的期待——就会具有极大的破坏性。任何拥护社会合作的社会伦理体系，无论如何也不能以这样的教义为基础：禁止关心生计和劳动，对富人表现出强烈的不满，鼓吹对家庭的仇恨并提倡自愿阉割。

　　教会在其发展的数百年中取得的文化成就，是教会而不是基督教的功劳。在这种功劳中，有多少应当归功于从罗马国家继承的文明，有多少应当归功于在斯多葛学派和其他哲学家影响下完全改变了的基督博爱的观念，仍是个悬而未决的问题。耶稣的社会伦理对这种文化的发展没起任何作用。教会在这方面的成就使这些伦理变得无害，但总是只限于一定的时期。教会只能坚持把福音书作为自己的基础，所以它总是得做好准备应付一部分信徒的反叛，他们对基督话语的解释不同于教会的规定。

　　在福音书的文字中，绝对找不到适用于俗世生活的社会伦理。《福音书》是否如实记录了耶稣的教诲——作为一种史实——是无关紧要的。对每一个基督教教会来说，必须把《新约全书》的《福音书》以及其他各卷作为基础，离开这一基础，它的根本特征就会遭到破坏。即使历史研究表明，耶稣关于人类社会的所思所言，在很大程度上可能与《新约全书》对他的描述不符，其教义对教会而言也仍然保持不变。对教会来说，写在《新约全书》中的文字必须永远是神谕。在此显然只有两件事情可做。教会可以像东正教那样，放弃对社会伦理问题采取某种态度的责任，从而不再作为一种道德力量，只限于在生活中从事纯粹装饰性的活动；它也可以遵循西方教会采取的方式，总是把那些当时对它的利益以及它在国家和社会中的地位最有用的社会伦理纳入教义。它曾与封建领主联手对付农奴，支持美洲种植园的奴隶经济，但是——就新教尤其是加尔文教来说——也把正在兴起的理性主义道德据为己有。它推动爱尔兰佃农反对英格兰贵族的斗争，同天主教工会一起反对企业家，同保守党政府一起反对社会民主党。在每一种情况下，它都能引用《圣经》来证明自己的态度是正当的。这实际上也等于基督教在社会伦理领域的一种放弃，因为这使教会成了被时代和风尚玩弄于股掌之间的没有意志的工具。更糟糕的是，它试图把每一次合伙都建立在福音书教义的基础上，从而也鼓励了在《圣经》中为它的目标寻求辩词的每一次运动。考虑到被如此利用的《圣经》文句的性质，那些更具破坏性的教义显然注定会占得上风。

381

　　但是，就算不能指望在福音书基础上建立一种独立的基督教社会伦理，使基督教教义同促进而不是破坏社会生活的社会伦理相协调，从而利用基督教的伟大力量为文明服务，也是不可能的吗？这样的转变并非没有先例。教会已经接受了如下事实：现代研究已经推翻了《圣经》关于自然科学的谬论。它不再把主张世界在空间中运动的异端在火刑柱上烧死，也不再把胆敢怀疑拉撒路[23] 从墓中醒来和肉体死而复生的人送到宗教裁判所审判。甚至罗马教会的神父，如今也被允许研究天文学和进化史。那么同样的事情在社会学中不可能吗？教会不能和自由分工合作的社会原理相一致吗？不能把基督教的博爱原则解释得符合这一目的吗？

这些问题不仅事关教会，而且关系到文化的命运，因为教会对自由主义观念的抵制并非没有害处。教会是一股如此可怕的势力，它对使社会得以维系的力量的敌意，足以使整个文化分崩离析。在过去的二三十年中，我们已经胆战心惊地见证了它向社会之敌的可怕转变。因为在那些使破坏性理想在今日世界甚嚣尘上的因素中，教会——不管是天主教还是新教——并不是责任最小的一个；在导致当前的混乱状态方面，基督教社会主义起的作用几乎丝毫不亚于无神论的社会主义。

382

六　基督教社会主义

从历史的观点看，不难理解教会对经济自由和任何形式的政治自由主义的厌恶。自由主义是理性启蒙开出的花朵，这场启蒙运动给旧的教会制度以致命一击，并由此诞生了现代的历史批判精神。正是自由主义，从根本上动摇了数百年来一直同教会关系密切的阶级的势力，它对世界的改造比基督教有过之而无不及，它使人性回到了现世和生活之中，它所唤醒的势力，使教会及其教义赖以立足的惰性传统主义基础发生了动摇。这种新的世界观让教会大为不安，它尚未调整自己适应现时代的环境。不错，天主教国家的神父给新铺设的铁路和新建电厂的发电机洒淋圣水，但是内心里，这位虔诚的基督徒仍然对他的信仰所不能领会的文明成果战栗不已。教会对现代性和现代精神有着强烈的憎恶，因此，它和那些因为憎恶而渴望打烂这个奇妙的新世界，狂热地从它那琳琅满目的武库中寻找手段，以便否定追求成就与财富的世俗斗争的人结成联盟，也没有什么好奇怪的。这种宗教一向自我标榜为爱的宗教，可是在一个幸福看来已经唾手可得的世界里，它却变成了恨的宗教。凡是打算破坏现代社会秩序的人，都有望从基督教中找到拥趸。

可悲可叹的是，那些最伟大的教会人物，那些认识到基督之爱的重要性并据此行动的人，竟然也参与这种破坏活动。实践真正的基督博爱，在医院和监牢里传教布道，对人类的苦难和罪恶一清二楚的牧师和修道士，是最先被这种社会破坏的新福音所俘获的人。只有对自由主义哲学的牢牢把握，能够使他们免于受到仇富情绪——它正肆虐于他们的门徒中间并得到了福音书的支持——的感染。他们实际上成了社会的危险敌人。博爱的德行生出了对社会的仇恨。

在这些反对自由经济秩序的感情用事的人中间，有些人尚未达到公开对抗的地步，但是许多人成了社会主义者。当然，他们不是像无产阶级社会民主党人那样的无神论社会主义者，而是基督教社会主义者，但基督教社会主义依然是货真价实的社会主义。

社会主义企图从基督教时代最初几百年的历史中，例如从最早的基督徒会众（congregation）中，寻求自己的对应物，这同样是错误的。当对天国来临的期待渐渐退去时，甚至早期会众的“消费者共产主义”也无影无踪了。然而，在这个共同体里它并没有被社会主义生产方式所取代。基督徒所生产的东西，是由个人在自己的农场或作坊里生产的。为满足共同活动的需要和开支而提供的财富，是来自自力更生生产的会众成员自愿或不自愿的捐献。在最初几个世纪的基督教会众中，可能出现过少数孤立的社会主义生产的事例，但不存在这方面的文献证据。在我们了解其学说和著作的基督教士中，从未有人推荐过它。我们时常发现

383

使徒教父和教会神父劝勉信众恢复早期会众的共产主义，但这永远是一种消费共产主义。他们从来没有推荐过社会主义的生产组织。[24]

在为共产主义唱赞歌的劝勉词中，最著名的是来自约翰·克里索斯通。[25] 这位圣人在讲解使徒行传的第11篇布道中，赞美早期基督徒会众的消费共产主义，并且以其热诚的辩才倡导它的复兴。他不仅通过使徒及其同时代人的事例推荐这种形式的共产主义，而且试图理性地阐明他所设想的共产主义的种种优点。如果君士坦丁堡的全体基督徒交出自己的财产由大家共同所有，积聚起来的财物就足以让基督徒穷人吃饱，不会再有人缺衣少食，因为共同生活的成本要比一家一户单独生活小得多。圣克里索斯通在这里提出的论证与今天有些人提出的差不多——他们主张单一厨房的住宅或公共食堂，并试图用算术方法证明集中烹饪和集中家务管理的经济实惠。这位教会神父说，成本不会大，通过集中个人物品积聚起来的巨额资金将用之不竭，尤其是信众将得到上帝更加慷慨的祝福。并且，每一个新来者都会使总资金有所增加。[26] 这些一本正经的阐述向我们表明，克里索斯通所想的只是联合消费。他认为，分散会导致福利的减少，联合和合作会导致福利的增加，他对联合的经济优越性的这些评论，的确归功于他的经济洞察力。然而从整体上说，他的建议说明他完全缺乏对生产问题的理解。他的思想完全是针对消费，他从未想到生产是先于消费的。所有的货物都要转移给共同体（圣克里索斯通在此想到的大概是货物的销售，随后便举了福音书和使徒行传的例子），然后共同体开始共同消费。他没有认识到这种情况不能永无止境地进行下去。他相信，积聚起来的数以百万计的财富——他估计财宝在100万到300万磅黄金——永远也用不完。人们注意到，这位圣人的经济洞察力枯竭的地方，恰好也是我们的社会政治家的智慧倾向于枯竭的地方，他们试图按照从消费领域的慈善工作中得到的经验，对整个国民经济进行重组。

圣克里索斯通解释说，人们惧怕向他所推荐的共产主义转变，更甚于惧怕跳海。教会也是这样，它很快就抛弃了共产主义观念。

修道院经济不能被看作社会主义。那些无法靠私人捐献维持生计的修道院，往往要靠佃农的什一税和应付款以及来自农庄和其他财产的收益为生。僧侣偶尔以生产者合作的方式为基础从事劳动。整个修道院的生存只是一种少数人能够参与的生活理想，修道院的生产永远不能被当作全体国民的标准，而社会主义却是一种普遍的经济制度。

基督教社会主义的根源，既不能从原始教会中找到，也不能从中世纪教会中发现。是在 16 世纪可怕的信仰之战中重新焕发活力的基督教第一次采纳了它，尽管只是逐渐采纳，并且遇到了强有力的反对。

现代教会有别于中世纪教会，因为它必须不断地为生存而奋斗。中世纪教会的统治地位不曾受到挑战，人们思考、讲授或写作的一切都来自它又最终归之于它。古典时代的精神遗产无法动摇它的统治地位，因为它的终极意义超出了受中世纪思想观念紧紧束缚的那一代人的理解范围。但是，随着社会朝理性思想和行动方向的演进，人们在终极真理方面甩掉传统思想羁绊的努力也变得愈加成功。文艺复兴运动对基督教的根基发起了冲击，它以古典理性和古典艺术为基础，其影响不可避免地倾向于使人脱离教会，或至少不去理会教会。教会中人不仅没有逆流而动，而且成了新精神最活跃的主角。从 16 世纪伊始，没有人比教会本身更远离基督教。旧信仰的丧钟似乎已经敲响了。

然后又发生了剧变，即基督教的反革命。它不是来自上面，不是来自教会的巨头或僧侣，实际上，它根本不是来自教会。它是由外部强加给教会的，是来自基督教仍然作为一种内在力量存

385

活着的人民内部。可见，以改革垂死的教会为目的的攻击是来自外部，来自下面。宗教改革和反改革是这次基督教复兴的两种伟大表现方式。它们的观点、方法、崇拜方式和法定学说各异，尤其是它们在政治方面的预想和成就不同，但它们的最终目标一致：重新把世俗秩序建立在福音书的基础上，重新使信仰成为控制人们的思想和灵魂的力量。这是信仰对思想、传统对哲学的史无前例的大反抗。它的成功是巨大的，它创造了我们今天所知道的基督教，这是在个人心中有一席之地的宗教，它控制着良知，抚慰着心灵。但是它没有大获全胜，尽管它逃过了一劫——基督教的衰亡，却不能消灭敌人。从 16 世纪以来，这种观念斗争就一直几乎不曾间断地进行着。

教会知道它无法取胜，除非它能封死对手的灵感之源。只要理性主义和个人精神自由还在经济生活中得到维持，教会就永远不能成功地按照它所要求的方向禁锢思想和驾驭理智。为此它首先要获得对一切人类活动的无上权威。所以，它不能满足于作为自由国度的自由教会而生存，它必须寻求统治这个国度。罗马教廷和新教国家的教会都在为这种统治地位而奋争，以便使它们能够按照自己的理想命令尘世的一切。教会不能容忍任何其他精神力量，每一种独立的精神力量对它都是威胁，而随着生活理性化的演进，这种威胁的力量还会加强。

如今，独立生产不能忍受任何精神太上皇。在我们这个时代，对思想的支配权只能通过对生产的控制权来获得。所有教会早就模糊地意识到这一点，但当具有独立来源的社会主义观念成386 为一种迅速增长的强大力量时，它们才对此有了清楚认识。教会恍然大悟，只有在社会主义社会，神权统治才是可能的。

曾几何时，这种观念在现实中得到了实现，即耶稣会在巴拉圭创立了那个不同凡响的国家，它就像是柏拉图理想国的化身。这个独一无二的国家繁荣了一个多世纪，最后被外部势力消灭。

可以肯定的是，耶稣会会士在建立这个社会时，并没有进行社会实验或为世界其他共同体树立榜样的想法。然而，他们在巴拉圭的最终目标，也不过是他们曾经到处企图达到但由于巨大的阻力而没有成功的目标。他们试图把俗人——就像需要教会监护的孩子——置于教会和他们自己的教派的有益统治之下。从那以后，不论是耶稣会还是其他宗教团体，再也没有尝试任何像巴拉圭实验这样的事情。但清楚的是，和罗马天主教会一样，所有天主教会都瞄准了同一个目标。扫除目前阻碍着教会的一切障碍，什么东西也无法阻止它到处去重复巴拉圭实验。

　　一般来说，教会对社会主义观念持否定态度，并不能否定以上论证的正确性。凡是不以它为基础，而是在别的基础上实现的社会主义，它一概予以反对。它反对无神论者设想的社会主义，因为这会动摇它的根基；但是，假如消除了这种威胁，它会毫不犹豫地亲近社会主义理想。普鲁士教会居于普鲁士国家社会主义之首，罗马天主教会到处追求它自己特有的基督教社会理想。

　　面对所有这些证据，似乎只能对上述问题——是否有可能使基督教与建立在生产资料私有制基础上的自由社会秩序相协调——做出否定的回答。有生命力的基督教似乎不能与资本主义并存。就像东方的那些宗教那样，基督教必须要么战胜资本主义，要么屈服于资本主义。但是，今日同资本主义的战斗中，没有比社会主义更有效的战斗呐喊，回到中世纪社会秩序的建议只有极少数支持者。

　　然而，也许还有一条出路。谁也无法十分肯定地预见到教会和基督教将来会如何变化。罗马教廷和天主教现在面对的问题，要比它们过去一千多年来遇到的任何问题更难以解决。这个世界范围的普世教会的存在本身，正受到沙文主义者的民族主义的威胁。它借助于精致的政治技巧，维护天主教原则度过了所有的民族战争动乱，但是，它必须每天都要更清楚地认识到，它的继续存在是同民族主义观念水火不容的。除非它打算屈服，给民族主义教会让路，否则它就必须借助一种能使各民族在和平中共存共荣的意识形态，把民族主义赶跑。然而，教会在这样做时将会发现，它不可避免地要信奉自由主义，没有任何别的学说可以给它帮忙。

　　如果罗马教会想寻找一条出路，使自己摆脱民族主义使它陷入的危机，它就必须彻底转变。这种转变和改革也许会让它无条件地承认生产资料私有制不可或缺。但最近教皇的《四十年通谕》[27] 表明，它目前离这一目标仍很遥远。

注释：

[1] 关于喀斯帕·豪斯（Kaspar Hauser）的第一个比较肯定的事实是，他在 1828 年带着介绍自己身世的信出现在纽伦堡。根据信的内容，他在 1812 年只有几个月大时，被一名德国劳工发现并收养。这名男孩说，在他来到这个世界之前，一直被关在一间黑屋子里。后来他及时得到了德国诗人兼哲学家道曼（Georg Friedrich Daumer, 1800—1875）的照顾。据他说，豪斯 1833 年死于一个陌生人给他造成的伤害，此人曾答应提供他的来历。关于豪斯的真实身份和祖先，当年曾演绎出了许多谜团和传奇故事。——英文版出版者注

[2] 比较 Harnack, *Das Mönchtum*, 7th ed.（Giessen, 1907）, pp. 32 ff.。对东正教教特性的描写。

[3] 克龙斯塔特（John of Kronstadt, 1821—1908）的真名为约安·塞尔吉耶夫（Ioann Sergiev），是一位号称会表演奇迹的俄国东正教牧师，他从事慈善工作，照顾穷人、病人和穷困潦倒者。

[4] Harnack, *Das Mönchtum*, p. 33.

[5] Troeltsch, *Gesammelte Schriften*, vol. Ⅱ（Tübingen, 1913）, pp. 386 ff..

[6] Harnack, *Das Wesen des Christentums*（Leipzig, 1907）, pp. 50 ff..

[7]《新约·马克福音》1：15.

[8]《新约·路加福音》22：30.

[9] Harnack, *Aus Wissenschaft und Leben*, vol. Ⅱ（Giessen, 1911）, pp. 257 ff.；

Troeltsch, *Die Soziallehren der christlichen Kirchen und Gruppen*, pp. 31 ff. .

[10]《新约·使徒行传》4：35.

[11]《新约·路加福音》14：26.

[12] Pfleiderer, *Das Urchristtentum*, vol. Ⅰ, pp. 649 ff. .

[13]《新约·路加福音》12：35—36.

[14]"中世纪贸易法学说的根源是关于金钱匮乏的教会法教条和可以用高利贷法加以理解的全部推论。这个时代的贸易法的历史，只能被视为法律学说中的高利货教条的统治史。"Endemann, *Studien in der romanisch-kanonistischen Wirtschafts-und Rechtslehre his gegen Ende des siebzehnten Jahrhunderts*（Berlin，1874—1883），vol.Ⅰ，p.2.

[15]《新约·路加福音》6：35.

[16] C.10.X.，*De usuris*（Ⅲ，19）. 见 Schaub, *Der Kampf gegen den Zinswucher, ungerechten Preis und unlautern Handel im Mittelalter*（Freiburg，1905），pp.61 ff. 。

[17] Knies 是这样翻译这段话的，见 Knies, *Geld und Kredit*, Part Ⅱ（Berlin，1876），pp.333-335 note。（译按：《圣经》英译本的原文是"…and lend，hoping for nothing again"，和合本汉译《圣经》对这句话的翻译是"……并要借给人不指望偿还"。）

[18] 根据最新的教会立法（见 c.1543, Cod. iur. Can），已经有条件地承认收取利息的合法性，见 Zehentbauer, *Das Zinsproblem nach Moral und Recht*（Vienna，1920），pp.138 ff.。

[19] Pesch, *Lehrbuch der Nationalökonomie*, pp.212 ff. .

[20]《新约·马太福音》5：17。（译按：这一节的经文是："莫想我来要废掉律法和先知。我来不是要废掉，乃是要成全。"）

[21] Pesch, op. cit. , p.212.

[22] 普夫莱德勒（见 Pfleiderer, *Dus Urchristentum*, vol.Ⅰ，p.652）用对世界性灾难就要临近的天启预言来解释耶稣对俗世财产的悲观判断。"不应当从我们现代伦理的意义上对耶稣在这个问题上的冷酷言论进行重新解释和运用，而是应当全面地了解这样一种观念，即耶稣不是作为理性的道德家，而是作为即将到来的天国的热情先知而出现的，他也仅仅是因为这一点才成了救赎宗教的来源。想使先知的来世论热

情成为社会伦理的直接和永恒权威的人，就和在火山烈焰上点炉子热汤的人一样愚蠢。"路德在 1525 年 5 月 25 日写给但泽市议会的信中说："《福音》是一部精神律法，借助于它不能做到良好的治理。"见 Neumann, *Geschichte des Wuchers in Deutschland* (Halle, 1865), p. 618; 另见 Traub, *Ethik und Kapitalismus*, 2nd ed. (Heilbronn, 1909), p. 71。

[23] 拉撒路 (Lazarus):《新约》中的麻风病人，因耶稣的关爱而从坟墓中醒来，事见《新约·约翰福音》第 11 章。——译注

[24] Seipel, *Die wirtschaftsethischen Lehren der Kirchenväter* (Vienna, 1907), pp. 84 ff. .

[25] 圣约翰·克里索斯通 (St. John Chrysostom, 347–407): 希腊正教创始人之一。——译注

[26] Migne, *Patrologiae Graecae*, vol. LX, pp. 96 ff. .

[27] 1931 年由教皇庇护十一世 (1922—1939 年任教皇) 发布。——英文版出版者注

第三十章

伦理社会主义，尤其是新批判主义的伦理社会主义

一 作为社会主义基础的绝对律令

恩格斯把德国工人运动称为德国古典哲学的继承人。[1] 更正确的说法是，德国的（不仅是马克思主义的）社会主义代表着唯心主义哲学学派的衰落。社会主义把它赢得对德国人精神的统治权归功于德国大思想家们所构想的社会观念。从康德的义务神秘主义和黑格尔对国家的神圣化中，可以轻而易举地追溯社会主义思想的发展；费希特已经是社会主义者。

康德的批判主义是德国哲学备受称赞的一大成就，它最近二三十年的复兴，也使社会主义获益匪浅。新康德主义者，尤其是兰格和柯亨，已经宣称自己是社会主义者。与此同时，马克思主义者也试图使马克思主义与新批判主义协调一致。自从马克思主义的哲学基础显现出裂痕以来，从批判哲学中为社会主义观念寻求支持的尝试便成倍增多。

康德体系的最大软肋是他的伦理学。虽然他的强大智力为它注入了活力，但个别概念的伟大不会让我们漠视这一事实：他的出发点选择不当，基本概念有误。他企图将幸福主义连根拔掉的绝望尝试失败了。在伦理学方面，边沁、密尔、费尔巴哈都胜康德一筹。他对同时代人弗格森和亚当·斯密的社会哲学一无所

知，对经济学也一向不感兴趣。他对社会问题的全部理解因这些
缺陷而受到伤害。

389　　在这方面，新康德主义者与老师相比并没有取得更大的进
步，他们也缺乏对基本的社会劳动分工法则的洞察力。他们只看
到了收入分配不符合他们的理想，最大的一部分收入没有落到他
们认为最应当得到的人手中，而是落到了他们所鄙视的那个阶级
手中。他们看到了人民的贫困，却不想搞清楚这应当归罪于私有
制还是归罪于对私有制的限制。他们大力谴责私有财产本身，他
们绝无生意上的烦恼，所以对私有财产素无好感。在社会认知方
面，他们依然受制于外部和表象的东西。他们在驾驭其他所有问
题时毫不含糊，但是胆怯使他们在这里放不开手脚。他们尴尬地
暴露出了自己根深蒂固的偏见。在社会哲学方面，在其他方面相
当开明的思想家，常常很难避免所有的怨恨情绪。他们情不自禁
地想到那些比他们更风光的人，一边拿自己的价值和别人的缺乏
价值做比较，一边把自己的贫困跟别人的财富做比较，结果是他
们手里的笔不再受理性，而是受愤怒和嫉妒引领。

　　只有从这个角度才能说明，像新康德主义者这样头脑清醒的
思想家，为何至今没有搞清楚社会哲学中那些唯一凸显的问题。
在他们的著作中，甚至连综合性社会哲学的基本原理都难见踪
影。他们对某些社会状况做了许多无根无据的批评，却忘了讨论
最重要的社会学体系。他们没有事先了解一下经济科学的成果就
妄下判断。

　　他们的社会主义一般都是以这句话为起点："按照这样的方
式行动：你要永远把自己的存在，同样地也就把其他所有人的存
在，作为目的，而绝不仅仅作为手段。"柯亨说，这些话"表达
了绝对律令的最深刻、最强大的意义；它们包含着现时代和全部
未来世界史的道德纲领"。[2] 他似乎是在推测，这离社会主义并
不遥远。"通过把每个个体定义为最终目的，即他本人就是目的，

人类的目标偏好的观念就发生了改变，成了社会主义观念。"[3]

　　这种支持社会主义的伦理学论证的成败，显然取决于下述主张：在以生产资料私有制为基础的经济秩序中，所有的人，或者有些人，都是手段而不是目的。柯亨认为这已完全得到了证明。他相信，这种社会秩序中存在两个阶级，即所有者和非所有者，其中只有前者过着合乎人道的生活，而后者仅仅是服务者。人们很容易看到这种主张源自何处，它根据的是关于富人和穷人关系的流行观念，并且得到马克思主义社会哲学的支持。柯亨对这种哲学表现出极大的同情，虽然没有明确说出自己的看法。[4] 他完全忽视了自由主义社会理论，想当然地认为它是站不住脚的，认为批评它纯粹是浪费时间。然而，唯有驳倒了自由主义对社会性质和私有财产功能的看法，他才能证明在以生产资料私有制为基础的社会里人成了手段而不是目的这种断言是正确的，因为自由主义社会理论证明，个人眼中的别人，首先是实现他的目的的手段，而他在别人眼里也是实现他们的目的的手段；最后，通过这种使每个人同时既是手段也是目的的互惠行为，使社会生活的最高目标得到实现——使每个人获得更好的存在。唯有每个人在过自己的生活的同时帮助别人生活，唯有每个人同时既是手段也是目的，唯有每个人的福祉同时也是别人福祉的必要条件，社会才成为可能，所以显而易见，我与你，即手段与目的的对立，会自动地得到克服。无论如何，这正是生物有机体的比喻打算让我们理解的事情。在有机体结构中，没有任何部分只被当作手段，也没有任何部分只被当作目的。按康德的说法，有机体是这样一种存在，"其中的每样东西都互为目的和手段"。[5] 康德在这里完全熟悉有机体的性质，可是他没有看到——他在这方面远远落在与他同时代的伟大社会学家后面——人类社会是根据同样原理构成的。

391 目的论的观点对手段和目的做了区分，只有在我们把单个的人或单个的人类团体的意志和行动作为研究题目时，这种观点才是可以允许的，一旦我们进一步研究这种行动在社会中的作用，它就不再有任何意义了。因为每一个行动的个体都有一个最终目的，一个幸福主义能让我们理解的目的；从这个意义上可以说每一个人都是一个自为自在的目的。然而，作为一种运用于整个社会的观点，这种表达方式没有任何认知价值。我们在这里谈论目的的正当理由，并不比谈论任何其他自然现象时更多。当我们问到社会中何为目的何为手段时，我们在心里是用某种因意志而形成的结构代替了社会，即代替了因劳动分工优于孤立的劳动而结合在一起的人类合作结构，然后又问这种意志的目标是什么。这是万物有灵论的思想，无论如何都不是社会学或科学的思想。

柯享支持废除私有财产的特殊论证表明，他在探讨这个基本的社会生活问题时很糊涂。他说，事物有价值，但人是无价的。他们有的是尊严。劳动价值的市场价格与人的尊严是不相容的。[6] 这就把我们拖进了马克思主义的修辞学泥潭和有关劳动的"商品属性"以及应当反对这种属性的教义。这个说法被写进了凡尔赛协议和圣日耳曼协议，其形式是要求接受这一基本原理："不应把劳动仅仅看作一件商品。"[7] 还是让这种琐屑无聊的学究语言见鬼去吧。

在有了这种了解之后，我们再看到柯享重复那些数千年来一直被用来反对私有制的套话，就不会大惊小怪了。他排斥财产，是因为所有者通过获得对个别行为的控制权，实际上成了人的所有者。[8] 他排斥财产，还因为它从工人那里拿走了他的劳动产品。[9]

显然，康德学派提出的支持社会主义的理由，总是把我们带回到各种社会主义作者的经济学概念那儿，尤其是马克思和步其后尘的"学院派"社会主义者那里。他们除了经济学和社会学的论证外一无所有，而这些论证都已被证明是站不住脚的。

二　作为社会主义基础的劳动义务

《帖撒罗尼迦书后书》上说，"若有人不肯做工，就不可吃饭"，据说这话出自使徒保罗之口。[10] 对劳动的这个训令所针对的，是那些想以信众中从事劳动的成员为代价，靠自己的基督教信仰仰生活的人；他们应当自谋生计，不可加重伙伴的负担。[11] 这句话早就被从上下文中割裂开来，被解释为对非劳动所得的排斥。[12] 它包含着一个最简洁的道德律令，至今还在不断地得到大力提倡。

把人们引领到这一原理的思路，在康德的一句话中得到了延续："人可以想多机灵就多机灵，但是他不能强迫大自然接受别的法则。他要么必须自己劳动，要么让别人为他劳动，并且他的作为将剥夺别人的幸福，剥夺的程度与他把自己的幸福提高到平均水平以上的需要相对应。"[13]

有必要指出的一点是，康德无法把这些话中对私有财产的间接排斥，建立在除功利主义和幸福主义观点之外的基础上。他作为起点的观念是，私有财产使更多的劳动被加于某些人，使另一些人得以游手好闲。这种批评经不住以下反驳：私有制和财产数量的差别没有从任何人那里拿走任何东西，而在不允许存在这两种现象的社会制度中，生产出来的东西是如此之少，这使得劳动产品的人均份额还不如以私有财产为基础的社会秩序中没有财产的劳动者的收入多。替有产者的闲暇买单的，是无财产者的更多劳动，这种说法一旦被驳倒，康德的观点也就不攻自破了。对私有财产的这种道德判断也清楚地表明，对经济功能的道德评价最终取决于对它们的经济成就的看法——只能立足于此，再无其他依据。如果我们做更密切的观察，在"道德基础"上排斥一种以功利主义的观点来看不应反对的制度，并不是伦理学考虑的目

393　标。实际上，在所有这种情况下，唯一的意见分歧是对这种制度的经济功能的意见分歧。

这一事实之所以受到忽略，是因为那些试图反驳对私有财产的批评的人使用了错误的论据。他们没有指出私有财产的社会意义，总是满足于去证明所有权，或是证明有产者并非游手好闲，他是靠工作获得了财产，也要工作以维持财产，还有其他诸如此类的论证。这些说法的不当之处是显而易见的。当问题是法律应当是什么时援引现存法律，当问题不是某种劳动是否应当得到报酬，而是生产资料私有制是否应当存在，如果它存在，能否容忍这种所有权的不平等时，却援引有产者正在从事或已经完成的劳动，都是很荒谬的做法。

所以，从伦理学的观点看，提出某种价格是否合理的问题是不能允许的。伦理学的判断必须在立足于生产资料私有制的社会秩序和立足于公有制的社会秩序之间做出抉择。一旦它做出这种抉择——对幸福主义伦理学来说，这种抉择只能根据这两种想象的社会形式分别能够取得的成就——它就不能再把它所选定的秩序的特有结果称为不道德的。它所选择的社会秩序所必需的东西都是道德的，其他一切东西都是不道德的。

三　作为伦理假设的收入不平等

对于所有人的收入应当平等这种主张，不管是反对还是赞成，都没有多少科学的依据。这是一个只能做出主观评价的伦理学假设。科学所能做到的，仅仅是说明这个目标将会使我们付出什么代价，为了达到这个目标我们必须放弃别的什么目标。

要求尽可能收入平等的大多数人都没有认识到，他们所欲求的目标只能通过牺牲别的目标来实现。在他们的想象中，总收入会保持不变，他们需要做的只是对总收入进行比以私有财产为基

础的社会秩序中的分配更加平等的分配。富人要交出他们超出平 394
均数以上的收入份额，穷人将得到使其收入达到平均数的份额，
但平均收入本身将保持不变。但是，必须清楚地知道，这种观念
是以一个严重错误为基础的。已经得到证明的是，不管人们以何
种方式想象收入的平等化，它必然导致国民总收入从而也导致平
均收入的大幅减少。根据这种说明，问题就变得十分麻烦。因为
这时我们必须做出抉择：是赞成平均收入较低的收入平等分配，
还是赞成平均收入较高的收入不平等？

当然，这种抉择说到底要取决于对社会收入分配的改变将引
起多大幅度的减少的估算。如果我们断定，平均收入将比现在最
贫穷者的所得还要低，我们的态度就很有可能大大不同于大多数
感情用事的社会主义者的态度。如果我们接受本书第二卷关于社
会主义制度下的生产率如何低下，尤其是关于经济核算将完全不
可能的观点，那么伦理社会主义的这个论证也会不攻自破。

有些人穷是因为另一些人富，这种说法是不正确的。[14]　如
果收入平等的社会秩序取代了资本主义秩序，每个人都将会变得
更穷。由于有富人在，穷人才得到了他们的所得——这种说法听
上去有些怪，但确实如此。

如果我们不接受支持全面的劳动税及财富和收入平等的论
证——它的基础是这种说法：有些人拥有闲暇和财富，是以增加
别人的劳动和贫困为代价的——那么这些伦理假设的某础就只剩
下了怨恨。如果我必须工作，大伙也不能闲着；如果我穷，大伙
也不能富。所以我们一再看到，这些社会主义观念的背后都有
怨恨。

四　对谋利动机的伦理—美学责难

哲学家对资本主义经济秩序的另一种责难是，它鼓励了谋利

395 本能的泛滥。他们说，人不再是经济过程的主人，而是它的奴隶。人们忘记了经济活动只是为了满足需要而存在，是手段而不是目的本身。生命在无休无止地、忙忙碌碌地追逐财富中草草了结，人没有时间静下心来真正地享受，他们把最旺盛的精力都浪费在每天令人疲惫不堪的自由竞争上。思想家们追忆遥远的过去，把那时的一切都浪漫地理想化了。他们看到罗马贵族在乡间宅第里安详地思考着斯多噶哲学问题；看到中世纪僧侣把时间分给祈祷和阅读经典；看到文艺复兴的巨匠、艺术家和学者们在庭院里聚会；看到百科全书派在洛可可时代贵妇人的沙龙里阐发他们的思想——这一幅幅美妙的画面，让我们对过去产生了深深的渴望。当我们从这些美景回到自己的时代，看到那些没教养的人所过的生活，我们更加深了对现状的嫌恶。

这种诉诸感情而不是理性的论证，其缺点不仅在于它使各个时代最耀眼的精英与现代生活中的草民相比照。很清楚，不能把伯里克利或米西纳斯[15]的生活同贩夫走卒的生活相比较。但是，认为现代商务忙碌的生活扼杀了人对美和庄严事物的感觉，这种说法仍是有违事实的。"资产阶级"文明的财富不只是花在了卑鄙低俗的享受上，如果需要论据的话，只需指出严肃音乐在过去几十年里如何变得流行起来，尤其是在那些在生意场上忙得团团转的人中间流行起来就够了。历史上从未有过这样一个时代，使艺术如此接近这么多人的心灵。粗俗的消遣比高尚的娱乐能吸引更多的人，这种现象并非我们这个时代所特有，而是一向如此。我们可以断定，在社会主义共同体里，高的品位永远也不会成为主流。

现代人一直耳闻目睹通过劳动和创业发财致富的可能，这在过去更为僵化的经济中就比较难以实现。从前，人生而有贫富之分，除非他们的劳动或事业碰上了可遇不可求的机缘，使他们的地位有所改变，否则他们一生都将或贫或富。因此，我们看到富

人总是高高在上，穷人则一直留在底层。资本主义社会的情况不
是这样，富人比较容易变穷，穷人比较容易变富。实际上，由于
每个人自己或家庭的命运不是生来注定的，他会尽最大努力往上
爬。他永远不会富得不想再富，因为在资本主义社会里，没有什
么财富是永恒的。在过去，什么人也不能触犯封建领主。如果他
的土地肥力下降，他的消费会减少，但是只要不欠债，他就会继
续保有财产。出借资本的资本家和从事生产的企业家却要经受市
场的考验，谁投资不精明，或者谁的生产成本太高，谁就会破
产。了无牵挂地与市场相隔绝的日子一去不复返了。就连土地财
富也不能逃脱市场的影响，农业也必须按照资本主义方式生产在
今天，人们必须挣钱，否则就会成为穷光蛋。

　　得让那些希望消除这种强迫性的劳动和创业的人彻底明白，
他们是要破坏我们的福利基础。1914 年，地球上的人口比过去
任何时候都多，并且他们都生活得比其祖先好得多，这都完全归
功于营利本能。如果现代工业的勤奋被过去的冥想生活取而代
之，会有无数人被活活饿死。

　　在社会主义社会，政府衙门里领主般的安逸将取代现代金融
机构和工厂的忙碌，官差将代替精力旺盛的企业家。无论文明是
否会从中获益，我们只能任由这个世界及其制度中那些自封的法
官愚弄。官僚真的是理想类型的人吗？我们必须不惜任何代价努
力让这种人遍布世界吗？

　　许多社会主义者极其热情地描绘公务员社会比逐利者社会的
种种优越性。[16] 在后一种社会（营利社会）里，人人只追求自
己的利益；在各自从事其专业的人构成的社会（功能社会）里，
人人尽他的义务服务于整体。这种对官僚制的高度评价，就算它
不是建立在对以生产资料私有制为基础的社会秩序的误解上，也
不过是封建地主、军人、文人和吉卜赛人对公民辛勤劳动一向持
有的鄙视态度的翻版而已。

396

五 资本主义的文化成就

伦理社会主义的不正确和不真实性，它的逻辑不一致和缺少科学批判精神，都说明它是一个衰退时期的哲学产物。它是 19 世纪和 20 世纪之交欧洲文明衰落的精神表达。在它的影响下，德意志民族以及整个人类从文化顶峰跌入了堕落的深渊。它为世界大战和布尔什维主义创造了精神前提。它的暴力理论在1914—1918 年的大屠杀——它导致了世界史上前所未有的繁荣的终结——中奏响了凯歌。

在伦理社会主义中，对人类社会合作的不完整的理解是同对游手好闲者的怨恨结合在一起的。正是由于伦理社会主义者无法理解社会生活的难题，才使得他们如此天真，如此踌躇满志，自以为能够轻而易举地解决社会问题。怨恨助长了怒气，此乃有这种想法的人的必然反应。但他们的语言火力来自追求放纵的浪漫热情。每个人都有一种摆脱社会约束的根深蒂固的欲求，它同对另一种状态的渴望结合在一起，即充分满足一切可以想象的愿望和需要。理性教导我们，除非我们愿意重新陷入苦难的深渊，否则不要向前一种欲求让步；它还提醒我们，后一种欲望也无法得到充分满足。理性戛然而止之处，也就是浪漫主义上路之时。人的反社会本能占了理智的上风。

特别擅长于激发想象的浪漫主义运动，其语言是丰富多彩的，它那些五彩缤纷的梦想无与伦比。它的赞美唤醒了无穷无尽的欲求，它的诅咒繁殖着憎恨和轻蔑。它不仅渴望那个不是清醒对待，而是被美化了的过去，也渴望以鲜艳无比的欲望色彩描绘的未来。在这两者之间，它看到的是资产阶级社会清醒的日常工作生活，对此它只有仇恨和厌恶，认为在资产阶级身上体现着一切可耻渺小的东西。它神游于世界各地，对一切时代和国度大加

397

赞美，唯独对今天的现状却既不理解也不敬重。

　　富有创见的伟大思想家——我们尊之为高于常人的经典作家——看到了资产阶级秩序的深刻意义，而浪漫主义作家缺乏这种洞察力，他们小肚鸡肠，当然不会为资产阶级社会唱赞歌。他们嘲笑公民，瞧不起"小店主伦理"，讥笑法律。他们目光犀利，能把日常生活的所有瑕疵尽收眼底，并且急不可待地把它们归之于社会制度的缺陷。可是浪漫派从未领悟到资本主义社会的伟大。把这些"小店主伦理"取得的成果与基督教的成就比较一下吧！基督教默许奴隶制和多妻制，实际上颂扬战争，并以上帝的名义烧死异端，摧毁国家。而备受辱骂的"店主"则废除 398
了奴隶制和农奴制，使女人和男人享有同等权利，宣布法律面前人人平等以及思想和言论自由，对战争宣战，废除酷刑，减轻重罚。哪一种文化势力能夸耀自己取得了类似的成就？资产阶级文明创造并传播了福利，令过去所有的宫廷生活相形见绌。在这次世界大战之前，即使条件不太好的城市，人们也不仅有体面的衣食，而且能享受真正的艺术，到远方旅行。浪漫主义作家却只盯着那些日子不太好过的人，他们相对贫困的原因在于资产阶级文明尚未创造出足够的财富，让大家都能过得舒舒服服。同样是这些浪漫主义作家，对那些已经过上舒适日子的人却有眼无珠。[17]他们只看到了过去遗留给资本主义文明的一向存在的肮脏和苦难，而不是它所创造的价值。

注释：

[1] Engels, *Ludwig Feuerbach und der Ausgang der klassischen deutschen Philosophse*, 5th ed. (Sruttgart, 1910), p. 58.

[2] Cohen, *Erhik des reinen Willens* (Berlin, 1904), pp. 303 ff..

[3] lbid., p. 304.

[4] "资本主义生产的直接目的不是商品，而是生产剩余价值或利润（在

其发展的形式上）；不是产品，而是剩余产品……照此观点来看，工人本身就像他们在资本主义生产中表现的那样，只是生产资料，也不是生产的目的。" Marx, *Theorien über den Mehrwert* (Stutgart, 1905), Part 2, pp. 333 ff.. （译按：中译本见《马克思恩格斯全集》第二十六卷第二册，人民出版社 1973 年版，第 624—625 页。）马克思从未明白，工人也作为消费者对生产过程发挥着作用。

[5] Kant, *Kritik der Urteilskraft* (Works, vol. Ⅵ), p. 265. 英文版出版者注：英译本见 *Critique of Judgment*, in Immanuel Kant, *The Critique of Judgement, Part* Ⅱ, *Critique of Teleological Judgement*, trans. James Creed Meredith (Oxford: Clarendon Press, 1952)。

[6] Cohen, *Ethik des reinen Willens*, p. 305; See also Steinthai, *Allgemeine Ethik*, pp. 266 ff..

[7] *Art. 427 of the Treaty of Versailles and Art. 372 of the Treaty of Saint Germain.*

[8] Cohen, *Ethik des reinen Willens*, p. 572.

[9] lbid., p. 578.

[10] 《新约·帖撒罗尼迦书后书》3：10. 关于这封信不是保罗所写，见 Pfeiderer, *Das Urchristerum*, vol. Ⅰ, pp. 95 ff.。

[11] 与这个保罗相反，《新约·哥林多前书》（9：6—24）赞成使徒所要求的依靠犹太会众生活的主张。

[12] 人们如何用《新约全书》中的这句话为现代的反自由主义运动辩护，托德特是个很好的例子，见 Todt, *Der radikabe deutsche Sozialismus unddie christliche Gesellschaft*, 2nd ed. (Witenberg, 1878), pp. 306 - 319。

[13] Kant, "Fragmente aus dem Nachlass", *Collected Works*, ed. Hartenstein, vol. Ⅷ (Leipzig, 1868), p. 622.

[14] 例如，托马斯·阿奎那也是这样想的。见 Schreiber, *Die voikswirtschaftlichen Anschauungen der Scholastik seit Thomas von Aquin* (Jena, 1913), p. 18。

[15] 伯里克利（Peicles，公元前 495—公元前 429）：古代雅典政治家，著名的民主领袖。米西纳斯（Maecenas，公元前 70—公元前 8）：古罗

马奥古斯都时代的巨富，与大诗人贺拉斯和维吉尔交谊甚笃，其名字已成为文学赞助者的代称。——译注

[16]　Ruskin, *Unto this last*（Tauchnitz-Ed.）, pp. 19 ff.；Steinbach, *Erwerbund Beruf*（Vienna, 1896）, pp. 13 ff.；Otto Conrad, *Volkswirtschaftspolitik oder Erwerbspolitik?*（Vienna, 1918）, pp. 5 ff.；Tawney, *The Acquisitive Society*, p. 38.

[17]　英国的经济史已经驳倒了那种以工人阶级的地位变得更糟为理由去指责工厂工业的兴起的传说。见 Hurt, "The Factorny System of the Early 19th Century", in *Economica*, vol. Ⅵ, 1926, pp. 78 ff.；Clapham, *An Economic History of Modern Britain*, 2nd ed.（Cambridge, 1930）, pp. 548 ff.。

第三十一章

经济民主制

一 "经济民主"的口号

　　为社会主义提供的一个更重要的论证，包含在"工业自治"这句口号里。在政治领域，君主专制主义是由人民的参与决策权和最终的唯一决定权打碎的，同样，生产资料和企业所有者的专制主义也要由消费者和工人来废除。只要大家还被迫服从有产者的独裁，民主制就是不完善的。资本主义最恶劣的部分不是收入的不平等，更不堪忍受的是它给了资本家统治同胞的权力。只要这种状态继续存在，就不会有个人自由。人民必须像接管国家的治理那样，把经济事务的管理权掌握在自己手中。[1]

　　这个论点犯了两个错误：一是误解了政治民主制的性质和功能，二是误解了以生产资料私有制为基础的社会秩序的性质。

　　我们已经说过，民主制的本质既不在于选举制度，也不在于国家议会的辩论和决议，更不在于这些议会任命的什么委员会， 这些都只是政治民主制的技术工具。它的真正功能是缔造和平。民主制度通过保证由人民投票选举统治者和管理者，使人民的意志在政治事务中得到实现。这样，就消除了那些由于统治者意志与民意的冲突而可能给祥和的社会发展带来的危险。使统治权得以和平轮换的制度运作避免了内战。在以生产资料私有制为基础的经济秩序中，不需要任何特殊制度来获取相应的成功——就像

政治民主制为自己创造的那样，自由竞争会满足一切需要。一切
生产都要服从消费者的意志，一旦它不能适合消费者的需要，它
会马上变得无利可图。由此，自由竞争迫使生产者的意志服从消
费者的意志，如果需要的话，也迫使生产资料从那些不愿意或不
能够满足消费者需求的人手里，转移给更有能力指导生产的人。
生产的主人是消费者。从这一观点来看，资本主义社会是一种每
个便士都代表一张选票的民主制，是一种强制的、可以立即撤销
对其代理人授权的民主制。[2]

　　这是一种消费者的民主。生产者本身不能左右生产方向，无
论企业家还是工人都是如此；他们最终都要屈服于消费者的意
愿，决不会出现另外的情况。人们不是为生产而生产，而是为了
可用于消费的商品而生产。作为以劳动分工为基础的经济中的生
产者，人仅仅是共同体的代理人，所以他必须服从。他只有作为
消费者才能发布命令。

　　可见，企业家不过是生产的监督人。他当然对工人行使权
力，但不能任意行使。他行使这种权力必须符合生产活动的要
求，而后者又必须与消费者的意愿相一致。工薪族中的个人，眼
界受到日常劳动狭小视野的局限，在他看来，企业家的决策也许
带有武断随意的性质。观察的距离太近，事物的形状就会失去真
实意义。如果企业家的生产安排损害到工人的暂时利益，工人想
必会认为这是没有道理的武断做法。他不会认识到，企业家要按 401
照严格的规律办事。不错，企业家可以完全凭一时念头开除工
人，他可以墨守成规，故意选择不适当的生产方法，不顾消费者
的要求由着自己的性子胡来，但他必须为此付出代价，如果他不
及时约束自己，他就会损失自己的财产，终将陷入无法承受进一
步损失的地步。不必用什么特殊手段约束他的行为，市场对他的
约束比任何政府或社会机构都更严格。[3]

　　任何用生产者准则来取代这种消费者准则的尝试都是荒谬

的。它违背了生产过程的本质。我们已经非常详尽地探讨过一个对现代条件来说最重要的例子，即工团主义经济的例子。凡是适用于它的东西，同样适合任何生产者的政策。一切经济都必须是消费者经济。只要想象一下把工团主义制度移植到政治领域，那些通过创立这种制度来建立"经济民主"的努力的荒谬性便昭然若揭了。比如，如果让法官去决定应当运用什么法律以及应当如何执行这些法律，这还是民主制吗？或者，如果让军人去决定他们应当遵照谁的命令去部署和使用武器，会是一种什么局面？这是不成的，如果不想使国家沦为独裁专制制度，法官和军人就必须遵从法律。在对民主本质的所有误解中，"工业自治"是一句最为耀眼的口号。

在社会主义共同体里，决定每个经济领域之活动内容的也不是不同生产部门的工人，而是这个社会至高无上的权力。如若不然，我们所看到的就不是社会主义而是工团主义。两者必居其一没有任何妥协的余地。

二　消费者在生产中的决定性作用

人们有时声称，企业家为了保护自身利益，迫使生产按照与消费者利益相反的方向进行。企业家毫无顾忌地"创造或强化公众对某些物品的需求，它们仅仅能够带来感官的满足，但有害于健康和精神生活"。例如，酗酒是对国民健康和福利的可怕威胁，据说"酒精资本主义既得利益的极力对抗"，为反酗酒运动平添了更多的困难。"如果不是经济利益起了推波助澜的作用"，吸烟的习惯就不会"在年轻人中如此普遍，如此大量地增多"。"各种奢侈品，五花八门的小玩意和华而不实的装饰品，垃圾不如的淫秽出版物"，今天"被强加给公众，因为有生产者从中获利，或是希望从中获利"。[4] 列强的庞大武库，因而间接地也包括战争本身，都被归因于"军火资本"的诡计，这是人所共知的常识。

寻求投资的企业家和资本家，都把目光投向他们希望获得最大利润的生产部门。他们试图预见到消费者的未来需要，以便对需求有个大概的了解。资本主义不断为所有的人创造新财富，扩大对需要的满足，使消费者得以不断满足过去一直无法满足的需要。这样，找出过去没有满足而现在能够加以满足的需要，就成了资本主义企业家的一项特殊任务。这就是人们在说资本主义为满足需要而创造需要时所想到的事情。

消费者所需之物的性质与企业家和资本家无关。他们只是消费者忠顺的仆人，规定消费者应享受什么不属于他们的业务范围。只要消费者想要，他们连毒药和自杀武器都会给他。然而，认为用途不当或有害的产品比用途好的产品赚钱多，却是最离谱的错误。最大利润来自最迫切需要的物品，所以，逐利者喜欢生产那些最供不应求的商品。当然，一旦他进行了投资，他希望看到对其产品的需求增加，这符合他的利益。他试图扩大销售，但从长远看，他无法胜过需求的变化，也无法从对其产品的需求增长中获得很大的优势，因为新的企业会把注意力转到他这个行业，从而使他的利润趋于降至平均水平。

人类不是因为有酿酒厂和葡萄园才饮酒的；人们酿造啤酒和 403 烈酒，种植葡萄，是因为有对酒精饮料的需求。"酒精资本"创造的饮酒习惯，并不比它创造的祝酒歌多。如果人们需求的是精神产品而不是麻醉精神的产品，入股酿酒厂的资本家就会更喜欢入股专门出版信仰书籍的公司。不是"军备资本"造成了战争，而是战争造就了"军备资本"。煽动民族战争的不是克虏伯和施耐德公司，而是帝国主义作家和政客。

要是有人认为酒精和尼古丁有害，那就让他自己去戒掉这些东西好了。要是他愿意，那就让他去说服自己的同胞接受他对戒烟戒酒的看法好了。可以肯定的是，在资本主义社会里，他不能强迫他们违背自己的意志放弃酒精和尼古丁，因为这个社会的基本原则是人人自己做主，人人自担责任。如果他因为不能把自己的意志强加给别人而不快，他至少可以想到自己也没有听命于别人，以此来安慰自己。

有些社会主义者指责资本主义社会秩序，主要是因为其商品五花八门，多种多样。人们不是生产可以使规模最大化的统一产品，而是每种商品都生产成百上千个品种，这大大增加了生产成本。社会主义将只给同志们提供统一的商品；它将统一生产，从而提高国民生产力。同样，社会主义也会解散独立的家庭住户，代之以公共食堂和旅馆式住宅；消除只服务于几个消费者的小厨房中的劳动力浪费，也会增加社会财富。许多社会主义者的著作，首先是瓦尔特·拉特瑙的著作，非常详尽地讨论过这些设想。[5]

在资本主义制度下，每个购买者都必须决定他是选择大量生产的、比较便宜的统一化产品，还是选择为迎合个人或小群体喜好而专门生产的比较贵的产品。毫无疑问存在着一种通过标准化逐渐实现生产和消费统一化的趋势。用于生产过程本身的商品正在日益变得更加标准化。精明的企业家很快就发现了使用标准化产品的好处——比专门工艺生产的产品便宜，可以替换，可以用于其他生产过程。今天阻碍生产工具标准化运动的是大量企业的直接或间接的社会化。由于它们得不到理性的管理，所以并不重视利用标准型号的好处。军队管理、市政建设部门、国营铁路及类似机构，都以官僚主义的顽固不化，反对采纳通用型号。机器、工厂设备和半成品的生产统一化不需要向社会主义转变，相反，资本主义会更迅速地主动做到这一点。

然而，商品是为了使用和消费的。如果有人没有选择使用批量生产的统一产品，而是要满足自己与众不同的趣味，并且相信他的满足抵消了额外代价，我们无法从客观上证明他是错误的。要是我的朋友为了使自己高兴，喜欢按与众不同的方式吃、穿、住，谁能指责他呢？因为他的幸福在于他的意愿得到满足，他要按照自己乐意的方式生活，而不是按照我或别人处在他的位置时将会采取的那种方式生活。重要的是他的评价，而不是我的或别人的评价。我或许能向他证明，他的价值观赖以立足的判断是错的，比如，我可以证明他吃的食品的营养价值不如他认为的高。但是，如果他的价值观不是建立在有关因果关系的错误观点，而是建立在主观感受和感情上，那么我们的论证就无法改变他的想法。在说明了旅馆式生活和公共食堂的种种好处之后，他仍然喜欢独门独户过日子，因为他更加看重的是"有自己的家""有自己的壁炉"之类的感觉，而不是那些赞成统一组织的论证，这时我们就不好再说什么了。如果他想按照自己的品位，而不是按照引导家具制造商的公共品位去装饰自己的住所，那么并不存在可以反驳他的论据。如果他明知烈酒不好，仍然照喝不误，因为他愿意为喝酒给他带来的快乐付出高昂代价，那么从我的价值观看，我可以肯定地说他不明智，但是起决定作用的是他的意愿、他的评价。如果我作为独裁者或者暴虐的统治集团的一员禁止喝酒，我不会因此而提高社会生产力。谴责酒精的人不用禁止也会避免喝酒，而对所有其他人来说，放弃喝酒所能带来的一切，都不如喝酒的享受，禁止这种享受便意味着满足感的减少。

我们从前一章解释过的争论中看到，把生产力和赢利对立起来，对于理解为达到既定目的的生产活动毫无价值，如果把它用于经济活动的目的，必定导致错误的结论。[6] 在讨论有着既定目 405 标的手段时，可以认为这种或那种做法更实用，也就是说，能有更高的产量。然而，当我们问到是这种还是那种手段能够更直接地增进个人福利时，我们并无客观标准可以利用，在这里，决定性的因素是人的主观意愿。个人对水、牛奶或红酒的偏爱不取决于这些饮料的生理效用，而是取决于他对效用的评价。如果有人喝红酒而不是水，我不能说他的行为不理性，我顶多只能说我要是他的话就不会那样做。但他对幸福的追求是他的事，而不是我的事。

要是社会主义共同体不给同志们提供他们自己想要享受的物品，而是提供统治者认为他们应该享受的物品，那么满足感的总量就不是增加而是减少。当然不能把这种对个人意愿的侵犯称为"经济民主"。

在资本主义制度下，人为自我立规矩，而在社会主义制度下，是别人给他立规矩，这是资本主义生产和社会主义生产的根本区别。社会主义者要给人提供吃、穿、住，但是人们通常更喜欢按照自己的方式吃、穿、住和追求幸福。

三　作为多数人意愿表达的社会主义

在我们的同代人中间，那些因为多数人决定支持社会主义，所以自己也决定支持它的人，数目决不可小视。"大多数人想要社会主义；群众不再支持资本主义的社会制度，所以我们必须社会主义化。"这样的话经常听到。但在拒斥社会主义的人看来，这并不是一个令人信服的论据。当然，要是多数人想要社会主义，我们就会有社会主义。没有人比自由主义哲学家说得更明白：什么也不能阻止民意，做决定的是多数人，即便这个决定是错误的。如果多数人犯错误，少数人也必须跟着遭罪，而且不能有怨言。不能让多数人明白事理，不就是错误的一部分吗？

406　　然而，在讨论将来应当是什么样子的问题时，多数人强烈要求社会主义这种论据，只有在把社会主义当作终极目的本身加以追求时，才是有效的。但事实绝非如此。和所有其他形式的社会组织一样，社会主义只是一种手段，而不是目的本身。和社会主

义的反对者一样，社会主义的支持者也想过富足幸福的日子，他
们之所以是社会主义者，只是因为他们相信社会主义是达到这一
目的的最佳途径。如果他们确信自由主义社会秩序能更好地实现
他们的愿望，他们就会成为自由主义者。所以，因为群众要求社
会主义，你我就必须成为社会主义者，这种论据是反驳社会主义
敌人的所有论据中最差劲的一个。对于必须执行人民命令的人民
代表来说，人民的意志乃是最高法则，但是试图引导人们思想的
人千万不可屈服于这种意志。只有他才是说出并试图让同胞同意
他的思维方式的先驱，即使他的思维方式不同于一般人。个人应
当顺从群众的主张，不过是在要求仍然用合理的批评来反对社会
主义的人放弃理性本身。这样的主张竟然能够被提出来，只能说
明精神生活的社会主义化已经到了何等地步。即使在早期历史最
黑暗的年代，也没有人采用过这样的主张。过去那些反对最大多
数人的偏见的人从来没有被告知：仅仅因为多数人不那样想，他
们的意见就是错误的。

　　如果社会主义从本质上就行不通，那么人人都在欲求它的事
实，并不能赋予我们实现它的能力。

注释：
[1]"资本主义的根本错误既不在于穷人的贫困，也不在于富人的富裕，
而是在于生产工具的所有制仅仅给予相对少数人的那种权力，即控制
其同胞的行为以及连续几代人的精神和物质环境的权力。在这种制度
下，大量群众的个人自由比猴子好不了多少……社会主义的目标，就
是在人民生活的所有产业和服务中，用民有、民治、民享的统治去取
代资本家的独裁。" Sidney and Beatrice Webb, *A Constitution for the So-
cialist Commonwealth of Great Britain* (London, 1920), pp, xiii ff.; See
also Cole, *Guild Socialism Re-stated* (London, 1920), pp. 12 ff. .
[2]"市场是一种每个便士都有权投票的民主制。" Fetter, *The Principles of
Economics*, pp. 394, 410; See also Schumpeter, *Theorie der wirtschaftli-*

chen Entwicklung（Leipzig，1912），pp. 32 ff. . 最能颠倒黑白的是这样的谚语：“对于房子的建造，谁比将来的房客受到的询问更少？”见 Lenz，*Macht unt Wirtshaft*（Munich，1915），p. 32。每个建筑商都希望把房子建造得最适合将来房客的愿望，所以他会尽可能建造得又快又能获利。还可参见 Withers 的著名评论：Withers，*The Case for Capitalism*（London，1920），pp. 41 ff. 。

[3] 当人们说工人必须执行“只为自己高兴和获利的不负责任的主人”发出的命令时，他们忽略了这个事实。参见 Webbs，*A Constitution for the Socialist Commonwealth of Creat Britain*，p. xii。

[4] Messer，*Ethik*（Leipzig，1918），pp. 111 ff. ；Natorp，*Sozialidealismus*（Berlin，1920），p. 13.

[5] Rathenau，*Die neue Wirtschaft*（Berlin，1918），pp，41 ff. ；also the critique of Wiese，*Freie Wirtischaft*（Leipzig，1918）.

[6] 见本书第 123 页以后、350 页以后。

资本主义伦理

一　资本主义伦理与社会主义的不可行

在"伦理社会主义"的阐述中，一向能够看到社会主义是以人的道德纯洁性为前提这种说法。只要我们没有成功地提升群众的道德，我们就不可能把社会主义的社会秩序从理想变为现实。社会主义道路上的困难完全或主要在于人们的道德缺陷。有些作者担心，这种障碍也许永远无法克服；另一些作者则说，目前或不久的将来不可能在这个世界上建成社会主义。

我们已经能够证明社会主义经济是行不通的：这不是因为人们道德上的卑劣，而是因为在社会主义秩序必须解决的问题中，存在着理智难以克服的困难。社会主义行不通是理智无能的结果，而不是道德无能的结果。社会主义不可能达到它的目的，因为社会主义经济不能核算价值。哪怕是天使，假如她们只具有人类的理性，也无法组成一个社会主义社会。

假如社会主义社会能够进行经济核算，那么无须人类的道德特征发生任何改变，也能把它建立起来。社会主义社会存在某些伦理标准，它们不同于以生产资料私有制为基础的社会的伦理标准。社会要求个人做出的暂时牺牲将有所不同。然而，在社会主义社会只要有可能进行客观的核算，那么落实社会主义的道德法典不会比落实资本主义的道德法典更困难。假如社会主义社会能

够分别确定每个社会成员的劳动产量，即可核算出他在社会产量
中所占的份额及同他做出的生产贡献相对应的报酬。在这种情况
408 下，社会主义制度没有理由担心某位同志会因为缺少把艰苦劳作
变为甜蜜事业的激励，而不尽心尽力地干活。仅仅是因为缺少这
种条件，社会主义就必须为它的乌托邦创造一种人类，这种人全
然不同于现在在地球上行走的物种，在他看来劳动不是艰辛与痛
苦，而是享受和快乐。乌托邦社会主义不把这种核算当成问题，
所以它难免会对人提出完全违反自然的要求。这种将会引起社会
主义垮台的人类的不适当性，看起来也许像是一种道德秩序，但
在更细致的考察之下，它就成了一个认知问题。

二　资本主义伦理的所谓缺陷

理性地采取行动，意味着为了较重要的事情牺牲较不重要的
事情。当我们舍小而求大，例如我们为了避免身体不适而停止贪
杯时，我们是在做出暂时的牺牲。人们不得不投身于劳作，是为
了不让自己挨饿。

所谓道德行为，是我们对为了社会合作的利益而做出的暂时
牺牲的另一种说法，这种合作是可以普遍满足人类需要和人类生
活的主要手段。一切伦理都是社会伦理。（假如有人主张，仅以
个人的完美为旨归的理性行为也应当称为伦理行为，所以我们必
须研究个人伦理和对自我的责任，我们无法反驳这种主张；其实
这种说法也许比我们的观点更好地强调了一点：健全的个人伦理
和社会伦理归根结底是建立在相同的推理上。）恪守道德的行动，
是指为了重要的事情牺牲次要的事情，以便使社会合作成为
可能。

大多数反功利主义的伦理体系的根本缺陷是，它们误解了责
任所要求的暂时性牺牲的含义。它们没有理解做出牺牲和放弃快

乐的目的，它们虚构出一种荒谬的假设：牺牲和克制本身就具有
道德价值。它们拔高无私、自我牺牲和出于同情的爱，使其成为
绝对的道德价值。与牺牲如影随形的痛苦也被界定为道德的，因
为它是痛苦的——这几乎是在说，给行动者带来痛苦的任何行为
都是道德的。

　　发现了这种混乱，我们便可以理解，对社会具有中立性甚至 409
有害的各种情感和行动，为何都被逐渐冠以道德之名。当然，这
种推理也无法避免偷偷摸摸地回到功利主义的观念。医生不想做
可以救人一命的手术，理由是这能免除病人的痛苦，假如我们不
想赞扬他这种同情心，从而对真同情和假同情做出了区分，我们
便是重新采用了我们试图加以避免的目的论考虑。假如我们赞扬
无私的行为，那就不能排除人类福祉这个目的。于是出现了一种
消极的功利主义：我们把使他人而不是行动者本人获益的行为视
为道德行为。一种不适合我们生活的这个世界的伦理理想由此得
到确立。于是，道学家们谴责建立在"私利"上的社会，设想
出了一个人类符合其理想要求的社会。他首先是不理解这个世界
和各种法则，然后他希望建立一个符合他的错误理论的世界，他
把这种活动称为道德理想的建立。

　　假如人们只是希望享受快乐，避免痛苦，换言之，他只是想
过日子，那么这并不是罪过。清心寡欲和自我牺牲本身没有什么
益处。谴责资本主义的社会生活所需要的伦理观，制订一套自以
为适合社会主义的道德行为标准去取代前者，是一种彻头彻尾的
肆意妄为。

第五卷

破坏主义

第三十三章

破坏主义的动力

一　破坏主义的本质

对于社会主义者来说，社会主义的到来意味着不合理的经济转变为合理的经济。在社会主义制度下，对经济生活的计划管理取代了生产的无政府状态；被理解为理性化身的社会，取代了不理性和自私的个人之间的相互对立的目标。公正的分配代替了不公正的商品分配。短缺与苦难消失了，财富由大家共享。一幅天堂景象在我们眼前展开，这个天堂将成为——历史进化法则告诉我们——我们或至少是我们的子孙长久享用的遗产。因为全部历史都在迈向那片乐土，以往发生的一切，都是在为我们的救赎铺设道路。

我们当代人就是这样看待社会主义的，他们相信它的卓越。以为社会主义意识形态仅仅主宰着那些自称社会主义党或"社会党"——人们普遍认为它们有着相同的含义——的政党是错误的。今天所有的政党都为社会主义的主流思想所陶醉。甚至社会主义最坚定的反对者也被笼罩在它的阴影之下。他们也相信社会主义经济比资本主义更合理；它能够保证更公正的收入分配；历史的进化正在把人类推向这个无可逃避的方向。他们在反对社会主义时，觉得自己的行为是在捍卫自私的私人利益；他们是在对抗一种从公众福祉的立场看来是可欲的发展，并且它是建立在一种伦理上唯一得到公认的原则之上的。他们发自内心地认为，自己的抵抗没有多少希望。

414 　　然而，社会主义思想不过是一些华丽说辞而已，它的各种理论无一能够经受住科学的批判，它的所有推理根基并不牢固。早就有人认识到，人们早就看出了它对资本主义经济的认识是错误的；它对未来社会制度的规划已被证明有着内在矛盾，是行不通的。社会主义非但不会使经济变得更合理，它会彻底消灭社会合作。说它会带来社会公正，我们可以证明它是来自仇恨情绪以及对资本主义制度中发生的事情的错误解释。所谓历史的演进使我们除了社会主义别无选择，这不过是一种预言，它与原始基督教教派的千禧年梦想的不同之处，仅仅在于它把自己标榜为"科学"。

　　事实上，社会主义压根就不是它所宣扬的那种东西。它不是一个更美好、更精彩的世界的前奏。它不事建设，因为破坏就是它的本质。它不生产任何东西，它只是坐享以生产资料私有制为基础的社会秩序创造出来的东西。既然社会主义的社会秩序只有作为以私有产权为基础的经济秩序的社会主义碎块才能生存，所以走向社会主义的每一步必然毁坏已经存在的东西，从而导致它自身的灭亡。

　　这种破坏主义政策意味着资本的消耗。认识到这个事实的人寥寥无几。资本的消耗可以用统计的方法看出，也可以通过理智加以领会，但它并非对所有的人都显而易见。一种政策是在挥霍现有的资本财富以增加群众消费，为了眼前而牺牲未来，看出这种政策的弱点，认识到它的本质，需要具备比政治家和政客或把他们推上权力宝座的群众更深入的洞察力。只要工厂的围墙仍然立在那儿，火车仍在开行，人们便以为世界上的一切都运转正常。越来越难以维持较高的生活水平被归咎于各种原因，却从未被归咎于这样一个事实：政府正在执行一种资本消耗的政策。

在破坏主义社会的资本消耗这个问题上，我们可以看到社会主义经济政策的一个要害。社会主义社会的资本消耗危险尤其严重；煽动家以损害资本的增长和损害现有资本作为代价增加人均消费，最易于得逞。

不断形成新的资本是资本主义社会的本质。资本金越大，劳动的边际生产率就越高，从而工资的绝对数和相对数也会越高。资本的累进式形成，是既增加社会每年消费的商品数量，又不至 415 于减少未来生产的唯一方式——是既增加工人的消费，又不损害未来工人的唯一方式。因此自由主义早就断定，资本的累积式形成是能够使广大群众的处境得到持续改善的唯一途径。社会主义和破坏主义试图采用不同的方式达到这个目的。它们打算以未来作为代价，把资本一次用光以获得现在的财富。自由主义政策是慎重的父亲的做法，他厉行节约，为自己和自己的子孙构建未来。破坏主义的政策是败家子的政策，他不管未来，把自己的家产挥霍一空。

二 煽动

在马克思主义者看来，马克思的最高成就在于他唤醒了无产阶级的阶级觉悟。在他著书立说之前，社会主义的观念一直作为一种学究思想存于乌托邦主义者和一小撮信徒中间。马克思主义者说，马克思把这种观念同革命的工人——他们过去只有一种小资产阶级的志向——运动联系在一起，由此为无产阶级运动奠定了基础。他们认为，这场运动将一直进行下去，直至完成自身的历史使命，即建立社会主义的社会制度。

据说，马克思发现了资本主义社会的运动规律，并且利用这种历史进化理论，确定了现代社会运动的目标是这一进化过程的必然结果。据说，他已经证明了无产阶级只有消灭阶级冲突，实现一个"每个人的自由发展是所有人的自由发展的前提"的社会，才能使自身获得解放。

　　痴迷的狂热分子把马克思奉为世界史上的大英雄，把他列入伟大的经济学家和社会学家，甚至最杰出的哲学家。不带偏见的观察者却以另一种眼光看待卡尔·马克思的著作。作为一名经济学家，马克思完全缺少原创性。他是古典政治经济学家的追随416　者，但他缺少不带政治偏见研究基本经济问题的能力。他的理论学说，首先考虑的是影响民众头脑的效果。甚至他在这方面也并不是前无古人，19世纪三四十年代在各种小册子中捍卫"对一切劳动产品的权利"、为宪章运动铺平道路的英国社会主义者，在所有最基本的方面都走在他的前面。此外他十分不幸，在建构自己的体系时，他对理论经济学的革命茫然无知，而在《资本论》第一卷出版后不久，这一革命性的转变就已被世人所知了。因此，后来的两卷《资本论》从出版的那一天起，就同现代科学完全脱节。他那些昏头昏脑的追随者真是倒霉得很，从一开始就只能满足于大师著作中的贫乏阐述。他们缩手缩脚，避免同现代价值学说发生任何接触。作为社会学家和历史哲学家，马克思也仅仅是个为自己党派的日常需要写作的能干的鼓动家。唯物史观没有科学价值；再说马克思也从未对它做出准确的阐述，只是以各种自相矛盾的形式提出了一些建议。他的哲学立场是黑格尔主义者的立场。他是当时把辩证法用于一切领域的众多作家之一，而如今他们大多被人遗忘。在人们好意思把他称为哲学家，把他和伟大的思想家并列之前，几十年已经过去了。

　　作为科学作家的马克思枯燥乏味，故弄玄虚，令人不堪卒读。他不具备明晰表达自己思想的才具。只有他的政治学著作确实产生了强大影响，这仅仅是因为他运用了一些令人眼花缭乱的对立命题和易于记诵的短语，以及一些卖弄辞藻以掩饰其空无一物的文句。他在论战文章中毫不犹豫地歪曲论敌的言论。他的门徒（他的学派其实只存在于德国和东欧，特别是俄国）也亦步亦趋地效仿老师的榜样，只会谩骂自己的对手，从不尝试用论证去驳倒他们。

　　马克思的原创性和历史意义只存在于政治技巧的领域。他认识到，在工厂里成群结队的工人大众可以形成的巨大社会力量是一个政治因素；他寻找并发现了使这些群众团结起来形成统一运动的口号。他提供时髦话语，使那些原本对政治漠不关心的人去攻击私有财产；他宣扬救赎的教义，使他们的仇恨变得有根有据，使他们的妒忌心和复仇欲摇身一变成了世界历史指定的使命。他向他们发出致敬，把他们当作寄托着人类前途的人，用他们的使命感去鼓舞他们。

　　马克思主义的核心是普天下无产阶级利益一致的教条。然而，作为个人的工人，每天都在跟他的工人弟兄和随时可能夺走他的饭碗的人进行着激烈竞争；他和自己这一行的同志一起，与同行业另一些分支的工人及其产品的消费者展开竞争。面对这些事实，为了诱导他同其他工人共同追求得救，必须把他的激情全部煽动起来。不过，这并非很难办到的事情，只要唤醒人类心中的邪恶就可以了。然而马克思犹有过之，他为普通人的仇恨镶嵌上科学的光环，使智力更出众、道德层次更高的人也受到了它的吸引。所有的社会主义运动在这方面都受惠于马克思，它们都把教义悄悄地用于自己的特殊需要。

　　作为一名煽动的技巧大师，马克思堪称天才；对此再怎么强调也不过分。他发现了团结群众投身于唯一一场政治运动的历史时机，并且把自己置于领导这场运动的位置。在他看来，一切政治不过是换了一种手段继续进行的战争；他的政治技艺永远是政治计谋。把自身的源头追溯至马克思的社会主义政党一直坚持着这种做法，以马克思主义政党为楷模的政党亦复如此。它们精通鼓动的技巧、打动选票与灵魂的乞求术、在选民中煽情、街头示

417

威和恐怖行径。掌握这套把戏需要经年累月的艰苦学习。马克思
418 主义者在自己的党员会议和党内文件中，更加关注的是组织和策
略问题，而不是最重要的基本政治问题。其实，若想说得更加确
切，人们也许不得不承认，除了党的策略观点以外，任何事情都
不会让他们感兴趣，他们没有兴致为别的事情分心。

这种政治上的好战态度——它使马克思主义与普鲁士和俄罗
斯的国家主义之间的内在亲和性昭然若揭——很快就找到了门
徒。欧洲大陆的现代政党完全接受了马克思主义的意识形态。尤
其是那些致力于促进特殊利益的政党，那些聚集了农民阶级、工
业中产阶级和雇主阶级的政党，都在为自身的目的而利用马克思
主义的阶级斗争理论。它们已经掌握了它们从马克思主义那儿了
解到的一切。

自由主义意识形态的失败已经来日无多了。自由主义尽力避
免一切政治诡计。它完全依靠自己的思想的内在生命力和说服
力，它鄙视其他一切政治斗争方式。它一向不屑于使用政治计
谋，一向不会下作地从事煽动。老派的自由主义一贯诚实耿直，
忠于自己的原则。它的对手把这种做法称为"老古板"。

今天，对古老的自由主义原则必须进行彻底的重新评价。科
学在过去一百年里发生了天翻地覆的变化，今天必须重新构建自
由主义学说的社会学和经济学的一般基础。在许多问题上，自由
主义都没有想出合乎逻辑的结论。可以收集到一些零散的线
索。[1] 但是，自由主义的政治活动模式是不能改变的。它认为一
切社会合作都是理性所认识到的效用的表现，在这种合作中一切
权力都要以民意为基础，它不能采取任何行动妨碍有思想的人做
出自由的决定。自由主义知道，只有认识到社会合作益处的人：
才能使社会发展到一个更高阶段；决定人类未来的既不是上帝，
也不是难窥究竟的命运，而是只有人类自己。有些民族正在盲目
地奔向毁灭，自由主义者必须努力唤醒他们。即使他们因为昏

聩，或因为警告声过于微弱而听不到，也千万不可以用策略或煽动的伎俩去引诱他接受正确的行为模式。用煽动也许能毁灭社会，却绝对不可能用这种手段建设社会。

三　文人的破坏主义

　　19 世纪的浪漫派和社会主义的艺术已经为社会主义的破坏主义铺平了道路。社会主义如果没有得到这方面的帮助，它绝不可能获得它对人们头脑的控制力。

　　浪漫主义是人类对理性的反叛，也是对自然强迫他接受的生活条件的反抗。浪漫派是做白日梦的人；他容易驰骋于想象之中，不把逻辑和自然法则当回事。有头脑的理性的行动者力求通过经济活动和工作，使自己摆脱那些未得到满足的需要带来的不舒服；他通过生产去改善自己的处境。浪漫派过于虚弱——过于神经质，所以不适合工作；他想象着成功的欢愉，却不去做任何事情以获得这种欢愉。他不去清除障碍；他只在想象中清除障碍。他厌恶现实，因为现实不像他梦中营造的世界。他憎恨工作、经济和理性。

　　浪漫派把社会文明的一切馈赠视为理所当然，他也喜欢他认为是远古或异域拥有或提供的一切精妙美好之物。他住在欧洲城镇的舒适环境里，却渴望变成印度邦主、贝都因人、海盗或中世纪的游吟诗人。然而他只盯着这些人的生活中令他陶醉的一面，却绝对看不到他们缺少他本人享用的大量物品。他的牧人在草原上激情如火，策马飞奔；他的海盗俘获美女；他的骑士在爱情和歌咏的间歇中便降伏了敌人。他们的生活险象环生，他们的处境相对贫困，他们的苦难与艰辛——这些事情都被他的想象力有意忽略了：玫瑰色的眼光使一切都变得面目全非。与这种梦中的理想相比，现实看起来枯燥阴暗，有着梦境中不存在的需要克服的障碍，有着需要承担的五花八门的任务。这里没有落入强盗之手需要拯救的美女，没有等人发掘的遗失宝藏，没有需要搏杀的蛟龙。这里有工作要干，不能停歇，而是要勤勤勉勉，日复一日，年复一年。一个人要想有所收获，必须耕耘播种。浪漫派不打算接受这些劳什子。他就像个顽童，拒绝承认这一切。他冷嘲热讽，他鄙视和讨厌资产阶级。

420　　资本主义思想的传播引起了一种对浪漫主义不友好的心态，充满诗意的骑士和海盗形象变成了笑料。贝都因人、印度邦主、海盗和另一些浪漫主义英雄的生活受到了更细致的审查，效仿的欲望也随之消散。资本主义社会制度取得的成就使活着变成了一件很不错的事情，人们日益感到，只有资本主义有望使生命和自由得到保障，有望带来和平的幸福和需求的更大满足。浪漫派对资产阶级的轻蔑态度变得声名狼藉。

　　但是，导致浪漫主义产生的精神态度，却不那么容易消除，对生活的神经质反抗在寻找另一种表现形式。它从 19 世纪的"社会"艺术中找到了这种形式。

　　这个时期真正伟大的诗人和小说家都不是从事社会和政治宣传的作家。福楼拜、莫泊桑、雅各布森、斯特林堡、康拉德·斐迪南·迈耶——只提他们中间几个人的名字吧——都不是时髦文学的跟风者。我们不把有关这些社会和政治问题的言论归在这些确立了 19 世纪在文学史上的持久地位的作家名下。承担这种任务的是一些二流或三流作家。是这一路作家把吸血鬼式的资本主义企业家和高尚的无产阶级变成了文学形象。在他们看来，富人错就错在他是富人，穷人对就对在他是穷人。[2] "可道理就是如此呀，财富就是一种犯罪嘛。"格哈特·霍普曼[3] 让其《织工》中的福洛·德勒斯格尔如此说道。这个时期的文学充满了对财产的控诉。

　　这里不是对这些作品进行美学分析的地方。我们的任务是考察它们的政治作用。它们赢得了受过教育的阶层的芳心，使社会主义得以获胜。社会主义利用这些书籍走进豪门大户，掳获了他们的妻子女儿，让儿子放弃了家族的生意，直到资本主义的企业家本人也开始相信，自己是在干着卑鄙龌龊的勾当。剧院包厢里挤满了银行家、大企业家和商人，那里正在为热情的观众上演有社会主义倾向的戏剧。

社会艺术是有意图的艺术：所有的社会文学都要表现一种主题。[4] 这个主题始终如一：资本主义是罪恶，社会主义是救赎。这种无休止的重复没有很快让人生厌，只能归功于一个事实：社会主义在不同的作家心目中有不同的形式。但是他们都效仿马克思的先例，避免阐明他们赞扬的社会主义社会制度的细节；他们大多数人仅仅暗示自己向往某种社会主义制度，虽然这种暗示相当显豁。故也难怪，他们的论证缺少充分的逻辑，他们在得出结 421 论时诉诸感情而不是理性，因为他们看到那些自称的社会主义科学权威也在使用这种手法。小说在这件事上是一种很有利的传播手段，因为几乎无须担心有人会以逻辑批判的方式具体反驳它的言论。人们尚不习惯于追究小说和戏剧中的具体言论的确切含义。即使受到这种追究，作者也能找到出路，他大可以拒绝他应当对自己让英雄说过的哪句话负责。通过刻画人物得出的结论，用逻辑是驳不倒的。就算"富人"总是被描绘成彻头彻尾的坏蛋，也不能根据一个简单的事例去责备作者。作者那个时代的文学的整体效果，是不能让一个作家来负责的。

西西·朱佩是《艰难时世》中被马戏团小丑和舞女遗弃的小女儿，狄更斯借她之口诋毁了功利主义和自由主义。他让本泰米特的资本家格拉奇林格设立的模范中学的老师麦先生提出这样的问题：如果在 10 万名海上游客中有 500 人被淹死，罹难者占多大比例。那个乖孩子回答说，对于罹难者的亲友来说，没有比例可言——这十分简单明了地谴责了踌躇满志的曼彻斯特主义。

姑且不论这种牵强附会的情节不太可能发生，它确实美妙动人。但它不会减少资本主义社会的人在想到资本主义时代航海风险大幅下降时感到的满足。既然资本主义如此出众，100 万人中每年只有 25 人饿死，而在早期的经济制度下饥馑而死的人要比这多得多，那么我们在评价这项成就时是不会受西西那种陈词滥调的影响的，虽然对于那些挨饿的人来说，他们的痛苦不会因为有数百万甚至数亿人也在挨饿而有所减轻。此外，没有人给我们提供社会主义社会饿殍更少的证据。狄更斯借西西之口说出的第三种观点，是要证明判断国家的经济繁荣不能根据财富数量，也要考虑到财富的分配。狄更斯对功利主义者的著作太无知了，所以他不知道这种观点与老功利主义并不矛盾。例如边沁就曾特别强调说，如果财富被更平等地分配，而不是让一些人很富，另一些人很穷，财富总量会带来更多的幸福。[5]

422　　　与西西形成对照的是模范男孩比特泽，他把母亲送进济贫院，然后满足于一年只给她半磅茶叶。狄更斯说，在另一些令人敬佩的年轻人——他把他们称为杰出的年轻经济学家——中间，甚至这种行为也是弱点。因为一切施舍必然使施舍对象变得更穷。此外，就比特泽买茶叶这件事而言，他唯一合理的行为是尽量便宜地买入，再尽量把它卖个好价钱。哲学家们不是已经证明了这就是人的全部（是全部，不是一部分）责任吗？数百万读过这些话的人，都对卑劣的功利主义思想义愤填膺，这也正是作家希望他们产生的感情。然而，他们大错特错了。的确，自由主义政治家极力反对不加区分的施舍，认为这会鼓励乞讨，并且证明了只要不去提高穷人的劳动生产力，任何改善他们境况的努力都是徒劳无益的。他们向无产阶级揭示了，让没有条件照料小孩的人过早结婚以提高生育率的建议是危险的。然而他们从不反对用《济贫法》帮助没有劳动能力的人。他们也不反对子女负有赡养年迈父母的道义责任。自由主义的社会哲学从未说过，尽可能便宜地买入，尽可能卖个好价钱，是一种"责任"，更没有把它说成是道德的全部内容。自由主义证明了，对于寻求（通过买入卖出）间接满足自己需求的手段的个人来说，这是一种合理的行为。可是它从未说过，把茶叶送给上了年纪的母亲是不合理的，正如它没说过喝茶本身是不合理的一样。

　　浏览一下功利主义者的著作，就足以戳穿这些蓄意的歪曲。可是，在狄更斯的读者中间，10万人中恐怕也没有一人读过一行功利主义的著作。狄更斯以及另一些才华稍逊但倾向相同的浪漫派，教会了千百万人仇恨自由主义和资本主义。但是，就像威廉·摩里斯、萧伯纳、威尔士、左拉、安纳托尔·法朗士、霍普曼和艾德蒙多·德·亚米契斯等许多作家一样，狄更斯也不是公然直接支持破坏主义的人。他们都拒绝资本主义的社会制度，都抨击生产资料私有制，虽然未必总是在有意识地这样做。他们在字里行间暗示一幅经济和社会状况更美好的令人神往的画面。他们在为社会主义招兵买马，既然社会主义必然毁掉社会，所以他们也是在为破坏主义铺路架桥。政治社会主义在布尔什维克那儿终于变成了破坏主义的公开宣言，文学社会主义又何尝不是如此。托尔斯泰是一种可以追溯到福音书文字的破坏主义的大先知。他把以神的王国就要降临的信仰为基础的基督的教诲，篡改成了适用于普天之下所有时代的福音。就像中世纪和宗教改革时代的共产主义宗派一样，他也试图按照摩西的山上训辞建立社会。他当然没有走得那么远，照字面意思去理解野地上无须劳苦的百合花的事例。[6] 可是在他的社会观中，只有那些用简陋工具耕作一小块土地、自给自足的农夫才有容身之地，他可以合乎逻辑地要求毁灭其他一切。

　　如今，向这种呼吁毁灭一切文化价值的作品大声喝彩的人们，他们自己也已经临近一场社会大灾难。

注释：

[1] 见我的 *Liberalismus*（Jena，1927）。英文版出版者注：英译本是 *The Free and Prosperous Commonwealth*：*An Exposition of the Ideas of Classical Liberalism*（Princeton：Van Nostrand，1962）。（译者按：此书中译本为《自由与繁荣的国度》，中国社会科学出版社 1995 年版。）

[2] Cazamian，*Le roman social en Angleterre*，*1830—1850*（Paris，1904），pp. 267 ff. .

[3] 霍普曼（Gerhart Hauptmann，1864—1946）：德国著名剧作家，1912 年获诺贝尔文学奖。《织工》（*Die Weber*）是其代表作之一。——译注

[4] 关于绘画艺术中的社会主义倾向，见 *Geschichte der Malerei im 19. Jahrhundert*（Munich，1893），vol. II，pp. 186 ff. ；Coulin，*Die sozialistische Weltanschauung in der franzöisischen Malerei*（Leipzig，1909），pp. 85 ff. 。

[5] Bentham，*Principles of the Civil Code*，pp. 304 ff. .

[6] 见《新约·马太福音》6：28：“你想野地里的百合花，怎么长起来，它也不劳苦，也不纺线。”——译注

第三十四章

破坏的方式

一 破坏的手段

社会主义为达到它的目的采用了两种手段：第一种手段直接致力于让社会皈依社会主义；第二种手段是通过破坏建立在私有财产上的社会秩序，间接地完成这种转化。主张社会改良的政党和社会主义政党中的渐进派喜欢前一种手段；后一种手段则是革命社会主义的武器，它首先关心的是摧毁旧的文明，为建设新文明清理场地。第一种手段是把企业收归城市和国家所有，第二种手段是捣乱和革命。

这种区分的实际意义因为一个事实而大打折扣，两帮人造成的后果并无太大差别。如我们前面所说，甚至以创建新社会为目标的前一种直接手段，也只能破坏不能创造。可以说，已经主宰世界数十年的社会主义政策，自始至终都在从事破坏。在共产主义者的政策中，毁灭的意志是如此清晰，没有人会对它视而不见。布尔什维克行动中的破坏主义虽然比另一些政党更易于辨认，但从本质上说，破坏主义在所有社会主义运动中是同样强大的。国家干预经济生活这种所谓的"经济政策"，除了毁灭经济生活之外没有任何作用。各种禁令和管制有着设置障碍的普遍倾向，由此培养了浪费的风气。这种政策在战时就找到了很多理由，实际上是给企业家的经济行为统统扣上了违法的帽子。生产虽然已经变得不那么合理，但是仍在进行，这仅仅是因为破坏主义法律和措施尚未得到全面有效的执行。它们一旦变得更加有效，饥馑和大衰败将成为今天所有文明国家的厄运。

425 　　我们的整个生活就被这样交付给了破坏主义，人们很难再指出一个未受它侵蚀的领域了。"社会"艺术在宣扬它，学校在教导它，教堂也在传播它。最近二三十年来，文明国家的立法部门制定的每一部重要法律，几乎都向破坏主义至少做出了稍许的让步；法律完全受着它的支配。要想全面解释破坏主义，就得写一本历史书，介绍这个给灾难性的世界大战和布尔什维克革命做好准备并使其发生的年代。此时此刻是无法承担起这项任务的。我们只能满足于发表少许评论，它也许有助于人们理解破坏主义的发展。

二　劳动立法

　　在破坏主义政策所采用的手段中，对劳动的法律保护从其直接后果看最为无害，但是作为破坏主义思想的后果，这方面的社会政策有着特别重要的意义。

　　主张保护劳动的人喜欢把这个问题与 18 世纪和 19 世纪上半叶的情形做类比，后者导致了一些对庄园制度下的劳动者加以保护的措施。当时的国家试图逐步使农奴获得自由，它的干预使农民的劳役不断减少，今天的劳动立法据说也与此相似，仅仅是为了提高受工资奴役的现代无产阶级的地位，使他们过上人的生活。然而这种比较是很成问题的。对农奴劳役施加的限制没有减少而是增加了农村的劳动量。强迫劳动以及贫困在数量和质量上的下降使农民有了自由，他既可以改良自己那一小块土地，也可以从事雇佣劳动。对不自由的农民有利的大多数措施，一方面是为了增加农业劳动的强度，另一方面是为了工业生产而解放劳动力。当农民政策最终消灭了农业劳动者的强迫劳动时，它并没有消灭劳动，而是增加了劳动的机会。现代社会政策对工作时间进行"管理"，把工时限制在每天十个、九个、八个小时，或把各种官员的工时规定为六小时甚至更短，其作用却大不相同，因为它减少了工作量，从而也减少了产量。

这些限制劳动的措施的作用太明显了，人们不可能对它视而 426
不见。这便是扩大对劳动的法律保护、要求彻底改善劳动条件的努力总是遇到强烈反抗的原因。国家主义的作家都在说，劳动时间普遍缩短，女工和童工逐渐消失，夜班受到限制，这些都要归功于立法干预和工会的活动。[1] 这种态度表明，他们仍受到一些对现代资本主义工业没有好感的小圈子的影响，这些人对产业化的工资劳动者的特点持有一种观点，认为工厂化的产业特别讨厌受过充分训练的劳动力。据说，它更喜欢的不是受过全面培训的专业工人，而是没有技能的劳动力、力气小的妇女和羸弱的儿童。因为一方面，它只想生产品质低劣的大众商品，制造这些东西不必使用有技能的雇工；另一方面，机器生产中的简单动作使工业可以雇用未成年和没有力气的人。据说，工厂只有压低工人工资才能赚钱，它们当然要雇用没有技能的工人、妇女和儿童，并且要尽量延长工时。据说，看看大工业的演化过程，便可以证实这种观点。可是，大工业最初只能满足于这种劳动力，因为当时它只能雇用技工行会以外的人；它只能接受没有训练的妇女儿童，因为只有这些人可以雇用；它不得不把生产过程设计得能够适应素质低下的劳动力。工厂支付的工资要低于技工所得，是因为产量较低。由于同样的原因，工时也比技工更长。只有当这些局面逐渐发生了变化，大工业才能改进它的劳动条件。工厂最初别无选择，只能雇用妇女儿童，因为它雇不到训练有素的工人。但是当它通过竞争战胜了那种过时的劳动制度，把那里的就业工人都吸引了过来，它就改变了劳动流程，有技能的男性工人也就成了主要劳动力，妇女和儿童只好逐渐退出工业生产。工资也有了提高，因为效率高的工人的产量要高于女工和童工。工人家庭的妻儿不再需要挣钱糊口了。工时也减少了，因为同那些素质差的劳动力的懒惰笨拙相比，高效率的工人的高强度劳动，使机器得到了更充分的利用。[2]

427

工时的缩短以及对雇用女工童工的限制，就大战爆发时德国采取的这类改进措施而言，并不是赞成对劳动者进行立法保护使其不受自私企业家侵害的人取得的胜利。它们是大工业演化的结果，它不必再从经济生活的边缘寻找工人；为了适应高素质的劳动力它必须改善劳动条件。大体上说，立法仅仅是抢先一步完成了正趋于成熟的变革，或仅仅是批准了既成事实。它确实总想超出工业发展所允许的限度，走在它的前头，但它无法把这种斗争维持下去。它受到的阻碍主要不是来自企业的抗拒，而是工人本身的抵制，这种抵制不会因为缺少声张或宣扬而失效。因为工人本身必须直接或间接地为每一种保护性管制措施买单。限制女工和童工，就像限制雇用成年劳动力一样，加重了工人支出的负担。这种措施造成的劳动力供应的减少，确实提高了劳动的边际生产率和单位产量的工资比重。这种提高是否足以抵消商品价格的上涨给工人带来的负担，是令人怀疑的。在就此得出任何结论之前，必须评估每一个具体事例的数据。大概可以说，生产的下降不可能导致工人实际收入的绝对增长。我们无须讨论这件事的细节。人们只能说，如果劳动法在不止一个国家生效，它将导致劳动力供应的大幅减少。只要不发生这种情况，只要每个国家各行其是，在颁布劳动保护法上落在后面和新兴工业国家抓住一切机会排挤老工业国的工业，那么工人在市场上的地位就不可能通过劳动保护得到改善。有人打算通过国际条约使劳动保护得到普及，以此纠正这种状况。但是，就算国际劳动保护比国内的运动更切合实际，大概也只能说，这一过程尚未超出工业的正常演进

428

所达到的阶段。

这种破坏主义态度显然更多的是来自理论，而不是来自落实劳动保护的行动，因为各种管制对工业发展的威胁，在一定程度上限制了把理论变成实践的企图。工资劳动者受剥削的理论广为传播并迅速被人接受，首先要归因于破坏主义，因为它一向不惮于用一种只能称为煽情的手法去描绘工业生产的劳动条件。一边是铁石心肠的企业家和贪婪的资本家，另一边是高尚的穷人和受剥削的工人，这种流行的形象已经变成了法律体系的前提。立法者已经学会了把企业家计划的每一次挫败视为公众福利对那些寄生虫的私利取得的胜利。工人已经学会了相信自己是在为资本的利润而辛苦劳作，所以不必对它言谢；尽量偷懒耍滑是他为自己的阶级和历史承担的义务。

劳动保护法的鼓吹者提出的工资理论漏洞百出。他们以不屑的态度看待西尼尔反对限制工时立法的论证，可是他们拿不出任何相关的东西去驳倒他根据静态条件的假设得出的结论。"讲坛社会主义"（Kathedersozialist）学派缺少理解经济问题的能力，这在布伦塔诺身上表现得尤为明显。工资与劳动效率相一致的观点大大超出了他的理解力，虽然存在一个再清楚不过的事实，即干好工作可以比干不好工作得到更多的报酬，他却构想出一种高工资增加劳动产量、低工资降低产量的"法则"。[3] 当他接下来说，工时的缩短是提高劳动效率的原因而不是它的结果时，他这种谬论再一次暴露无遗。

德国社会主义之父马克思和恩格斯十分清楚争取劳动立法的斗争对传播破坏主义是多么重要。《国际工人协会成立宣言》说，英国的十小时工作日法案"不仅是一次伟大的实践上的成功，而且是一项原则的胜利；资产阶级政治经济学第一次在工人阶级的政治经济学面前公开投降了"[4]。20多年以前，恩格斯甚至对《十小时工作日法案》做出了一种更拙劣的有着破坏主义

本性的表示。他情不自禁地同意企业家的反驳对了一半。他认为
这个法案将压低工资，使英国工业失去竞争力。但是这并没有让
他却步。"当然"，他补充道，"如果问题是以十小时法案为极
限，那英国就会毁灭，但是这个法案必然还会带来其他的措施，
这些措施一定会使英国走上和它目前所走的截然不同的道路，所
以这个法案是前进了一步。"[5] 假如英国的工业在与外国的较量
中败下阵来，革命将成为不可避免的事情。[6] 他在后来一篇文章
中又谈到了《十小时工作日法案》："它已经不再是阻止工业发
展的一种孤立的努力。它是一系列措施中的一环，这些措施将改
变目前的整个社会形态，逐渐消灭以往的阶级冲突。这不是反动
的措施，而是革命的措施。"[7]

争取劳动立法的斗争的根本重要性，再怎么估计也不过分。
但是，马克思、恩格斯和他们的自由主义对手，都高估了这种具
体措施直接造成的破坏性后果。破坏主义还在另一些战线上向前
挺进。

三　强制性社会保险

德国国家主义方案的精髓是社会保险。德意志帝国以外的人
们也逐渐把社会保险视为政治家的眼光和政治智慧所能达到的最
高境界。如果有人称赞这种制度的神奇成果，另一些人也只能责
怪它没有走得更远，还没有涵盖所有的阶级，还没有为受益人提
430　供在他们看来这些人应当享有的全部好处。据说，社会保险的最
终目的是为每个生病的公民提供充分的照顾和最好的医疗服务，
在他们因事故、疾病或衰老而失去工作能力，或找不到他们认为
符合必要条件的工作时，为他们提供充分的生活保障。

大凡秩序良好的社会，都不会冷酷无情地让穷人和丧失能力
的人饿死。总是存在着某种类型的部门，为不能自食其力的穷人

提供帮助。随着整体生活水平与资本主义的发展携手并进，对穷人的救济也得到了改进。同时这种救济的法律基础也发生了改变。过去穷人不能提出权利主张的慈善活动，如今变成了社会的责任。做出了一些为救助穷人提供保障的安排。但是，人们最初并不想赋予每个人要求救济和生活保障的法律权利。同样，他们也不曾想过把那些靠社会养活的人说得全无污点。这不是冷酷无情。英国的《济贫法》引起的辩论具体表明，人们十分清楚每一次扩大济贫范围都包含着严重的社会危险。

德国的社会保险和其他国家的类似制度，是建立在一种十分不同的基础上的。维持生计是被赋予这种权利者可以得到法律支持的权利主张。权利人不因其社会地位而受到藐视。他就像国王、大臣或保险年金的领受人一样，或是像任何签订了保险合同的人一样，是国家津贴的领受人。此外，他有着不容置疑的资格去监督自己的所得等于他缴纳的数量。保险费总是要从工资中出，至于交费的是企业家还是工人自己，那是无关紧要的。企业家必须支付的保险费是以劳动的边际生产率为代价的，因此会使劳动工资下降。如果供给的成本来自税收，那么显然是工人直接或间接为它交费。

在那些支持社会保险的知识分子和实施它的政治家及国务活动家看来，有病和健康似乎是人体的两种界限分明的状态，可以毫不费力或确定无疑地做出清楚的区分。任何医生都能诊断出"健康"的特点。"生病"是一种与人类的意愿无关的生理现象，也不易受到意愿的影响。有些人出于这样或那样的原因装病，但是医生能够拆穿他的骗局。只有健康的人才有完全的劳动力。病人的劳动力下降，这取决于疾病的严重程度和性质，医生可以通 431 过有着客观标准的体检，确定劳动力下降的程度。

这种理论中的每一种说法都是错误的。健康和生病并非泾渭分明。生病不是一种与自觉的愿望以及在潜意识层面起作用的心理因素无关的现象。人的精力不但是其生理状况的结果，而且大大取决于他的精神和意愿。因此，以为能够通过医检对生病与没病以及装病、对有工作能力的人和没有工作能力的人加以区分，这种想法是完全站不住脚的。有些人认为，诊断疾病和受伤及其后果的完全有效的手段，是事故和健康保险的可依赖的基础，他们更是错得离谱。事故和健康保险的破坏主义作用，首先便表现在这样一个事实上：这种制度助长了事故和生病，延缓了康复，经常造成或至少加剧和延长了生病或事故后的功能紊乱。

有一种特殊的疾病，即在某些案例中由于伤害赔偿权利的法规而出现的创伤性神经疾病（traumatic neurosis），已经因为强制性的社会保险而变成了一种全国性疾病。再也没有人会否认创伤性神经病是社会立法的结果。大量的统计数字显示，有保险的人在受伤后的康复时间要大大长于其他人，他们比没有保险的人更有可能延长治疗时间和患上长期功能紊乱。对抗疾病的保险助长了疾病。医生的个人观察和统计数字都证明，在官员、永久雇员和上了强制性保险的人员中间，疾病和受伤的康复时间都要长于另一些职业和没有保险的人。可以证明，让身体好起来、尽快做好工作准备的愿望和必要性，在很大程度有助于一个人的康复。[8]

感觉中的身体健康与医学意义上的健康是很不一样的，人的劳动能力在很大程度上与他的个别器官可以从生理上确定和衡量的状况无关。不希望自己健康的人不仅是个装病的人，而且是个432 不健全的人。假如保持身体健康、让工作有效率的意愿有所下降，也会引起疾病和劳动能力的丧失。社会保险削弱或彻底摧毁了人们保持健康和劳动能力的意愿，从而造成疾病和劳动能力的丧失；它使人养成发牢骚的习惯——这本身就是一种精神病——和另一些类型的精神性疾病。总之，这是一种有可能鼓励人们生病——姑且不论事故——并使事故和疾病的生理和心理后果更加严重的制度。作为一种社会制度，它使人们在肉体和精神上都变得不健全，或至少有助于增加、延长和加剧疾病。

包括人类在内的每一种生物，都有很活跃的心理因素，人的表现为健康的意愿和有所作为的心理因素，并非同社会环境无关。有些环境使它们加强；另一些环境使它们减弱。一个靠狩猎为生的非洲部落的社会环境，可以对激发这种因素发挥决定性的作用。以劳动分工和私有财产为基础的资本主义社会，公民有着十分不同的环境，但非洲部落的道理对他们同样适用。另一方面，如果一种社会秩序做出允诺，个人因生病或受伤妨碍了劳动，他不必劳动或只做一点工作也能活下去，收入不会明显减少，这个社会就会削弱这种因素。问题并不像军队或监狱医生的幼稚病理学所说的那样简单。

可见，社会保险使享有保险者的精神疾病成了一种危险的公共病。再对这种制度加以扩展，这种疾病也会愈演愈烈。任何改革都帮不上忙。我们不可能做到既削弱或摧毁健康的意愿又不引起疾病。

四 工会

在评估工会的经济和社会后果时，一个基本问题是，在市场经济中，劳动者是否能够通过结社和集体谈判为全体工人争取到长期维持下去的高工资。对于这个问题，经济理论——无论是古典学派（包括它的马克思主义一翼）还是现代学派（包括它的社会主义一翼）——都断然给予否定的回答。公众的看法是，事实已经证明了工会在改善劳动者状况上发挥的作用，因为过去一百年来大众的生活水平一直在稳步提高。经济学家则用截然不同的方式解释这个事实。根据他们的看法，这种改进要归因于资本主义的进步，归因于资本的积累及其带来的成果，即劳动的边际生产率的提高。我们无疑要把更多的信任给予经济学家的观点，因为它们已被事实所证明，而不是相信一些人的幼稚天真信念，他们仅仅提出了一种属于"post hoc ergo propter hoc"即"后此谬误"的谬论（因发生在后，即误认为因其引起）。确实，这个基本问题被成百上千位把毕生的工作献给工会组织的可敬的劳工领袖完全误解了；也被许多把工会视为未来社会基础的杰出的慈善家彻底误解了。这种态度是错误的，工会制度发展成了破坏主义政策最重要的武器，这是资本主义时代的真正悲剧。社会主义的意识形态如此成功地掩盖了工会的性质和特征，使今天的人们难以理解工会是什么以及它在做些什么。人们仍然倾向于认为，工人社团的问题是个结社自由和罢工权利的问题。但是，是否应当赋予工人结社自由，或他们是否有权停工，即使这样做违反劳动合同，这在几十年前就已经不是问题了。任何法律都没有剥夺他们的这种权利，工人个人因违反合同停工而可能受到的法律惩罚，在实践中已经变得无关紧要了。因此，即使是破坏主义最极端的拥护者，也不会操心替工人要求任意违反合同义务的权利了。近年来，有些国家，譬如作为现代工会发祥地的英国，试图限制工会政策的权力，它们的意图不是为了消除它们所认为的工会的非政治行动。1927年的法案试图禁止总罢工和声援性罢工，但是它丝毫没有干预结社自由或以增加工薪为目的的罢工。

无论是总罢工的支持者还是反对者，都把它视为一种革命手段，甚至从本质上说它就是革命本身。总罢工的要害在于，为了达到某种要求的目标，在一定程度上彻底搞瘫痪社会的经济生活。总罢工可以取得多大成功，可以由"卡普政变"[9] 来证明，它得到了合法军队和一大群非法武装支持，把政府赶出了首都，但是总罢工在几天之内就把它打败了。在这个事件中总罢工的武器是被用来捍卫民主。然而，有组织的劳工的政治态度是否值得同情并不重要。事实是，在工会势力十分强大，能够发动总罢工

的国家，掌握最高权力的并不是议会和由它支配的政府，而是工
会。正是由于认识到了工会及其工作的真正意义，法国的工团主
义者才萌生出了他们的基本思想：政党要想掌权，就必须运用暴
力手段。切不可忘记，用来取代自由主义和民主主义的调解教诲
的暴力哲学，是以工会哲学起家的。工团主义并非他物，它就是
法语对工会的称呼。如今严重威胁着所有民主政府的俄国苏维埃
主义、意大利法西斯主义和德国纳粹主义，都是从革命工团主义
者的教导中诞生的。工会问题的要害在于它强迫入会和强迫罢
工。工会宣称，它们有权强迫所有拒绝加入工会的人或它不允许
其入会的人失去工作。它们宣称有权随意停工，并且阻止任何人
顶替罢工者的职位。它们宣称有权以暴力手段阻止和惩罚违反它
们的决定的行为，有权采取一切措施组织这种暴力行动，以确保
自己的成功。

任何社团的首领一上了年纪，都会变得缩手缩脚。好斗的社
团失去了进攻的欲望和采取迅速行动战胜对手的能力。军队，尤
其是奥地利和普鲁士的军队，一次又一次认识到在年迈的将领指
挥下难以获胜。工会也不是这条法则的例外。因此，一些十分成
熟的老工会有可能暂时失去它的破坏主义攻击嗜好和好战精神。
当上了年纪的人抵制鲁莽的年轻人的破坏主义政策时，破坏的工
具会暂时变为维持现状的工具。激进派正是基于这一理由不断谴
责工会，工会为扩张强制性工会制度而需要非社会主义者的帮助 435
时，它们也正是以此为自己辩护。工会在破坏性战斗中的喘息总
是短暂的。一次又一次赢得胜利的，是那些鼓吹向资本主义社会
制度发动不间断猛攻的人。暴力因素不是赶跑了年迈的工会领
袖，就是建立新的组织取代了老工会。事情只能如此。因为按照
工会提出的基本理念，只能把工会这种工人社团当作一件破坏武
器。我们已经证明，工会会员的团结只能建立在破坏以生产资料
私有制为基础的社会秩序的战斗观念上。不但工会的实践，而且

它的基本理念，都是破坏主义的。

工会运动的基础是强迫入会。对于那些属于他们不承认的组织的人，工人拒绝同他们一起工作。他们用威胁罢工或最后真的罢工，排挤那些非工会的人。拒绝加入工会的人往往也在野蛮手段的威逼下加入其中。对于这种做法是在严重侵犯个人自由，这里就不必多说了。甚至工会破坏主义支持者的诡辩，在这个问题上也无法说服公众。对非工会工人施暴的特别严重的事件被一再公之于众，这时甚至那些在别的事上大体站在破坏主义一边的报纸也发出了抗议之声。

工会的武器是罢工。切不可忘记，每一次罢工都是一种强制行为，一种敲诈方式，一种针对行为可能与罢工者的意图相反的人采取的暴力措施。因为企业家若是能雇用别人代替罢工者工作，或是只有一部分工人参加罢工，罢工的目的也就失败了。工会权利的优势和劣势，事实上取决于以原始的暴力对付破坏罢工者的权利，工人成功地保住了这种权利。我们这里不想讨论各国工会是如何确立这种权利的。只要指出一点就够了：过去几十年来它在各国都得到了确立，这主要不是因为得到了法律的正式批准，而是因为它得到了政府和法律的默许。多年来，在欧洲各地几乎已经不可能用雇用罢工破坏者的方式去挫败罢工。有很长一段时间，至少能够避免铁路、供电供水行业及最重要的城市食品供应行业的罢工。如今破坏主义在这些地方也终于得手了。

没有人会严肃反驳工会的破坏主义作用。迄今为止从来没有一种工资理论可以使人推断，工会组织能够导致工人真实收入的长期增长。马克思显然不认为工会对工资有任何作用。在1865年对"国际"总委员会的演说中，[10] 马克思试图说服他的同志与工会采取统一行动。他的开场白暴露了他这样做的目的。他说，不可能通过罢工提高工资的观点——在法国提出这种观点的是蒲鲁东分子，在德国是拉萨尔派——"在工人阶级中间最不受

欢迎"。马克思具有了不起的策略家品质，这使他在一年前的
"开幕词"中能够把有关工人运动的性质、目的和任务的各种南
辕北辙的意见融合成一个统一的纲领，这种品质现在再次发挥作
用了，他很想把工会运动同"国际"结合在一起，所以极尽讨
好工会之能事。但是他有意避开了工人的经济地位可以通过工会
直接得到改善的说法。在他看来，工会的头等大事是领导反对资
本主义的战斗。他为工会安排的地位，就他期待它们的介入带来
的结果而言，是不容怀疑的："他们应当把'消灭工资制度'这
句话印在自己的旗帜上，用它取代保守派的格言'干一天活，付
一天钱'。——他们普遍迷失了自己的目标，他们画地为牢，只
开展反对目前这种制度的后果的游击战，而不是同时为改变这种
制度而努力，把他们的组织力量作为一支杠杆，致力于工人阶级
的最终解放；也就是说，致力于最终消灭工资制度。"[11] 马克思
再清楚不过地表明，他只能把工会理解为一个毁灭资本主义社会
秩序的工具。有待于"务实的"经济学家和修正主义的马克思
主义者去下这样的断言：工会能够把工资长期维持在如果没有工
会工资所能达到的水平以上。没有必要去反驳这种观点，因为没
有人试图从中发展出一套理论。它始终是一种反复出现的断言，
却从来不提各种经济因素的相互依存，也从未提出任何证据。　437

　　罢工、暴力和怠工的政策没有资格声称它取得了改善工人处
境的任何成绩。[12] 它有助于动摇精心建构起来的资本主义经济
大厦的基础，很多最贫困的工人在这座大厦中的地位在不断上
升。它不是为社会主义的利益，而是为工团主义的利益而工作。

　　所谓的非要害部门的产业工人，假如他们把工资提高到市场
条件决定的水平以上的要求得到实现，将引起价格错位，从而启
动一种最终会使受干扰的市场均衡得到调整的力量。但是，假如
要害部门的工人能够通过罢工或威胁罢工实现自己提高工资的要
求，并且能够提出其他工人在工资斗争中提出的所有权利主张，

情况就彻底不同了。把这些工人称为事实上的垄断者是错误的，这里的问题已经超出了经济垄断的范畴。假如全体运输雇员举行罢工，并且阻止一切可能削弱其罢工意图的行动，他们就成了自己所控制的地区的绝对暴君。当然，也许有人会说，他们是在头脑清醒地运用自己的权力，然而这没有改变他们拥有这种权力的事实。如此一来这个国家便只有两种人了：对生活至关重要的生产部门的工会会员和没有任何权利的其他所有人。于是我们陷入了"不可缺少的工人用暴力统治手段主宰其他所有的阶层"[13]的境地。

既然又说到权力，这里也许可以探讨一下这种权力同其他所有权力的共同基础是什么。这些在工会中组织起来的工人所掌握的令今天的世界颤抖不已的权力，有着同任何时代任何暴君的权力一样的基础：它完全是人类的意识形态的产物。近二三十年来它给人们带来的印象是，在工会中结成社团的工人，对于个人就像对于社会一样必要而有益；只有邪恶自私的剥削者才会同工会对抗；参与罢工的人总是正确的；天底下再也没有比破坏罢工更可耻的事情了；试图保护那些愿意工作的人是反社会的行为。过去几十年里成长起来的人，从孩提时代就被教导说，成为工会会员是工人最重要的社会责任。罢工变成了一种神圣的行动，一种社会使命。工人社团的权力便是建立在这种意识形态上。假如它的社会效用理论被另一些有关工会作用的观点推翻，它就会归于破产。所以十分清楚，最强大的工会不得不有节制地运用自己的权力，如果它给社会造成过分的伤害，有可能使人们思考工会的性质和作用，从而导致他们反省和否定这种理论。当然，这个道理不单适用于工会，也适用于所有的掌权者。

有一点应当是很清楚的：假如对要害部门工人的罢工权利进行深入的讨论，有关工会和强制性罢工的理论很快就会破产，像"技术救援队"[14] 这类破坏罢工的社团，就会把今天罢工者所享有的喝彩争取到自己一边。由此引起的冲突有可能导致社会的毁灭。但是，一个致力于维护奉行着目前这种路线的工会的社会，肯定也是走在通往毁灭的道路上。

五 失业保险

为失业者提供帮助，已被证明是破坏主义最有效的武器之一。

建立失业保险的理由与建立疾病和事故保险的理由是一样的。失业被视为一种不幸，它就像雪崩一样把人压垮。没有哪个人会认为失去工资强过失去工作，因为丢掉工作的人失去的不是工作，而是工作报酬。问题不在于"失业者"找不到工作，而是他们不愿意以他们能在劳动力市场上得到的工资去工作，即使他们既有能力也愿意去做这种工作。

健康和事故保险的价值令人生疑，是因为入了保险的人有可能自己制造或至少强化获得保费的条件。但是就失业保险而言，除非投保人愿意，作为投保对象的条件是绝对不可能形成的。如果他们不像工会会员那样行动，而是降低自己的要求，按照劳动力市场的要求改变自己的住地和职业，他们终究会找到一份工作。只要我们生活在现实世界，而不是住在心想事成的乐土，劳动便是一种稀缺物品，也就是说，总是存在着没有得到满足的劳动需求。失业是个工资问题，而不是岗位问题。不妨说，给失业上保险，就像给卖不出去的商品上保险一样是不可能的。

"失业保险"肯定是个很荒谬的字眼。根本没办法给这种保险找到任何令人满意的依据。大多数国家都承认了这一点，它们或放弃了"保险"的说法，或至少对其含义视而不见。现在它已经变成了不加掩饰的"援助"。它使工会能够把工资维持在一个较高的水平上，导致只有一部分找工作的人能够就业。可见失业援助是造成长期失业现象的首要原因。目前欧洲各国都在拿出一大笔钱做这件事情，这大大超出了它们的公共财政能力。

各国几乎都存在着大量的长期失业人口，舆论把这个事实看作资本主义无法解决的经济问题，当作有必要实行政府干预、全盘计划和社会主义的铁证。人们看到俄国是唯一不存在失业这种罪恶的大国，便认为这是一种无可辩驳的观点。然而这种论证的逻辑是很成问题的。资本主义国家的失业要归因于这样一个事实：政府和工会的政策都在致力于维持一种与现有的劳动生产力脱节的工资水平。不错，就我们所知，俄国没有大规模的失业，可是俄国工人的生活标准比西方资本主义国家领取失业救济的工

440　人的生活水平还要低很多。假如英国或欧洲大陆的工人愿意接受确实低于目前水平的、但仍比俄国工人的工资高数倍的工资，这些国家的失业也会随之消失。资本主义国家的失业并没有证明资本主义制度无效率，俄国不存在失业也不是共产制度效率高的佐证。但是，几乎每个资本主义国家都存在大规模失业的现象，这一事实是对资本主义制度继续生存的最为可怕的威胁。长期的大规模失业破坏着社会秩序的道德基础。完成了就业训练的年轻人被迫无所事事，为形成最激进的政治运动提供了酵母。即将到来的革命便是从他们中间招兵买马的。

这的确是我们面对的一种可悲形势。支持工会和失业救济政策的人真诚地相信，工会的政策是群众维持像样的生活条件的唯一办法。他们没有认识到，从长远看，把工资提高到与反映边际劳动生产率的市场相符的水平以上的所有努力必然导致失业；长期而论，失业救济除了使失业永久化以外不可能有任何效果。他们没有认识到，他们为救济苦命人开出的药方——失业救济金和公共工程——导致资本的消耗，而资本的消耗最终必然导致工资水平的进一步下降。在目前的条件下，一举取消为失业者提供的救济金、其他重要物品和各种公共工程，显然是行不通的。一切

干预主义措施的一大弊病就是很难使这种过程发生逆转——取消干预会造成一些麻烦，几乎不可能找到解决它们的完全令人满意的方式。目前国家治理的大问题是，如何从这些干预主义措施的迷宫中找到一条出路。近年来所做的事情，仅仅是在不断地试图掩盖降低劳动生产率的经济政策的经济后果。当务之急是恢复能够确保提高劳动生产率的政策。这显然包括彻底放弃保护主义、各种进口规定和配额的政策。必须重新让劳动力在不同的产业和国家之间自由流动。

对长期失业这种罪恶负有责任的不是资本主义，而是使资本 441 主义陷入瘫痪的政策。

六 社会化

在自由主义的制度下，国有工厂和国家的生产被取消。实际上，就生产资料归私人所有、一切经济活动应交给公民私人这条普遍原则而言，邮政部门是唯一的例外。国家主义的拥护者费尽心机，提出一些他们认为有利于邮政和相关电报业务国有化的理由。他们首先提出政治上的论证。可是，在赞成和反对国家控制邮政与电报系统的辩论中，应当分别对待的两件事情被完全混为一谈了：统一服务的问题和把它完全交给国家的问题。没有人否认，统一性给邮政和电报系统提供了极大的方便，即使把它们完全放开，还是难免形成托拉斯，导致个人至少对整个地区的事实上的垄断。其他任何企业都没有如此明显的集约经营的优势。然而，同意这一点并不意味着解决了另一个问题：是否应当在法律上允许国家成为这种服务的全部分支机构的垄断者。不难证明，国家的经营工作是浪费的，按照业务需要增设投递信件包裹的机构是笨拙的，而且很难说服它做出实际的改进。这个领域的经济生活的普遍进步，是由私营企业取得的。我们把大范围的陆地电报主要归功于私营企业：英国直到 1869 年才把它收归国有。在美国，它仍然掌握在股份公司手里。海底电缆大多归私人企业所有。甚至德国的国家主义想在深海电缆业务上"摆脱"与私人企业的合作时，也表现得迟疑不决。当时的自由主义者也支持完全放开邮政和电报服务的原则，并在揭露国有企业经营不当上取得了很大成功。[15] 这些生产分支没有被私有化只能归因于一个

442　事实：掌权者为了钳制舆论，需要邮政和电报。

任何地方的军队都想给企业家设置障碍，但它们也承认他的出色，把武器和军需交给他生产。战争技术的巨大进步是从私人企业开始生产战争物品那一刻开始的。国家也不得不承认，企业家在生产军火上干得比公务员出色；这在战场上得到了证实，甚至使最顽固主张国家生产的人也开了窍。在 19 世纪，国营兵工厂和船厂几乎彻底消失，或是改为单纯的军火仓库，它们的位置被私人企业所取代。支持工业国有化的作家和议员的军火工业国有化的要求很少能够得逞，甚至在世界大战之前国家主义甚嚣尘上的时期也是如此。总参谋部很清楚私人企业技高一筹。

由于公共财政的原因，一些来历久远的财源垄断行为即使在自由主义时代也没有取消。它们得以继续存在，是因为人们把这视为征收消费税的方便途径。可是人们对国有企业的浪费本质——例如对烟草的垄断管理——并不抱幻想。但是，在自由主义能够把它的获胜的原则贯彻到这个领域之前，社会主义已经开始大开倒车了。

使现代最早的收归国有和收归市有的措施得以发生的观念，并非完全来自现代社会主义。在这场运动的源头，历史悠久的"治安国"观念以及纯粹的军事和政治考虑也发挥着重要作用。但是，社会主义的意识形态很快就变成了主角。国家和市政府开始自觉地实行社会化。口号是：消灭浪费的私有企业，消灭私有制。

最初，社会主义生产的经济劣势没能阻止国有化和市有化的推进。发出的警告无人理睬，它被湮没在国家主义、社会主义和有利害关系的所有势力的一片喧嚣声中。人们不想搞清楚政府企业的弊端，所以也就不把它们放在眼里。只有一种条件限制着私有财产的敌人的过度狂热——大量国营企业无法克服的财政困难。出于政治原因，政府不能把国家管理的更高成本完全转嫁给消费者，因此经常发生经营亏损。它的支持者安慰自己说，与国有和市有企业的经济和社会政治的普遍益处相比，值得做出这种牺牲。但不管怎么说，有必要谨慎地对待国家主义的政策。讨论这些问题的经济学家在把国有企业的财务失败归因于这种企业的浪费方式时犹犹豫豫，这显然表明他们陷入了一种很尴尬的处境。他们试图用一些特殊条件做出解释，例如个人管理的失误和组织错误等。他们一再提到普鲁士的国有铁路，把它作为出色管理的典范。当然，普鲁士的国有铁路获得了很不错的盈利。然而这是有特殊原因的。普鲁士在 19 世纪 80 年代前期以当时十分低廉的价格买下了这个国铁系统最重要的部分，在 90 年代德国工业蓬勃发展之前对整个系统进行了大规模的装备和扩张。所以以下事实并不值得夸耀：这些铁路的收入状况良好，它们无须请求贷款就能年复一年地增长，它们大多数都在平原地区运行，它们随时都能买到煤炭，而且是以十分有利的条件成交。它们的处境使它们有可能暂时获利，尽管是由国家经营。对煤气、供水、电力设施及一些大城市的电车也可以这样说。然而，从这种现象得出的一般结论，却远远谈不上是正确的。

一般而言，国有化和市有化的结果是必须用税收去维持成本。因此可以说，当时最不恰当的口号就是葛德谢[16] 的"征税国家受到压制"。葛德谢认为，世界大战及其后果给国家造成的财政麻烦，已经无法用公共财政的老办法加以解决。私营企业的税收在下降，因此必须没收资本家的企业，使国家"重新成为所有人",这样国家才能用自己的企业利润弥补它的开支。[17] 我们在这里看到的是倒果为因的逻辑。财政困难是来自这样一个事实:国家的税收已经无力支付社会主义企业必需的大量拨款。如果把所有的企业都社会化,罪恶的形式当然也就发生了变化,但它并没有被消灭,而是变得更加严重。不错,预算赤字的遮掩,使人们再也看不到国有企业的低效率,但是民众的境况也更糟了。烦恼与苦难只会增加,不会减少。为了消除国家的财政困难,葛德谢建议把社会化推行到底。然而这种财政困难正是社会化已经走得太远引起的。只有把社会化的企业恢复为私人所有,它才会消失。社会主义已经达到这样一种地步,人人都看到了它不可能推行自己的措施,连瞎子也看出了它正在加速文明的衰落。中欧地区全盘社会化的尝试归于失败,不是因为资产阶级的抵抗,而是因为从财政角度看已经根本不可能把社会化进一步推行下去。在大战之前由国家和市政府实行的系统、冷酷和深入的社会化戛然而止,是因为它所导致的结果已经昭然若揭。在这种情况下,试图换一个名称掩人耳目,例如像德国和奥地利的社会化委员会所做的那样,是不可能得逞的。假如执意要把社会化的工作进行下去,再用老办法是不可能办到了。必须窒息那些警告人们别在这条路上继续冒险的理性声音:必须用狂热和幻想引起的陶醉感去扑灭批判:既然没办法驳倒反对派,那就只能把他们干掉。布尔什维主义和斯巴达主义是社会主义的最后武器。从这个意义上说,它们也是破坏主义政策的必然结果。

七 征税

19 世纪的古典自由主义为国家指派的唯一任务是保护公民的财产和人身安全,对于它来说,加强公共服务的手段是个次要问题。与自由社会的全部国民收入相比,这种机构造成的开支很小，因此用这样或那样的方式加以满足没有多少差别。如果那个时代的自由主义作家也想找到最好的征税方式，那是因为他们希望以最有效的方式处理社会制度的每个细节，而不是因为他们认为公共财政是社会最主要的问题之一。他们当然要考虑到这样的事实，他们的理念在世界的任何地方尚未得到落实，在不久的将来它们完全得到实现的希望也很渺茫。他们在各地看到了自由主义发展的清晰证据；他们相信，从长远看未来属于自由主义；但是，旧势力似乎仍很强大，能够阻碍它的进步，虽然已经不足以让它彻底停顿下来，更不用说把它镇压下去。仍有暴力和征服的计划，仍有常备军、外交密约、关税、国家对贸易和工业的干预——总之，国内和外交政策中的各种干预主义。因此，在未来相当长的一段时期，各国必须为政府的开支准备一大笔资金。在纯正的自由主义国家，征税的问题不那么重要，而在当时的自由主义政治家开展工作的专制国家，却需要给予更多的关注。因此他们首先建议限制国家的开支。但是，既然他们在这方面没有完全取得成功，他们就必须决定，在只做出绝对必要的伤害的前提下，需要征收多少必要的资金。

　　自由主义的征税建议肯定会受到误解，除非认识到自由主义政治家把征税一概视为罪恶——尽管是一种不可避免的罪恶，所以必须尽可能把国家开支减少到最低限度。当他们提议开征某种税时，或更确切地说，当他们说这种税的害处小于另一种税时，他们心里想的总是征收较少的数额。低税率是自由主义税制不可分割的内容。仅此即可解释他们对所得税的态度，是他们最先把它引入有关公共财政的严肃辩论，他们十分乐于同意，对最低限度的生计应予免税，对低收入的税率应当降低。[18]

　　社会主义的财政政策也是临时性的，它的有效时限是过渡时期。在社会主义国家，全部生产资料都归社会所有，所有的收入都进入国库，对于这样的国家来说，根本不存在财政和税收问

445

题，因为这是以私有财产为基础的社会秩序才需要处理的问题。社会主义社会的某种形式，例如国家社会主义，虽然允许名义上和形式上的私有财产继续存在，其实也不需要征税，虽然它们有可能保留税的名称和法律形式。每个企业获得的社会收入多少应当留给名义上的所有人，多少应当交国家，只需它们的一纸命令。在这种国家里不存在这样的问题：征税为个人的生意设置某种障碍，但它对商品价格、工资、利润、利息和租金的影响留给市场去解决。只有实行生产资料私有制的地方，才存在公共财政和税收政策的问题。

但是，同样，对于社会主义者来说，过渡期拖得越长，资本主义社会的公共财政问题就变得越重要。这是不可避免的，因为他们一直在努力扩大国家的干预范围，从而导致开支有增无减。于是他们承担起了增加国家收入的责任。社会主义政策变成了政府开支增长的决定性因素，社会主义的要求支配着税收政策，公共财政在社会主义纲领中的地位变得越来越突出。自由主义政纲的基本原则是低税率，社会主义者则认为税负越重越好。

古典经济学在税赋理论方面取得了丰硕成果。尽管它的基本价值学说有缺陷，这一成果是必须承认的。自由主义政治家在批评现状，提议改革时，他们是以李嘉图对该问题的可贵研究的主要前提为起点的。社会主义政治家很轻松地拿来现成的东西，他们没有自己的新见解，他们根据当前的政治需要，只从古典作家那儿索取他们需要的东西——割裂文义的寻章摘句，主要是那些讨论税负对消费的影响的内容。他们拼凑出一个粗糙的体系，它完全没有触及主要问题，但是具有简单明了、群众可以理解的优点。税收要由富人、企业家和资本家支付，简言之，要由"别人"支付：工人，即在重要时刻其选票的作用非同小可的选民，应当一直享受免税。应当取消对大众消费品，甚至酒精饮料的一切征税，因为它加重人民的负担。直接税政府想定多高就能定多高，只要留出工人的收入和所得就成。赞成这种取悦民众的税收政策的人好像从来没有认识到，直接税和贸易税可能启动了一个因果链，它将导致他们自称代表其具体利益的那些阶级的生活水平的下降。几乎没有人问一句，对财产征税所导致的对资本形成的限制，是否也会伤害到那些没有财产的社会成员。税收政策日 447 益演化为一种没收的政策。它的核心目标就是把财产带来的一切财富和收入征得一干二净；在这个过程中，投资于贸易和工业、股份和债券的财产，一般比土地投资受到更加无情的对待。征税变成了干预主义的心爱武器。税法不再仅仅或主要以增加国库收入为目的，而是被用于财政需要之外的另一些目的。有时它们同公共财政的关联彻底消失，而是发挥着一种完全不同的功能。有些税好像是对有害行为的罚款；对大商场的征税使其更难以同小商店竞争；股票交易税的目的是限制投机。收费变得名目繁多，做生意的人必须首先考虑这对自己的纳税有何影响。不计其数的经济规划被束之高阁，因为税负可能使其变得无利可图。许多国家对创建和维持股份制公司以及公司的合并和清偿规定了沉重的责任，使这种制度的发展受到严重限制。

煽动家赢得民意最有效的办法，就是不断提出对富人课以重税的要求。资本税以及对高收入者提高税率，格外受老百姓的欢迎，因为付钱的不是他们。估税员和收税员也干劲十足，他们巧妙地解释税法，意在加重纳税人的负担。

破坏主义的征税在资本税上达到了顶点。财产被侵夺，然后被消耗掉了。资本变成了供人使用和消费的物品。这些做法的后果是一目了然的。但是，目前取悦民心的整个税收理论，也在导致同样的结果。

通过合法的征税方式没收财产，既不具有社会主义的性质，也不是走向社会主义的手段。它们所导致的不是生产资料的社会化，而是资本的消耗。只有当把这种措施融入一种保留私有财产的名义和形式的社会主义制度，它才会成为社会主义的一部分。在"战时社会主义"期间，这种税收是对强制性经济体制的补充，对整个体制向社会主义演化提供了决定性的帮助。[19] 在生产资料被全部正式社会化的社会主义体制里，从原则上说不会再有财产税和财产所得税。社会主义社会对其成员收费时，不会改变生产资料的支配权。

448

　　马克思曾谈到用征税措施改变社会制度的努力。他明确地认为，仅仅通过税制改革，不可能实现社会主义。[20] 他对税收在资本主义制度中的作用的观点，也不同于一般的社会主义者的看法。他有一次说，"所得税不会影响工人"这种说法"其实是荒谬的"。"在我们目前的社会制度中，企业主和工人是对立的，资产阶级普遍通过降低工资或抬高价格来弥补自己多交的税。"[21] 但是，《共产党宣言》曾要求"加重累进税"，而社会民主党提出的征税要求一向是最为激进的。因此，它在这个领域也正向着破坏主义挺进。

八　通货膨胀

　　通货膨胀是破坏主义的最新成就。布尔什维克有着举世无双的才华，他们把自己的仇恨说得有理有据，把失败解释成胜利，把自己的财政政策说成是通过摧毁货币制度消灭资本主义的努力。可是，虽然通货膨胀确实在毁灭资本主义，它并没有消除私有财产。它使财富和收入发生巨大变化，它彻底毁灭组织精巧的以劳动分工为基础的生产机制，它能使经济退化为没有贸易的经济，除非采用金属货币或至少是以货易货的贸易。但是它不能创造任何东西，甚至不能创造一个社会主义社会制度。

　　通货膨胀摧毁了价值核算的基础，即利用普遍的至少短期内不会剧烈波动的价格信号进行核算的可能性，从而动摇了货币核

算体系，而这种体系是人类思维发展出来的最重要的经济行为辅
助手段。只要通货膨胀被控制在一定限度之内，它对于依靠资本 449
消耗生存的经济政策是一种很好的心理支持。在正常的甚至可以
说是唯一的资本主义簿记制度中，通货膨胀能够在亏损的现实中
造成一种盈利的幻觉。人们把过去的成本价格的名义数额作为起
点，所以他们为固定资本的贬值留出的余地很小；他们把流动资
本的表面价值的增长计入账目，仿佛这种增长是真实价值的增
长，于是账面上会出现盈利，而在货币稳定的条件下账目会显示
亏损。[22] 这肯定不是一种消除国家主义的政策恶果的手段，而
仅仅是对大众掩盖这种恶果。人们在谈论盈利，以为自己生活在
一个经济进步的时代，甚至最后会赞美这种使大家表面上都更加
富裕的聪明政策。

可是，通货膨胀一旦超过某个限度，画面就变了。它开始助
长破坏主义，它不但通过掩盖破坏主义政策的恶果间接地发挥这
种作用，而且它本身也变成了破坏主义最重要的工具。它使每个
人消耗自己的财富；它使人不愿意节约，从而阻碍新资本的形
成。它鼓励没收式的税收政策。货币贬值抬高了商品价值的货币
标价，它通过反映在账面上的资本价值的变化——税务部门把这
视为收入和资本的增长——又变成没收所有者一部分财富的新的
合法理由。采用货币价值保持稳定时的核算标准，向企业家指出
他的账面利润很高，就成了一种煽动民愤的妙招。很容易用这种
方式把所有的企业活动都说成是在发横财和不劳而获。由此导致
的混乱，即在不断发行新钞票的压力下货币系统的崩溃，为破坏
大业的完成提供了有利时机。

干预主义和社会主义的破坏性政策已经使世界陷入巨大的苦
难。面对由他们一手造成的危机，政治家一筹莫展。除了进一步
的通货膨胀，或他们如今所说的"通货的再膨胀"（reflation），
他们想不出任何其他办法。运用新的银行信贷（也就是说，用更

多的"流通"信贷)"重新启动"经济生活，这算是一种较温和
的要求；或通过发行新的法币，这是一种更激进的方案。

450   但是，货币和信用工具数量的增长不会使世界变得更富，也
不会使被破坏主义毁掉的东西恢复原状。信用扩张确实能导致一
时的繁荣，但这种繁荣迟早会归于破灭，导致新一轮的萧条。财
政和货币把戏只能收到表面的一时之效。从长远看它肯定会让国
家陷入更深重的灾难。这种方法对国民福祉的整体损害越严重，
人们用不断创造信用编织出来的繁荣幻觉进行自我欺骗的时间就
会越长。[23]

九　马克思主义和破坏主义

社会主义并不是蓄意破坏社会。它自以为是在创造一种更高
级的社会形态。但是，既然社会主义社会是不可能的事情，所以
每向它前进一步，都会对社会造成损害。

马克思主义的社会主义的历史再清楚不过地表明，每一项社
会主义政策肯定会变成破坏主义。马克思主义把资本主义描绘成
社会主义的必然前奏，仅仅把未来的新社会视为资本主义成熟的
果实。假如我们把马克思理论中的这一部分内容——他确实提出
了一些与此完全不相容的理论——作为我们的根据，那么所有那
些把马克思奉为权威的政党的政策，根本就不是马克思主义的政
策。马克思主义者应当向一切阻碍资本主义发展的事物开战。他
们应当反对工会及其各种做法，反对保护劳工的法律，反对强制
性社会保险，反对财产税；他们应当向妨碍股票和产品交换、规
定价格的一切法律以及反卡特尔和托拉斯的政策开战；他们应当
抵制通货膨胀主义。可是，他们的所作所为完全相反，他们满足
于重复马克思对"小资产阶级"政策的谴责，却没有从中得出
必然的结论。马克思主义者当初希望同所有信奉前资本主义经济

理想的政党的政策划清界限，最终得出的观点却和它们如出一辙。 451

在马克思主义者同那些明确自称为反马克思主义政党的战斗中，双方都采用了十分粗野的语言，这很容易让人觉得他们不共戴天。其实并非如此。这两派人——马克思主义和国家社会主义，一致反对自由主义，拒绝资本主义社会制度。双方都向往一种社会主义社会秩序。它们的纲领的唯一区别是，它们眼里的未来社会主义国家的前景稍有差别；这并不是本质的差别，我们很容易证明这一点。最令国家社会主义兴奋的要求不同于马克思主义者的要求：马克思主义者是在谈论消灭劳动的商品性质，国家社会主义者说的是"打破利息的奴役"（Brechung der Zinsknechtschaft）。马克思主义者认为"资本家"要对一切罪恶负责，国家社会主义则想更具体地表达自己的观点，他们大呼"犹太鬼该死"（Juda verrecke）。[24]

马克思主义、国家社会主义和另一些反资本主义的政党确实各立门户，这不仅是因为它们有帮派仇恨和个人恩怨，还因为某些形而上学和人生问题。但是它们在改造社会制度的关键问题上看法一致：它们都拒绝生产资料私有制，希望建立社会主义社会制度。不错，它们希望沿着不同的道路走向共同的目标，但是即使它们各奔前程时，它们仍然隔水相望。

故也难怪，尽管它们之间存在着这种密切的关系，却仍然打得不可开交。在社会主义社会里，政治少数派的命运必然变得不堪忍受。国家社会主义党人在布尔什维克统治下会过得怎样？或者，布尔什维克党人在国家社会主义统治下又会活得如何？

破坏主义政策的后果不会因为它们采用不同的口号和旗帜而有所不同。无论"右翼"还是"左翼"的领袖上台，都会毫不犹豫地为了"今天"而牺牲"明天"。这种制度的拥护者在不断 452
地给它输送资本——直到败坏掉全部家当。[25]

注释：

[1] 见 Hutt, *Economica* (vol. VI, pp. 92 ff.) 对这种谎言的批判。

[2] 甚至无节制地高估劳动立法作用的布伦塔诺，也必须承认这一点，"不完善的机器用孩子取代父亲。……完善的机器使父亲重新成为家庭的顶梁柱，让孩子重新回到了学校。现在重新需要成年工人，只能雇用那些因为生活水平较高而能符合机器提出的更高要求的工人"。Brentano, *Über das Verhältnis von Arbeitslohn und Arbeitszeit zur Arbeitsleistung*, 2nd ed. (Leipzig, 1893), p. 43.

[3] Brentano, *Über das Verhältnis von Arbeitslohn und Arbeitszeit zur Arbeitsleistung*, pp. 11, 23 ff.; Brentano, *Arbeitszeit und Arbeitslohn nach dem Kriege* (Jena, 1919), p. 10; Stueken, "Theorie der Lohnsteigerung", Schmollers Jahrbuch, 45th year, pp. 1152 ff..

[4] *Die Inauguraladresse der Inernationalen Arbeiterassoziazion*, ed. Kautsky (Stuttgart, 1922), p. 27.

[5] Engels, *Die Lage der arbeitenden Klasse in England*, 2nd ed. (Stultgart, 1892), p. 178.

[6] lbid., p. 297.

[7] Engels, "Die englische Zehnstundenbill", in *Aus dem literarischen Nachlassvon Karl Marx, Friedrich Engels und Ferdinand Lassalle*, vol, III (Stuttgart, 1902), p. 393.

[8] Liek, *Der Arzt und seine Sendung*, 4th ed. (Munich, 1927), p. 54; Liek, *Die Schaden der sozialen Versicherung*, 2nd ed. (Munich, 1928), pp. 17 ff.. 有关的医学文献还在不断增多。

[9] "卡普政变"（1920 年 3 月 13 日）既是第一次世界大战后德国的革命骚乱局势的象征，也是它的产物。多数派社会主义政府为粉碎左派而组建的古斯塔夫·诺斯克（Gustav Noske, 1868—1946）新军，发动了反政府的叛乱，把政权交给了祖国党的领袖沃尔夫冈·卡普（Wolfgang Kapp, 1868—1922）。德国的右翼工会领袖卡尔·莱格恩（Karl Legien, 1861—1920）随即呼吁总罢工，这一右派呼吁获得了巨大反响，政变很快就被粉碎。两个相互竞争的社会主义政党达成协议，于1920 年 4 月组成联合政府，它把极左派和共产党都排除在权力之

外。——英文版出版者注

[10] 这篇演说由伯恩施坦译成德文并以"价值、价格与利润"为题发表。我引用的是1910年在法兰克福印行的第三版。英译本注：马克思这篇演说的英文第一版是 *Valve*, *Priee and Profit*, ed. Eleanor Marx Aveling（Chicngo：Charles H, Kerr & Co., 1910）。

[11] Ibid., p. 46.

[12] Adolf Weber, *Der Kampf zwischen Kapital und Arbeit*, 3rd and 4th eds.（Tübingen, 1921）, pp. 384 ff.；Robbins, *Wages*（London, 1926）, pp. 58 ff.；Hutt, *The Theory of Collective Bargaining*（London, 1930）, pp. 1 ff.；另见我的 *Kritik des Interverntionsismus*（Jema, 1929）, pp. 12 ff., 79 ff., 133 ff.。英译本注：Hutt 的 *The Theory of Collective Bargaining* 1954年由 Free Press（Glencoe, Illinois）再版，这个美国版由米瑟斯为其作序。

[13] Kautsky, quoted by Dietzel, "Ausbeutung der Arbeiterklasse durch Arbeitergruppen", *Deutsche Atbeit*, vol. 4, 1929, pp. 145 ff..

[14] "技术救援队"（Technische Nothilfe）成立于1919年9月，宗旨是在罢工、工厂戒产和自然灾害期间提供基本服务。这是一个政治上中立的志愿者组织，受德国内政部领导，1928年有26万名成员，1939年被转为一个政府机构，1945年由同盟国的占领军解散。作为替代1953年成立了为各种灾害提供援助的"专业救济队"（Technisches Hilfswerk）。——英文版出版者注

[15] Millar, "The Evils of State Trading as Illustrated by the Post Office", in *A Plea for Liberty*, ed. Mackay, 2nd ed.（London, 1891）, pp. 305 ff..

[16] 葛德谢（Rudolf Goldscheid, 1870—1931）：德国经济学家，著有《国家社会主义还是国家资本主义》《财政学与社会学》等书，最早提出"财政社会学"的概念。——译注

[17] Goldscheid, *Staatssozialismus oder Staatskapitalismus*（Vienna, 1917）；*Sozialisierung der Wirischaft oder Staatsbankerott*（Vienna, 1919）；Schumpeter, *Die Krise des Steuerstaates*（Grauz and Leipzig, 1918）.

[18] 关于自由派对累进税的否定态度，见 Thiers, *De la Propriété*（Paris, 1848）, pp. 352 ff.。

［19］ 见我的 *Nation*，*Staat und Wirtschaft*，pp. 134 ff.。

［20］ Mengelberg，*Die Finanzpolitik der sozialdemokratischen Partei in ihren Zusammenhängen mit dem sozialistischen Staatsgedanken*（Mannheim，1919），pp. 30 ff. .

［21］ Marx – Engels，*Gesammelte Schriften*，*1852—1862*（*Collected Writings*，*1852—1862*），ed. Rjasanoff（Stuttgart，1917），vol. Ⅰ，p. 127.

［22］ 见我的 *Nation*，*Staat und Wirtschaft*，pp. 129 ff.。

［23］ 见我的 *Theory of Money and Credit*（London，1934），pp. 339 ff.；另见我的 *Geldwertstabilisierung und Konjunkturpolitik*（Jena，1928），pp. 43 ff.。英文版出版者注：米瑟斯的 *Theorg of Money and Credit* 有新的版本（Yale，1953，FEE，1971；Liberty Press，1981）。米瑟斯的 *Geldwertsta－bilisierung und Konjunkturpolitik* 被收入 *On the Manpulation of Money and Credit* 这本文集（edited by Percy L. Greaves，Jr.，translated by Bettina Bien Graves，under the title "Monetary Stabilization and Cyclical Policy"，pp. 57-171. ）

［24］ 对国家社会主义理论的批判见我的 *Kritik des Intervntionismus*（Jena，1929），pp. 91 ff.；另见 Karl Wagner，"Brechung der Zinsknechtschaft?" in *Jahrbücher für Nationalökonomie und Statistik*，Third Series，vol. LXXIX，pp. 790 ff.。

［25］ 对破坏主义最出色的说明，是斯托尔姆描述雅各宾财政政策的一段话："雅各宾党人的财政精神仅仅是：以未来为代价现在尽情挥霍。他们从不考虑明天，他们的举止仿佛是把每一天都当作最后一天：这是大革命所有行动的明确特征。这也是它有出奇的存活能力的秘密所在：每天都在掠夺一个富裕强大的国家的家底，由此带来的财富超出了人们的一切预见。"斯托尔姆接下来说的话，字字句句都适用于德国 1923 年的通货膨胀政策："纸币只要还值点儿钱，哪怕到了不足道的地步，它便如洪水般不断地涌出，淹没了整个国家。他们崩溃的前景片刻也没有阻止住纸币的发行；只有当公众彻底拒绝接受形同废纸的任何纸币时，才让他们停下手来。"见 Stourm，*Finances de l' Ancien Régime et de la Révolution*（Paris，1885），vol. Ⅱ，p. 388。

第三十五章

战胜破坏主义

一 "利益"是破坏主义的克星

按马克思的观点，个人的政治信仰取决于他所属的阶级；他所属的阶级的政治信仰则取决于它的阶级利益。资产阶级注定拥护资本主义，而无产阶级也只有通过为社会主义铺平道路，才能实现自己的目标，才能摆脱资本家的剥削。可见，资产阶级和无产阶级在政治竞技场上的立场是事先就被决定了的。这大概是对政治理论影响最深远的马克思的教条。接受者不只有马克思主义的第一线阵营。自由主义逐渐被视为表达资产阶级和大商业的阶级利益的信条。只要是表达自由主义意见的人，就被视为基本上是与普遍利益相对立的特殊利益的自觉代表。拒绝马克思主义教条的经济学家，被说成是"资本利润——往往还有地租——的思想保镖"。[1] 这是一种颇为方便的理论，它可以使马克思主义者省去论证的麻烦。

甚至社会主义的反对者也接受这种马克思主义的教条，这再清楚不过地说明它得到了多么普遍的承认。当人们说打败社会主义主要是甚至仅仅是有产阶级的任务时，当他们为对抗社会主义而试图组成所有资产阶级政党的"统一战线"时，他们也就承认了维护生产资料的私人所有权是某个阶级的特殊利益，而且它与公共福利是对立的。这些令人奇怪的眼光短浅的反社会主义者 454

没有认识到，某个阶级——与群众相比它是少数——捍卫自己特殊利益的任何努力必然归于无效；他们没有认识到，把私有财产视为其所有者的特权，它注定难逃厄运。他们更没有能力理解，他们的假设与实际政党的形成经验极不相符。

自由主义不是一种为有产阶级的利益服务的学说。凡是这样理解它的人，等于承认了社会主义的一个主要观点；他也不是自由主义者。自由主义支持私有财产，并不是为了财产所有者的利益，而是为了普遍利益；它相信维护资本主义制度不但对资本家有利，对每一个社会成员都有利。它承认，社会主义社会也许不存在或根本就不存在收入不平等。然而它也认为，由于社会主义的生产成果不丰，可供分享的总量要少得多，所以每个人的所得要少于今天最贫穷者的所得。接受还是拒绝这种观点属于另一个问题，但它才是导致社会主义和自由主义发生冲突的关键。凡是随便拒绝这一点的人，也就拒绝了自由主义。不过，对这个问题和双方的论证不认真加以思考就这么做，是没有道理的。

事实上，企业家无论是作为个人还是作为一个阶级，他们的特殊利益也仅仅在于捍卫私有产权原则或对抗社会主义原则。至于实行社会主义必然对企业家和资本家或至少是他们的子女造成损害，那些认为社会主义意味着人人贫困的人也不会予以否认。因此，从这个角度则可以说，有产阶级具有反社会主义的强烈愿望。但是，他们的利益并不比其他任何社会成员更大，而且与他们的特殊地位没有多少关系。假如可以设想，社会主义能在一夜之间彻底实现，那么也许能够说，企业家和资本家有着维护资本主义体制的特殊理由。他们将失去比别人更多的东西。即使这种社会重组带来的贫困对所有的人是一样的，地位下降太多的人也会更加痛苦。但是，难以想象能够如此迅速地实现社会主义；就算能够做到，也可以做出这样的假设：企业家由于具备专业知识和承担责任的能力，仍会在社会主义组织中占据特殊的位置，至少在一定的时间内能够做到这一点。

　　企业家无法使自己的孙辈和重孙辈衣食无虞，因为资本主义 455
体制下的生产资料私有制的特点就在于，它无法创造永久的收入
来源。必须通过努力使财富不断得到更新。封建领主维护封建制
度时，他不仅是在捍卫自己的财产，也是在捍卫自己子嗣的财
产。但是资本主义体制下的企业家很清楚，他的子孙只有保住自
己在生产性企业中的领导位置，才能在竞争中生存下去。如果他
关心自己后代的命运，想用一种违反社会利益的方式为他们保住
财产，他肯定会变成资本主义社会秩序的敌人，要求对竞争施加
一切限制。假如转型没有发生得那么突然，他甚至会认为社会主
义是做到这一点的最佳手段，因为他可以期待从财产充公中得到
补偿。在这种情况下，在一个或长或短的时间内，财产被充公的
人会享有可靠的收入，而不必像企业主那样面对变幻莫测的命
运。如果一个企业家看重自己的财产或自己子孙的财产，这也许
会使他拥护而不是反对社会主义。他肯定会欢迎一切旨在压制新
形成的财富的努力，尤其是欢迎旨在对具有经济自由性质的事物
进行限制的措施，因为这些做法使收入——只要竞争不受限制，
他就得每天为之辛勤劳作——有了保障，因为它们排除了新的竞
争者。[2]

　　企业家有着在同组织成工会的工人的工资谈判中采取统一行
动的利益。[3] 他们有着联合起来设置关税、实行一些违背自由主
义的本质和原则的限制的利益，或是抵制有可能伤害他们的政府
干预的利益。然而他们绝对没有反抗社会主义和社会化的特殊利
益。他们没有反抗破坏主义的特殊利益。企业家的目的仅仅是根 456
据经济变化随时做出调整。他的目标不是打败社会主义，而是调
整自己以适应社会化政策导致的局面。别指望企业家或任何社会
团体会出于自身利益，必然把普遍的福利原则当作自己行动的座
右铭。生活的必然因素迫使他们在任何处境中都要尽量获取最好

的结果。在反对社会主义的战斗中充当领袖，不属于企业家的业务；他们所关心的仅仅是对自己和自己的企业进行调整以适应社会化政策造成的形势，使他们能够在既定条件下获得最大利润。

因此，无论是企业家协会还是企业家支持的组织，都不想投身于同社会主义的原则之战。随时捕捉机会的企业家，对于一场不知何时到头的世俗斗争的问题不感兴趣。他的利益在于根据自己的眼前处境做出自我调整。企业家的组织只把对抗工会的一些个别的侵犯行为作为目的；它可能反对一些立法动议，例如某些特定的税收形式。如果要求企业家的组织与有组织的工人进行合作，以便让破坏性势力在国民经济中获得发言权，它会执行议会或政府指派给他的任务。为维护以生产资料私有制为基础的经济制度而投身于原则之战，不是企业家组织纲领的内容。它对自由主义的态度是漠不关心，在关税政策上甚至与自由主义对立。

按照社会主义教义的描述，有组织的利益不是指企业家协会，而是指农民联合会，后者赞成为农产品设置关税；或是指一些小生产者的协会，它们——尤其是在奥地利——热衷于排斥竞争。这些显然都不是自由主义的做法。

由此可见，任何个人或阶级都没有使其支持资本主义本身的利益。自由主义的政策是造福天下的政策，是让特殊利益服从公共福祉的政策——这个过程并不要求个人放弃多少自己的利益，而是要求他理解所有个人利益的和谐共存。因此，任何个人或团体的利益在社会主义制度下受到的保护，归根到底不可能好于它在生产资料私有制下受到的保护。虽然任何人的利益说到底不可能受到社会主义的更好关照，但是与维护自由主义相比，社会化政策可以更好地维护很多人一时的特殊利益。自由主义反对任何人浮于事的现象，力求把政府官员的数量减少到最低限度。干预主义政策以社会的其他成员为代价，向成千上万的人提供安然悠闲的职业。所有的国有化或成立市属或公有企业的行为，都是把私人利益与反对私有财产的运动联系在一起。如今，社会主义在上百万人中间找到了最坚定的支持者，因为回到更自由的经济会立刻在短期内损害他们的特殊利益。

二 暴力与权力

从私有财产中看到它的所有者享有特权，是一种财产史上以往时代的残留心态。一切财产权都是从占有无主物品开始的。财产的历史经历过一个暴力剥夺所有人的时期，此乃通则。可以有把握地说，任何一片土地资产的所有权，都可以追溯至暴力侵夺的行为。这当然不适用于资本主义的社会秩序，因为这里的财产是在市场竞争过程中获得的。但是，自由主义原则在任何地方——至少在欧洲——都没有得到完全的践行，尤其是在土地财产方面，很多古老的暴力遗风依然到处存在，封建所有者的传统仍然挥之不去："Ich lieg und besitze"（我占了就归我）。对财产权的批判遇到暴力的虐待。这就是德国容克地主反对社会民主党时采取的政策——人所共知，他们取得了怎样的成功。[4]

这种秩序的信徒在为生产资料私有制辩护时，除了说它是由暴力维系，什么也不会说。强者的战斗是他们能够从事的唯一战斗。他们吹嘘自己的物质力量，依靠他们的武器装备，以为他们 458 有资格蔑视其他任何观点。只有当他们赖以立足的基础发生动摇时，他们才站在既有权利的立场上提出另一种论证。对他们的财产的侵犯变成了必须予以避免的非法行为。我们不必多费口舌去揭露这种在反对创设新权利的斗争中的观点的软弱。假如舆论在谴责财产，那就没有什么力量可以改变舆论。财产的受益者恐惧地意识到这一点，危难之中便转向教会，提出一种离奇的请求：教会应让 misera plebs（劳苦大众）保持平和谦卑，让他们克服贪婪，使穷光蛋的眼光从现世的享乐移向来世。[5] 要保持基督教的活力，这样人们才不会变得贪婪。对教会提出这种要求简直荒唐透顶。这是在要求它为一部分特权人物的利益服务，而人们普遍认为这种利益对社会是有害的。教会的真正事工显然反对这种傲慢的要求，教会的敌人却发现，在他们摆脱宗教的战争中这是一件利器。令人诧异的是，教会中那些社会主义的敌人，极力想把社会主义说成是自由主义、自由学派和无神论的产儿，对教会在维护现有财产关系中所做的工作也采取了同样的态度。所以耶稣会士卡瑟莱恩（Cathrein）说："假如认为现世生活就是一切，那么对于那些只能苦苦挣扎一生的穷人和受压迫者，谁还能要求他们当以耐心和忍让去承受他们痛苦的命运，只能眼看着别人过锦衣玉食的生活？工人心中不是也有对完美幸福不可摧毁的向往吗？如果剥夺了他对更美好的来世的一切希望，谁还有权阻止他尽量追求自己的世俗幸福，固执地要求得到他那一份现世的财富？难道他不是和自己的雇主一样的人吗？他们认为世上的好东西属于这人而不是那人没有道理，那么为何有人要在贫穷困顿中求生存，有人却依靠沃土良田而衣食无虞？如果无神论—自然主义的观点是正确的，那么社会主义的要求也是正确的：世俗的福祉应当尽可能在全体人民中间平等分配；有人身居豪宅，过着悠闲惬意的生活，有人却住在地下室和阁楼，百般努力也难以果腹，这种状况是错误的。"[6] 假如事情真如卡瑟莱恩所想——私有产权是所有者的特权；有人穷，是因为有人富；有人食不果腹，是因为有人花天酒地；有人住陋室，是因为有人住豪宅，那么他果真相信教会能够维持这种状况吗？不管人们能从教会的社会教诲中读出什么，都不可能设想它的创立者或支持者会赞成利用教会去维护一种对人类的大多数显然不利的不公正的社会制度。假如基督果真像它的许多最恶毒的敌人，如俾斯麦和卡瑟莱恩之流对它的曲解那样，是对广大民众有害的社会制度的保镖，它早就从地球上消失了。

批评社会主义观念既不能靠武力，也不能靠权力，因为这两样东西都站在社会主义而不是它的对手一边。如果大炮机关枪在今天派上了用场，它们也是出现在社会主义和工团主义的队列里。我们当代人中有大量的人受到社会主义或工团主义精神的感染。当前被授予权力的无论是何种体系，它肯定不是资本主义，因为群众已经不相信它了。

三　观念之战

认为已经做过的社会主义试验乏善可陈有助于克服社会主义，这种想法是错误的。单凭事实既不能证实也不能驳倒任何东西。一切都取决于观念和理论对事实的阐述和解释。

坚信社会主义的人，会继续把人间的一切罪恶归咎于私有财产，期待着社会主义的救赎。社会主义者把俄国布尔什维克制度的失败归罪于环境，对这种制度的不当只字不提。在社会主义者的眼里，资本主义要对近年来这个世界所承受的一切罪恶负责。社会主义者只盯着他们喜欢看的东西，对于可能与他们的学说相悖的事情一概视若无睹。

只有观念能够战胜观念，只有资本主义和自由主义的观念能 460 够战胜社会主义。只有打一场观念之战，才能分出胜负。

自由主义和资本主义向冷静的、善于平衡的头脑表达自己。它们采用严格的逻辑，清除任何诉诸情绪的做法。相反，社会主义对着情绪下功夫，它试图激起个人利益的意识，违反逻辑思维；它要唤醒原始的本能，以便窒息理性的声音。

这使社会主义甚至在那些智力很高但独立反思能力不强的人中间也获得了一定的优势。至于其他人，那些没有思考能力的大众，其社会主义的立场据信是不可撼动的。[7] 可以说，能让群众激情澎湃的演说家，获胜的机会要大于诉诸群众理性的人。就此而言，自由主义在与社会主义的交锋中前景堪忧。

这种悲观主义观点在评估理性而冷静的思考能对群众产生什么影响时，做出了完全错误的估计。它也严重夸大了群众在创造和形成一个时代的主流观念中所扮演的角色的重要性，从而夸大了群众心理因素在这件事上的重要性。

的确，群众是不思考的。然而正因为如此，他们才追随那些思考者。人类的思想向导是极少数为自己而思考的人。他们最初是影响一批能够掌握和领会别人思想的人；通过这些中间人，他们的思想进入群众，在那儿凝结为当时的舆论。社会主义成为我们这个时代的主导观念，并不是因为群众首先想出了生产资料社会化，然后把它传播给了智力水平更高的阶层。甚至被浪漫主义和历史法学学派想象出来的"人民的精神"（the psyche of the people）所迷惑的唯物史观，也没敢下这种断言。这种"人民的精神"本身除了集体犯罪、肆意蹂躏和破坏以外，从未带来任何东西。可以说，社会主义观念也是只有破坏作用，然而它是一种观念，必须有人把它想出来，这只能是个别思想家的工作。就像其他一切伟大的思想一样，它只能通过知识的中间阶层才能渗透到群众之中。最早的社会主义者既不是人民，也不是群众，甚至今天他们仍不是社会主义者，而是农业社会主义者或工团主义者。最早的社会主义者是知识分子；是他们，而不是群众，才是社会主义的中坚。[8] 社会主义的势力就像其他任何势力一样，说到底是一种精神力量；它从思想领袖加以阐述并提供给人民的观念中找到了支持。假如知识分子抛弃了社会主义，它的力量也会随之终结。从长远看，群众无法抵挡领袖的观念。不错，个别煽动家可能出于某种野心，昧着自己的良知，把一些迎合群众更加卑劣的本能，从而也更容易被接受的观念灌输给他们。但是，心怀鬼胎的先知，终究敌不过具有真诚信念力量的人。没有任何东西可以腐蚀观念。无论金钱还是其他任何奖励，都雇不来反抗观念的战士。

人类社会是一种精神现象。必须首先想到社会合作，然后有了合作的愿望，才能在行动中加以落实。创造历史的是观念，而不是"物质生产力"，不是唯物史观那些让人如入五里雾中的神秘主义图式。只要我们能够战胜社会主义观念，只要能让人类认识到生产资料私有制的社会必然性，社会主义肯定会退出舞台。此乃唯一需要切记的事情。

社会主义观念能够战胜自由主义观念，无疑仅仅是因为一种社会观逐渐被一种反社会观所取代，前者尊重每一种社会制度的功能和全部社会基础构造的整体作用，后者则认为社会机制的每个部分是可以拆卸的零件。社会主义盯着个人——饥肠辘辘的人、丢了饭碗的人和富人，以此为据吹毛求疵；自由主义从不忘记整体和每种现象的相互依存。它十分清楚，生产资料私有制没有能力把现世变成天堂；除了一个简单的事实，即社会主义的社会制度不可能实现，所以它促进全体人民福祉的能力还不如资本主义之外，自由主义从未试图肯定任何事情。

最近几十年来加入自由主义行列的人，对自由主义的理解是最差的。他们觉得自己必须反对资本主义的"弊端"，于是问心无愧地接受了社会主义的反社会态度的特征。社会秩序中并不存在能够随意切除的赘疣。倘若一种现象是以生产资料私有制为基础的社会体系的必然产物，那是不能以道德或审美空想去谴责它的。例如，无论在社会主义社会还是其他什么社会里，投机是任何经济行为中固有的现象，因此不能仅仅因为道学家们搞错了它的社会功能而对它在资本主义社会采取的形式给予谴责。这些自由主义的信徒在批判社会主义时也颇为不幸。他们不断地宣称，社会主义是一种美好而高尚的理想，如果能够实现的话，人们应当为之奋斗；可是，唉，它是无法实现的，因为它的前提是存在着一种比我们必须与之打交道的在道德上更完美的人类。真是难

462

以理解，人们居然会断定社会主义无论如何都优于资本主义，除非他们能够坚信它作为一种社会制度具有更出色的功能。按照这样的辩护，同样可以说，根据永动机原理制造的机器要优于根据机械学的既定原理运转的机器——可是你得造出这种功能可靠的机器来才成啊。假如社会主义理论中包含着错误，使这种制度不可能完成预定任务，那就不能拿社会主义跟资本主义制度做比较，因为后者已经证明自身是可以运转的。更不能给它戴上更高尚、更美好或更公正的桂冠。

社会主义无法实现，但这不是因为它在召唤高尚的利他主义动物。本书打算证明的事情之一是，社会主义国家首先是缺少一种品质，只要经济系统不是以即采即食的方式，而是以间接迂回的方式进行生产，那么这种品质，即进行核算从而做到理性管理的能力，就是不可缺少的。一旦人们普遍认识到这一点，所有的社会主义观念就会从理性的人类头脑中消失。

社会主义必然到来，因为社会的进化必然导致社会主义——这种看法是多么不正确，本书已在前面的内容中做了说明。这个世界在堕入社会主义，是因为大多数人向往它。他们向往社会主义，是因为他们相信社会主义为更高的福利水平提供了保障。这种信念的消失将标志着社会主义的终结。

注释：

[1] 这是考茨基的话，转引自 Ceorg Adler, *Grundlagen der Karl Marxschen Kritik der bestehenden Volkswirtschaft* (Tübingen, 1887), p. 511。

[2] "很多工人，但不是最好的工人，愿意按工作日而不是按完成的工作发工资。很多企业家，但不是最出色的企业家，愿意像他们希望的那样从社会主义国家获得他们在竞争制度中所能得到的酬劳。在这种竞争制度下，企业家是按完成的工作得到报酬的'官员'；在社会主义组织中，他们将成为按工作日领工资的'官员'。"Pareto, *Cours d' Economie Politique*, vol. II, p. 97n.

[3] Hutt, *The Theory of Collective Bargaining*, pp. 25 ff. .

[4] 容克地主关心的不是维护作为一种生产手段的私有财产，而是维护作为一种特殊收入来源的私有财产。因此，国家社会主义很容易把他们争取到自己一边。它能保护他们的特权收入。

[5] 例如俾斯麦就持这种观点。见 1847 年 6 月 15 日他在帝国议会上的演说，*Fürst Bismarcks Reden*, edited by Stein, vol. I , p. 24。

[6] Cathrein, *Der Sozialismus*, 12th and 13th eds. (Freiburg, 1920), pp. 347 ff. .

[7] MacIver, *Community*, London, 1924, pp. 79 ff. .

[8] 这话当然也适用于德意志民族。德国的知识分子几乎全是社会主义者：民族主义者信奉的是国家社会主义；天主教信奉的是教会社会主义；其他派别信奉的是社会民主主义或布尔什维主义。

结　语

现代社会主义的历史意义

一　历史上的社会主义

再也没有比对一场当代运动获得清晰的历史认识更困难的事情了。这种现象近在眼前，使人难以窥其全豹。历史的判断首先需要距离。

凡是有欧洲人或欧洲移民后代居住的地方，如今我们都能看到正在当班的社会主义；在亚洲，它是把欧洲文明的反抗者团结在一起的旗帜。只要社会主义思想的主导地位没有发生动摇，欧洲用数千年时间建起的整个文明的合作制度，将在短期内分崩离析。因为社会主义的社会秩序是不可能实现的。工厂、矿山和铁路将逐渐荒芜，城镇将被遗弃。工业地区的人口将会消亡或是漂泊他乡。农民将退回到自给自足的封闭式家庭经济。如果没有生产资料的私有制，从长远看除了满足个人需要的即采即食的生产之外，不可能有任何生产活动。

我们无须详细描述这种转变的文化和政治后果。东方草原的游牧部落将再次闯入欧洲大肆掠夺，迅如疾风的铁骑将横行无阻。在这片人烟稀少，资本主义高技术遗留下的武器陈旧不堪而失去防御的土地上，谁还能抵挡他们？

这是一种可能。然而也有另一些可能。也许，有些国家继续维持着社会主义，另一些国家则恢复了资本主义。只有社会主义

国家会走向社会的衰落，资本主义国家则会步入更高级的劳动分
工阶段，在基本的社会法则的推动下，终于使人类的绝大多数加 466
入了个人的劳动分工，也使全球形成了地理上的劳动分工，它们
将迫使落后的民族接受文明，若是抵抗就摧毁它们。那些避开资
本主义发展道路或在这条路上中途停顿的民族的历史命运一向
如此。

我们也许严重夸大了目前的社会主义运动的重要性。它的意
义大概不比中世纪对犹太人的迫害、方济各教派运动或宗教改革
时期对私有财产的攻击大多少。列宁和托洛茨基的布尔什维主
义，也许不比克尼佩尔多林和博克尔松[1] 的再浸礼宗（anabap-
tist）在明斯特的统治更重要；它与后者之间的差别，也许不比
现代资本主义和 16 世纪的资本主义之间的差别更大。正如文明
战胜了那些攻击一样，它也有可能在我们时代的大动荡中变得更
加强大，更加纯洁。

二 文明的危机

社会是意志和行动的产物。唯有人类能够产生意志和行动。
一切集体主义哲学的神秘主义和象征主义，都不可能帮助我们抹
杀这样一个事实：我们只能象征性地谈论社群的思想、意志和行
动；社群的自觉思维、意志和行动这些概念只能是一种拟人化的
说法。社会和个人是互为前提的；集体主义者认为在逻辑上和历
史上均先于个人而存在的集体，也许是畜群或游牧部落，但它们
绝对不是社会——通过有思维的动物的合作而形成和存在的协作
团体。人类使自己的行动变成互为条件的合作，由此创造了
社会。

社会合作的基础和起点在于缔造和平，而和平是由相互承认 467
"财产现状"构成的。从受到暴力维护的"事实上的拥有"

（defacto having），产生了所有权这个法律概念，同时也产生了法律秩序以及维持这种秩序的强制部门。这一切都是自觉的意愿和自觉的目标的结果。但是这种意愿仅仅看到并希望获取最直接的后果；至于更遥远的结果，它什么都不知道，也不可能知道。缔造和平和行为准则的人，只关心眼前、今天或今年的需要；他们并没有意识到，自己同时也在建设人类社会这个伟大的构造。因此，人们在创造个别的制度——它们共同维持着社会有机体——时，心里只想着一时的效用。每一种这样的制度对其缔造者似乎是必要的和有用的，但他们一直不了解这些制度的社会功能。

人类的头脑是逐渐认识到社会的相互依赖性的。最初，社会对于人来说是一种如此神秘莫测、难以理解的形态，他为了把握它的起源和性质，只好假设有个冥冥之中的神祇在引导着人类的命运，直到他在自然科学中否定了这种观点之后很久依然如此，康德所说的引领人类走向一个特定目标的"自然"，黑格尔的"世界精神"和达尔文的"自然选择"，都是这种方法最新的伟大表述。不借助于形而上学，根据人类的行为对社会进行的解释，仍然有待于自由主义的社会哲学提出。唯有这种社会哲学成功地解释了私有财产的社会功能。它不满足于把不可分析的正义概念作为既定范畴加以接受，或是用莫名其妙的对正义行为的嗜好去解释正义。它把自己的结论建立在对行动结果的思考和对这些结果的评价上。

按照老立场的判断，财产是神圣的。自由主义摧毁了这道光环，就像它摧毁了其他所有光环一样。它"拆除"了财产的基础，使它变成了一个功利主义的世俗问题。财产不再是绝对的价值，只有工具的价值，这就是说，只有功利的价值。在哲学上这种观点的转变并不特别困难，只是用较为恰当的信条取代了不太恰当的信条而已。但是，在群众的生活和意识中发动一场根本性的思想革命，却不会这般顺畅平安。千百年来一直受人敬畏惧怕的偶像被摧毁，心惊胆战的奴隶获得了自由，这可不是等闲小事。过去的法律之为法律，乃在于它是由上帝和良知所规定，而现在人们自己可以随意制定法律了。确定的事情变得不确定了；对错善恶这些概念都开始变得捉摸不定。古老的法典被废弃了，现在只能由人类为自己制定新的律条。用议会辩论或和平的投票 468 是做不成这件事的。只有当心灵被深深打动，欲望被解除了束缚时，修订道德法典才行得通。要想承认私有财产的社会效用，必须首先使人相信其他一切制度都是有害的。

这便是资本主义和社会主义激战的本质，如果我们认识到道德生活的其他一些领域也在发生同样的过程，这一点就变得更为明显。财产问题并非今天正在讨论的唯一问题。令整个世界颤抖的杀戮问题在许多方面——尤其是它同战争与和平的关系——也是如此。在性道德方面，古老的道德信条也在发生变化。一直被视为禁忌的东西，出于道德和几乎神圣的原因而得到服从的法则，如今则根据它们在促进公共福祉方面的重要性加以规定或废除。这种对行为规范的基础的重新评估，难免引起对至今一直有效的各种准则的全面修改。人们问道：它们真的有用吗？真不能废除它们吗？

在个人的内心生活中，至今无法取得的道德平衡造成了严重的心理冲击，这便是医学上人所熟知的精神病。[2] 这是我们这个道德转型的时代，这个"各民族精神青春期"的典型疾病。在社会生活中，我们怀着恐惧见证的各种冲突和谬论带来了相互倾轧。一个人是否能从青春期的麻烦和恐惧转变为平和和健全，无论他是否带有长期阻碍他发展个人能力的创伤，这对于个人的生活至关重要；同理，人类社会以何种方式奋力克服棘手的组织问题，也事关重大。一边是进一步加强个人之间的相互依赖，从而达到更高的幸福水平，另一边是合作的衰败和由此导致的财富减少：这就是摆在我们面前的选择。第三种选择是不存在的。

伟大的社会辩论只能借助于个人的思想、意志和行动进行。社会的生命和行动只存在于个人之中；它仅仅是他们的某种态度。每个人都肩负着社会的一部分；别人不会为他承担他那一份

469 责任。假如社会走向毁灭，那么谁也不能给自己找到一条生路。因此，基于自身的利益，人人都要热情地投身于这场思想之战。没有人可以置身事外，因为每个人的利益都维系于它的结果。无论是否做出选择，每个人都无法逃避这场伟大的历史性斗争，无法逃避这场我们的时代使我们卷入其中的决战。

不是上帝或某种神秘的"自然力量"创造了社会。它是由人类创造的。从所有事件的因果关系允许我们谈论自由意志这个意义上说，社会是继续发展还是走向衰亡，掌握在人类的手中。社会是好是坏，也许是一个个人判断的问题；但是，无论何人，只要他喜欢生不喜欢死，喜欢幸福讨厌痛苦，希望富足不想受穷，他就必须接受社会。无论何人，如果他希望社会继续存在和发展，他就必须无保留地接受生产资料私有制。

注释：

[1] 博克尔松（Johann Bockelson，1508—1535）另一个更为人熟知的名字是约翰·莱登（John of Leiden）。他和克尼佩尔多林（Bernt Knipper-dolling，1490—1536）都是荷兰人，也是再浸礼宗信徒让·麦特吉斯（Jan Matthyszals）的追随者。1533年再浸礼宗教徒成为明斯特城的统治者。博克尔松任市长。他是个极富魅力的空想家，经常表现出一些野蛮的极端行为，有一次发疯时，甚至把自己四个妻子之一砍了头。再浸礼宗统治的明斯特在1534年受到围攻，麦特吉斯被杀。博克尔松继承了他的"先知"称号。克尼佩尔多林最初是博克尔松的对手，后来却与他同流合污。明斯特城于1535年从再浸礼宗手里夺回，博克尔松和克尼佩尔多林都被残酷地处死——英文版出版者注。

[2] Freud, *Totem und Tabu*（Vienna，1913），pp. 62 ff.．

简评建立社会主义经济核算
体系的尝试

　　对于各种思考某种适用于社会主义的经济核算体系的尝试，我们可以把它们分成两大类。在这样做时，我们不考虑以劳动价值学说为基础的著述，因为它的起点就是错误的。第一类可以被称为工团主义的虚构。第二类观点试图通过假设经济数据一成不变，以此回避不可能解决的问题。我们前面的阐述（见本书第97—130页）已经证明，这两类观点的错误是十分清楚的。以下我对两种典型设想的批判，只是为了做出进一步的澄清。[1]

　　在一篇题为"社会主义核算"（Sozialistische Rechnungslegung）[2] 的文章中，卡尔·博兰尼试图解决他所说的"社会主义核算问题"，据他说，"这是得到公认的社会主义经济的关键问题"。博兰尼首先无保留地承认，他认为"在集中管理的经济中"不可能解决这个问题。[3] 他试图为这个问题设想一种解决方案，仅仅是针对"按照功能进行组织的社会主义的过渡经济"，这是他对一种与英国基尔特社会主义者的理想大体一致的社会类型的称呼。然而不幸的是，他对自己的体系的性质和可能性的认识，其含混不清的程度并不亚于基尔特社会主义者的认识。他考虑让政治共同体"成为'生产资料的所有者'但这种所有权并不意味着直接安排生产的权利"。这种权利属于由不同生产分支的工人选举出来的生产者协会。各个生产者协会要组成生产者协会总会，它"代表全部的生产"。它面对的是"公社"

（Commune），即社会的另一种"功能性的主要协会"。公社不但是政治机构，也是"共同体更高目标的真正承担者"。这两种功能性协会分别"在自己的领域履行立法和执行的功能"。这些功能性的主要协会之间的协议构成了社会的最高权力。[4]

这个体系的缺陷是它逃避核心问题——社会主义还是工团主义——的暧昧态度。和基尔特社会主义一样，博兰尼把生产资料所有权明确授予社会，即"公社"。他这样做时似乎认为自己已经说得很到位，可使他的体系避免被人指责为工团主义。可是接下来的一句话他便收回了他前面的说法。所有权就是处置权。假如处置权不属于公社而是属于生产者协会，那么后者就是所有者，我们看到的便是一个工团主义的共同体。二者必居其一：在工团主义和社会主义之间不可能有妥协折中。博兰尼没有理解这一点。他说："同一个人的各个功能代表（协会）之间绝不可能发生不可调和的冲突；这是每一种功能体制的基本理念。在发生冲突时，由公社和生产者协会的联合委员会，或是由最高宪法法院（协调机构）来解决冲突，但后者没有立法权，只有执行权（维持法律和秩序等等）。"[5] 然而，这种功能性政体形态的基本思想就是错误的。假如政治议会是由人人享有平等投票权——博兰尼所有类似的体系都规定了这种条件——的全体公民选举产生，那么这个议会与生产者协会总会——它是一种以十分不同的方式建立起来的选举结构的产物——之间也许很容易发生冲突。这些冲突不可能由联合委员会或法院解决。只有联合委员会中的这个或那个主要协会占有压倒优势时，它才能解决纠纷。假如两者势均力敌，这个委员会不可能做出裁决。假如两个协会中的一个有压倒优势，则终裁权就归它所有。法院无法解决政治或经济475 实践中的问题。法院只能根据已有的、适用于具体案件的规则做出裁决。假如它要处理效用问题，它实际上就不再是法院了，而是变成了最高政治权力，那么我们就委员会所说的一切也适用于它。

　　假如终裁权既不属于公社，也不属于生产者协会总会，这种体系根本无法运转。假如终裁权属于公社，我们肯定会看到"集中管理的经济"，也就是说，正如博兰尼承认的，不可能进行经济核算。假如是生产者协会有决定权，我们看到的便是一个工团主义共同体。

　　博兰尼对这个基本问题的糊涂态度，使他把一种治标不治本的方案当成了行之有效的解决办法。他说的那些协会及其下属机构维持着交换关系；它们像所有者那样有供有求，由此形成了市场和市场价格。但是，由于他认为自己弥合了社会主义和工团主义之间不可逾越的鸿沟，所以他没有意识到这同社会主义是不相容的。我们还可以指出博兰尼这个体系的细节中的很多其他错误。但是以他的基本错误来看，这些错误都没有多少意义，只是博兰尼的思路所特有的。那个基本错误却不是博兰尼所特有的，而是所有的基尔特社会主义体系共有的。博兰尼的优点是他比其他作者更清楚地阐述了这个体系，因此他也更清楚地暴露了它的弱点。不过，他认识到在没有市场的、集中管理的经济中不可能进行经济核算，对此应当给予适当的表扬。

　　讨论我们这个问题的另一位作者是爱德华·海曼。[6] 他是伦理或宗教社会主义的信徒。但是他的政治观点并没有使他漠视经济核算问题。他在讨论这个问题时追随着马克斯·韦伯的论证。韦伯认为这对于社会主义来说是个"绝对核心的"问题，并且在批驳奥托·纽拉特的"实物核算"这种幼稚梦想的详细讨论中，证明了没有货币和货币核算就不可能有理性的经济行为。[7]所以海曼试图证明，在社会主义经济中也能进行核算。

　　博兰尼思考的是同英国基尔特社会主义者联系在一起的制度，海曼则提出了类似于德国的计划经济观念的方案。然而十分醒目的是，在唯一重要的一点上，他的论证跟博兰尼差不多：他 476

们应当交代清楚按计划经济组织起来的社会划分出的各个生产团体与整个社会之间的关系，然而令人遗憾的是他们都语焉不详。所以海曼才能谈论在市场上出现的那种贸易，[8] 却不提全面而彻底实行的计划经济是没有贸易可言的，对于似乎可以称为买和卖的现象，根据其性质应当做出十分不同的描述。海曼犯下这个错误，是由于他认为计划经济的首要特点是生产分支的垄断性合并，而不是生产活动对中央部门统一意志的依附。这个错误尤其令人诧异，因为"计划经济"这个名称以及为支持它而提出的所有论证，都特别强调经济指令要具有统一性。海曼确实看到了利用"生产无政府"之类陈词滥调进行宣传的空洞。[9] 可是这本应使他切不可忘记，正是这一点使社会主义和资本主义判然有别。

海曼像大多数讨论计划经济的作者一样，也没有注意到实行计划经济的逻辑结果只能是一种纯粹的社会主义，它与严格实行中央组织的社会主义社会只有外表的差别。在中央权力的统一指令下把每个生产分支的管理委派给似乎独立的部门，这并没有改变只有中央权力在下达指令的事实。决定各部门之间关系的不是市场上的买卖人的竞争，而是权力当局的命令。这里的问题是：对这种权力干预的作用不存在任何可以用来衡量和核算的标准，因为中央权力不可能受到市场中形成的交换关系的指引。它确实是根据各种替代关系进行核算，这种关系是由它自己决定的。然而这种决定是任意的，它不像市场价格那样是根据个人的主观评价以及通过全体生产和贸易当事人的合作形成的对生产者的商品的估算。因此，理性的经济核算不可能把这种决定作为依据。

海曼利用成本理论为这个问题构思出一种表面的解决办法。经济核算是建立在成本的计算上，价格是根据交给会计部门的包括工资在内的平均生产成本核算出来的。[10] 放在五六十年以前，这也许是一种能让我们满意的办法。但是在今天看来就不够了。假如我们所说的成本是指改变生产要素的用途能够避免的效用损

失，那就不难看出海曼是在循环论证。在社会主义社会里，只有
来自中央权力的一道命令能够使产业利用各地的生产要素，而问
题恰恰在于中央权力是否能够进行这样的核算，使它能够根据这
种命令做出决定。在以私有财产为基础的社会里试图以最有利可
图的方式利用物品和服务的企业家之间的竞争，在计划经济中已
被最高权力的计划行为所取代，一切可以想象的社会主义社会形
态无不如此。然而，只有通过企业家的竞争，通过他们相互争夺
生产原料和劳动力，才能形成生产要素的价格。如果生产是"按
照计划"进行，也就是说，是由主宰一切的中央权力来实施，盈
利性核算的基础也就消失了；剩下的就只有实物核算了。海曼
说："只要消费品市场上存在着真正的竞争，由它所决定的价格
就会向生产的各阶段扩散，这决定了定价是理性的；而且这种定
价是独立发生的，与生产资料市场的参与者的体制无关。"[11] 然
而，只有在存在真正的竞争时才会是这种情况。海曼把社会想象
成一些"垄断者"组成的协会，即社会主义社会各个部门组成
的联合体，它们被委派从事某个范围明确的生产领域的专门工
作。就算这些部门在"市场"上购买生产资料，但这并不是竞
争，因为中央权力已经事先为它们划定了活动领域，它们不能脱
离这个领域。只有当人人都在生产赢利前景似乎最好的东西时，
才存在竞争。我已经证明，唯有生产资料私有制能为这种生产提
供保障。

海曼所描绘的社会主义社会，只考虑把原料变成消费品的当
前过程；因此它使人觉得各个部门能够独立开展工作。比生产过
程的这一部分更重要的是资本的更新和新增资本的投资。这才是
经济核算的核心问题，而不是如何运用现有流动资本的问题。这
种关系到未来数年甚至数十年的决定，是无法建立在消费品的货
币需求上的。人们必须展望未来，即必须"投机"。海曼的方案
是根据当前的消费品需求机械地或自动地扩大或限制生产，在这 478

个领域是完全无效的。通过返回成本来解决价值问题,只能满足一种理论上可以设想的平衡状态,这种状态是可以想象的,在经验中却是不存在的。只有在这种想象的均衡状态下,而不是在一个不断变化的经济中,价格和成本才能是同步的。

因此,以我的判断,海曼为解决这个我已证明无法解决的问题而做的努力,是以失败告终的。

注释:

[1] *Archiv für Sozialwissenschaft*, vol. LI , pp. 490-495.

[2] Ibid. , vol. XLIX , pp. 377-420.

[3] Ibid. , pp. 378, 419.

[4] Ibid, vol. XLIX , p. 404.

[5] Ibid. , p. 404 n20.

[6] Heimann, *Mehrwert und Gemeinwirtschaft*, *kritische und positive Beiträge zur Theorie des Sozialismus* (Berlin, 1922) .

[7] Max Weber, *Wirtschaft und Gesellschaft*, op. cit. , pp. 45-49.

[8] Heimann, op. cit. , pp. 184 ff. .

[9] Ibid. , p. 174.

[10] Heimann, op. cit. , p. 185.

[11] Idid. , pp. 188 ff. .

索　引

译 后 记

本书由王建民、冯克利、崔树义合作译出。分工如下：哈耶克的前言、英文第二版前言、德文第二版前言、导言、第一至第十章由王建民译出；第十八至三十一章由崔树义承担；冯克利翻译了第十一至十七章、第三十二章至结语及附录，冯克利还承担了全部注释的翻译及条目索引的整理工作。冯克利和王建民对全书进行了统校。译者的话由王建民撰写，该文曾作为独立论文发表于《山东大学学报》（哲学社会科学版）2007 年第 6 期。此外，孟庆龙通读了全稿，并进行了编辑。

整个翻译工作过程中，译者利用了所供职的山东大学当代社会主义研究所的资料和其他工作条件；美国图伦大学政治系的 Nancy Maveety 教授和 David Clinton 教授就若干疑难问题的解决提供了有价值的帮助；中国社会科学院冯兴元先生通读了全部译稿并提出了许多改进意见。对于所有提供便利和帮助的机构及个人，我们表示感谢。

感谢中国社会科学出版社，没有其对学术传播的热情，本书难以同读者见面。作为同行，我们对编辑工作的艰辛略知一二，因此，特别感谢中国社会科学出版社编审王浩先生，打印稿上标注的方方面面的问题，足见他身心的付出。

水平所限，译文中错误和不准确之处肯定不少，译者对此负完全的责任。我们期待着批评。

译者
2008 年 3 月